Werner Richter · Abraham Lincoln

Werner Richter

# Abraham Lincoln

*Mensch und Staatsmann*

Mit 16 Abbildungen
und einer Karte

Bruckmann München

Umschlag-Vorderseite unter Verwendung einer Photographie Lincolns aus dem Jahre 1865.
Foto: Bruckmann Bildarchiv, München.

Umschlag-Rückseite unter Verwendung des Schabkunstblattes »Präsident Lincoln liest seinem Kabinett die Proklamation zur Befreiung der Sklaven vor« von Alexander H. Ritchie nach einem Ölgemälde von Francis B. Carpenter.
Foto: Amerika Haus München.

Gegenüber dem Titel:
Abraham Lincoln nach seiner Wiederwahl im Jahre 1865.
Photographie von Alexander Gardner.

Die Neuauflage wurde von Rüdiger Wersich herausgegeben und mit einem Nachwort versehen.

2., überarbeitete Auflage 1979
© 1952 Verlag F. Bruckmann KG, München
Alle Rechte vorbehalten
Herstellung: F. Bruckmann KG, München,
Graphische Kunstanstalten
Printed in Germany
ISBN 3 7654 1770 X

Inhalt

I. Vorschau 7
II. Jugend in Wildnis 11
III. New Salem: Das Tor zur Welt 22
IV. Die amerikanische Szene 34
V. Springfield und Mary 44
VI. Rivale und Erwecker 64
VII. Das Rededuell 79
VIII. Die Präsidentenwahl 88
IX. Der Erwählte 99
X. Wochen der Spannung 107
XI. Die Entscheidung fällt 123
XII. Commander-in-Chief 136
XIII. Mißglückte Feuerprobe 154
XIV. Das harte Jahr 169
XV. Wer bin ich? 195
XVI. Die Geburt der Legende 217
XVII. Der Weg nach Gettysburg 242
XVIII. Der Krieg in vollem Ernst 267
XIX. Die letzte Phase 295
XX. Mord im Frühling 322
XXI. Die Heimkehr 334
Anmerkungen 341
Nachwort 353
Zeittafel 361
Verzeichnis der nordamerikanischen Präsidenten von Washington bis Carter 365
Literaturverzeichnis 367
Abbildungsverzeichnis 373
Personenverzeichnis 375

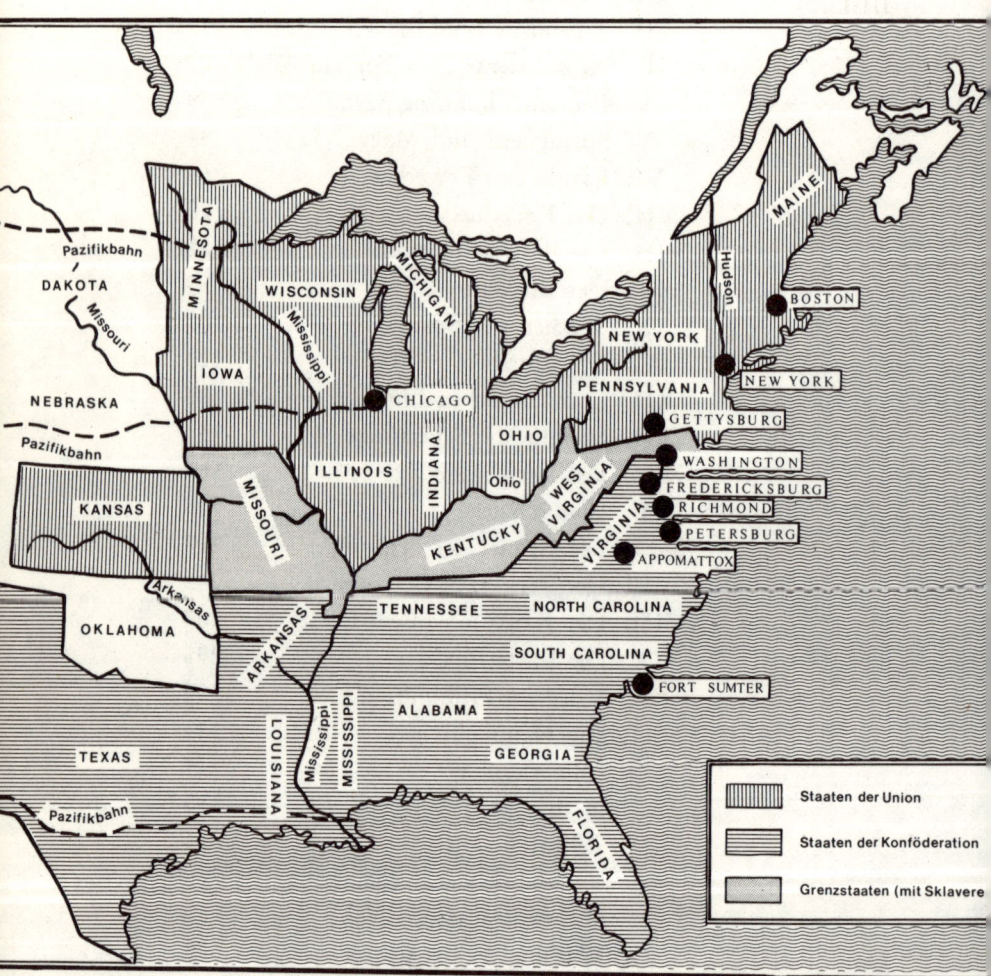

Die nordamerikanischen Staaten
zur Zeit des Sezessionskrieges

# I
# Vorschau

Um die Mitte des neunzehnten Jahrhunderts wuchs aus dem schwarzen, fetten Boden des nordamerikanischen Staates Illinois das erste Getreide. Zum ersten Mal seit Bestehen der Welt hatte der Pflug hier die Prärie aufgerissen und alsbald — wie vorher das Gras ozeangleich gewogt hatte — wuchsen die Ähren so hoch, daß Mensch und Pferd zwischen ihnen unsichtbar werden konnten und nur die roh zugehauenen Telegraphenstangen noch hervorragten.
Oft nun begegnete einem hier ein hochrädriges, gebrechliches Kutschwägelchen. Ein schwarz gekleideter Mann führte die Zügel, dessen ungewöhnliche Körperlänge noch dadurch gesteigert schien, daß er einen sehr hohen, schon leicht struppigen Zylinderhut mit sehr schmaler Krempe trug. Im wiegenden, zaudernden Trab des alten Pferdes, das eigentlich ein Ackergaul war und dessen mausgraues Fell überall dort, wo das Geschirr an ihm schabte, nacktes Leder geworden war, klapperte das Wägelchen heran und vorbei, schwankend in seiner abgenutzten Federung wie ein von den Wellen umhergestoßenes Boot, um ganz allmählich erst in der Uferlosigkeit der Getreidefelder zu versinken. Nur noch der Zylinderhut blieb schließlich sichtbar, bis auch er — wie der dünne, schwarze Schlot eines leck gewordenen kleinen Dampfschiffs — im grün wogenden Ozean unterging.
Wenn es Abend wurde und alle Farben des Prärieerhimmels plötzlich erloschen, hielt das Wägelchen an, der Insasse stieg aus, beschirmte mit klobigen Händen die qualmende Flamme eines Schwefelhölzchens und zündete die Wagenlaternen an. Und ihr schwankender Schein zeigte ein mageres, hohlwangiges Gesicht, ernst und unbewegt, fast wie das eines holzgeschnitzten, altersgebräunten Heiligen in einer hochbetagten europäischen Kirche.

Dies war der Rechtsanwalt Abraham Lincoln aus Springfield, dem Hauptstädtchen des jungen Staates Illinois. In den weit auseinanderliegenden Gerichtsplätzen des achten Justizbezirks, der hundert Meilen breit war und hundertfünfzig Meilen lang, hatte er seine Praxis wahrzunehmen. Er trug im Winter einen dicken, graubraun karierten Schal um den Hals und die hängenden Schultern gewickelt und wollene Fausthandschuhe. Im Herbst und Frühjahr, wenn beißend kalte Prärieregen den Boden in Schlammbäche verwandelten, klappte er das Verdeck des Wägelchens empor und zog die lederne Decke bis ans Kinn. Im Sommer umhüllte ihn ein dunkelgrauer Staubmantel bis zu den Füßen. In allen Jahreszeiten schien ein grünlich verschossener Regenschirm unzertrennlich von ihm.
Die Praxis des Prärieanwalts war mühsam, ihr Ertrag durchschnittlich mäßig. Er gewann Prozesse und verlor andere, ganz wie üblich. Vor Gericht, wo noch viel joviale Urwüchsigkeit waltete, konnte er bei Zeugenvernehmungen die riesigen Füße, die meistens unter zu engen Schuhen litten, unbekümmert auf den Tisch legen. Fast wie eine Schauspielertruppe reisten Anwälte und Prozeßbeteiligte miteinander durch den achten Justizbezirk. Abends fanden sie sich in den primitiven Hotels gesellig zusammen. Man spielte Billard — Lincoln sehr schlecht — und trank stark, Lincoln freilich so gut wie gar nicht. Offenkundige Freude jedoch bereitete es ihm — und er genoß deswegen auch eine gewisse Berühmtheit —, mit viel mimischem Aufgebot spaßige Geschichten zu erzählen, die oft derb und nur für Männer geeignet waren.
Zeitig ging man schlafen, oft acht Rechtsanwälte in einem Raum, meistens zwei in einem Bett. Mit Hilfe des hölzernen Stiefelknechts befreite Lincoln seine Füße von den Schuhen, zog seine ungefüge silberne Taschenuhr mit einem Schlüsselchen auf, entnahm der Reisetasche ein langes flanellenes Nachthemd, streifte es sich über den Kopf und blies seine Kerze aus. Ein Tag seines Lebens war vorbei und nichts sprach dagegen, daß nicht alle folgenden ihm gleichen würden. So näherte Lincoln sich seinem fünfzigsten Jahr.

Das Städtchen Springfield bestand damals aus einigen schwärzlichen, im Winter schlammigen, im Sommer stauberfüllten Straßen, deren kastenförmige Häuser — teils noch hölzernes Ansiedlerwerk, teils schon mehrstöckige Ziegelbauten — einfach nebeneinander gestellt waren, von Reklameinschriften freilich schon reichlich überwuchert. Man hatte bereits eine Gasanstalt und war Station der Great Western Eisenbahn. Bei den Krämern bekam man vielerlei zu kaufen: Gummischuhe und Musikdosen, Stahlfedern und eiserne Öfen, die sich selbst regulierten, Seidenfächer und Havannazigarren, Austern und Sardinen. Um den Marktplatz allein mit den staatlichen Gebäuden, den Kirchen und Banken, den Sattlern und Schmieden lief ein hölzerner Bürgersteig, unter dem Ratten hausten. Vor den Wirtshäusern waren die Holzgeländer, an die die Farmer die Zügel ihrer Pferde befestigten, von den Zähnen der ungeduldigen Tiere allenthalben angenagt. Fast unablässig blies der Wind von der Prärie durch das Städtchen. Allabendlich, den Sommer hindurch, hörte man aus ihren Tümpeln das Geschrei der Frösche.
Hier lebte Abraham Lincoln in einem hübschen, weißen Haus mit Frau und Kindern. Wenn er Zeit dazu hatte, spaltete er Brennholz, molk seine Kuh, trieb sie auf die Weide; seine blauen Baumwollhosen waren dann in schlammbespritzte Stiefel gestopft.
Da er als Anwalt der Meinung war, auch der Schuldige habe Anspruch auf volle Gerechtigkeit, war er nicht wählerisch in seiner Klientel. Er verteidigte Totschläger und Mörder, Pferdediebe und säumige Zahler, auch eine Kupplerin; er führte Ehescheidungsprozesse, trieb Gelder ein und erledigte jede Art Notariatsgeschäfte. Freilich, wenn er einen Klienten für unschuldig gehalten hatte und während der Verhandlung erkennen mußte, daß er tatsächlich schuldig war, legte er die Verteidigung nieder; die Jury würde ihm sonst ansehen, sagte er, daß er selbst nicht mehr an die Unschuld des Angeklagten glaubte und diesen deshalb schon verurteilen. Doch wie er unterwegs sein Wägelchen anhalten konnte, um einen Vogel, der noch

nicht flügge war, ins Nest zurückzuheben oder um mühsam und unter Aufopferung seines schwarzen Anzuges einem Schwein zu helfen, das im Schlamm steckengeblieben war, so nahm er auch Vertretungen auf sich, die ihm nicht viel mehr als Mühen einbringen konnten, etwa die einer Kriegerwitwe, die Pensionsschwindlern zum Opfer gefallen war oder die eines Waisenmädchens, das einen Gauner zum Vormund hatte. Er war niemals eifrig im Einkassieren seiner Honorare und vergaß sie zuweilen ganz.

Eine Zeitlang hatte er beträchtlichen politischen Ehrgeiz gezeigt. Dem Parlament des Staates Illinois gehörte er schon lange an; von 1847 bis 1849 war er Mitglied des Repräsentantenhauses in Washington gewesen; doch hatte er sich dort nicht besonders ausgezeichnet und war daher nicht wiedergewählt worden. Jetzt hatte man den Eindruck, daß er sich nur noch seinem Beruf, seinem Haus und höchstens noch dem Heimatstaat Illinois widmen wolle. Und er selbst widersprach nicht, anscheinend beruhigt in dem Gedanken, daß die Grenzen seiner politischen Begabung nun einmal nur bis zu denen von Illinois reichten. Freilich, bei aller seiner koboldhaften Freude an lächerlichen Geschichten, seiner Fähigkeit zu anregender, drolliger und ironischer Diskussion mit allen Leuten, die er alltäglich an den Straßenecken traf, in den Warteräumen der Eisenbahn, im Postamt, im Hotel, ungeachtet auch der Beliebtheit, die ihm daraus erwuchs, — er konnte immer wieder ganz plötzlich so trostlos schwermütig, ja verzweifelt vor sich hinstarren, daß seine Mitbürger bei seinem Anblick erschraken.

Denn hatte Abraham Lincoln nicht zufrieden zu sein? Alle in Springfield wußten ja, mindestens vom Hörensagen, wie er im Jahre 1837 im Städtchen angekommen war, ein Bauernbursche auf gemietetem Gaul, nichts in seinem Besitz, als was die Satteltaschen faßten. Mußte er in seinem Aufstieg zu seinem jetzigen festen und respektierten Stand nicht fast schon ein kleines Wunder sehen und demgemäß froh und dankbar sein?

## II
## Jugend in Wildnis

Die Familie der Lincoln hatte 1637 ihre Heimat, das Dorf Hingham in Norfolk an der englischen Nordseeküste verlassen und war im Sommer des Jahres in Boston gelandet, etwa gleichzeitig mit den Washingtons, mit denen sie auch gesellschaftlich auf gleichem Fuße stand. Als angesehene, ruhige Bürger breiteten sie sich allmählich südwärts aus, bis in die Staaten New Jersey, Pennsylvania, Virginia, stets der Oberklasse angehörend und auskömmlich lebend; sie besaßen Eisenwerke und Sägemühlen; ein Gouverneur von Massachusetts war unter ihnen und einer von Maine und ein Generalstaatsanwalt der Vereinigten Staaten unter Präsident Jefferson. Nur ein Zweig der Familie entwickelte sich abwärts — der eines gewissen Abraham Lincoln, der der magischen Gewalt der westlichen Wildnis verfiel, der stärksten Triebkraft der amerikanischen Geschichte —: von Virginia aus, wo er seine große, schöne Farm verkaufte, kreuzte er die westlichen Grenzberge in das damals noch ganz unerschlossene Kentucky hinein, suchte sich hier anzusiedeln, verarmte aber statt dessen vollkommen, aus Gründen, die man nicht kennt. Viel absichtliches Dunkel scheint über sein Leben gebreitet. Sein Sohn Thomas war beim Tode des Vaters ein Kind, das noch nicht einmal Lesen gelernt hatte. Er wurde Arbeitsbursche bei den Farmern der Nachbarschaft, dann wandernder Gelegenheitsarbeiter, schließlich Ansiedler kärglichster Art.
Kentucky war damals noch von menschenleeren Wäldern bedeckt und wegen Wölfen, Bären und Indianern gefährliches Gebiet. Der Lehmboden war steinig, eine lebenslange Plage für den Ansiedler. Dennoch brachte Tom Lincoln es schließlich fertig, hier einen Hausstand zu gründen, freilich übervoll von Armut und Arbeit.
Er hatte die Anfänge des Schreiner- und Zimmererhandwerks

zu erlernen vermocht und dabei die Tochter seines Lehrmeisters, Nancy, kennengelernt, die seine Frau wurde. 1809 wohnte er mit ihr und ihrer kleinen Tochter Sarah in einem Blockhaus, vierzehn Meilen von Elizabethville in Kentucky, als am 12. Februar, eines Sonntags, hier sein zweites Kind geboren wurde, ein Knabe.
Das Blockhaus war ein einziger Raum, roh zusammengefügt aus Baumstämmen des Waldes, der sein Dach beschattete. Die Tür schwang in Lederriemen, und das gefettete Papier des Fensterchens ließ vom spärlichen Licht des Wintertages kaum etwas herein. Die Feuerstelle allein, in der gewaltige Holzscheite flammten, leuchtete. Auf einem Bettgestell, das in einer Ecke in die Wand eingepflockt war, wenig nur über dem gestampften Lehmboden, lag die Mutter, mit Tierfellen zugedeckt, im Arm das winzige neue Lebewesen, das ein grellgelbes Baumwolljäckchen trug. Besuchern aus der Nachbarschaft, die im Lauf des Nachmittags vorsprachen, sagte sie mit matter Stimme, es solle Abraham heißen.
Tom Lincoln, der Vater, war damals einunddreißig Jahre alt. Er war ein kraftvoller Mann geworden, wildbärtig brünett. Immer noch ohne alle geistige Bildung, mußte er ein »X« als seine Unterschrift gelten lassen. Nie hatte er etwas anderes als äußerste Armut gekannt, deren unentrinnbarer Fluch ihn wie mit eisernen Klammern am Boden festhielt. Dennoch nahm er sie nicht mit der Ergebung des geborenen Landproletariers hin; immer wieder ist die Auflehnung des Verarmten in seinem Verhalten erkennbar, in seinem verzweifelten Kampf gegen die Mißgunst des Landes, den schlechten Boden, das dicke Unterholz, die wüsten Regengüsse, den sengenden Sonnenbrand, Kämpfe, in denen er immer wieder unterlag. Es konnte kaum anders sein, als daß er in dieser ewigen Abwehr schwierig wurde, rauh, unerträglich, daß er viel schalt und fluchte und allzu schnell mit schwielenreicher Hand zuschlug. Doch wenn ihm eine bestimmte Arbeit gegeben war, verrichtete er sie eifrig und unverdrossen; eben deshalb wurde ihm auch von der Siedlergemeinde das Amt des Straßenaufsehers anvertraut. Seine An-

sprüche an das Dasein gingen über Primitivstes nie hinaus. Die Mißerfolge, an denen sein armes Leben dennoch so reich war, die Unzufriedenheit, mit der es ihn quälte — ist es ein Wunder, daß er sie oft durch polternde Prahlereien auszugleichen suchte?
Anders stand es um seine Frau, Nancy, als deren Familienname zuweilen Sparrow, zuweilen Hanks überliefert wird. Ihre Herkunft liegt im Dunkel. Ihre Mutter, Lucy Hanks mit Namen, hatte sich, neunzehn Jahre alt, einem Zug Ansiedler angeschlossen, die aus dem Küstenstaat Virginia nach Kentucky aufbrachen. Ganz allein war das Mädchen mit ihnen westwärts gewandert, nur ihr Kind Nancy im Arm; nie verrriet sie, wer sein Vater war. Das Gerücht, er habe einer der alten virginischen Magnatenfamilien angehört, ist sicherlich nicht verwunderlich.
Lucy Hanks war ein ungewöhnliches Geschöpf. Sie beherrschte vollkommen die damals noch seltene Kunst des Lesens und Schreibens; niemand wußte, wo sie sie erlernte. Resolut und arbeitsam, erwarb sie für sich und ihr Kind den Lebensunterhalt. Nichts schien sie aus der guten Laune bringen zu können, ja zuweilen scheint sie eine so fröhliche Lebenskünstlerin gewesen zu sein, daß sie sich, 1789, vor einem ländlichen Sittengericht wegen allzu lockerer Daseinsführung zu verantworten hatte.[1] Doch als sie einen Mann fand, den sie ernstlich liebte, den Zimmerer Harry Sparrow, heiratete sie ihn, wurde eine vorzügliche Hausfrau und Mutter von acht Kindern. Sparrow adoptierte auch die vaterlose Nancy; und als Tom Lincoln bei ihm das Zimmererhandwerk erlernte, war sie dessen Frau geworden.
Nancy hatte etwas von der geistigen Selbständigkeit ihrer Mutter geerbt, wenngleich sie bei ihr weniger im Bereich des Verstandes als in dem der Gefühle wurzelte. Was bei der Mutter Lebensfestigkeit war und Mut — auch der zur Absonderung —, erscheint bei Nancy wieder als stillfröhliches Vertrauen auf das Schicksal, das es unmöglich böse mit ihr meinen könne; zugrunde lag dem freilich eine tiefe, zuweilen schwärmerisch erhitzte Frömmigkeit. Nancy war viel zarter und anfälliger als ihre

Mutter, vielleicht also doch ein Aristokratenkind; sie hatte von ihr die sanfte, brünette Haut geerbt, graue, arglose, aber kluge Augen, eine weite Stirn und betonte Backenknochen.

Über ihr arges Los als Frau Tom Lincolns, der mit der Welt so schwer zurecht kam, tröstete sie dieses glückliche Temperament hinweg, so daß ihr tatsächlich nicht allzuviel zustoßen konnte. Allerdings ist wohl sicher, daß sie, mitten im wilden Wald, bei der schweren Arbeit, viel mehr dachte und fühlte als sie auszusprechen vermochte, daß sie Zugang zu metaphysischen Kraftquellen hatte, die ihrem armen, geistig nur spärlich entwickelten Tom verschlossen waren.

Ihrem kleinen Knaben Abraham sang sie mit halber Stimme fromme Lieder ins Ohr und erzählte ungefüge Märchen. Wenn draußen im Sturm die Bäume stöhnten und auf das dünne Bretterdach der Regen dröhnend trommelte, schmiegten Mutter und Kind sich enger aneinander, gemeinsam bebend in Angst vor Hexen, die sie durch die Luft jagen hörten, anheimgegeben an eine Natur, deren Absichten ihnen immer Geheimnis blieben.

Als Abraham vier Jahre alt war — es war das Jahr, in dem in Europa die Schlacht bei Leipzig geschlagen wurde —, versuchte der Vater es mit einer neuen Ansiedlung, Knob Creek, fünfzehn Meilen nordöstlich, und als der Knabe den siebenten Geburtstag hinter sich hatte, mit einer dritten; auf zwei gemieteten Pferden, die in Säcken allen Besitz der Familie trugen, ging der Umzug vor sich; auf dem einen Pferd saßen überdies Tom und Abraham, auf dem anderen Nancy mit der kleinen Tochter Sarah. Man überquerte den mächtigen Fluß Ohio, um in einem neuen Land, dem Staat Indiana, einen neuen Anfang zu machen. An einer Stelle namens Little Pigeon Creek errichtete Tom seine Hütte — zuerst nur drei Wände und statt der vierten ein offenes Feuer — und begann aufs neue den Kampf mit dem Boden, dieses Mal unkrautdurchwuchertem, starrem Ton.

Bereits in Knob Creek hatten die beiden Kinder den Eltern wo immer möglich zur Hand gehen müssen. Oft nur mit einem Hemd bekleidet, hatten sie die Asche vom Feuerplatz zu kehren, Beeren zu suchen, Raupen von den spärlichen Gemüsen zu lesen, schließlich auch auf dem geliehenen Pferd zu sitzen, das den Pflug zog. Ihre Betten waren Säcke voll welker Blätter, ihre Nahrung zumeist Kartoffeln und roh zubereitetes Maisbrot, dann wieder plötzlich, wenn vielleicht das Jagdglück gut war, schwer verdauliches Fleisch und Fett.

Viele Jahre später, als das Kind Abraham Lincoln ein Mann geworden war, gebrauchte er für diese Zeit den traurigen Satz: »the short and simple annals of the poor« — »die kurze und einfache Geschichte der Armen«.

Dennoch, diese Siedler, Fallensteller, Pelzjäger, so arm sie selbst waren, trieben die Grenzen der mächtigen Vereinigten Staaten unaufhörlich westwärts; doch konnten sie das nur tun, weil sie selbst nie seßhaft wurden, ewig neu begannen. Alles schien bei ihnen haltlos, ständig im Fluß, jede Erwartung gerechtfertigt. Ein vagabundenhafter, brutaler, doch unverwüstlicher Optimismus beherrschte sie, bei dem ein Menschenleben wenig Wert besaß; die vielen Gräber derer, die am Wege liegen blieben, zählte niemand. Nur von den Überlebenden war die Rede, die die Macht der im Westen versinkenden Sonne immer wieder weiter ins Unbekannte zu treiben schien.

Als Abraham neun Jahre alt war, wurde seine Mutter plötzlich krank, während es draußen zu schneien begann; sie starb nach wenigen Tagen — an sich nichts Ungewöhnliches, da die Frauen der Siedler oft sehr jung an Überarbeitung und unbekömmlicher Nahrung zugrunde gingen. Der Vater zimmerte den Sarg, und der Knabe hatte mit einem großen Taschenmesser die Tannenholzpflöcke zu schnitzen, die, in Ermangelung von Nägeln, die Bretter zusammenhielten. Das Grab Nancys grub Tom Lincoln auf einem kleinen Waldhügel unfern des Hauses. Kein Stein, kein Brett bezeichnete es.

Lange freilich dauerte die Einsamkeit des Witwers mit den zwei kleinen Kindern nicht. Im Dezember 1819 verschwand der Vater für einige Tage, um dann peitschenknallend mit einem Planwagen zurückzukehren, dem eine stämmige Frau mit lebendigen, gutherzigen Augen entstieg, Sarah Busch, eine Witwe, die drei Kinder aus erster Ehe mitbrachte, außerdem aber auch

Dinge, dergleichen Abraham noch nie gesehen hatte: Federbetten, Möbel aus poliertem Nußbaumholz, fabrikneue blinkende Metalltöpfe. Auch Sarah war fröhlich, wie Nancy das gewesen war, doch weniger in vertrauender Frömmigkeit, als in hausbackener, irdischer Entschlossenheit. Ihre immer wache, herzhafte Güte ließ es nie dazu kommen, daß Abraham und Sarah sich als Stiefkinder fühlten.

So wuchs Abraham Lincoln heran, zu einem mageren, hoch aufgeschossenen, dunkelhäutigen Jungen mit lebhaften braunen Augen. Die Unterlippe stülpte sich ein wenig nach vorn. Der Adamsapfel stieg sichtbar auf und ab. Überall hatte er im Haushalt zur Hand zu gehen, beim Wasserholen, Ausgraben der Baumstümpfe, Heranschleppen der Werkzeuge. Seine Hosen waren aus kaum gegerbtem Hirschleder. Den Sommer über ging er barfuß und mußte sich vor Schlangen in acht nehmen. Nur im Winter bekam er im Haus hergestellte Mokassins. Dann und wann wurde er zur Schule geschickt, immer wenn gerade, was zuweilen geschah, ein stellungsloser wandernder Lehrer in der Nachbarschaft auftauchte. Er hat in Indiana drei, in Kentucky zwei verschiedene Schulen besucht, war in allen zusammen aber nur vier Monate. Der Unterricht fesselte ihn, so wird berichtet, sobald seine Wißbegier angeregt wurde; er zog sich aber von ihm zurück, sobald Schularbeiten von ihm verlangt wurden. Er war lebhaften und raschen Geistes und sprach gern und viel; besonders liebte er, Prediger zu spielen und sich am Fluß der eigenen Rede zu erbauen.

Acht Jahre alt, schoß er einen Truthahn, um danach niemals mehr die Waffe gegen ein lebendes Wesen zu erheben — überaus erstaunlich in der Umgebung, in der er lebte, in der Jagd und Fallenstellen zum Alltag jedes Mannes gehörte; wer nicht ein Eichhörnchen durch einen Schuß ins Auge töten konnte, wurde nicht als Schütze respektiert. Kaum je verließ ein Siedler sein Haus, ohne zwei Flinten über der Schulter hängen zu haben — schon weil das Fehlen jeder Staatsmacht an der Westgrenze Gesindel und Gesetzesverächter aller Art wie Kehricht hier zusammentrieb. Jeder Monat konnte daher die Notwen-

digkeit der Selbstverteidigung bringen. Und rasche und drastische Justiz war zuweilen zu üben, indem man tötete, um nicht selbst getötet zu werden. Der junge Lincoln hingegen befreite Tiere, die er in Fallen vorfand, und scheuchte ein junges Reh davon, um es vor den Flinten lauernder Jäger zu bewahren, wofür sein Vater ihn heftig verprügelte.
Er lernte Mähen, Melken, Buttern, vor allem aber, etwa vom zwölften Jahre an, Axt und Säge zu handhaben. Bald spaltete er die Stämme der Eichen und Ulmen und des eisenharten wilden Nußbaums zu Balken, mit denen die Siedler ihre Landstücke einzäunten und ihre primitiven Brücken bauten; auch hölzerne Joche, in die sie ihre Zugochsen spannten, schnitzte er. Bis an sein zwanzigstes Jahr war er fast jeden Tag allein in der bislang unberührten Einsamkeit des Waldes; oft hörte er viele Stunden hindurch nichts als den rhythmischen Schwung und Klang der eigenen Axt, den schweren Krach der stürzenden Bäume und, wenn er das Werkzeug ruhen ließ, was er gern tat, das Gezwitscher der Vögel, das Windesrauschen in den Blättern; er wurde Genosse und Vertrauter der Tiere des Waldes, der silbergrauen Eichhörnchen, der raschen Kaninchen, der zierlichen Feldmäuse, des Habichts und auch der Wildkatze, die dann und wann mit glimmenden Augen im Gebüsch lag. Die Wandersitten der Zugvögel lernte er kennen, als ob er einer der ihrigen gewesen wäre. Oft auch erfreute er sich in seinen Arbeitspausen am einsamen Spiel der »Judenharfe«, eines primitiven Musikinstruments in Form einer kleinen Lyra, das man zwischen die Zähne klemmte und dessen dünne Metallzunge man mit einem Finger zum zirpenden Tönen brachte.
Starkknochig und muskulös, unterschied er sich nicht von seinen Altersgenossen in Pigeon Creek. Die Innenseiten seiner Hände wurden allmählich wie Leder. In den bäuerlichen Wettkämpfen, im Ringen, Springen, Laufen, Brechstangenwerfen, war er den meisten überlegen. Damals schon pflegte er unter Grimassieren und lebhaftem Spiel der Hände Geschichten zu erzählen, was die Zuhörer zu brüllendem Gelächter brachte. Zu ihrem maßlosen Staunen aber auch begann er zu lesen, was immer er

Lesbares fand, und vielleicht schützte ihn nur seine Körperkraft davor, von den jungen Barbaren deswegen verspottet und verfolgt zu werden.

Er las, wo immer er konnte, in Baumkronen versteckt oder auf dem Bauch liegend, vor dem Kamin, solange die Glut noch etwas Licht gab, bis tief in die Nacht. Seine ersten Bücher waren zum Glück meistens große und schlichte Bücher: die Bibel, die Fabeln des griechischen Sklaven Aesop, der ein Weiser geworden war, »Robinson Crusoe«, Bunyans »Pilgrim's Progress«, »Sindbad, der Seefahrer«, Weems »George Washington«. Später traf er auf schwierigere Lektüre, eine englische Grammatik, ein mathematisches Lehrbuch, Baileys »Etymological Dictionary«, eine Art Konversationslexikon, schließlich auf eine Gesetzessammlung des Staates Indiana. Durch alles dies bohrte er sich gleichsam hindurch — wenn auch gewiß nicht zu einem vollen, so doch einem ahnungshaften Verstehen ihres Inhalts und zu einem bestimmten Gefühl für die unermeßliche Fülle der Welt jenseits von Pigeon Creek. Fast glich seine Bücherleidenschaft einer Rauschgiftsucht. »Die Sachen, die ich wissen möchte«, sagte er damals, »stehen in Büchern. Mein bester Freund ist der, der mir zu einem Buch verhilft, das ich noch nicht gelesen habe.«[2]

Nicht allzu weit von Pigeon Creek zog der Fluß Ohio olivengrün seines Weges; bei Pittsburgh aus der Vereinigung von Alleghany und Monongahela entstanden, mündete er in den Mississippi bei einem Städtchen, das sich den Namen Cairo gegeben hatte. Er war es, der dem jungen Abraham Lincoln den ersten Blick in jene Welt vermittelte, von der er bis dahin nur aus Büchern wußte.

Von seinem sechzehnten Jahr an etwa verdingte er sich zuweilen bei benachbarten Farmen gegen einen Tageslohn von 25 Cents. Einer von ihnen, James Taylor, besaß dort, wo der Anderson Creek in den Ohio mündet, eine Fähre über diesen und sie hatte der junge Lincoln zuweilen zu bedienen. Wer alles kreuzte hier den Strom, der zugleich Staatsgrenze war, Jäger und Händler, Hausierer und Offiziere der Bundesarmee, Prediger, Schul-

Abraham Lincoln als Rechtsanwalt
*Daguerreotypie aus dem Jahre 1846*

Abraham Lincolns Wohnhaus in Springfield/Illinois

meister, Schauspieler, doch auch Glücksritter, Flüchtlinge und Geächtete aller Art. Hier war es, wo nicht nur Lastkähne vorbeizogen, beladen mit Mehl und Kartoffeln, Schweinefleisch in Tonnen, Nüssen, Äpfeln und Whisky, sondern wo auch die großen Raddampfer erschienen, monströse Gebilde, schwimmende Paläste mit vielen Stockwerken blendend weiß gestrichener Galerien, die in zwei, drei Wochen von Pittsburgh nach New Orleans reisten, der riesigen Hafenstadt am Golf von Mexiko. Und zuweilen geschah es, daß Lincoln einige Reisende zu den Dampfern überzusetzen hatte, die dann in der Mitte des Stroms warteten, schwarzen Rauch teergetränkten Tannenholzes aus riesenhohen Schloten stoßend, während der ungeduldige Laut siedenden Dampfes aus ihren Maschinen drang. Ein erster Blick in die Wirklichkeit eröffnete sich ihm hier.
Doch als er zwanzig Jahre alt war, wurde es ihm plötzlich möglich, mitten in sie selbst hineinzugelangen: ein gewisser James Gentry, der größte Landeigentümer der Gegend, warb ihn an, um einen flachen Lastkahn mit Lebensmitteln nach New Orleans hinabzubringen und dort die Fracht zu verkaufen, ebenso auch den Kahn selbst als Bauholz. Gentrys Sohn Allen sollte die Reise leiten.
So fuhr nun Lincoln mit offenen Augen und erlebnishungrig den Ohio hinab und dann in den Mississippi hinein, den mächtigen, milchkaffeefarbigen Strom, der, träge südwärts schleichend, immer mehr einem grauen Meere glich. Es war eine Reise von tausend Meilen, ständig auf der Hut vor umschlagenden Winden, trügerischen Sandbänken und plötzlich entstehenden Strudeln, eine gewaltige Unternehmung für den Jungen aus dem eintönigen Pigeon Creek, mitten in die ihm gänzlich unbekannte Welt hinein. Und sehr bald kam auch ihr erster Anschlag gegen ihn: als der Kahn eines Nachts am Ufer bei Baton Rouge festgemacht war, wurde er von sieben räuberischen Negern überfallen. Die Jungen erwachten zwar noch rechtzeitig, um sie zu verjagen; doch aus dem Gefecht mit ihnen, in dem er langarmig einen Knüppel schwang, behielt Lincoln eine Narbe über dem rechten Auge für sein ganzes Leben.

Und dann endlich kamen sie, in tropisch lauer Luft dahingleitend, nach New Orleans, wo der Mississippi zwischen Sumpf und grünen Marschen im Meer sein Ende findet. Zum erstenmal sah Lincoln eine Stadt, mehr noch, eine der damals lebendigsten Städte der Welt, die drittgrößte der Vereinigten Staaten, deren Hafenverkehr stärker war als der Londons und Liverpools. Es war eine Stadt, die drei europäischen Reichen angehört hatte, dem französischen, dem englischen, dem spanischen, geschichtsreich wie keine andere in ganz Amerika, ein brodelndes Gewirr von Sprachen und Hautschattierungen, paradiesisch und verrucht, verschwenderisch und elend, ihrer Pferderennen wegen ebenso berühmt wie wegen ihres riesigen Opernhauses, ebenso berüchtigt wegen ihres Gelben Fiebers wie wegen ihrer Lasterviertel. Ein paar Tage trieben die Jungen von Pigeon Creek sich in ihr umher. Dann fuhren sie auf einem Dampfer heimwärts, nachdem sie insgesamt drei Monate unterwegs gewesen waren.

Bald danach zeigte sich, daß der Wandertrieb Tom Lincolns aufs neue erwacht war. Der Staat Illinois, seit kurzem erst der Ansiedlung erschlossen, lockte ihn, leicht gewellte Prärie, von deren fruchtbarem Boden Wunderdinge berichtet wurden. Die Farm von Pigeon Creek, in der vierzehn Jahre seiner mühseligen Arbeit steckten, verkaufte er für 125 Dollar und machte sich in einer größeren Gesellschaft verschwägerter Familien, einer kleinen Karawane quietschender Ochsenkarren, von neuem auf den Weg.

Acht Meilen von der Stadt Charleston lag seine neue Siedlung, unweit des Flusses Sangamon, ein indianischer Name, der bedeutet: das Land, wo es viel zu essen gibt. Hier hatten die Pflüge sich nicht mehr durch zähen Ton wie in Indiana hindurchzuquälen; doch auch hier versagten sie nicht selten: allzu schwer war die schwarze Erde, allzu fest in ihr verwurzelt das riesenhohe Präriegras. War der Boden aber einmal durchbrochen, so erwies er sich als unwahrscheinlich fruchtbar.

Der junge Abraham hielt es hier nicht mehr lange aus. Mit einem Stiefbruder und einem Vetter und der Unterstützung eines ländlichen Kapitalisten, Danton Offut, machte er sich daran, die im Auftrag James Gentrys unternommene Geschäftsreise auf eigene Rechnung noch einmal zu wiederholen. Sie bauten am Sangamonfluß einen Lastkahn, beluden ihn mit mancherlei Waren, vor allem mit Schweinefleisch, und trieben flußabwärts nach New Orleans.

Sehr bald aber endete die Reise, als unterhalb des Dörfchens New Salem der Kahn an einem Mühlenwehr hängen blieb; zu einem Drittel seiner Länge schon neigte er sich über die Kante des Dammes und begann voll Wasser zu laufen, wodurch die Fässer mit Schweinefleisch ins Rollen gerieten. Verzweifelt bemühten sich die drei jungen Leute, das Fahrzeug wieder flott zu machen. Lincoln, in hohen ungegerbten Stiefeln umherstampfend, glückte es schließlich, ein Loch in das über den Damm hängende Ende des Kahns zu bohren, das Wasser fand Abfluß und das Gleichgewicht stellte sich wieder her. So gelang vor den Augen der versammelten Dörfler die Rettung, und die Reise ging weiter. Doch zeigte sich nicht allzu lange nachher, daß es Lincolns Schicksal gewesen war, das ihn hier hatte stranden lassen.

Wieder trieben die jungen Leute sich im Gewühl von New Orleans umher, fast einen Monat lang. Sie gerieten auch auf den Sklavenmarkt, in dessen ordinärem Tumult Sklavenbesitzer der minderen Sorte ihre Arbeitskräfte zu besorgen pflegten. Sie sahen zu, wie ein Mischlingsmädchen versteigert wurde — »nachdem man sie genötigt hatte, auf und ab zu traben«. Es scheint, daß Lincoln hier zum erstenmal auf die Tatsache der Sklaverei — die man in Illinois und Indiana nicht kannte — in aller ihrer Konkretheit stieß und über sie nachzudenken begann.[3] Als Heizer auf einem Dampfer kehrte er zurück.

Doch nun blieb er nur wenige Wochen noch im Hause des Vaters. Dann packte er seine wenigen Habseligkeiten in ein Bündel zusammen, hing es an einem Stock über die Schulter und ging seines eigenen Weges davon.

## III
## New Salem: Das Tor zur Welt

Lincoln war, als er seine Familie verließ, nach seinen eigenen Worten, »nur ein Stück Treibholz, das den Sangamon hinabschwimmt«. Und so wie im vorigen Frühjahr sein Kahn am Mühlenwehr von New Salem sich festgefahren hatte, so blieb nun auch er selbst in der kleinen Siedlung hängen.[1]
Danton Offut nämlich, der gleiche Kleinkapitalist, der die Flußreise nach New Orleans finanziert hatte, hielt es für aussichtsreich, in New Salem einen Kramladen aufzumachen und Lincoln, der sich auf dem Kahn so gut bewährt hatte, als Verkäufer anzustellen.
New Salem, angelegt als Siedlung armer und eben durch ihre Armut zusammengeführter Leute auf einer mit Eichen bewachsenen Anhöhe, um die der Sangamon eine gemächliche Schleife zog, hatte damals fünfundzwanzig Häuser mit zwölf Familien; nicht mehr freilich besaß gleichzeitig Chicago am Nordende des gleichen Staates Illinois.[2] New Salem hatte eine Getreidemühle – an deren Wehr Lincolns Kahn gestrandet war –, ein Sägewerk und bereits einige Läden, mit denen derjenige Offuts in Wettbewerb zu treten hatte. In ihm saß nun im Hochsommer 1831 Lincoln, als Gehilfen neben sich einen achtzehnjährigen Pastorensohn, William Green. Sie schliefen miteinander auf Feldbetten im Hintergrund des Ladens, der anfangs gut mit allem versehen war, was die Farmer zu kaufen liebten, nachdem sie ihr Korn in der Mühle abgeliefert hatten: Tee und Salz, Zucker und Kaffee, Whisky und Tabak, Küchengeräte und bedruckter Kattun. Dennoch fehlte es allmählich an Kunden, besonders da Offut sich als Schwätzer und Prahler erwies und die eigene Whiskyflasche allzuoft aus dem großen Faß des Ladens füllte, welch letzterer daher bald Sammelplatz aller klatschsüchtigen Müßiggänger New Salems war, von reellen Käufern aber nicht mehr aufgesucht wurde. Bereits im März

1832 kam es zum Bankrott, und Lincoln war wieder der besitzlose, ungelernte Handarbeiter, als der er gekommen war.
Doch waren die inzwischen verflossenen Monate nicht nutzlos vertan. Sie hatten den jungen Menschen, der bisher nur in der Familie gelebt hatte, in ein größeres Gemeinwesen hineingeführt, das noch im Wachsen war und ihn gern aufgenommen hatte. Die Einwohner New Salems entsannen sich seiner gut, wie er, angetan mit hohen Stiefeln und breitkrempigem Hut, gelenkig und klug seinen gestrandeten Kahn wieder flott gemacht hatte. Daher auch konnte er in den ersten Tagen nach der Ankunft schon, ehe seine Waren eingetroffen waren, bei einer lokalen Wahl als Protokollführer dienen. Er erwarb sich sehr rasch einen gesicherten Platz in dieser primitiven Sozialordnung — zunächst freilich dadurch, daß Offut in seiner fast schwärmerischen Schwäche für Lincoln die Körperkräfte seines Ladengehilfen derart gerühmt hatte, daß der Champion von New Salem, Jack Armstrong, gar nicht anders konnte, als den Neuankömmling zum Ringkampf herauszufordern. Kleiner, wenn auch stämmiger als dieser, wurde er von ihm geworfen, worauf sich lokalpatriotisches Gemurr erhob: Lincoln habe nicht fair gekämpft. Doch Armstrong schüttelte ihm die Hand, und eine lebenslange Freundschaft war entstanden; später wiegte Lincoln Armstrongs Kinder, während seine Frau Lincolns Hosen und Hemden flickte.
Obwohl Lincoln Trinken und Kartenspiel ablehnte, bemühte er sich doch, nirgends ein Spielverderber zu sein. Nicht weniger als jeden andern interessierten auch ihn die primitiven Wettkämpfe wie sie Bauern aller Länder lieben: die Hahnenkämpfe und Ponyrennen — mit einer Flasche Whisky als Preis —, das Werfen hölzerner Hämmer und eiserner Brechstangen. Doch mehr Aufsehen als seine körperliche Stärke machte immer noch die Tatsache, daß er keinen Mißbrauch mit ihr trieb. Überall in den schlichten kleinen Häusern New Salems, in denen es nach Holzfeuer, Milch und Brotteig roch, war er gern gesehen. Er scherzte mit den Kindern, er las und schrieb Briefe; und natürlich auch, daß sein Erzählertalent und seine Lust an ihm

ihn populär machte. Der Charakter seiner Anekdoten blieb vulgär — wie hätte es anders sein können? Er gebrauchte die Ausdrücke, die das Volk gebraucht, weil er andere nicht kannte, und die Objekte seiner Erzählungen konnten keine andern sein als die, die er selbst kennengelernt hatte. Lebhaften und neugierigen Geistes, gab er sich in körperlicher Arbeit nie bis zur Erschöpfung hin, geschweige denn bis zum Stumpfsinn. Daher schien er immer gesellig, heiter, ja angriffslustig.
Nach wie vor las er gern, wann und wo er nur konnte, besonders auf dem Ladentisch seines streng riechenden Kramlädchens ausgestreckt, den Kopf auf einem Kalikoballen. Auch wenn er die Dorfstraße entlangging, pflegte er zu lesen, laut und mit vorgeschobener Unterlippe — eine Gewohnheit, die er nie verlor. Er borgte alle Bücher im Umkreis von fünfzig Meilen. Nachts las er in der Werkstatt des Schmiedes, weil dessen Feuer am längsten glühte und ihm Licht gab; zuweilen half er der Glut mit Kienspänen nach. Er las damals die dahinrollenden Verse Shakespeares, die schlichte, brunnenklare Poesie Robert Burns', doch auch wieder eine englische Grammatik, über deren Inhalt ihn sein Lehrbube Green zu examinieren hatte. Er las Gibbons »Decline and Fall of the Roman Empire« und blätterte zum mindesten in Plutarch und Locke, Hume und Rousseau.
Äußerlich glich er den Leuten von New Salem vollkommen. Er trug lange Leinenhosen und weder Weste noch Rock, oft nur eine Hälfte des Hosenträgers über dem bläulichen Kattunhemd, schwere, braune Schuhe und einen Strohhut ohne Band.
So gut fand er sich in New Salem zurecht, daß man den Neuankömmling im März 1832 als Kandidaten für die Parlamentswahlen des Staates Illinois aufstellte.
Lincolns Entschluß, sich in die Politik aktiv einzulassen, ist nicht schwer zu verstehen. Wir erinnern uns, daß er als Kind schon gern vor andern Kindern Prediger spielte und daß der Schall der eigenen Rede ihn immer sehr ergötzte. Nun aber, als Parlamentarier, darüber hinaus, noch möglicherweise praktische Wirkungen von seiner Rede erwarten zu können, die Beeinflussung, die Führung, ja, die Umgestaltung von Mitmen-

schen — welche Verlockung! Sicherlich auch — obwohl anfangs nur wie im Schein zuckenden Wetterleuchtens — sah er, daß hier ein Weg aus der Ödnis des Alltags sich öffnen konnte, hinaus in die Welt, von der er schon so viel wußte und doch nichts gesehen hatte, außer den schmalen Kostproben der Reisen nach New Orleans. Und vielleicht sogar, daß tief im Unbewußten auch Erbinstinkte sowohl der großbürgerlichen Lincolns als auch des unbekannten aristokratischen Großvaters in Virginia sich regten und ihn antrieben, den Kampf um das verlorene gesellschaftliche Niveau wieder aufzunehmen. Hierfür spricht auch, daß er sich für die Partei der Whigs aufstellen ließ, für die Nachkommen also der aristokratisch-konservativen, »Federalisten« Hamiltons und Adams', eine bei den armen, kleinen Siedlern am Sangamonfluß höchst unbeliebte Partei. Es war das eine Kühnheit, die wiederum schon etwas wie Resignation in sich trug. Bei seiner ersten Wahlrede — ein Beobachter sagte, seine Hosen seien dabei sechs Zoll über seinen Schuhen zu Ende gewesen — sagte er in einer Mischung von Bescheidenheit und Anmaßung, von denen die eine ebenso unecht gewesen sein mag wie die andere: »Mitbürger, ich setze voraus, Ihr alle wißt, wer ich bin. Ich bin der demütige, schlichte Abraham Lincoln. Mein Programm ist kurz und süß wie der Altweiber-Tanz. Ich bin für eine nationale Bank, für Landmeliorationen und für Schutzzölle. Werde ich gewählt, werde ich dankbar sein, wenn nicht, wird es auch gut sein.«

Freilich wurde der Wahlkampf schon im April unterbrochen: ein siebenundsechzigjähriger Indianerhäuptling, Schwarzer Habicht, den man seit Jahren schon durch einen Vertrag aus Illinois entfernt glaubte, war kriegsmäßig grell bemalten Gesichts und in pompösem Federschmuck zurückgekehrt: seine Vernunft sage ihm, so erklärte er, daß man nur Dinge verkaufen könne, die sich wegtragen lassen, also kein Land. Sengend und mordend begann er sein einstiges Territorium von weißen Ansiedlern zu säubern; in wenigen Wochen waren zweihundert umgebracht. Bundestruppen mußten herangeworfen werden, während die Burschen aus der Gegend New Salems eine Frei-

willigenkompanie formierten, eine wilde Bande, die zu ihrem Hauptmann Abraham Lincoln, den fremden Grünschnabel von dreiundzwanzig Jahren, erwählte. Freilich, die ersten Kommandos, die er daraufhin seiner Truppe geben wollte, beantwortete diese mit einem einmütigen »Geh zur Hölle«.
Vom Krieg sahen sie nicht viel; gerade nur, daß sie eines Morgens im roten Sonnenaufgang fünf skalpierte Amerikaner zu begraben hatten, die in einem Scharmützel gefallen waren, und daß Lincoln einem verirrten Indianergreis, den seine Kompanie hängen wollte, das Leben rettete. Sonst bestand der Feldzug in endlosen Märschen durch Frühlingsschlamm, Regennächten an trübselig flackernden Feuern und viel Whisky, den die Bundesregierung lieferte. Hierbei hatte Hauptmann Lincoln einen Zusammenstoß mit einem Offizier der Bundesarmee, der den Freiwilligen kleinere Rationen geben wollte als der eigenen Truppe, wobei Lincoln sich nicht scheute, mit Rebellion der seinigen zu drohen.
Weit wichtiger für ihn war freilich, daß er hier den Major John T. Stuart kennenlernte, der im Zivilleben Rechtsanwalt in Springfield war, an dem geweckten jungen Menschen offenbar Gefallen fand und ihm eines Tages sagte, es bestehe kein gesetzliches Hindernis dagegen, daß auch er eines Tages Rechtsanwalt würde. Es war das ein Wort, das alsbald Wurzel in ihm faßte und ihn allmählich mehr und mehr erfüllte.
Im Sommer war der Krieg zu Ende und Lincoln widmete sich wieder seiner Wahl. Seine Aussichten waren schlecht, er selbst sah es und sagte in seiner letzten Rede: »Wenn das gute Volk in seiner Weisheit es für richtig halten sollte, mich weiterhin im Hintergrund zu belassen — ich bin viel zu sehr an Enttäuschungen gewöhnt, als daß mir das viel Kummer machen würde.« Und wirklich wurde er in der Wahl geschlagen.
Doch schon bot sich ihm eine neue Chance. Zusammen nämlich mit William Berry, der im Indianerkrieg sein Korporal gewesen war, übernahm er die Restbestände des Kramladens Danton Offuts, um das Geschäft auf eigene Rechnung fortzuführen. Es sah von vornherein nicht vielversprechend aus, aber Lincoln

ließ sich darauf ein; gewann er so doch zum erstenmal in seinem Leben Zeit, die ihm allein gehörte, allerdings in um so größerer Menge, je schlechter seine Geschäfte gingen.
Ein Zufall hatte es gefügt, daß eines Tages vor seinem Laden ein Siedler seinen Planwagen anhielt und ein Faß zu verkaufen wünschte, daß Lincoln es ihm für 50 Cents abnahm und daß er in seiner Tiefe ein Exemplar von Blackstones »Commentaries of the Laws of England« entdeckte, ein unentbehrliches Standardwerk angelsächsischer Jurisprudenz.
Dieser Zufall war einer jener gänzlich unwahrscheinlichen, die sich nicht erfinden lassen und die es dennoch zuweilen sind, die Geschichte schaffen. Von dem Buche, das Lincoln so kennenlernte, gerade in der Situation, in der — unter Stuarts Einfluß — in ihm selbst der Gedanke an das Rechtsstudium sich emporkämpfte, sagte er: »Nie in meinem ganzen Leben hat etwas meinen Sinn so vollkommen absorbiert.« Er studierte es unablässig; immer wieder sah man ihn nach durchwachter Nacht rotäugig und hohlwangig hinterm Ladentisch. Ein Friedensrichter des Destrikts entdeckte ihn barfüßig auf einem Holzhaufen liegen, ein Buch in der Hand. »Was lesen Sie da?« rief er zu ihm hinauf. »Ich lese nicht, ich studiere«, erwiderte Lincoln. «Studieren? Was denn?« fragte der Jurist. »Jurisprudenz« war die Antwort, worauf der andere nur »Allmächtiger Gott!« auszurufen vermochte. Aber es war hier, daß Lincoln den großen fundamentalen Satz fand, aufgestellt bereits im Jahre 1753: »Die Gesetze leiten ihre Gültigkeit von ihrer Übereinstimmung mit dem sogenannten Naturrecht, mit andern Worten: vom Gesetz Gottes ab« — den majestätischen Satz, an dessen Bewältigung er ein Leben lang zu arbeiten haben sollte, den Satz, dem er sich von nun an niemals mehr ganz zu entziehen vermochte, der sein irdisches Dasein groß und ruhmvoll und zugleich doch elend und gequält machen sollte.
Um seinen Kramladen stand es freilich immer übler. Berry betätigte sich hier nur im Erschlagen von Ratten; im übrigen spielte er Karten und trank sich langsam zu Tode. Lincoln sah sich genötigt, immer öfter als Holzhauer oder als Hilfskraft in

der Sägemühle das nötigste Geld zu verdienen. Er wurde wegen Steuerschulden seines Ladens gepfändet und mußte von Freunden ausgelöst werden. Schließlich ging die Firma in Konkurs und Lincoln mußte sich damit abfinden, eine Schuldenlast von etwa 1000 Dollar mit sich zu schleppen, ganz allein, fünfzehn Jahre lang, da Berry bald danach starb.
Wenn er jetzt seine Situation überdachte, dürfte sich auch ihm selbst einigermaßen seltsam erschienen sein: ein Fremder in New Salem, ein besitzloser Landarbeiter in Tagelohn, ein gescheiterter Krämer, dem gewaltige Schulden den Rücken hätte beugen müssen — ihn umgab dennoch für die Leute von New Salem eine Aura von Erfolgssicherheit. Sie hatten ihn zum Hauptmann ihrer Freiwilligen gemacht und sehr bald danach sollte eine beträchtliche Mehrheit unter ihnen ihn immer wieder ins Parlament von Illinois entsenden. Man bewunderte seine Athletenkraft, nicht weniger aber auch seine Redekunst und seine Schriftgewandtheit und begann damals schon zu flüstern, er werde einmal Senator werden oder ein großer Rechtsgelehrter.
Das Jahr 1833 war vielleicht entscheidend für ihn. Er bewarb sich um das sonst kaum begehrte Amt des Postmeisters von New Salem und erhielt es. Einmal wöchentlich fuhr der Postwagen vor, und Lincoln trug die Briefe aus, die er im Innern seines breitrandigen Hutes unterbrachte, die Zeitungen freilich erst, nachdem er selbst sie gelesen hatte. Deswegen vor allem hatte er sich um das Amt beworben, das ihm nur 55 Dollar jährlich einbrachte.
Da er hiermit nicht auskam, nahm er eine Menge anderer Beschäftigungen auf sich, auf den Feldern, in der Mühle, im Sägewerk. Ende 1833 wurde er Gehilfe des staatlichen Landmessers im Sangamon-Kreis, Calhoun mit Namen. Lincoln hatte dazu Robert Gibsons »Theory and Practice of Surveying« zu studieren, scheinbar für ihn, den Autodidakten, eine fast selbstmörderische Anstrengung. Aber der Dorfschullehrer Graham half ihm, und nach sechs Wochen war er soweit, daß er als Assistent Calhouns drei Dollar für den Arbeitstag erhielt. Freilich hat er in seiner selbstbiographischen Skizze von 1860 ge-

standen, es habe sich um verhältnismäßig sehr einfache Manipulationen gehandelt, und tatsächlich habe er nur ganz wenig von ihnen verstanden.

Und schließlich wurde er dann 1834 in das im Winter zusammentretende Parlament von Illinois gewählt; fünfundzwanzig Jahre alt, saß er nun dort, seltsam ländlich ungeschlacht, meistens schweigsam und ohne Eindruck zu machen. »Er war die Armut selbst«, berichtete später einer seiner damaligen Kollegen, »aber unabhängig.«

In New Salem wohnte er jetzt in einem Wirtshaus, wo er sich nachts auf dem Dachboden zusammen mit zwölf anderen Gästen mit seinen langen Gliedern irgendwie einrichten mußte. Die Besitzer, die Familie Rutledge, waren ernste, nüchterne, stark religiöse Menschen, vielleicht sogar ein wenig düster und schwermütig. Zuweilen sangen Wirte und Gäste miteinander in der Schenkstube Psalmen. Einer ihrer Vorfahren, James Rutledge, gehörte zu den Unterzeichnern der amerikanischen Unabhängigkeitserklärung. Lincoln war in der Familie gern gesehen; angeblich hat er an ihr seine Wahlreden ausprobiert.

Eine Tochter der Rutledges, Ann, eine blonde Achtzehnjährige, galt als Schönheit; ihrer Zartheit wegen hatte sie nur die häuslichen Näharbeiten der Familie zu verrichten. Sie war mit einem wohlhabenden, doch vieldeutigen Mann verlobt, McNeil mit Namen, der eigentlich McNamar hieß, New Salem vor längerer Zeit schon verlassen hatte und seitdem nichts mehr von sich hören ließ. Mag sein, daß die schwierige Lage, in die Ann damit geraten war, Lincoln den Mut gab, um sie anzuhalten.[3]

Bislang hatte er vor Frauen eine deutliche, fast knabenhafte Scheu gezeigt. So wie er sich von einem Teil der oft gewiß sehr rüden Lustbarkeiten seiner Altersgenossen von jeher fern gehalten hätte, von Jagd, Trinken, Kartenspiel, so auch von Frauen und Mädchen. Sie pflegten ihn verlegen zu machen, und wenn er Gesprächen mit ihnen nicht ausweichen konnte, wurde er gehemmt und banal. Und obwohl in den Anekdoten, die er zu erzählen liebte, das andere Geschlecht oft eine wichtige Rolle hatte, erzählte er sie doch stets so, daß zwischen ihrem schlüpf-

rigen Inhalt und ihm selbst jede persönliche Verbindung fehlte. Ann Rutledge wies ihn nicht ab. Sie schrieb an McNeil, daß sie sich nicht mehr an ihn gebunden fühle. Und da er nicht antwortete, verlobte sie sich mit Lincoln. Sie war zweiundzwanzig Jahre alt, er sechsundzwanzig.
Bald danach verkaufte ihr Vater das Gasthaus, dessen Geschäftsgang unbefriedigend geworden war und zog sich auf eine Farm zurück; zwischen ihr und New Salem war Lincoln nun ständig unterwegs. Es war eine Zeit voll Glück für ihn. Er machte mit Ann zusammen Pläne für ein langes gemeinsames Leben. Der große, ungeschlachte Mensch konnte kaum begreifen, daß die zarte, blonde Schönheit ihn heiraten wollte, ihn, den meistens unvollkommen rasierten Wildling mit dem grotesk auf-und-abkletternden Adamsapfel und den bärenhaften Händen; doch mag vielleicht die feine Formung seines Gesichts in der Stirn- und Schläfengegend, mögen insbesondere seine beredten Augen mehr für ihn geworben haben, als er selbst es wußte. Ann nahm ihm zuliebe auch seine Bücher zur Hand, und quer über das Titelblatt einer englischen Sprachlehre schrieb Lincoln mit triumphierenden Zügen: »Ann Rutledge lernt jetzt Grammatik.«
Doch gegen Ende des Sommers 1835 wütete die Malaria heftiger als sonst in Illinois. Auch Lincoln wurde von ihr erfaßt, raffte sich gewaltsam wieder auf, um Ann zu sehen, wurde aber aufs neue niedergeworfen. Als er sich endlich wieder auf den Beinen halten konnte, erkrankte Ann. Sie hatte nicht die gewaltigen Widerstandskräfte Lincolns, und so geriet sie in Angst und schickte nach ihm. Er kam, setzte sich an ihr Bett und man ließ sie allein — eine spätsommerliche Nachmittagsstunde hindurch. Zwei Tage später starb Ann.

Es ist, als ob diese Begebenheit, die die schlichte Kraft einer Bauernnovelle hat, für Lincoln zum erstenmal das Tor zur Realität voll aufgestoßen hätte: zum erstenmal gewahrte er die furchtbare Gebrechlichkeit alles Irdischen, die Winzigkeit und Unrettbarkeit der menschlichen Existenz, die der Alltag allent-

halben, auch in New Salem, aus guten Gründen zu verhüllen trachtete. Er sah sich zum erstenmal aus dem vagen Optimismus seiner Existenz hinaus vor das Angesicht der unerbittlichen Wahrheit gestellt: daß die Welt nicht zum Ergötzen des Menschen geschaffen wurde und keine Verpflichtung hat, irgendein menschliches Glücksverlangen zu erfüllen.
Er verschwand aus New Salem. Erst eine Woche nach dem Begräbnis sah man ihn in den Wäldern irren, hörte man ihn Unverständliches murmeln. Man begann, ihn für verrückt zu halten und erwog, ihn zu überwachen, um ihn am Selbstmord zu hindern. Schließlich wurde er von einem älteren Ehepaar, Bowlin Green, mit sanfter Gewalt in ihr einsames Haus genötigt. Er half ihnen ein paar Tage beim Apfelernten und Kartoffelhacken. Abends saß er stumm am Kaminfeuer. Doch als dort der erste schwere Herbststurm die Flammen hoch emportrieb, stürzte Lincoln zur Tür, in die heulende Nachtschwärze hinein. Nach einiger Zeit kam er zurück, durchnäßt, mit Erde befleckt. Er rang die Hände: »Ich kann es nicht ertragen, daß sie dort draußen allein ist. Der Regen und der Sturm sollen ihr Grab nicht zerschlagen...«
Monate hindurch verharrte er so im Schatten des Todes, halb nur im Leben, an der Grenze des Übergangs zwischen beiden schwebend. Man sprach davon, daß er bei Unwettern die sieben Meilen bis zum Begräbnisplatz laufe, um Anns Grab schützend zu umarmen.
Ganz allmählich erst fand er den Rückweg ins Normale, stellte sich wenigstens seine äußere Erscheinung etwa so wieder her, wie man sie gewöhnt war. Doch man wird sagen dürfen, daß von dieser Zeit an zwei Lincoln in einem nebeneinander zu stehen beginnen. Ihre Ähnlichkeit und trotzdem Verschiedenheit wird in der Folge die Betrachter seines Bildes immer wieder verwirren. Stets noch ist er ein betriebsamer, selbstbewußter, erfolgssicherer Mann, vielleicht, in seiner primitiven Umgebung, mit einem schwer vermeidbaren Hang zur Überhebung. Bei einem leisen Anpochen jedoch nur an gewisse Türen seines Wesens kommt nun plötzlich ein schwermütiger, resignierender, ja

hoffnungsloser Mensch zum Vorschein; der seltsame Unterton seiner Wahlkundgebungen — er sei an Enttäuschungen gewöhnt — kehrt dann sehr verstärkt zurück; in dieser Zeit auch war es, daß er einem Freunde gestand, er leide derart an Depressionen, daß er niemals wage, ein Messer in der Tasche zu tragen. Und seit damals liebte er ein melancholisches Kirchenlied: »Oh, why should the spirit of mortals be proud?« — »Ach, worauf sollten Sterbliche stolz sein?«

Dem Parlament von Illinois gehörte er weiter an, immer wieder gewählt, allmählich als Vertreter der Handarbeiterschaft angesehen und wohl gelitten, doch ohne wesentlich hervorzutreten. Ein Leben kleiner Mittelmäßigkeit schien ihm bevorzustehen.

Einmal versuchte er, die Lücke zu schließen, die durch Anns Tod entstanden war — eben mit den Aushilfsmitteln des kleinen Mittelstandes: er verlobte sich halb und halb mit Mary Owens, einer begüterten Farmerstochter aus Kentucky. Mary war ein Jahr älter als er, groß, stämmig und anscheinend zur Korpulenz neigend, blauäugig, dunkellockig, gut gekleidet, in guten Schulen erzogen. Es wurde eine für alle Beteiligten sehr fatale Affäre, fast ein dörflicher Skandal daraus. Denn sich auf das zynisch Kompromißlerische einer kleinbürgerlichen Vernunftehe einzulassen — so wie er das ringsum geschehen sah —, erwies sich schließlich doch für Lincoln als unmöglich; seine Redlichkeit zwang ihn, sich der Verbindung zu entledigen, nachdem sie sich durch Monate hindurchgequält hatte; er tat das voll schlechten Gewissens und daher überaus ungeschickt, mit etwas schäbigen Ausflüchten und nicht sehr guten Scherzen, so daß als Gesamtergebnis ein Ansehensverlust für ihn daraus entstand.

Mary Owens selbst sagte später, er habe in jenen Kleinigkeiten zu wünschen übriggelassen, die das Glück einer Frau ausmachen — worunter jeder verstehen mag, was ihm zusagt. In ihrem Leben scheint die ganze Angelegenheit keinen großen Platz eingenommen zu haben, wohingegen Lincoln sich damals entschloß, überhaupt nicht zu heiraten: »Ich kann niemals mit einer Frau zufrieden sein, die töricht genug wäre, mich zu nehmen.«[4]

So hatte New Salem an Anziehungskraft für ihn stark einge-

büßt. Immer deutlicher fühlte er sich fehl am Platze, verlangte er nach einem Situationswechsel, zumal er sein einsames Studium der Jurisprudenz inzwischen zu einem hinreichenden Abschluß gebracht zu haben glaubte. Und da das noch sehr unbürokratische Amerika von damals des Glaubens war, jeglicher Beruf werde den, der sich nicht in ihm bewähre, von selbst wieder ausscheiden, brauchte Lincoln nur dem Supreme Court von Illinois, dem höchsten Gericht des jungen Staates, zu versichern, er habe »einen guten und moralischen Charakter«, um ohne jedes Examen als Rechtsanwalt zugelassen zu werden.
Eines Nachmittags im Frühjahr 1837 ritt er auf geborgtem Pferd in Springfield ein, im Besitz von sieben Dollar, mit einer Schuldenlast von mehr als tausend. Er hielt bei einem Tischler an, bei dem er eine Bettstelle in Auftrag gab, dann bei einem Krämer Joshua F. Speed, den er fragte, was Kissen und Betten dafür kosten würden. Und als Speed siebzehn Dollar errechnet hatte, antwortete Lincoln: »Das ist wahrscheinlich billig genug; aber ich muß sagen, so billig es ist, ich habe nicht das Geld, es zu bezahlen. Wenn Sie mir jedoch bis Weihnachten Kredit geben wollen, und wenn mein Versuch als Rechtsanwalt hier glückt, will ich bezahlen. Wenn er mir mißglückt, werde ich wahrscheinlich niemals bezahlen.«
Dabei habe er, so hat Speed später berichtet, so traurig ausgesehen, daß er ihm vorschlug, sein eigenes Doppelbett mit ihm zu teilen. Wo das Zimmer sei, fragte Lincoln. Und als Speed ihm die Richtung wies, nahm er ohne ein weiteres Wort die Satteltaschen, die alle seine Besitztümer enthielten, stieg die Treppe empor und kehrte ohne die Taschen zurück, nun wieder fröhlich lachend: »Well, Speed, ich bin umgezogen.« Wenige Tage später klapperte im Präriewind sein Firmenschild: »Abraham Lincoln, Attorney-at-Law.«
So war er nach Springfield gekommen — in dem gleichen Jahr, in dem in Europa auf dem Thron des britischen Königreichs eine kleine thüringische Prinzessin Platz nahm, nach der die folgenden Jahrzehnte das Victorianische Zeitalter genannt werden sollten.

# IV
# Die amerikanische Szene

Das Land, in dem alles das sich abspielte, die Vereinigten Staaten von Amerika, waren damals noch mitten in ihrer Formung und Ausgestaltung. Im Osten, an der atlantischen Küste hatten sich bereits feste Lebenszusammenhänge und Verwaltungsmaßstäbe gebildet. Im Westen hingegen war die Grenze des Landes gleichsam elastisch, dehnte es sich wie die Brust eines gewaltig einatmenden jungen Riesen. Denn ununterbrochen war und blieb, solange Lincoln lebte, der Strom der Westwärtswanderung. Längst war die Schranke des Mississippi überschritten — wenngleich die Eisenbahnen noch an seinem Ufer haltmachten. Gewaltige neue Landkomplexe, »Territorien« genannt, wurden aus der wilden Masse des Kontinents herausgeschnitten, ihre Grenzen mit dem Lineal gezogen, wie die von Gartenbeeten oder die der Straßenblocks ihrer Städtchen. Binnen kurzem aber schuf der mächtige Zustrom der Ansiedler die Territorien zu Staaten um, die in die Gemeinschaft der Union aufgenommen wurden, in deren Flagge dann jedesmal ein neuer Stern erschien. Die Hinterwäldler freilich, die Pionier-Farmer, die derart einen Staat nach dem andern schufen, ewige Neusiedler nach Geburt und Veranlagung — sie wichen immer wieder westwärts aus, fliehend vor der Zivilisation und gerade dadurch sie immer weiter verbreitend.
Die äußere Geschichte des noch unsicheren jungen Staatswesens war inzwischen krisenhaft und unstet verlaufen. Wie die Planwagen der Siedler hatte sie sich vorwärtsbewegt: ein ungleichmäßig beladenes Gefährt, auf vorher nie befahrener Straße dahintaumelnd und bei der Überquerung von Flüssen stets in Gefahr, von der unbekannten Kraft der Strömung davongerissen zu werden. 1803 hatte Präsident Jefferson eine ungeheure Masse ursprünglich französischen, dann spanischen, seit kurzem aufs neue französischen Landes von Napoleon käuflich erwor-

ben, der überzeugt war, daß er es gegen England doch nicht verteidigen könne. Für kaum 15 Millionen Dollar wurde den Vereinigten Staaten mehr als eine Million Quadratmeilen angegliedert, die ihr Gebiet mehr als verdoppelten, vom Golf von Mexiko bis nach Kanada und vom Mississippi bis zu den Rocky Mountains. Unter dem Namen »Louisiana Purchase« in die Geschichte eingegangen, ist es wahrscheinlich der gewaltigste und folgenreichste Gelegenheitskauf, von dem sie weiß.

1812 dann, gerade noch am Schluß der Napoleonischen Ära, hatten amerikanische Embargo-Verfügungen die in solchen Fällen unvermeidlichen Zwischenfälle zur See erzeugt und schließlich einen Krieg mit England. Die vernachlässigte, seit Jefferson auf 3000 Reguläre zusammengeschrumpfte Armee war den rotröckigen Veteranen Wellingtons nicht gewachsen und holte sich fast nur Niederlagen; Washington wurde eingenommen, das Kapitol verbrannt, ebenso das Weiße Haus. Nur zu Wasser schnitt man besser ab, so daß in Gent ein glimpflicher Friede zustande kam.

Einige Jahre später, 1823, als die Heilige Allianz in Europa Miene machte, zugunsten Spaniens und Portugals die nationalen Unabhängigkeitsbewegungen Südamerikas zu bekämpfen, und als auch südwärts gerichtete Ausdehnungsbestrebungen in dem damals russischen Alaska bemerkbar wurden, erklärte Präsident Monroe, die Vereinigten Staaten würden hinfort jeder nichtamerikanischen Macht Widerstand leisten, die ihren Fuß auf den amerikanischen Kontinent setze. Die »Monroe-Doktrin«, die damit geboren war, fand keinen Widerspruch, da in Europa niemand die Mittel hatte, sie aktiv zu widerlegen, noch auch den echten Wunsch, es zu tun. Amerika freilich fühlte sich daraufhin mehr noch als bisher als eine eben durch ihre Entlegenheit begünstigte Welt für sich.

Auf dem amerikanischen Kontinent selbst hatte 1835 Texas, ein Staat der Bundesrepublik Mexiko, unter dessen Bewohnern allerdings zahlreiche Nordamerikaner waren, sich selbständig gemacht und bewahrte seitdem als souveräne Republik von der Größe etwa Deutschlands eine zwar etwas schwankende Unabhängigkeit, doch auch ein ungeheures Selbstgefühl[1], während seine Wirtschaftsblüte immer neue amerikanische Einwanderer anlockte.

So etwa sahen an jenem Nachmittag, in dem Lincoln in Springfield einritt, die Vereinigten Staaten von außen aus.

Im Innern war inzwischen die Generation ihrer Gründer und ihrer Nachkommen endgültig in den Schatten getreten. Die Reihe der im Bannkreis des europäischen Klassizismus aufgewachsenen Präsidenten, die George Washington noch von Angesicht gesehen hatten, war zu Ende. Andere Gestalten traten nun ins Rampenlicht.

Der Wahlsieg des Präsidenten Andrew Jackson 1828, eines Mannes, der aus bitterster Armut kam, wenngleich er inzwischen ein populärer General geworden war — der einzige nämlich, der im Krieg von 1812 mit einer pittoresken Armee von Hinterwäldlern einen Sieg erfochten hatte —, dazu Großgrund- und Sklavenbesitzer, war zugleich die Niederlage der bisher herrschenden Gesellschaftsschicht begüterter, humanistisch gebildeter Gentlemen. Jackson, ein zweiundsechzigjähriger Mann, dessen stahlgrau starrendes Haar einer Masse Bajonette glich, dessen Körper voller Narben und schlecht verheilter Knochenbrüche war, besaß wenig Bildung, doch ein stürmisches Temperament. Er hatte sich mit Vorbedacht als Kandidat der Westler aufstellen lassen, die sich bisher — und nicht mit Unrecht — von der Staatsmacht ausgeschlossen gefühlt hatten. So trat in ihm nun der Hinterwäldler in Person die Herrschaft an. Es war ein Aufstand der neuen und rauhen Ländermassen des Westens gegen den alten, gefestigten und in sich geschlossenen Norden, eine Auseinandersetzung, die sich in der amerikanischen Geschichte mehrfach wiederholt hat, seitdem sie im Kabinett George Washingtons in den Diskursen zwischen Jefferson und Hamilton begonnen hatte: zwischen den klar vertretenen Interessen einer Minorität großer Kapitalbesitzer und den unklar geäußerten Wünschen einer übergroßen Majorität besitzarmer, kleiner Leute, die sich von jenen bedrückt fühlten.

Freilich war es auch Jackson, der die amerikanische Tradition um so fragwürdige Sitten wie die des »Küchenkabinetts« bereicherte — einen privaten, nur dem Präsidenten verantwortlichen Beraterkreis neben dem offiziellen Kabinett —, oder um die wilde Soldatenparole »Die Beute gehört dem Sieger«, wonach bei jedem Regierungswechsel alle Bundesämter von der siegenden Partei an ihre Anhänger als Belohnung neu verteilt werden. Die Innenpolitik wurde damit ein aufregendes Lotteriespiel, das freilich der tief eingewurzelten amerikanischen Lust zum Wetten entgegenkam. Jackson selbst sah darin eine Reform, die auch armen Leuten die Übernahme von Ämtern ermöglichen sollte; ein so kluger europäischer Beobachter wie Tocqueville aber, der eben damals Amerika bereiste, kam zu der Schlußfolgerung, »Materialismus« sei »die größte Gefahr für eine demokratische Gesellschaft«.
Die Nachfolger Jacksons im Weißen Haus zeigten schwächere Profile. Sie alle walteten ihres Amtes in der Vorstellung, von Europa nahezu isoliert und unabhängig zu sein, was freilich der Wirklichkeit nicht entsprach. Denn die Europa damals beherrschenden Ideen wehten wie Pflanzensamen im Wind auch nach Amerika hinüber, und kamen hier, wenngleich oft in großem, zeitlichem Abstand und amerikanisch verkleidet, aufs neue zum Vorschein.
Jene volkstümlichen Instinkte etwa, deren Durchbruch Jackson ins Amt getragen hatte, waren die gleichen, denen zwanzig Jahre vorher die europäischen Monarchien sich mehr oder weniger widerwillig gebeugt hatten, weil sie anders ihren Kampf gegen Napoleon nicht glaubten gewinnen zu können. Zur gleichen Zeit, als die vom Wiener Kongreß geschaffene Welt der Heiligen Allianz sich als vergänglich erwies, begannen auch die konservativen Kräfte zu versiegen, die die amerikanische Republik begründet hatten. Und der erbitterte Anti-Kapitalismus Jacksons wäre vielleicht nicht möglich geworden, hätte er nicht auf die Reformideen der Europäer Saint Simons, Fouriers, Robert Owens zurückgreifen können, die damals eine gewisse praktische Macht erlangten — übrigens auch in Amerika selbst,

wo schon vor Jacksons Wahlsieg Owen persönlich in Indiana eine sozialistische Gemeinschaftssiedlung, New Harmony, angelegt hatte, die drei Jahre lang zu existieren vermochte. In dreißig Jahren wurden in Amerika etwa sechzig Versuche dieser und ähnlicher Art gemacht, die sich freilich, mit drei oder vier Ausnahmen, alle nach kurzem wieder auflösten.[2] Im gleichen Februar 1830 endlich, in dem Tom Lincoln mit seiner Familie nach Illinois aufbrach, wurde in Europa aus dem dumpfen Gemurmel in Fabriken und Kaffeehäusern zum erstenmal wieder eine reale Revolution: in Paris entthronte man Karl X., und Lafayette zeigte sich noch einmal, uralt, doch im Glanze seines Ruhmes, den er im amerikanischen Unabhängigkeitskrieg erworben hatte.

Und ebenso wie in Europa wuchs auch in Amerika der Nationalismus als Massenglaube heran, Hand in Hand mit ihm der Zentralismus, die Idee des nationalen Einheitsstaates. Je mehr die christlichen Gefühle erkalteten und man den Glauben an ein persönliches Leben nach dem Tode verlor, um so eher war man geneigt, die Nation für unsterblich zu halten. Sie allein sah man nun im Besitz einer überirdischen Mission, hielt ihre Einheit und Einigkeit für unberührbar und scheute vor jedem Angriff gegen sie wie vor Gotteslästerung zurück.

Es ist dieses im Grunde europäische Gedankengut, praktisch-politische Auswirkung letzten Endes Hegelscher Spekulation, die den Vereinigten Staaten ihre schwerste Prüfung bringen, Abraham Lincoln aber schließlich zur welthistorischen Figur erheben sollte.

Der latente Konflikt zwischen Norden und Süden der Vereinigten Staaten ist ebenso alt wie ihre Vereinigung. Er ergibt sich nahezu von selbst schon aus der großen geographischen und klimatischen und daher sozialen und wirtschaftlichen Verschiedenheit beider Landesteile. Der Süden — mit feuchtwarmem Klima und wachsender Fruchtbarkeit, je mehr man sich dem Golf von Mexiko nähert — war von jeher großagrarisches Gebiet. Um 1800 aber hatte ein »Cotton Gin« genannter Apparat hier eine wirtschaftliche Revolution hervorgerufen: er ermöglichte, die Baumwolle mechanisch zu entkörnen, was bisher mit der Hand vorgenommen werden mußte, und machte mit einem Schlage die Baumwolle zu einem höchst lohnenden Anbau- und Ausfuhrartikel. Man sprach von »König Baumwolle« und ihre Aufzucht belebte den ganzen Süden.

Der Norden hingegen, besonders die Neuengland-Staaten, lebten im neblig-kühlen Seeklima des Atlantik. Hier war die Welt der Industrien, der Banken, des Handels. Hier drehten sich Hunderttausende von Spindeln, die Baumwolle verarbeitend, die der Süden lieferte; von hier ging der fertige Kattun in eisernen Dampfschiffen in alle Welt. Der Norden verlangte Zollschutz gegen europäische Konkurrenz — und zwang damit den Süden, teurer einzukaufen und für seine Produkte weniger einzunehmen, als es ihm in Europa möglich gewesen wäre. Der Westen des Nordens bevölkerte sich inzwischen ununterbrochen durch neue Einwanderung und ließ einen kleinbürgerlichen, optimistisch-fortschrittsgläubigen Mittelstand entstehen mit einem gewissen Einschlag von Radikalismen, sowohl religiös-puritanischer Natur wie politisch-sozialistischer. Die geistige Atmosphäre befand sich in einem ungeklärten und ungeformten Zustand; der Glaube an die alten Maßstäbe war erschüttert; ein Gebrodel der Unsicherheit und unberechenbarer Zukunftsmöglichkeiten war zurückgeblieben.

Der Süden hingegen war skeptisch-konservativ, beherrscht von einem alten grundbesitzenden Großbürgertum; im Besitz starker gesellschaftlicher Kultur und einer festen Werteordnung war er entschlossen, Einbrüche einer ungeformten Außenwelt nicht zuzulassen. Baumwollfelder, belebt von schwarzen Negergesichtern, beherrschten weithin die Landschaft. Jedes Gut war eine Art geschlossener Handelsstaat mit geplanter Ökonomie, die Herrenhäuser kleine Residenzen mit weißer Säulenfront und schwungvollen Anfahrtsrampen. Das gesellschaftliche Leben richtete sich, was äußere Form angeht, nach europäischem Vorbild, etwa dem der Magnaten der Habsburger Monarchie. Man las Klassiker und französische Romane, die Töchter spielten auf dem Klavier Chopin oder Mendelssohns »Lieder ohne Worte«, und man hatte ernste Bedenken, ob man ihnen das Walzertanzen gestatten dürfe, da es allzu losen Charakters sei.

Im Norden las man wissenschaftliche und technische moderne Literatur, nährte sich frugal und herzhaft und liebte eine gewisse Hemdsärmeligkeit der Sitten, die man für echte Demokratie hielt. Im Süden legte man Wert auf gute Küche und Manieren, glaubte, alleiniger Träger amerikanischer Kultur und Tradition zu sein und sah im Norden immer mehr ein von fragwürdigen Fremdlingen aufgefülltes Menschen-Reservoir, in dem Schaumschläger und Fanatiker aller Art den Ton angaben. Im Süden ging es patriarchalisch zu und gewiß oft auch despotisch.

Despotie freilich kannte auch der Norden, und zwar die des langsam immer unpersönlicher werdenden Kapitals. Die Konzentration der Wirtschaft — der Banken, der Industrien, der Eisenbahnen[3] — hatte bereits große Fortschritte gemacht und die alte Arbeitsbasis persönlichen Vertrauens untergraben. Sehr große Vermögen waren im Entstehen, und der neue Reichtum war — wie das die Regel zu sein scheint — sehr viel gnadenloser als der alte. Man glaubte lieber an Geld, als an die Wirklichkeit und sah nach alttestamentarischer Puritanersitte — in der Armut eine irgendwie schon verdiente Strafe Gottes, im Reichtum hingegen den Beweis überirdischen Wohlwollens. Vor allem war man stets an starker Einwanderung interessiert, ganz gleich, woher sie kam, da sie ständigen Druck auf die Arbeitslöhne erlaubte, gleichzeitig aber auch Massenverbraucher lieferte, die allen vom Börsenspiel der Vermögenden hervorgerufenen Preisschwankungen hilflos ausgeliefert waren.[4] Allerdings, in den Nordoststaaten versuchten sich die Industriearbeiter schon seit den dreißiger Jahren in einer rasch erstarkenden Gewerkschaftsbewegung.

Der Norden gewann so durch dauernde Einwanderung eine immer stärker gemischte Bevölkerung. Im Süden blieb sie einheitlich, aber dafür auch zahlenmäßig unverändert und die Gefahr der Majorisierung durch den Norden wuchs für ihn immer deutlicher heran. Der Gedanke an Separation hatte sich deshalb immer schon geregt, am stärksten, als South Carolina zur Zeit Jacksons mit Austritt aus der Union gedroht hatte und nur vor massivsten militärischen Drohungen des Präsidenten zurückgewichen war.[5]

Nach außen hin am leichtesten erkennbar, sprach der Konflikt zwischen Norden und Süden sich in der Stellung beider Regionen zur Frage der Negersklaven aus — so allgemeinverständlich und symbolhaft stark, daß oft diese Frage, die nur eine Begleiterscheinung des großen Kontrastes war, für den Kern des ganzen Konfliktes gehalten wird. Im Süden war die Sklaverei derart die Grundlage der wirtschaftlichen und sozialen Ordnung, daß ihr Ende einfach unvorstellbar war. Sie war es noch viel mehr geworden, nachdem der Süden zum Massenanbau von Baumwolle fähig geworden war. Die Generationen Washingtons und Jeffersons hatten bereits mit ungutem Gewissen auf die Einrichtung der Sklaverei geblickt, doch sich schließlich damit getröstet, daß sie im Absterben sei. Statt dessen jedoch hatte die ungeheure Industrialisierung in England am Jahrhundertbeginn einen so gewaltigen Hunger nach Rohstoffen, insbesondere Baumwolle, erzeugt, daß die südstaatlichen Baumwollpflanzungen, die gleichzeitig die »Cotton Gin« einführten, ein höchst gewinnreiches Geschäft geworden waren; ihre Blüte aber bedeutete neue Blüte auch des Sklavenwesens. Seit etwa 1835 war es im Süden durch Staatsgesetze verboten, gegen die Sklaverei zu agitieren; wer gar Sklaven zu Widersetzlichkeit aufreizte, riskierte den Galgen. Mit der Erfindung der »Cotton Gin« hatte also die Geschichte einen ihrer beliebten skurrilen Seitensprünge getan: ein technischer Fortschritt hatte einen ebenso unleugbaren moralischen Rückschritt herbeigeführt. Die Gewissensverhärtung, die das 19. Jahrhundert, verglichen mit den Zeiten Washingtons und Jeffersons allgemein auszeichnet, kündigte sich auch hier schon an und tat ein übriges, um die Sklaverei zu begünstigen.

Für den Norden hingegen war es weithin ein unerträglicher Gedanke, einem Staatswesen anzugehören, das in seinen Grenzen die Erniedrigung menschlicher Wesen zur Handelsware duldete — obgleich der gleiche Norden keine Bedenken trug, dem weißen Arbeiter seine einzige Ware, seine Arbeitskraft, zu Preisen abzunehmen, die ihn ebenfalls auf ein kaum noch menschliches Niveau hinabzwangen und ihn nötigten, seine sechs- bis siebenjährigen Kinder neun bis zehn Stunden täglich arbeiten zu lassen. In Gewerkschaftsversammlungen im Norden konnte man daher auch sagen hören: zuerst sollten gleiche Rechte zu Hause hergestellt und der weiße Sklave befreit werden, ehe man sich nach außen wende.[6] Es wurde errechnet, daß im Industriegebiet des Ostens die Lebensbedingungen von etwa vier Millionen Arbeitern sich von denen der Sklaven kaum unterschieden.[7]

Aus dieser Sachlage war im Norden seit den zwanziger Jahren die Bewegung des »Abolitionismus« entsprungen, die in ehrlichem, idealistischem Fanatismus sofortige und entschädigungslose Abschaffung der Sklaverei durch Bundesgesetz forderte — was Verfassungsbruch gewesen wäre, und den Süden wirtschaftlich ruiniert hätte — und durch öffentliche Gebete, Gesänge und Verbrennung mißliebiger Bücher zu wirken versuchte. Eine blindwütige religiöse Puritaner-Tradition verband sich hier mit dem Menschenrechts-Evangelium der französischen Revolution, unbekümmert um die Folgen für die Gesamtheit des Gemeinwesens.

Frühe schon, 1837, hatte Lincoln sich zu diesem immer düsterer werdenden Fragenkomplex geäußert, als nämlich das Parlament von Illinois eine Entschließung angenommen hatte, die den Abolitionismus verdammte und daran erinnerte, daß das Recht auf Sklavenbesitz, wie auf jeden anderen Besitz, durch die Verfassung geschützt werde. Hiergegen hatte Lincoln sich in einem Antrag gewendet, in dem es hieß, daß »die Grundlage der Sklaverei Ungerechtigkeit und schlechte Politik« seien; andrerseits aber vermehre »die Verkündung der abolitionistischen Lehren dieses Übel nur noch, statt sie zu verringern«. Es war das erstemal, daß Lincoln sich öffentlich mit dem

Sklaven-Problem beschäftigte. Und hier schon zeigt sich, was sich immer wieder zeigen sollte: daß sein haargenau arbeitendes Rechtsgefühl ihn zwang, außerhalb zweier Ideologien seinen Platz zu suchen, die beide, äußeren Erfolges wegen, den Fall vergröberten, seine Relationen verschoben und darum innerlich unwahr wurden. Es war ein Platz zwischen Abolitionisten und Verfechtern der Sklaverei, den Lincoln auch später stets zu behaupten suchte, an den er sich gleichsam anklammerte, so einsam er dadurch auch wurde. Doch gewinnt das erst in Verbindung mit sehr viel späteren Ereignissen seinen Sinn. Fürs erste war sein Antrag im Parlament von Illinois so wenig verstanden worden, daß er nur einen einzigen Mitunterzeichner fand und unbeachtet versank.

# V
# Springfield und Mary

Nun freilich waren diese Zeiten längst vorbei. Abraham Lincoln war Rechtsanwalt in Springfield, einer Stadt von etwa fünftausend Einwohnern, und schien darüber hinaus nichts zu begehren. Ein Jahr nach dem andern brachte er hinter sich. Ein Jahrzehnt war vorbeigegangen; ein zweites, mit immer sehr heißen Sommern und sehr kalten Wintern, näherte sich dem Ende. Im Fluß der allgemeinen Ereignisse veränderte sich auch die Stadt: immer weiter westwärts stieß der Strom der Siedler; aus denen, die seßhaft wurden, wurden Farmer, Dörfler, Kleinstädter, Bürger; kaum einer noch trug die Lederkleidung der Hinterwäldler, da es viel vorteilhafter war, Häute zu verkaufen und dafür fertige Konfektionsware zu erhandeln. Dicke, schwarze Zigarren verdrängten Tabakspfeifen und Schnupftabak. Und über den Marktplatz Springfields bewegten sich bereits Damen in kuppelförmigen Krinolinenröcken, über denen Oberkörper und Köpfe umso zarter wirkten. Wandernde Schauspielertruppen besuchten die Stadt, manchmal kam auch ein Zirkus. Man hatte einen Literaturzirkel und eine Hochschule, in der Griechisch, Lateinisch, Französisch und Spanisch gelehrt wurde. Nichtsdestoweniger blieben im Winter mitten in der Stadt vor dem Kapitol des Staates Illinois die Wagen im Schlamm stecken.
Lincolns Praxis als Rechtsanwalt hatte sich befriedigend entwickelt. Er setzte Verträge auf, waltete als Testamentsvollstrecker, war Verteidiger in Diebstahls- und Betrugsprozessen alltäglicher Natur. Sein erster Versuch mit einem Sensationsfall, die Verteidigung des Mörders William Fraim, 1839, mißlang freilich und sein Klient wurde gehängt. Seine Kanzlei — einen kleinen Raum mit ein paar Bücherbrettern, Tisch, Stühlen, Eisenofen und einem Bärenfell — teilte er anfangs mit jenem John T. Stuart, der ihn, im Indianerkrieg, zuerst auf die

Möglichkeit aufmerksam gemacht hatte, Jurist zu werden; er war ein gebildeter, eleganter Mann, der allerdings jetzt daran arbeitete, in den Kongreß gewählt zu werden, so daß Lincoln die Praxis fast allein wahrzunehmen hatte. Als ihm 1841 der Rechtsanwalt Stephan S. Logan anbot, sein Juniorpartner zu werden, ging Lincoln daher bereitwillig darauf ein, und hier erst eigentlich war es, daß er die Grundlagen seines Berufes erwarb. Logan war wegen der Sorglosigkeit seines öffentlichen Auftretens bekannt, er trug zu bunten Kattunhemden nie einen Schlips und schien stets ungekämmt; ebenso berühmt aber war seine zugleich skrupulöse und intelligente Geschäftsführung; er war wohl der angesehenste Anwalt in Illinois. Unter seinem Einfluß erst hörte Lincoln auf, der juristische Wildling zu sein, der er bislang gewesen war, wurden seine Aktionen methodisch durchdacht und auch seine Umgangsformen so wendig, wie der Beruf sie erforderte.
Freilich war das persönliche Auskommen mit Logan nicht leicht, so daß nach zwei Jahren schon Lincoln sich wieder von ihm trennte. Jetzt aber fühlte er sich selbst so gereift, daß er seinerseits nach einem Juniorpartner Ausschau hielt. Er fand ihn in dem neun Jahre jüngeren William H. Herndon, einem kleinen, heftigen Menschen mit großer Hakennase, der Lincolns Angebot anfangs für einen schlechten Scherz hielt. Denn er war ja nur Kaufmannsgehilfe bei Speed und hatte ebenso wie Lincoln in dessen Haus unterm Dach geschlafen. Ihre Partnerschaft war von vornherein eine Sache menschlichen Vertrauens; für Lincoln blieb Herndon immer »Billy«, auch als dieser selbst ein Mann mit großem, blauschwarzem Vollbart geworden war, Lincoln für Herndon jedoch ebenso unabänderlich »Mister Lincoln«. Die Mechanismen des Berufs, die Lincoln langweilten, doch rasch zu erlernen waren, konnte er bald Herndon überlassen und sicher sein, daß nichts versäumt wurde. Herndons Vater hatte das erste Wirtshaus in Springfield gehabt, und hinter dem Schenktisch hatte der Sohn zeitig viel gesunde Menschenkenntnis erworben, freilich auch die Gewohnheit, mehr zu trinken, als ihm dienlich war. Er war voller Temperament und guten

Willens, nie konnte es ihm radikal genug zugehen, und Worte wie »Freiheit«, »Gerechtigkeit«, »Menschlichkeit« hatten ohne weiteres schon einen begeisternden Sinn für ihn. 1844 wurde er als Rechtsanwalt zugelassen. Er war ein keineswegs unbegabter Schriftsteller, dem es allerdings häufig an Selbstkontrolle fehlte. Später wurde er Lincolns erster Biograph.

Es wäre falsch, wollte man in Lincolns Rechtsanwaltschaft nichts weiter sehen als Broterwerb. Immer wieder vielmehr äußerte sich in ihm — wie in jenen frühen Tagen, in denen er Tiere aus Fallen befreite, um ihnen ihr Recht auf Leben zurückzugeben — ein nie zu betrügendes Rechtsgefühl, zu dessen Durchsetzung auf Erden ihm die Jurisprudenz nur ein Instrument unter mehreren schien. Eben weil dem so war, weil er seines Gefühls für das, was Recht war, immer sicher blieb, konnte er auch als Jurist sich so oft auf die Eingebung des Augenblicks verlassen. Im übrigen waren die rechtlichen Probleme des jungen Staates Illinois noch so einfach, desgleichen auch seine wenig zahlreichen Gesetze, daß die Rechtsprechung eines gewissenhaft abwägenden gesunden Menschenverstandes noch sehr wohl ausreichen konnte.
Natürlich gebrauchte auch der Rechtsanwalt Lincoln, um auf die Jury einzuwirken, die üblichen forensischen Mittel, die seine Klienten als ihr gutes Recht von ihm verlangten; andernfalls wären sie seiner Kanzlei einfach ferngeblieben; er bediente sich also jener überspitzten Logik, die mindestens momentan verblüfft, dramatischer Auftritte und tragischer Töne, die zu Tränen rühren sollten; er verstand, sich dem Griff der Gegner zu entwinden und sein starker Sinn für Komik befähigte ihn, sie überdies lächerlich zu machen. Kollegen nannten ihn »klug wie die Schlangen, doch ohne Falsch wie die Tauben«. Denn er lehnte diejenigen Tricks ab, die er für unehrenhaft hielt, heimtückische Verwirrungskünste also, Fallstricke, in denen der Unschuldige sich verstrickt, Widerlegung des Unwesentlichen, um die einfachen Leute der Jury vom Wesentlichen abzulenken — kurz alles, was die Rechtspflege zum Glücksspiel und Geschick-

lichkeitssport entwürdigt. Er sah in sich selbst weit mehr einen Anwalt des unpersönlichen Rechts, als den von Klienten, die der Zufall an seine Tür geführt hatte. Oft versuchte er eine Versöhnung der Parteien, obwohl das seine Einnahmen vermindern mußte. Er sagte: »Als Friedensstifter hat der Rechtsanwalt eine große Gelegenheit, ein guter Mensch zu sein; Geschäfte werden ihm immer noch genug übrigbleiben.« Als ihm ein Fall zweifelhaft erschien, so daß er ihn nicht übernehmen wollte, sagte er: »Ich könnte es nicht tun. Die ganze Zeit über, in der ich zur Jury spräche, würde ich denken: ›Lincoln, du bist ein Lügner‹, und ich glaube, schließlich würde ich mich vergessen und es laut aussprechen.« Und als sich einmal während eines Prozesses herausstellte, daß sein Klient schlüpfrigen Charakters war, verschwand Lincoln aus der Verhandlung; man suchte nach ihm und fand ihn in seinem Hotel; aber er erklärte: »Sagt dem Richter, daß ich nicht kommen kann; meine Hände sind schmutzig und ich muß sie erst waschen.« Eben deshalb aber auch, weil es ihm auf das Recht viel mehr ankam als auf die Person, konnte man ihm keinen wirklichen Vorwurf daraus machen, daß er eine Kupplerin nicht nur vor Gericht vertrat, sondern auch mit ihr und ihren Mädchen zur Verhandlung über Land fuhr. Ja, er war 1843 Anwalt eines Sklavenbesitzers, namens Matson, gegen einen Arzt, Rutherford, der sich für Matsons entlaufenen Sklaven eingesetzt hatte — wie er ja auch das den Abolitionisten besonders verhaßte »Fugitive Slave Law« stets verteidigte (das Ergreifung und Rücklieferung entlaufener Sklaven vorsah), weil es nun einmal geltendes Recht sei. Übrigens verlor er den Prozeß und ebenso sein Honorar, da Matson spurlos verschwand. Ein Augenzeuge, der Lincoln beim Verlassen des Gerichts beobachtete, berichtet: »Als er seinem Pferd die Satteltaschen auflegte, voll schmutziger Wäsche und zerknitterter Akten, und sich aufmachte, quer über die Prärie, ließ er keinerlei Bedauern darüber erkennen, daß er, als ein Rechtsgelehrter, die Sache der Starken gegen die der Schwachen vertreten hatte.«[1]

Seine Kanzlei blieb immer ganz einfach. Von äußerlicher Ordnung war wenig in ihr zu bemerken. Keine gewichtige Bibliothek imponierte dem Besucher, keine Teppichpracht, keine eifrig kritzelnden Sekretäre; nicht einmal ein Tagebuch wurde geführt. Wie damals, als der Postmeister Lincoln die Briefe in seinem Filzhut ausgetragen hatte, steckte der Rechtsanwalt seine Notizen in das Schweißband seines Zylinders »His mind was his workshop« — »sein Geist war seine Werkstätte«, sagt sein Biograph Sandburg von ihm.

1842 hatte er geheiratet, ein Mädchen, das im urwüchsigen Illinois als Aristokratin galt, Mary Todd mit Namen. Ihre Schwester Elisabeth war die Frau des Fabrikanten Ninian W. Edwards in Springfield, und Mary war aus ihrer Heimat, Lexington in Kentucky, zu ihr gekommen, angeblich, weil sie sich mit ihrer noch sehr jungen Stiefmutter nicht vertrug. Ihre Familie, von Schotten abstammend, die einst wegen Rebellion gegen den englischen König zur Deportation verurteilt worden waren, war jetzt überaus stolz darauf. In ihr fanden sich Gouverneure amerikanischer Staaten und auch ein Kabinettsminister. Marys Urgroßvater, General Henry Porter, war ein intimer Freund George Washingtons gewesen. Ihr Vater, Robert S. Todd, Präsident der Bank von Kentucky, gehörte beiden Häusern des Parlaments dieses Staates an. Mary selbst war, als sie nach Springfield kam, einundzwanzig Jahre alt, hatte beste Erziehungsinstitute besucht, sprach fließend Französisch, las klassische Lektüre, spielte vorzüglich Klavier, war in allen Modekünsten bewandert. Lexington in Kentucky, woher sie kam, galt überdies als eleganteste Stadt des Westens. Die weit ausholende Krinoline begünstigte ihre vielleicht ein wenig allzu stämmige, kleine Figur. Der Ausschnitt ihrer Roben ließ die gute Formung von Hals und Schultern erkennen. Ihre Haut war hell und straff, das Haar weich und von lebhaftem Braun, die Stirn klar und intelligent, die Augenbrauen schön gezeichnet, die Augen, unter langen Wimpern, strahlend blau. Das spitze, etwas aufwärts gerichtete Näschen gab ihr etwas von einem Backfisch, dem man schnippische Äußerungen sehr wohl zutraut; und in der Tat zog ihr ihre schlagfertige Zunge mancherlei Feindschaften zu. Sie war gewandt und stolz, gutmütig und ehrgeizig, ungeduldig wie ein Rassepferd, willensstark, doch auch leicht verletzlich. Sie litt viel an Kopfschmerzen, unerklärbarem Frösteln, Angstzuständen, die sich ihrer plötzlich, anscheinend ohne jeden Anlaß, bemächtigten und sich in schrillen Klagen äußern konnten, die niemand begriff — es sei denn, man hätte Vorboten kommender Katastrophen darin gesehen. Bei Gewittern konnte sie vor Furcht beinahe ohnmächtig werden. Nun aber, in Springfield, allen modischen Glanz und Flitter im Haar und auf der Robe, im leisen Rascheln des Tüll- und Spitzenwerks der sacht wiegenden Krinoline, schien alles, was an Magie des Reichtums und des Luxus von damals möglich war, in ihr konzentriert.

Wie ihr Verlöbnis mit Lincoln zustande kam, ist im Grunde nie völlig klar geworden. Nur soviel weiß man, daß es von vornherein ein sehr gebrechliches Unternehmen und immer wieder von Auflösung bedroht war. Ursprünglich war für den Neujahrstag 1841 die Hochzeit angesetzt; überliefert ist, daß auch alles dafür vorbereitet gewesen sei, bis zum turmhohen, weißen Hochzeitskuchen, daß aber der Bräutigam nicht erschien. Vielmehr meldete er sich zur gleichen Stunde im Parlament beim Namensaufruf. Ob der Verlauf der Dinge wirklich so dramatisch war, möge dahingestellt bleiben; unwahrscheinlich ist es jedenfalls nicht.[2]

Eine gemeinsame Freundin, Frau Simeon Francis, deren Mann Besitzer einer Lokalzeitung war, brachte das Paar schließlich wieder zusammen. Sie lud beide überraschend ein und sagte einfach: »Seid wieder Freunde.« Danach trafen sie einander noch mehrmals geheim; niemand außer Frau Francis wußte davon.[3]

Geheim auch erneuerten sie ihre Verlobung, und am Abend des 4. November 1842, eines Freitags, während ein Regensturm herniederging und an Türen und Fenstern rüttelte, wurde die Trauung im Hause der Edwards' vollzogen; sie hatten am gleichen Tage erst davon erfahren, so daß die Feier in größter

Eile hergerichtet werden mußte. Lincoln war dreiunddreißig, die Braut dreiundzwanzig Jahre alt. Sie trug weder Schleier noch Blumen im Haar. Der Bräutigam gab ihr einen einfachen goldenen Ring mit der Inschrift: »Love is eternal« — »Liebe ist ewig«.

Sie zogen am gleichen Abend noch in ein unfreundliches, kleines Gasthaus, »Globe Tavern« geheißen, wo sie einen einzigen Raum bewohnten. Doch hatte die Wirtin, eine Witwe Beck, ihnen versprochen, für Wohnung und Beköstigung nur vier Dollar wöchentlich zu berechnen.

Einige Tage danach schloß Lincoln einen Geschäftsbrief an einen Rechtsanwalt in Shawnteetown folgendermaßen: »Nichts Neues hier, außer meiner Verheiratung, die für mich immer noch eine Sache tiefer Verwunderung ist.«

Es handelt sich hier im Leben Lincolns um ein Kapitel, das ebensoviel Rätselaufgaben stellt, wie es einige Aufschlüsse über meistens rasch übergangene Tiefen seines Wesens zu geben vermag.

Woher in aller Welt etwa nahm er, der Hinterwäldler und Außenseiter, dessen bittere Armut jedermann im Städtchen kannte, die Kühnheit, um die junge Gesellschaftskönigin anzuhalten — wenn auch sein Mut nicht von langer Dauer war? Denn sehr bald begannen Zweifel ihn zu quälen, die an sich nicht unvernünftig waren. War es nicht eigentlich undenkbar, daß ein derart aristokratisches Geschöpf ihn lieben und gar heiraten konnte? War es nicht, besten Falles, nur eine groteske Verirrung des verwöhnten Mädchens, die es in kurzem begreifen und tief beklagen würde? Und wie, wenn Mary wirklich seine Frau würde, wie sollte das zu Hause fast verhimmelte Kind, das an weiträumiges Leben in Gärten und Herrenhäusern, bedient von einer Schar Sklaven, gewöhnt war, sich mit der engen Existenz eines Kleinstadtanwalts abfinden, der nichts besaß, dem vielmehr noch Schulden aus einem lächerlich verkrachten Dorfkrämerladen anhingen?

Es gab Zeiten, in denen diese Fragen ihn in wahre Panik versetzten. Immer wieder machte er dann Ansätze, das Verlöbnis zu lösen; zahllose Briefe an Mary zerriß er, statt sie abzuschicken. Doch eines Tages gestand er ihr offen seine Zweifel. Da brach sie in Tränen aus, rang die Hände und ließ in ihrem Schluchzen etwas vernehmen von einem Betrüger, der selbst betrogen werden würde. »Das war zu viel für mich«, berichtete Lincoln selbst später, »ich spürte, daß Tränen auch meine Wangen entlangrannen. Ich nahm sie in die Arme und küßte sie.« Dies und mancherlei anderes aus dieser Epoche läßt sich Briefen Lincolns an seinen Freund Speed entnehmen, der sich damals in ähnlicher Lage befand und von ähnlichen Skrupeln gepeinigt wurde — gewiß ein seltsames Schauspiel, daß sich Männer dieses gerade damals so rücksichtslos und robust vorstoßenden amerikanischen Volkes derart zögernd, überempfindlich, ja sentimental zeigen, sobald Frauen ins Spiel kamen. Vor allem ist Lincolns Verhalten deshalb so schwer verständlich, weil ja bislang, man wird sich erinnern, alle Berichte darin übereinstimmten, daß er sich weiblichen Wesen aufs deutlichste fern hielt. Er verstummte, wenn Frauen den Raum betraten und verließ ihn, sobald es nur angängig war. Nie hatte er in New Salem die Farmertöchter im buntbedruckten Kattun der Sonntagsröcke im Tanze geschwenkt, viel weniger, daß er einer von ihnen in der unverblümten Form primitiver Siedler nachgestellt hätte. Sein Erlebnis mit Ann Rutledge, ohnehin nur schattenhaft überliefert, ist kein Gegenargument, sondern eher ein Beweis seiner Abgesondertheit.

Doch wie, wenn gerade hier, in seiner Scheu vor dem Weiblichen im allgemeinen, die Motive für sein so ganz andersartiges Verhalten gegenüber Mary Todd zu finden wären? Sein Biograph Herndon, der ihn ja aus vieljährigem Beieinanderleben aufs genaueste kannte, schreibt nämlich: »Mr. Lincoln hatte eine starke, um nicht zu sagen schreckliche Leidenschaft für Frauen. Er war kaum imstande, seine Hände von ihnen entfernt zu halten, und doch — das muß sehr zu seinem Kredit gesagt werden — führte er ein sauberes und untadeliges Leben. Sein Sinn für Recht und Gerechtigkeit verbot ihm, sein Eheversprechen zu verletzen. Der Richter Davis sagte mir: ›Mr. Lincolns Ehrgefühl rettete manche Frau.‹ Ich weiß das, ich habe Lincoln in Versuchung gesehen, aber ich habe auch gesehen, wie er die Annäherung von Frauen abwies.«[4]

Mit andern Worten: dieser junge, starke, ungezähmte Mann aus den Wäldern war den Reizen des Weiblichen nicht unzugänglich, sondern im Gegenteil ungewöhnlich unterworfen. Es waren Instinkte, vorgeformt im Schicksal der kleinen Lebenskünstlerin Lucy Hanks, die seine Großmutter gewesen war und in ihrem sagenhaften Abenteuer mit dem virginischen Kavalier, der vielleicht sein Großvater war — Instinkte aber, die er selbst bislang mit großer Willenskraft zu bändigen vermocht hatte. Machten sich dabei Rückstände puritanischen Erbgutes, des Mißtrauens gegen weltliche Freuden, ja, der Verpflichtung zur Unfrohheit bemerkbar? Oder hatte ihm seine Lebenspraxis und insbesondere sein juristischer Beruf schon allzu deutlich gezeigt, wohin (namentlich unter Angelsachsen mit ihrer mangelnden Freimütigkeit in Dingen der Erotik) angestaute Begierden führen können, wenn sie erst einmal entfesselt werden? Hatte er Angst vor sich selbst? Gewiß, er hatte den Barfüßlerinnen von New Salem aus dem Wege zu gehen vermocht, vielleicht auch mancher Lockung, die im kleinstädtischen Springfield auf ihn gelauert hatte, wie überall, wo Menschen wohnen. Aber ein solches Ausweichen war nicht mehr möglich, sobald Mary Todds Gestirn vor ihm aufging.

Ihre Erscheinung, sprühend von Reizen, gesteigert durch Toilettenkünste, ihre Stimme, der langsam und lässig hingezogene Ton des südstaatlichen »drawl«, und rührend und spürbar darunter doch die gesunde, saubere Persönlichkeit des halben Kindes — Frische und Unschuld verbunden mit weltlichem Glanz —: das war zuviel für Lincolns arme Sinne. Es muß schlechthin umwerfend auf ihn gewirkt haben. Als er Mary das erste Mal sah, bei einer Abendgesellschaft, bat er sie, völlig unvermittelt und ganz gegen seine Gewohnheit, um einen Tanz: »Ich möchte mit Ihnen tanzen — und zwar sehr schlecht.« »Und er tat es wirklich«, erzählte Mary selbst später; ihre rosa Sei-

denschuhe hätten danach einen traurigen Anblick geboten...
Freilich, wenn man den Motiven seiner Heirat nachgeht, so darf auch nicht vergessen werden, daß Lincoln, sobald er sich in Springfield niedergelassen hatte, seinen Verkehrskreis möglichst in derjenigen Gesellschaft suchte, die sich die gute nennen ließ. Seine ersten beiden Kanzlei-Partner, Stuart und Logan, gehörten ihr an, ebenso die Familien Ninian Edwards', dessen Vater Gouverneur des Staates war. Nirgends sonst wäre es ihm möglich gewesen, Mary kennenzulernen, die nicht nur mit den Edwards verschwägert, sondern auch mit Stuart und Logan vervettert war. In Lincoln aber, der einem gesunkenen und verarmten Zweig einer im übrigen großbürgerlichen Familie entstammte, war der Wunsch, aus seinen Platz in der gesellschaftlichen Rangordnung zurückzukehren, natürlich und legitim, obwohl es ein verborgener, unausgesprochener und vielleicht auch ihm selbst nur halb bewußter Wunsch war. Eine Heirat mit Mary jedenfalls mußte ihm den Hintergrund schaffen, den er allein gewiß nie herstellen konnte. Motive dieser Art – nur Torheit kann sie mit verächtlichen Namen belegen – machten ihm Mary also noch begehrenswerter, als sie das ohnehin schon war.
Und endlich: es geht ja hier nicht allein um die Anziehung, die Mary auf Lincoln ausgeübt hätte, sondern um eine, die gegenseitig war. Auch Mary kam Lincoln von vornherein mit aller Offenheit entgegen, die in ihrer Natur lag, ja sie betrieb die Verbindung mit größerer Beharrlichkeit als er. Ihr Verhalten hat manchmal etwas von den großzügig beschlagnahmenden Gesten des heimatlichen Herren- und Sklaven-Staates Kentucky. Wäre sie sonst so leicht über den Affront der aufgehobenen Verlobung hinweggekommen? Sind also nicht eigentlich ihre Motive noch rätselhafter als die des Mannes?
Es mag bei ihr ein wenig Übermut des verwöhnten Kindes mitgespielt haben, mädchenhafte Neugier und romantische Abenteuerlust – vielleicht schon eine gewisse Übersättigung am gewohnten Typ des konventionell schmeichelnden Kavaliers, dem sie in ihrer Heimat allein begegnete. Im Gegensatz hierzu

warb gerade die äußere Unbeholfenheit Lincolns für ihn, die offenbare Armut und Kargheit seines Lebenszuschnitts, die träumerische Sanftmut seiner Hilflosigkeit, aus der heraus er dennoch mit jener ersten kühnen Aufforderung zum Tanz den entscheidenden Schritt getan hatte, einen Schritt — Mary begriff das sofort — weit über sich selbst hinaus; und das eben war es, was sie für ihn gewann. Mehr noch: sehr zeitig schon hatte sie das Vorgefühl, daß dieser Mensch, der von den behäbig saturierten Elegants von Springfield so deutlich abstach — schon indem er sie körperlich alle überragte —, daß er zu Besonderem bestimmt sei. Ein Gefühl war das, das sich rasch zu unbedingtem Glauben verstärkte. Wo jedermann sonst an Lincoln nur einen ungefügen Kopf mit schwer zu frisierendem Haar sah, gewahrte Mary etwas wie das Licht einer Glorie.

Damit nun freilich gerät man in ein Gebiet, das sich nur mit großer Vorsicht betreten läßt: es kann nämlich kein Zweifel sein, daß Mary und Lincoln insofern Verwandte von Anbeginn waren, als sie in ungewöhnlich naher Nachbarschaft zum Irrationalen lebten, daß sie sich zeitweise aus der rationalen Welt herausgelöst fanden. Beide, Kinder eines noch jungen, naturnahen Volkes, waren — ähnlich den Tieren der Wildnis, die bei Nacht besser als am Tage sehen — zuweilen instande, die dunkel brauenden Nebel der Zukunft zu durchspähen. Eine gesteigerte Sensibilität war über sie beide verhängt, das fragwürdige Schicksalsgeschenk, das man zweites Gesicht nennt, ohne seinem Wesen damit näher gekommen zu sein. Nicht nur, daß Lincoln und Mary oft vor dem, was die irrlichterhaft erhellten Zwischenregionen zwischen Bewußtem und Unbewußtem zeigten, am liebsten die Augen verhüllt hätten — sie lebten unglücklicherweise ja auch in einem Zeitalter übergroßen Vernunftglaubens, wonach dergleichen Erlebnisse unmöglich, und daher lächerlicher Aberglauben seien. Deshalb sprachen beide so wenig als möglich davon, wieviel der irrationale Teil der Wirklichkeit ihnen tatsächlich zu schaffen machte. Wenn trotzdem die Rede darauf kam, und Mary war scherzhaft aufgelegt, so pflegte sie zu sagen: es sei Erbteil ihrer schottischen Ahnen, daß sie Feen zu gewahren vermöge. Aber sie konnte auch auf einer Abendgesellschaft derart von einem unerklärbaren Brandgeruch behelligt werden, daß Lincoln schließlich mit ihr nach Hause ging, wo sie tatsächlich ein Feuer ausgebrochen fanden, während die Kinder ebenso tief schliefen wie das Dienstmädchen, das auf sie achtgeben sollte.

Lincolns Ehe muß, trotz allem, was Klatsch und Schmähsucht von ihr überliefert haben, glücklich genannt werden.[5] Er und Mary verstanden einander so vollkommen, wie es bei der Kompliziertheit und Gegensätzlichkeit ihrer Temperamente nur möglich war. Seine Interessen waren ohne weiteres auch die ihrigen. Sie war stolz auf ihn und stets besorgt um ihn. Unablässig wachte sie über seine Gesundheit. Gemeinsam verwöhnten sie ihre Kinder, insgesamt vier Knaben, von denen zwei zeitig starben.
Er fand sich mit ihrer Empfindlichkeit ab und mit ihrem Mangel an seelischem Gleichgewicht; wissend, daß kein menschliches Wesen Anspruch auf vollkommenes Glück hat, war er mit dem seinigen herzlich zufrieden. Sie wiederum konnte durch seinen mangelnden Sinn für äußere Ordnung, für die Regeln gesellschaftlichen Verkehrs, überhaupt durch seine Unachtsamkeit für Konventionen[6], von denen doch so viel abhing, zuweilen in maßlosen Zorn geraten. Doch wenn sich dann irgend jemand einfallen ließ, für sie und gegen Lincoln Partei zu ergreifen, so fehlte nicht viel, daß sie einem so Unvorsichtigen das Gesicht zerkratzte.
Immerhin brachte sie Lincoln dahin, sich in der Öffentlichkeit sorgsamer zu kleiden, in Anzügen aus schwarzem Tuch mit schwarzen Velvetwesten, weißem Hemd und schwarzer Seidenkrawatte, dazu einen etwa einen Fuß hohen glänzenden Zylinder, in dem er nach wie vor Briefe, Schecks, Zeitungsausschnitte aufbewahrte. Handschuhe zu tragen, nannte er freilich immer noch Tierquälerei. Trotzdem wurde er niemals das, was in Europa ein kultivierter Mensch geheißen hätte. Sein Takt und viel öfter noch sein Geschmack ließen zu wünschen übrig. Wenn

man etwa Bilder von Rom oder Florenz zeigte, wurde er schläfrig. Musik war ihm nur in populär-sentimentaler Form zugänglich.

Lincoln ertrug Marys Zorn wie er ihre Liebe ertrug — überzeugt, daß beides im Grunde eines und dasselbe sei. Höchstens daß er sich zuweilen über ihren Toddschen Familienstolz ein wenig Spott gestattete: für Gott (englisch: »God«), so sagte er, habe ein »d« genügt, die Todds aber hätten deren zwei benötigt. Sie blieb das belebende, erfrischende, wenn auch zuweilen schmerzhaft spornende Element seines Daseins. Besonders wenn er in seinen Trübsinnsperioden sich zu verlieren schien, flüsterte sie ihm naiv beschwörend ins Ohr, was alles sie noch von ihm erwarte, suchte sie seinen Ehrgeiz durch den ihrigen, der stärker und stetiger war, emporzureißen. Sie erzogen sich gegenseitig und zogen sich so immer unerschütterlicher zueinander hin.

Inzwischen gestaltete sich das Leben der bisher so verwöhnten jungen Frau keineswegs einfach. Ein ganzes Jahr lebten die Lincolns als Untermieter im Zimmer der »Globe Tavern«; Mary nähte die Kleider für sich und auch später für die ersten Kinder selbst, so gern sie sich nach wie vor elegant anzog. Ihre Familie in Kentucky hat dem jungen Haushalt offenbar keine Hilfe geleistet, wie sie sich überhaupt Lincoln gegenüber äußerst kühl verhielt. Nicht eher als bis, im August 1843, das erste Kind geboren war, ließ Marys Vater sich in Springfield sehen, obwohl er sonst die Edwards' ein- oder zweimal jährlich besucht hatte. Und erst 1847, fünf Jahre nach der Hochzeit, konnte Lincoln zum erstenmal das Elternhaus Marys betreten.

1843 kaufte Lincoln ein eigenes Haus, obwohl noch nicht alle seine Schulden aus dem Kramladen in New Salem abgezahlt waren. Anderthalb Stock hoch, weiß gestrichen, mit grünen Fensterläden lag es in der achten Straße, am Rande der Stadt; gleich hinter ihm begannen die Getreidefelder. Es war aus Holz gebaut, und die Bohlen deckten einander mit der unteren Kante, so daß der Regen von ihnen abfloß wie über die Schuppen eines Fisches. Der Wind der Prärie strich Tag und Nacht um seine Wände, säuselnd, pfeifend, brausend.

In seinem Haus ging der Rechtsanwalt Lincoln in Hemdärmeln umher, in alten, verfärbten Hosen und übergroßen Pantoffeln; er erschien so zu Tisch, öffnete die Tür, auch wenn elegante Besucher zu Mary kamen, oder ging zum Nachbar Sourley, einem Schuhmacher. Mary konnte ihn nicht dazu bringen, pünktlich zu den Mahlzeiten zu kommen; auch schien es ihm ganz gleichgültig, was er aß. Oft lag er bequem auf dem Teppich des Frontzimmers. Wie hilflos sie sich auch oft fühlen mochte, sie gab den Kampf um ihn nie auf — wie sie auch niemals aufhörte, die Regeln gesellschaftlicher Etikette für verbindlich zu halten. Oft war sie, weil sie die Mitwelt genauer beobachtete als er, der bessere Menschenkenner von beiden. Manche nützliche Warnung verdankte er ihr, da sie sehr viel genauer als er wußte, wie viel von Dingen abhing, die er, in seiner gedanklichen Versponnenheit, für nur äußerlich hielt. Sie las viele Bücher für ihn, und er nahm ihre Meinung über sie ohne weiteres als die seinige an. Mit solchen Hilfen stieß sie ihn unermüdlich, aber auch unerbittlich voran.
Ihn hingegen freute höchstens Männergesellschaft, die ihn sichtbar aufblühen lassen konnte, wenn sie ihm das Erzählen seiner Anekdoten ermöglichte; oft waren es uralte Geschichten, Fabeln der klassischen Überlieferung, doch auch Erzählungen Balzacs, die er ins amerikanische Milieu übertrug. »Ich erinnere mich einer guten Geschichte, die ich gehört habe«, sagte er, »aber ich habe niemals eine erfunden. Ich habe nur ein Detailgeschäft.« Und selbst auch dann, wenn er seine Geschichten vortrug — mit viel eigenem Genuß an ihnen —, so war er doch nicht mehr der heiter Dominierende, der unbesorgt Erobernde, der er vor seinen barfüßigen Zuhörern in New Salem gewesen war. Er zeigte in diesen Jahren vielmehr immer deutlicher einen Drang, unsichtbar zu werden, im Schneckenhaus des Ich zu verschwinden, wie in ahnungsvoller Angst vor dem, was die Gemeinschaft der Menschen ihm vielleicht aufbürden könnte, wenn er sich ihr nicht rechtzeitig entzog. So kam es, daß sein Gesicht sich rasch abkühlen konnte, sein Blick verschleiert und tot werden. Leicht erschien er schläfrig, passiv, in eine Lethargie und Lebens-

ferne sinkend, die auch für seinen Beruf gefährlich zu werden schien; es konnte vorkommen, daß er sich in einen Plädoyer verhaspelte und es matt zu Ende ging. Doch wird ja auch schon aus seiner Tagelöhnerzeit berichtet, daß er sich keineswegs zur Arbeit gedrängt habe und das Wort »loafer« — »Bummler« damals gern für ihn gebraucht wurde.

Das Jahr 1846 mußte kommen, ehe er in einem plötzlichen Anfall von Aktivität — vielleicht Marys unablässigem Drängen endlich nachgebend — seine Kandidatur für das Repräsentantenhaus in Washington anmeldete, und zwar wiederum als Vertreter der Whig-Partei, also damals der Rechten.

Von jeher ist aufgefallen, daß er, ein junger Mensch, der aus bitterster Armut kam, der in Illinois lebte, wo eine große Mehrheit der Demokratischen Partei, also der Linken, traditionell war, sich dennoch der großbürgerlichen, zentralistischen, kapital- und bankenfreundlichen Rechten zugesellte. Es gehört in diesen Zusammenhang auch, daß er einer der Rechtsanwälte der State Bank in Springfield war und für hohe Schutzzölle ebenso eingetreten war wie für »Internal Improvement« — worunter man damals ein Straßenbauprogramm auf Bundeskosten verstand, das große Ausgaben öffentlicher Gelder und nicht kleinere Gewinnaussichten für Kapitalbesitzer bedeutete. Auch hier zeigt sich, mächtiger vielleicht als er selbst ahnte, das Erbe seiner Vorfahren, auf deren soziale Ebene er zurückstrebte, ein Mensch, der sich als Deklassierter fühlte und lebenslang auf der Flucht vor seiner demütigenden Kindheit blieb.

Der Wahlkampf war nicht leicht. Tausende von Briefen waren zu schreiben, noch mehr Hände zu schütteln. Sein Gegner, ein redlicher kleinmütiger Pietist und Jackson-Demokrat, Peter Cartwright mit Namen, beschuldigte ihn, Atheist und mit Aristokraten verwandt zu sein, traf also hier, wenn auch natürlich nur in sehr ungefährer Form, Tendenzen, die tatsächlich in Lincoln lebten. Freilich konnte er sich gegen den Vorwurf aristokratischer Verwandtschaft leicht verteidigen, indem er ihn nur auf seine engste Familie, die kärglich vegetierende Sippe seines Vaters, bezog. »Das kommt mir sonderbar vor«, antwortete er, »von allen meinen Verwandten hat nur einer mich besucht, und als er hier war, wurde er angezeigt, weil er eine Maultrommel gestohlen habe.« Den Vorwurf des Atheismus freilich überging er mit Schweigen. Hier hatte sein Gegner insofern recht, als Lincoln zwar stets in einer, in ihrer Tiefe freilich wechselnden Beziehung zum Überirdischen, zum Religiösen stand — er kannte die Bibel aufs genaueste und zitierte sie immer wieder —, daß er sich aber von jeder nach außen abgegrenzten kirchlichen Formulierung fern hielt. Ihm gehörte ein Platz in der Presbyterianischen Kirche Springfields, und Mary nahm hier das Sakrament und wurde Kirchenmitglied, nicht aber ihr Mann. »I couldn't quite see it«, sagte er — eine schwer übersetzbare Wendung, die in einer sehr vorsichtigen Form etwa besagt, das sei doch nicht ganz das Richtige für ihn. Doch da Illinois voller Baptisten, Methodisten, Presbyterianer der alten Schule, Campbelliten, Calvinisten, kurz Christen der steinharten, selbstgerechten Art war, wäre es politischer Selbstmord gewesen, wenn Lincoln sich im Wahlkampf auf das Thema seines angeblichen Atheismus eingelassen hätte.

Alle Kosten seiner Wahl bezahlte er selbst, durchritt den Wahlkreis auf eigenem Pferd und logierte bei Freunden. Von den 200 Dollar, die für seine Unkosten aufgebracht worden waren, erstattete er 199,25 zurück; 75 Cents hatte ein Fäßchen Apfelwein für ein paar Landarbeiter gekostet, die durchaus freigehalten werden wollten.

Mit beträchtlicher Mehrheit gewählt, schrieb er Speed: »Obwohl ich unsern Freunden sehr dankbar dafür bin, daß sie das getan haben, so hat mir die Wahl doch nicht so gut gefallen, wie ich es erwartet hatte.«

Im Dezember 1847 langte er mit der Familie in Washington an. Zum erstenmal sah er die einzige Stadt des Landes, die nicht willkürlich, sondern nach einem vorgefaßten Plan entstanden war, und die so nahe der Grenze der Südstaaten lag, daß reiche Plantagenbesitzer sie als Winteraufenthalt benutzten. Wie die Schließe eines Gürtels schien die Stadt die beiden Regionen zu

verbinden, und dennoch war gerade in ihr der schwelende Geruch ihrer Feindschaft am deutlichsten spürbar. Die unfertige Kuppel des Kapitols starrte über ihren erst ganz lückenhaft bebauten, fast durchweg ungepflasterten Straßen gen Himmel — Abbild der nicht vollendeten Einigkeit der Nation.
Im Kongreß fand Lincoln als zentrales Thema Mexiko vor. 1845 nämlich hatte das seit zehn Jahren souveräne Texas sich sehr bereitwillig von den Vereinigten Staaten annektieren lassen, obwohl Mexiko amtlich gewarnt hatte, daß dies Krieg bedeute, der danach auch, da Mexiko Verhandlungen verweigerte, nicht auf sich warten ließ. Zum erstenmal aber handelte es sich für die Union hier nicht mehr, wie bisher, um Kolonisierung unberührter Wildnis, sondern um Einbruch in eine andere abendländische, sehr viel ältere Kultur, in ein Land voll spanischer Siedlungen und Missionen. In der Suggestivsprache der Zeitungen von damals hieß diese Expansion »das große Freiheits-Experiment« — was teils Maske geschäftstüchtiger Landspekulation war, teils aber auch Ausdruck eines echten und glühenden Glaubens an die amerikanische Form der Demokratie und des Wunsches, daß sie die Welt beherrschen möge. In der Tat endete der Krieg mit gewaltigen Landgewinnen für die Union: er brachte ihr nicht nur Texas unbestritten ein, sondern — in Gestalt eines Zwangsverkaufs für 15 Millionen — Kalifornien, New Mexiko, Nevada, Utah, insgesamt fast eine Million Quadratmeilen.
Die Oppositionspartei der Whigs war der Ansicht, daß der Krieg von Präsident Polk als gigantischer Landraub geplant und verfassungswidrig sei, jetzt aber, nachdem die Nation in ihm engagiert sei, ohne Rücksicht auf die Kosten durchgeführt werden müsse. Diesen Standpunkt nahm auch Lincoln in der einzigen politischen Rede ein, die er im Kongreß hielt, am 12. Januar 1848, als der Krieg faktisch schon vorbei war. Wenn die Whigs, so sagte er, die Kriegsausgaben bewilligten, so bedeute das nicht, daß sie, wie Polk das behaupte, den Krieg billigten; er beschuldigte den Präsidenten, Dokumente und Urkunden zurückzuhalten; wo das erste Blut geflossen sei, solle er

erklären: sei das auf amerikanischem Boden geschehen, werde er ihn unterstützen; er schloß mit der leise grotesken Phrase: »Militärischer Ruhm — dieser verlockende Regenbogen, der sich aus Regenschauern von Blut erhebt.« Es war eine donnernde Oppositionsrede, wie sie von einem ländlichen, jungen Abgeordneten kaum anders zu erwarten war. Einige Sätze freilich enthielt sie, von denen dieser später sicherlich gewünscht hätte, sie nie gesprochen zu haben. Um nämlich die Separation des Staates Texas von Mexiko zu rechtfertigen, erklärte er: »Jedes Volk, wo auch immer, sobald es den Wunsch danach und die Macht dazu hat, hat auch das Recht, sich zu erheben, die bestehende Regierung abzuschütteln und eine neue zu bilden, die ihm besser paßt. Auch ist dieses Recht nicht auf alle Fälle beschränkt, in denen das ganze Volk unter einer Regierung es auszuüben wünscht. Nein, jeder Teil dieses Volkes, der dazu imstande ist, darf sich erheben und sich so viel des Territoriums aneignen, als er bewohnt.« Der Abgeordnete Lincoln konnte nicht ahnen, welche Hindernisse er damit in den Weg des Präsidenten Lincoln rollte, auf den es fast zwanzig Jahre später kommen sollte, die Separation der Südstaaten zu bekämpfen. Im übrigen führte Lincoln im Repräsentantenhaus das nicht sehr ernst genommene Leben eines »freshman«, eines zum erstenmal gewählten Abgeordneten. Auch hier war er bald wieder ein beliebter Erzähler von Anekdoten, die er besonders gern in einer Ecke des Postamts im Kapitol von sich gab, einen Fuß auf das Gitter des Kamins gesetzt.
Mitten in seine Abgeordnetenzeit fiel die Präsidentenwahl von 1848. Kandidat der Whigs war General Taylor, der gegen den Mexikanischen Krieg protestiert, dann aber, direkten Befehlen gehorchend, ihn erfolgreich geführt hatte. Lincoln hatte für ihn in den industriellen Nordoststaaten — zusammenfassend Neuengland genannt — zu werben.[7] Zum erstenmal sah er nun, nachdem er den Süden kannte und den heimatlichen Westen, eine dritte Abart des Riesenlandes, fast eine Nation für sich. Im warmen Septembersonnenschein, doch in einer Luft voll Kohlenrauch, erblickte er die pockennarbigen Ziegel-

mauern der Fabriken und die vielen tausend wirbelnden Spindeln, die von fremden, heimwehblassen Bauernmädchen bedient wurden. Und zum erstenmal traf er hier auch auf einen Sproß der begütert gebliebenen Lincolns, einen früheren Gouverneur des Staates Massachusetts.

Aus der Präsidentenwahl ging Taylor als Sieger hervor. Lincoln selbst aber war von seinen Wählern überhaupt nicht mehr aufgestellt worden; sein Verhalten im Parlament hatte allzu wenig Eindruck auf sie gemacht. Enttäuscht und gedemütigt kehrte er nach Springfield zurück — mehr als je überzeugt, daß seine politischen Fähigkeiten nicht weit reichten und daß sein ahnungshafter Ehrgeiz, von demjenigen Marys vielleicht unvernünftig angespornt, ihn nur auf Irrwege führe.

Noch einen letzten Versuch machte er, ein politisches Amt zu erlangen, das des »Commissioner of the General Land Office« im Innenministerium, was etwa mit Ansiedlungskommissar zu übersetzen war, und jährlich 3000 Dollar abwarf. Er machte deswegen dem neuen Präsidenten Taylor im Juni 1850 einen Besuch; 3400 Demokraten hatte er aus ihren Ämtern geworfen, um ebenso viele Whigs an ihre Stelle zu setzen; doch für Lincoln fand er keinen Platz; einen Monat später war der alte Mann auch schon der Sommerhitze Washingtons erlegen.

Als Ersatz wurde Lincoln der Gouverneurposten im Territorium Oregon angeboten, einem wilden, in der äußersten Nordwestecke der Union gelegenen Land. Er lehnte ab — vor allem unter dem Einfluß Marys, die ganz richtig begriff, daß Oregon, das nur in wochenlanger Reise zu erreichen war, Selbstisolierung und damit Ende aller Zukunftshoffnungen bedeutet hätte.

So ließ Lincoln verlauten, er werden sich künftig nur noch dem Geldverdienen widmen, zumal er sich sputen mußte, da andere Anwälte seines Alters bereits sehr viel begüterter waren als er. Im Herbst fuhr Abraham Lincoln, ein Rechtsanwalt, der nicht als besonders erfolgreich galt, wiederum im klappernden Wägelchen über die Prärie. Aus dem grünen Schlamm der Wasserpfützen erhoben sich Schwärme von Moskitos mit jener Wut, die die Ahnung nahen Endes auch in diesen armen Geschöpfen erzeugt.

Seine politische Karriere schien beendet. Er sprach kaum noch von Politik. In den Nächten, wenn die Sterne näher und größer als sonst in irgendeiner Jahreszeit über der Prärie standen, studierte er hart, zähe und in völliger Einsamkeit Wörterbücher, Logik, Mathematik, insbesondere die mehr als zwei Jahrtausende alten »Elemente« des Euklid.

# VI
# Rivale und Erwecker

Die Welt draußen stand unterdessen nicht still. Die revolutionären Erregungen, die Ende der vierziger Jahre Europa erschüttert hatten — Polen, Ungarn, Italien, Frankreich, Deutschland —, angetrieben alle durch das gleiche gärende Gemisch aus Nationalismus, Liberalismus und Zentralismus, waren niedergeschlagen, viele ihrer Anführer hatten fliehen müssen und waren in Amerika gelandet. Doch die alten europäischen Mächte hatten aus dem Ideenarsenal der besiegten Revolutionen zwei ihrer Parolen an sich gerissen, die nun erst, in den sehr viel kräftigeren Händen der Sieger, ihre volle Wirkungskraft erwiesen: Nationalismus und Zentralismus. So war das 1851 errichtete wirtschaftlich prosperierende System Napoleons III. streng zentralistisch kontrolliert; und die nationalen Aspirationen Italiens waren es, die der Kaiser 1858 ausnutzte, um eine alte, böse Rechnung Frankreichs mit Österreich zu begleichen. Bald danach leitete die Geschicklichkeit, mit der Cavour die Macht des kleinen Piemont mit den nationalen Schlagworten der Zeit verband, die mehr oder weniger gewaltsame Einigung Italiens ein. Österreich-Ungarn nun gar wurde nach erledigter Revolution zu einem straff zentralisierten Einheitsstaat umgebaut. Ja, einige Jahre vorher hatte die älteste Republik, die Schweiz, auch sie auf stärkere Zentralisierung bedacht, die widerstrebenden Kantone mit Waffengewalt in die neue Existenzform gezwungen. Ist es nur ein Zufall, daß 1858 Darwins »Entstehung der Arten« erschien, wonach dem Gesetz immer stärkerer Vereinheitlichung und zweckmäßigerer Organisation auch die mächtige Natur unterworfen sei? Wieviel mehr Veranlassung also für die Menschen, mit ihren schwachen Staatsgebilden ebenso zu verfahren!
In Amerika freilich konnte man den Eindruck haben, daß die Neigung, Konflikte durch Gewalttat zu lösen, die in Europa

1848 so erschreckend emporgewogt war, sich jetzt der Neuen Welt nähere. Kaum etwa war der mexikanische Krieg beendet, als in Kalifornien Gold gefunden wurde. San Francisco verödete im Nu, weil die Bevölkerung sich auf die Goldfelder stürzte; ein Spaten kostete 1000 Dollar und der Wert des Menschenlebens sank tief unter den der toll machenden Goldkörner. Die Regierung des Staates geriet in die Hand von Kriminellen. Eine Revolution war nötig, um die Ordnung halbwegs wieder herzustellen.

In den größeren Städten der Union brachte inzwischen der anschwellende Industrialismus eine immer ungleichmäßigere Verteilung äußerer Güter und politischer Macht zuwege. Klassengefühle, bisher so gut wie unbekannt, keimten, und auch der Einfluß der Marxschen Lehren machte sich bemerkbar. Die Grundstimmung blieb gleichwohl optimistisch, stellenweise kompliziert durch Beimengung religiöser Elemente, die sich bis zum Fanatismus steigern konnten.

In den Höhen der Gesellschaft hielt sich immer noch die klassische Kultur ihrer Gründergeneration, wenn auch allmählich kurzatmig und altersschwach. In der Tiefe hingegen sammelte sich ein Analphabetenheer der Massen. In einem Lande, dem die traditionellen Autoritäten Europas fehlten — Monarchie, Aristokratie, Klerus —, blieb als einzige Autorität nur die des Besitzes übrig, und sie nun war es, die sich immer beherrschender in den Vordergrund schob. Immer schwerer durchtränkte sich das amerikanische Leben nun mit schierem Materialismus. Er und die Widerstände, die sich aus einem gleichwohl unentwurzelbaren Idealismus immer wieder gegen ihn erhoben — das wurde damals der Inhalt amerikanischer Innenpolitik und ist es im Grunde immer noch.

Wie jugendlich prosperierend das Land auch schien, zitterte es in den fünfziger Jahren doch unter geheimen Ängsten, fühlte es sich immer wieder Spannungen unterworfen, deren Gewalt schwer verständlich ist, wüßte man nicht heute, daß eben damals der Bürgerkrieg heranreifte und daß die, die ihn zu führen haben sollten, sich instinktiv gegen ihn zu wehren suchten.

Symbol, wenn auch keineswegs einzige Veranlassung jener Spannungen war immer noch die Sklavenfrage. Dreißig Jahre lang, seit 1820, war sie unter dem Missouri-Kompromiß begraben gewesen, ein Gesetz, wonach in allen Staaten nördlich des Breitengrades 36,30 — der Südgrenze des Staates Missouri — keinerlei Sklaverei zulässig war. 1850 aber, als man die große mexikanische Landbeute in die Union einbaute, war es nur äußersten Anstrengungen des Senators Henry Clay gelungen, einen neuen Kompromiß zustande zu bringen: danach wurde in Kalifornien die Sklaverei verboten; in den übrigen Neuerwerbungen blieb die Entscheidung den Einwohnern überlassen. Die innere Ruhe schien damit wiederhergestellt, zumal die Gunst des Schicksals gleichzeitig für außenpolitische Ablenkungen sorgte: damals landeten zum erstenmal amerikanische Kriegsschiffe in Japan, zerbrachen seine mittelalterliche Traumruhe und leiteten seinen Anschluß an den abendländischen Lebenskreis ein.

Danach richteten sich die Augen auf das spanische Cuba; man fragte in Madrid an, unter welchen Bedingungen es zu kaufen sei, und erhielt die Antwort: unter gar keinen. Daran schlossen sich aufregende Verhandlungen mit England über einen zentralamerikanischen Kanal von Ozean zu Ozean, die 1854 jedoch ein kaum noch erwartetes günstiges Ende fanden.

Dann aber schienen die Möglichkeiten außenpolitischer Betätigung fürs erste erschöpft. Plötzlich und mit großer Wucht lohte daher die Flamme der ungelösten Sklavenfrage, die man unter dem Kompromiß von 1850 begraben glaubte, wieder empor. Um den Bau einer den ganzen Kontinent durchquerenden Eisenbahn zu ermöglichen, hatte der Kongreß beschlossen, zwei neue Territorien im Westen zu schaffen, Kansas und Nebraska, die bisher nur Büffelweide und von Weißen unbesiedelte Indianer-Reservation gewesen waren. Die Frage der Sklaverei in diesen Territorien sollte — so bestimmte nun die »Kansas-Nebraska Bill« — von der zu erwartenden weißen Siedlerbevölkerung selbst entschieden werden. Damit aber war, da die neuen Territorien nördlich des Breitengrades 36,30 lagen, die Sklaverei auch nördlich dieser Grenzlinien zulässig geworden, der Missouri-Kompromiß durchlöchert, der mühsam hergestellte Friede von 1850 zerstört.

Ungeheure Aufregung in der ganzen Union erhob sich. Jetzt erst zeigte sich, wie tief Abneigung, ja Abscheu vor der Sklaverei die Seelen durchdrungen hatte. 1852 war »Onkel Toms Hütte« erschienen, ein Buch voll des ganzen Feuers liebender Unwissenheit. Harriet Beecher-Stowe, die Verfasserin, war Frau eines schlecht besoldeten Theologie-Professors in Cincinnati, nahe der Grenze der Südstaaten ansässig also, doch ohne wirkliche Kenntnis der Lage in ihnen, namentlich der damaligen Negermentalität — eine bescheidene, kleine Frau, mit Lockenkringeln in der Stirn, die etwas von einer bejahrten, freundlich spinnenden Hauskatze hatte. Wenn man ihr Komplimente machte, sagte sie: »Gott schrieb das Buch.« Seinen gewaltigen Erfolg hätte sie nie erträumt, die Ströme von Tränen, die Orkane von Zorn, die sie mit ihm entfesselte.[1] Eben das aber, das Unverhältnismäßige des Erfolges, bewies, wie sehr das anklägerische Buch dem Stimmungsaufruhr entsprach, der in Amerika heranwuchs, je mehr die fünfziger Jahre sich dem Ende näherten.

Selbstverständlich konnte die Beunruhigung des ganzen Landes an Lincoln nicht vorübergehen. Jahre hindurch war er nun ein enttäuschter Politiker gewesen und ein provinzieller Rechtsanwalt, der nicht einmal an seinen Prozessen übermäßig interessiert schien; er verlor sie, die jeder andere gewonnen hätte, zuweilen aus Unachtsamkeit und Gedankenlosigkeit. Durch die moralischen Anfechtungen des Berufs hatte er gelernt, sich schweigend hindurchzufinden. Allerdings, als der junge Ralph Waldo Emerson, der ihn als Beauftragter eines seiner Klienten aufsuchte, auf einem Abendspaziergang geradeaus fragte: »Ist es möglich, daß ein Mann Jurisprudenz betreibt und sich dabei gegen andere immer so verhält, wie er wünscht, daß sie sich gegen ihn verhalten?« gab Lincoln ihm keine Antwort. Und eben dieses Verstummen veranlaßte Emerson, nicht Jurist zu werden. »Dieser Spaziergang änderte den Lauf meines Lebens«, berichtete er später.

Lincolns Kollege Whitney, der ihn genau kannte und oft mit ihm im gleichen Bett schlief, war der Ansicht, bei einem klaren Fall von Unehrenhaftigkeit habe er immer Ausflüchte gefunden, um nicht an ihr teilhaben zu müssen; in einem unklaren Falle aber habe er seinen Klienten die Wohltat des Zweifels zukommen lassen.

Er vertrat zwar vor Gericht einen Bremser der Great Western Eisenbahn, der in ihrem Dienst ein Bein verloren hatte, gegen diese, jedoch gleichzeitig auch großkapitalistische Unternehmungen, wie die Rock Island Eisenbahn, die Illinois Central Eisenbahn — diese für das damals erstaunlich hohe Honorar von 5000 Dollar —, die Lean County Bank, die Gaswerke in Springfield oder die Landwirtschaftsmaschinenfabrik John M. Manny gegen die Konkurrenz Cyrus McCormicks in Chicago. Das waren keine kleinbürgerlichen Streitigkeiten mehr um Vormundschaften, Hypothekenzinsen und Scheidungen, sondern es ging um große Summen, wie die Steuerzahlungen der Eisenbahnen oder der Erwerb industrieller Patente sie erforderten; im Prozeß McCormick-Manny etwa handelte es sich um die ganze Existenz der Firma Manny.[2] Auch als Schiedsrichter wurde Lincoln jetzt zuweilen angerufen. Als ihm einmal ein Prozeßgegner vorwarf, er vertrete ein seelenloses Gebilde wie eine Aktiengesellschaft, erwiderte er, eine Aktiengesellschaft umfasse Tausende von Seelen, nämlich die der vielen keinen Leute, die ihr ihre Ersparnisse anvertraut hätten.

Immer noch aber war er persönlich an Geld kaum interessiert. 1857 erst ließ er seinem Haus ein zweites Stockwerk aufsetzen, auf Drängen Marys. Sie pflegte zu sagen: »Er gibt mir niemals Geld; er läßt seine Brieftasche einfach irgendwo liegen, wo ich aus ihr nehmen kann, was ich brauche.« Um 1860 wurde sein Vermögen auf 15 000 bis 17 000 Dollar geschätzt; auch hieran gemessen war er nur ein mittelmäßiger Anwalt.

Sogar seine frühere Leidenschaft für das Lesen ließ nach, ja schien zeitweise verschwunden. Er durchblätterte jetzt lieber

Zeitungen, las Bücher nur noch teilweise — so etwa Locke, Kant, Spencer, Emerson, Feuerbach; es war ihm lieber, wenn Mary oder besonders Herndon ihm über ihren Inhalt berichtete. Immer noch ließ er sich durch gesellschaftliche Formalien so wenig als möglich berühren. Er konnte sich, auf der Straße niederkniend, am Murmelspiel der Kinder beteiligen oder, einen angeleckten Daumen in der Luft, einen Wetterumschlag vorhersagen. Immer noch hingen seine Anzüge an ihm wie an einem Garderobenständer.

Kurzum: Jahre hindurch ist sein Bild das eines verdrossenen, von Unzufriedenheit geplagten Mannes mit Spuren mindestens von Lähmung, Lässigkeit, ja Zynismus. Als einige Farmer eine neue Siedlung Lincoln nennen wollten, riet er ab: »Ihr laßt das besser bleiben. Denn ich weiß von nichts, was Lincoln heißt und bei dem viel herausgekommen wäre.«

Aus diesen Jahren wird von einer Neigung des Alternden zu einer jungen Sängerin berichtet, Lois Newhall, eine von vornherein aussichtslose und daher melancholische Beziehung. Lois gehörte einer reisenden Sängertruppe an, der Newhall Family, der Lincoln, im achten Gerichtsbezirk unterwegs, des öfteren begegnet war. Und allmählich verstand er es einzurichten, daß er so oft wie möglich in denjenigen Gerichtsplätzen zu tun hatte, in denen gleichzeitig die Newhalls auftraten. Lois war nicht besonders hübsch, doch eine gute Sängerin und vom Konzertpodium herab pflegte sie ihm grüßend zuzulächeln. Seine Kollegen neckten ihn anfangs deswegen. Später freilich glaubten sie, ihm ernstere Vorstellungen machen zu müssen. Aber er antwortete leichthin, Lois sei tatsächlich die einzige Frau auf der Welt — außer seiner eigenen —, die es gewagt habe, ihm Freundlichkeiten zu erweisen; und wenn das arme Ding sich von seinem gefälligen Äußeren derart angezogen fühle, so glaube er, seine spießbürgerlichen Kollegen seien die letzten, um sich darüber aufzuhalten.

Eines Winterabends in einem Hotel in Decatur hatte sich zwischen den Newhalls und einigen der Juristen eine so fröhliche Stimmung entwickelt, daß man schließlich auch von Lincoln verlangte, er solle etwas singen. Er wehrte sich lange; schließlich aber willigte er ein, wenigstens ein Gedicht zu rezitieren, das er besonders liebe. Er stand in der Tür zum Treppenhaus, so hoch gewachsen, daß er den Kopf beugen mußte. Was aber rezitierte er? Das alte schwermütige Kirchenlied: »Oh, why should the spirit of mortals be proud?« Und im Nu war die fröhliche Stimmung der Gesellschaft verflogen.

Als er sich darauf zum Gehen wandte, fragte Lois ihn nach dem Verfasser des Gedichtes. Er wisse es nicht, antwortete er, aber wenn es ihr wirklich gefalle, werde sie den Text morgen auf dem Frühstückstisch finden. Und wirklich, als die Sängerin am nächsten Morgen beim Frühstück saß — Kerzen brannten auf dem Tisch des kleinstädtischen Hotels —, legte sich plötzlich Lincolns große Linke über ihre Hand, während seine Rechte über ihre Schulter hinweg eine Abschrift des Liedes vor ihren Teller legte. In wenigen Minuten müsse er abreisen, sagte er, winkte ihr noch einmal zu — »Good bye, my dear« — und verschwand durch die Tür, die so niedrig war, daß er den Kopf beugen mußte. Lois Newhall hat ihn niemals wiedergesehen.

In diesen Jahren anscheinender Stagnation litt Mary, in ihrem Ehrgeiz gekränkt und erschüttert, vielleicht noch mehr als Lincoln selbst. In vorzeitiger Korpulenz verschoben sich die harmonischen Züge des jungen Mädchens, nahm ihre gesunde Stämmigkeit mehr zu, als ihrem Aussehen zuträglich war. Doch verminderte sich niemals Lincolns Respekt vor ihrer Persönlichkeit, noch seine Toleranz für ihre Schwächen. Sie wiederum wußte immer noch am besten, wie man mit ihm umging, und wenn Gedanken ihn überschwemmten, wachte sie darüber, daß man ihn allein ließ. Aber auch sie hatte ihre eigenen schlimmen Zeiten. Dann war kein leichtes Auskommen mit ihr, weder für die portugiesische Köchin Affonsa, noch für die Söhne, die inzwischen herangewachsen waren oder für Lincoln selbst. Jeder der beiden Gatten war auf Einsicht und Rücksicht des andern angewiesen.

Dennoch, unter der glatten Oberfläche einer bürgerlichen Exi-

stenz war das rege Lebensverlangen Lincolns noch nicht begraben, waren seine peinigenden Fragen noch nicht verstummt: ein Kongreßabgeordneter, der alsbald wieder von den Wählern verworfen wurde — war dies das höchste an äußeren Ehren, was ihm erreichbar war? Und damit das Ende? Sollte er der anonyme kleine Mann bleiben, zu dem er anscheinend doch nur geboren war? Die Tümpel reglos fauligen Wassers, wie sie in der Prärie standen — waren sie nicht vielleicht Abbild seines eigenen Schicksals? Seine Hoffnungen mögen schließlich erloschen sein; aber die Sehnsucht blieb, die Sehnsucht dessen, der sich berufen fühlt und nicht berufen wird. Auf einem Spaziergang mit Herndon brach er plötzlich aus: »Wie hart, ach, wie hart ist es, zu sterben und sein Land nicht besser zurückzulassen, als wenn man nie gelebt hätte!«
In Wirklichkeit waren es wohl gerade diese nach außen hin so stillen Jahre, in denen er unaufhörlich — ob er wollte oder nicht — sah, hörte, sammelte, verglich, lernte, den Sinn mit Wissen und Weisheit füllte wie ein Schiffer sein Fahrzeug mit Waren, dessen Tiefgang er damit verstärkt, seine Bewegung freilich verlangsamt.

Alles das änderte sich, als die Kansas-Nebraska-Bill Gesetz wurde. Nachdem sie es der Bevölkerung von Kansas — einer riesigen Prärie vom Missouristrom bis zu den Rocky Mountains — freistellte, Sklaven einzuführen, — Nebraska, allzu weit nördlich gelegen, kam für Plantagenwirtschaft nicht in Betracht — brach hier ein wahrer Bürgerkrieg aus: vom Sklavenstaat Missouri drangen Reiter in Kansas ein und maßen ihre Kräfte mit soeben aus dem Norden angelangten Neuengländern. Kisten mit Gewehren kamen vom Norden wie vom Süden, äußerlich als irdene Töpfe oder auch als Bibeln deklariert. Man stahl Pferde, raubte, plünderte, stach und schoß einander tot. Wenn man vom »blutigen Kansas« sprach, war das nicht nur ein poetisches Bild: innerhalb von zwei Jahren vielmehr wurden Schäden von 2 Millionen angerichtet und 200 Menschen zu Tode gebracht.

Die Durchbrechung des Missouri-Kompromisses durch die Kansas-Nebraska-Bill brachte auch Lincolns ganze bisherige Konzeption der Sklavenfrage zum Einsturz: daß man sich mit ihr abfinden könne, wenn sie südlich des Breitengrades 36,30 gleichsam in Quarantäne festgelegt bleibe, wobei sich hoffen ließ, daß sie schließlich absterben und verschwinden werde. Nun aber war ihr statt dessen gestattet worden, weit über jenen Breitengrad auszugreifen.
Lincolns erste Reaktion war ein dumpfes, richtungsloses Aufbegehren. Er ahnte noch nicht, was gegen die Kansas-Nebraska-Bill getan werden konnte. Aber darin, daß sie nicht zu dulden war, war sein Gefühl ebenso sicher wie damals als er, ein barfüßiger Knabe, die Tiere des Waldes aus den Fallen befreite, in die sein Vater sie gefangen hatte. Hier wie dort sah er Gewalttat gegen lebende Kreatur, Mißachtung ihres Daseinsrechtes und fand das eine so unerträglich wie das andere.
Im August 1854 sprach er zum erstenmal wieder öffentlich, es war in dem Städtchen Winchester, zugunsten des Kongreßabgeordneten Yates, eines erklärten Feindes der Kansas-Nebraska-Bill — ohne zu wissen, daß er damit aufs neue den Pfad in die Politik betrat, den er nun niemals mehr verlassen sollte.

Doch waren hier neben den politischen Motiven noch andere, mehr persönlicher Natur wirksam. Im Herbst des Jahres nämlich war in Springfield Jahrmarkt, Vieh- und Obstausstellung, ein großes Farmerfest mit Pferderennen und Whiskyzelten, und hierzu erschien auch der Vertreter von Illinois im Senat, Stephen Douglas. Mit ihm aber hatte es seine besondere Bewandtnis.
Es ist, als bestände zwischen ihm und Lincoln eine schicksalshafte Verbindung. Nicht nur, daß Douglas der eigentliche Vater der Kansas-Nebraska-Bill war, des Angriffssignals, das Lincoln aus seinen Wachträumen emporgeschreckt hatte, von jeher vielmehr schon hatte er auf seinem Lebensweg Douglas auftauchen sehen, gerade ihn, den einzigen vielleicht unter allen Zeitgenos-

sen, dem er instinktiv auszuweichen suchte. Ihre Schicksale ähnelten einander in mancher Hinsicht verblüffend, in anderer schienen sie geborene Gegensätze. Immer wieder aber wurden sie persönlich konfrontiert, von einer Fügung, die — wie wir heute wissen — Douglas zum unfreiwilligen Geburtshelfer der großen historischen Gestalt Lincolns bestellt hatte.
Gleich Lincoln war auch Douglas als Fremdling nach Illinois gekommen. Ein Yankee aus Vermont, Sohn eines Arztes, früh verwaist und verarmt, war er Tischler geworden, dann, zwanzig Jahre alt, nacheinander Auktionator, Schullehrer, Rechtsanwalt; mit achtundzwanzig Jahren war er Richter am Obersten Gericht von Illinois, mit dreißig Kongreßabgeordneter, mit vierunddreißig Senator. Jetzt stand er im einundvierzigsten Jahr und wurde als Führer der Demokratischen Partei der ganzen Union fast unbestritten anerkannt.
Äußerlich war der kurz gewachsene und breitnackige Douglas der vollendete Gegensatz zu Lincolns Hagerkeit. Mit übergroßem Kopf, Baßstimme und dunkler Haarlocke in der Stirn, neigte er ein wenig dazu, mit diktatorischem Blick und über der Brust gekreuzten Armen den ersten Napoleon nachzuahmen. Seine Feinde sahen einen hochfahrenden Zwerg in ihm. »Der kleine Riese« war der Kosename seiner Bewunderer. Berühmt war die Schönheit seiner tiefliegenden blauen Augen. Die ganze Nation kannte ihn. In Washington, in seinem neuen Haus, drängte sich die eleganteste Gesellschaft. Von seiner verstorbenen ersten Frau, Tochter eines Pflanzers in North Carolina, hatte er hundertfünfzig Sklaven geerbt. Soeben hatte er aufs neue geheiratet, Adele Cuts, berühmte Schönheit und Großnichte des Präsidenten Madison. In ungewöhnlichem Maße auch kannte Douglas das Ausland, Rom, England, Rußland.[3]
Eben deshalb war es Leitsatz seiner Politik, Amerika beginne gerade erst, sich seiner Riesenkraft bewußt zu werden und müsse demgemäß seinen Anteil an den Gütern der weiten Welt fordern. Dem aufdämmernden Zeitalter des Wirtschaftsimperialismus war er ein frühreifer Sohn. Er war für »Jung-Amerika«,

für ein Amerika von Ozean zu Ozean, gegen »Old Foggyism« — was sich annähernd mit altmodischer Schlafmützigkeit übersetzen läßt; was ihm vorschwebte, war eine Allianz des großen Leihkapitals im Osten sowohl mit den Eisenbahninteressenten des Westens wie mit den Baumwollexporteuren des Südens, deren Plantagen, ständig wachsend, ebenso kapitalhungrig waren wie die rastlos westwärts ausgreifenden Eisenbahnen — denen ja eben die Kansas-Nebraska-Bill Raum schaffen sollte. Denn nicht mehr sollte, das war Douglas' »Jung-Amerika«, der amerikanische Handel vornehmlich auf die Häfen der Ostküste der Union beschränkt bleiben, sondern, von der Westküste ausstrahlend, den ganzen Stillen Ozean durchdringen, seine Inselwelt sowohl wie den gegenüberliegenden asiatischen Kontinent, woher »stets ja schon der Reichtum der Nationen gekommen« sei — ein Bild tatsächlich von riesenhaftem Ausmaß und starker Verführungskraft. Für den, der in solchen Dimensionen dachte, brauchte ein so altmodisches und verhältnismäßig geringfügiges Problem wie das der Sklaverei wirklich nicht mehr viel zu bedeuten. Daher auch die nebensächliche Art, in der Douglas es behandelte, indem er es der Bevölkerung der Einzelstaaten überlassen wollte; an diesem großen Prinzip der Volkssouveränität liege ihm mehr, sagte er, als an allen Negern in der Christenheit.

Im übrigen war Douglas ein begabter Schauspieler, im Besitz eines immer bereiten Pathos, was zur Folge hatte, daß man sich über den Sinn seiner Worte nicht allzusehr den Kopf zerbrach. Persönlich war er gutwillig, patriotisch, anspruchslos und an Geld kaum interessiert. Seine Leidenschaft war eine der schlichtesten: Politik und Macht durch sie...

Konnte es anders sein, als daß ein meteorgleicher Aufstieg wie derjenige Douglas' Gefühle der Eifersucht und Gegnerschaft in Lincoln erweckte, der, fast fünfzig Jahre alt, gut die Hälfte seiner Lebenszeit darauf verwendet hatte, Politiker zu werden, dessen Name aber über den Staat Illinois kaum hinausgedrungen war?

So, während die unerwartet große Empörung über die Kansas-

Nebraska-Bill ihren Urheber Douglas in seinen Wahlbezirk Illinois zurücknötigte und es aussah, als beginne seine Macht zu wanken — unterwegs an der Eisenbahnstrecke sah er Strohpuppen brennen, die ihn darstellen sollten —, verbanden sich in Lincoln persönliche Kränkung und sachliche Widersacherschaft und spornten ihn noch einmal an: den magischen Schleier zu zerreißen, der das Glückskind Douglas umgab, das schien ihm jetzt jeder Mühe wert.

Am 3. Oktober kam Douglas nach Springfield und am Nachmittag sprach er öffentlich zur Verteidigung der Kansas-Nebraska-Bill — so wie er es gewöhnt war: auf dem Podium umherspazierend, mit geschmeidiger Nonchalance und gut dosiertem Pathos. Sklaverei, sagte er, sei ein wirtschaftliches Problem; sobald sie nicht mehr profitabel sei, werde sie von selbst verschwinden; solange sie aber noch profitabel sei, was von Klima, Bodenbeschaffenheit und Produktion abhänge, sei sie legal. Oder wolle man die Bewohner der Territorien ihres Rechts berauben, über ihre Gesetze selbst bestimmen, das große Jeffersonsche Prinzip der Volkssouveränität verletzen, unter dem die Vereinigten Staaten das geworden seien, als was man sie heute kenne?

Am nächsten Tage stand Lincoln auf dem gleichen Podium, der hagere, große Mensch, dessen Knochen, überall sichtbar, schwer in Ordnung zu halten schienen. Und während Douglas seine weißen, etwas fetten Hände zur wirksamen Betonung seiner Rede benutzt hatte, wußte Lincoln zunächst nicht, wo er die seinen, diese groben, übergroßen Geschöpfe am besten ließe. Der Nachmittag war heiß; Lincoln zog den Rock aus und sprach in Hemdsärmeln, mit Kentuckydialekt und hoher Falsettstimme, doch weithin hörbar. Vor ihm auf der vordersten Bank saß Douglas.

Es war eine Rede ohne die gewohnten Scherze Lincolns, mehr ein ernstes eindringliches Selbstgespräch, eine wühlende Musterung seines Innern und — niemand natürlich konnte das wissen — eine Schicksalsrede, die seine Zukunft und die seines Landes, ja vielleicht die der Welt, weit hinaus festlegte.

Mit Sicherheit erfaßte er die Schwäche in der Position Douglas': Die Sklaverei sei nicht, wie jener behaupte, eine wirtschaftliche Frage, noch auch eine verfassungsrechtliche, in der das Prinzip der Volkssouveränität eine Rolle spiele, sondern eine ethische. Sicherlich sei die Sklaverei »eine monströse Ungerechtigkeit«. Doch die Staaten, in denen sie bestände, seien dafür nicht zu tadeln; würde sie bei ihnen nicht bestehen, würden sie sie nicht einführen, und umgekehrt, wenn sie im Norden bestände, würde auch er sie nicht abschaffen. Die Sklaverei abzuschaffen, sei überhaupt äußerst schwierig und er selbst wisse keinen Weg, es zu tun, auch wenn ihm alle irdische Macht gegeben wäre; denn um etwa die Sklaven loszukaufen und in ein anderes Land zu verschiffen, fehle es an Geld. Oder wolle man ihnen die bürgerliche Gleichberechtigung mit den weißen Amerikanern geben? Dagegen sträube sich sein persönliches Gefühl und ebenso das einer großen Menge anderer Weißer: und immer sei es unklug, allgemeine Gefühle zu mißachten. Doch obwohl er also nicht wisse, was gegen die Sklaverei dort, wo sie bestehe, getan werden könne, so sei es doch sicherlich ein Unrecht, sie dorthin auszudehnen, wo sie bisher noch nicht existiere — wie die Kansas-Nebraska-Bill das zulasse. Volkssouveränität, Selbstregierung sei gut, solange der Weiße nur sich selbst regiere; sie werde aber zur Despotie, sobald er außerdem noch den schwarzen Mann regieren wolle. Und dann folgte der weltberühmte Satz, der zu einem Leitstern amerikanischer Politik wurde, lange über Lincolns Zeit hinaus: »What I do say is that no man is good enough to govern another man without this other man's consent« — »Was ich sage, ist, daß kein Mensch gut genug ist, einen andern Menschen zu regieren, ohne dieses andern Zustimmung.«
Er sprach traurig und so langsam, als prüfe er jeden Gedanken im Entstehen. Vor achtzig Jahren, so sagte er, hätten die Vereinigten Staaten ihr Leben in der Voraussetzung begonnen, alle Menschen seien gleich geboren. Jetzt sei man Schritt für Schritt bis zu der Meinung herabgesunken, daß für einige Menschen die Versklavung anderer ein geheiligtes Recht sei. »Diese

beiden Prinzipien können gleichzeitig nicht existieren. Sie sind so gegensätzlich wie Gott und Mammon.«
Wenn es also eine ethische Unmöglichkeit sei, Sklaven als Sachbesitz zu behandeln — hier kehrte er zu seinem Ausgangsgedanken zurück —, sei die entscheidende Frage die: Ist der Neger ein Mensch? Ist er das, so kann kein anderer Mensch ein Recht darauf haben, ihn zum Sklaven zu machen. Dennoch aber nehme die Verfassung, wie jedes Eigentum, so auch das Eigentum an Sklaven in ihren Schutz. Und hier liege das furchtbare Dilemma der Situation. Wie könne man es lösen? Er müsse gestehen, daß er es nicht wisse. Eins nur wisse er: der durch Douglas' Kansas-Nebraska-Bill durchlöcherte Missouri-Kompromiß müsse wiedergestellt werden, was nur möglich sei, wenn man einen Kongreß wähle, der dazu willens sei. Andernfalls würde man die Greuel der Gesetzlosigkeit, unter denen jetzt Kansas leide, im ganzen Lande kennenlernen.
Es war eine Rede, die das Grundsätzliche klar erkennbar machte: für Lincoln war die Sklavenfrage ein ethisches Problem und nicht, wie für Douglas, ein juristisches, wirtschaftliches, politisches. Diesem ging es um Prosperität, Lincoln um Humanität. Und gerade indem Lincoln das Problem aus der materialistischen Ebene in die der Ethik hob, mußte er seine praktische Unlösbarkeit feststellen. Es war eine Rede voller Redlichkeit, die keine Silbe mehr enthielt als das, was wirklich seine Meinung war, die Meinung eines hart um Erkenntnis kämpfenden Geistes, der zugestand, daß es Dinge in der Welt gibt, zu deren Ordnung der menschliche Verstand nicht ausreicht.
Die Rede dauerte drei Stunden. Langsam und zögernd hatte der hagere Mensch in Hemdsärmeln begonnen. Dann aber hatte sie gleichsam seinen ungefügen Körper immer mehr ergriffen und durchseelt, Schweißtropfen bedeckten sein Gesicht; er trocknete es mit einem großen roten Taschentuch und er wankte vor Erregung wie ein Baum im Winde. Es war die erste volle Selbstdarstellung Lincolns vor der Geschichte und darum ging sie in die Geschichte ein. Im ganzen mittleren Westen verbrei-

tete es sich, daß zum erstenmal ein Redner aufgetreten sei, der dem kleinen Weltwunder Douglas nicht nur gewachsen, sondern klar überlegen war.

Lincoln wiederholte seine Rede noch einmal in dem Städtchen Peoria.[4] Dann suchte Douglas ihn auf und machte ihm einen Vorschlag: er würde in dieser Kampagne nicht mehr sprechen, falls auch Lincoln schwiege. Das Abkommen wurde geschlossen, das Lincoln sich als mindestens halben Sieg über einen gewaltigen Gegner anrechnen konnte. Und so war es Douglas gewesen, der den stets ja nur leise schlummernden Ehrgeiz Lincolns neu erweckt hatte.

Sicherlich: hätte es keinen Lincoln gegeben, würde heute vielleicht kaum noch irgend jemand von Douglas wissen. Jedoch auch umgekehrt: ohne Douglas, ohne seine ungestüme Vitalität, ohne seinen Drang nach »Jung-Amerika« würde vielleicht auch Lincoln als Prärieanwalt in Springfield sein Leben friedlich, doch unbekannt beendet haben.

# VII
## Das Rededuell

So stürmisch waren die Zeiten in Amerika geworden, daß sogar das traditionelle Zwei-Parteien-System auseinanderzubrechen begann. Von der Demokratischen Partei trennten sich fortgesetzt kleinere und größere Splitter. Und die Whigs[1] nun gar, die Partei Lincolns, hatte, nachdem Webster und Clay, ihre bedeutendsten Männer, gestorben waren, so schwere Wahlniederlagen erlitten, daß sie eigentlich nur noch Bruchstücke umfaßte. Wie oft in derart wirren Zeiten regte sich daher Übersättigung am Zwei-Parteien-System schlechthin und Verlangen nach einer dritten Partei. 1854 trat sie ins Leben. Anfangs nannte sie sich zaghaft nur »People's Party« — »Volkspartei«, später erst Republikaner. Es sammelten sich in ihr Unzufriedene aus beiden Parteien, ebenso bisher Unorganisierte, etwa frisch eingewanderte Deutsche, besonders in Illinois. Die neue Partei behielt die zentralistische und schutzzöllnerische Tradition der Whigs und war von vornherein sklavereifeindlich, doch ohne Radikalismus: die Sklaverei müsse dort ertragen werden, wo sie gesetzlich geschützt sei, jedoch auf ihre gegenwärtigen Grenzen beschränkt bleiben.

Obwohl das Programm der neuen Partei also den Wünschen Lincolns entsprach, und obwohl sie ihn zu ihren Zusammenkünften einlud, ließ er fürs erste nur Herndon daran teilnehmen, hielt selbst aber abwartend die alte Verbindung zu den Whigs offen. Erst im Mai 1856, als am Sterben dieser Partei kein Zweifel mehr sein konnte, setzte Herndon eigenmächtig Lincolns Namen unter die Einladung zu einem Meeting der Republikaner, und Lincoln widersprach nicht. Auf dem Wege zu dieser Zusammenkunft kaufte er seine erste Brille, und, wie jedes Symptom dahinschwindender Lebenszeit, schien auch dieses seinen Eifer nur zu spornen.

Bei den Präsidenten-Wahlen von 1856 trat er zum erstenmal

für die Republikanische Partei in den Kampf. Sie hatte als ihren Kandidaten einen jugendlichen Offizier aufgestellt, der als Vertreter einer neuen Partei nicht schlecht am Platze schien, Frémont mit Namen. Er hatte sich als Globetrotter bereits einen Namen gemacht, insbesondere bei der Erforschung des amerikanischen Westens, war überdies reich und eine romantisch hübsche Erscheinung. Der Wahlkampf war ungewöhnlich heftig, ja wild und wüst, da auch in ihm die immer wachsende Erregung des Landes ein Ventil suchte. Es war üblich, daß man mit faulem Obst und Obstschalen nach den Kandidaten warf, daß man sie mit Kuhglocken und Katzenmiauen zu übertönen versuchte, ehe sie noch den Mund öffneten. Lincoln im langen Staubmantel, den Zylinder auf dem Kopf, den verfärbten Regenschirm unterm Arm, wartete geduldig, bis die Störenfriede müde geworden waren. Dann begann er; der Extrakt seiner Reden war stets der gleiche: »the naked issue«, der Kern der Frage sei, ob die Sklaverei über ihre jetzigen gesetzlichen Grenzen hinaus sich ausbreiten dürfe — eine Frage, die der demokratische Kandidat, Buchanan, ein eleganter Pennsylvanier, bisher Botschafter in London, bejahte, Frémont verneinte. Sieger in der Wahl war schließlich Buchanan; doch wurden in Lincolns Illinois die Posten des Gouverneurs und alle Staatsämter von Republikanern erobert.
Kaum war die Hitze des Wahlkampfs einigermaßen verflogen, als eine neue Unruhewelle ausbrach. Im März 1857 fällte der Supreme Court, das höchste Gericht des Landes, die Entscheidung in einem Prozeß, dem seit langem schon mit größter Spannung zugesehen wurde. Es handelte sich, in Kürze, darum, daß ein Sklavenbesitzer aus dem Staat Missouri sich auf einer Reise in den Staat Illinois von seinem Sklaven Dred Scott hatte begleiten lassen und daß dort — da Illinois nördlich des Breitengrades 36,30 lag — der Sklave seine Freiheit verlangte. Die Abolitionisten hatten sich seiner Klage angenommen und sie von Instanz zu Instanz bis zum Supreme Court getrieben. Dessen Urteil, mit sieben gegen zwei Stimmen gefällt und vom Chefrichter Taney, einem Greis mit eiskühlem Verstande, ver-

kündet, lautete dahin, daß Dred Scott Sklave zu bleiben habe; denn kein Wort der Verfassung gebe dem Kongreß das Recht, eine Linie durch das Land zu ziehen, nördlich derer die Sklaverei ungesetzlich sei; kein Wort der Verfassung gebe außerdem dem Kongreß eine größere Macht über das Eigentum an Sklaven als über jede andere Art Privateigentum. Mit andern Worten: der Missouri-Kompromiß samt seiner Trennungslinie längs des Breitengrades 36,30 sei verfassungswidrig, habe also niemals Rechtens bestanden. Das Urteil entsprach dem Buchstaben der Verfassung, und bei der hohen Stellung, die der Supreme Court von jeher als oberster Interpret der Verfassung hat — zuweilen ist geäußert worden, Amerika habe eine »Regierung der Obersten Richter« —, wäre jetzt, um die Sklaverei in ihren bisherigen Grenzen festzuhalten, nur noch ein Weg übriggeblieben: die Verfassung selbst durch einen Zusatz, ein »Amendment«, so abzuändern, daß der Missouri-Kompromiß in ihr Platz fand. Hierzu aber war die Zustimmung von drei Vierteln der Staaten notwendig, was unmittelbar nach dem Wahlsieg des sklavereifreundlichen Buchanan höchst unwahrscheinlich war.

Sicherlich erkannte auch Lincoln, wie die Gegnerschaft zwischen Feinden und Verteidigern der Sklaverei — der in Wirklichkeit der Gegensatz zwischen Norden und Süden war — sich immer mehr verstärkte und verkrampfte. Jeder Blick auf die Landkarte hätte ihn, wie jeden Amerikaner, mit Zuversicht, ja Ehrfurcht vor der Zukunft seines Landes erfüllen können — und dennoch mußte er damit gleichzeitig die Linie erkennen, in der die Gesinnungsspaltung sich auch geographisch abzeichnete und somit schon die Bruchstelle erkennen ließ, an der die anscheinend so glückliche Republik in zwei Teile zu zerfallen drohte. So gut es gehen wollte, mahnte Lincoln zur Geduld: man solle sich erinnern, daß oft schon der Supreme Court sich selbst korrigiert habe. In diesem Zusammenhang war es, daß er einen seiner berühmtesten realistisch-weise ausgewogenen Aussprüche tat. Man hatte ihm vorgeworfen, er wolle die Negersklaven ohne weiteres zu gleichberechtigten amerikanischen Bürgern erheben, worauf er antwortete: wenn er keine Negerin zur Skla-

vin haben wolle, so bedeute das keineswegs notwendigerweise, daß er sie zur Frau haben wolle. »Ich will weder das eine noch das andere. Was ich will, ist, daß sie in Ruhe gelassen wird. In mancher Hinsicht ist sie gewiß nicht meinesgleichen. Aber in ihrem natürlichen Recht, das Brot zu essen, das sie mit ihren eigenen Händen verdient, ist sie meinesgleichen und unsresgleichen.«
Mitte 1857 griff die politische und seelische Depression auch noch ins Wirtschaftliche hinüber: die bisherige Prosperität, angeregt ursprünglich durch das kalifornische Gold, ließ nach, die billigen Kredite hörten auf, Banken wurden insolvent, Eisenbahnen blieben stehen, Fabriken schlossen; New York allein hatte 40 000 Arbeitslose, die mit Spruchbändern »Hunger ist ein scharfer Dolch« umhermarschierten. Der Süden jedoch blieb verschont, die Baumwolle machte ihn krisenfest; seine selbstbewußte Parole »Baumwolle ist König« schien bestätigt. In fast schon teuflischer Weise also trug alles dazu bei, die Trennungslinie zwischen Süden und Norden immer noch zu vertiefen.
Anfang 1858 dann — nach einer langen Zeit wolkigen Wetters — stand allabendlich ein Komet über der Prärie, silbrig strahlend wie ein frisch geschliffener Säbel.

Es war das fünfzigste Jahr in Lincolns Leben, gleichzeitig eins, in dem in Illinois Senats-Wahlen fällig waren: aufs neue also mußte Douglas sein Mandat verteidigen.
Nur natürlich war es, daß infolgedessen in Illinois auch die Erinnerung daran erwachte, daß Lincoln 1854 imstande gewesen war, Douglas zum Schweigen zu bringen und daß man alsbald den Gedanken an ihn herantrug, sich als republikanischer Kandidat gegen ihn aufstellen zu lassen. Wollte ihn also aufs neue das Schicksal dem »kleinen Riesen« gegenüberstellen, dessen Nähe von jeher schon, wie eine spezifisch gemischte Droge, Lincoln beunruhigt, aber auch immer wieder sein Wesen aktiviert hatte?
Douglas' Position allerdings war in der Zwischenzeit immer schwieriger geworden: er hatte sich sowohl mit den Demokra-

Senator Stephen A. Douglas, Wahlkampfgegner Lincolns 1858
*Photographie aus dem gleichen Jahr*

ten, also der eigenen Partei, überworfen wie mit dem Präsidenten Buchanan, die beide offen für die Sklaverei eingetreten waren, während Douglas in der Sklavenfrage neutral bleiben und sie dem Willen der Volksmehrheiten in den Einzelstaaten überlassen wollte. So sah er sich nun in einem Zweifrontenkrieg: gegen die offiziellen Demokraten Buchanans wie gegen die Republikaner. Eben deshalb wiederum konnte Lincoln sich fragen, ob sich ihm hier nicht eine Schicksalsgunst bot, die letzte vielleicht im Leben eines unscheinbaren Provinzpolitikers, um sich gegen den national bekannten Heldenspieler durchzusetzen. Und so nahm er die Kandidatur an.

An seiner ersten Wahlrede arbeitete er, abgeschlossen von der Welt, Tage hindurch. Notizen zu ihr hatte er lange vorher schon im Hut umhergetragen. Als er endlich das Manuskript seinen Freunden vorlas, war, außer Herndon, nicht ein einziger mit ihr einverstanden.

Auch diese Rede sollte wie die »verlorene Rede« ein Wendepunkt seines Schicksals werden. Ganz anders jedoch als damals, als er sich gegen den »kleinen Riesen« von der Strömung der Eingebungen treiben ließ wie ein ankerloses Schiff, verband er nun eine genau berechnete Darstellung des Sachverhaltes mit vorbedachter Wucht des Ausdrucks. Wie ein geschliffener Granitblock sollte diese Rede schwer und unwiderstehlich ins Gemüt der Hörer sinken. Es war die erste Rede seines Lebens, die er nach einem vorbereiteten Manuskript hielt.

Er begann ungewohnt feierlich, von Verantwortungsgefühl spürbar umdüstert: »Wenn wir wissen könnten, wohin wir ziehen, könnten wir besser beurteilen, was wir zu tun haben und wie wir es tun müssen.« Und darum versuche er, sich über die Situation Klarheit zu verschaffen. Er war wie ein Arzt, der sich endlich entschließt, den Namen der Krankheit zu nennen, von deren Anwesenheit jedermann weiß, ohne davon zu sprechen. Der Kern der Rede wurde einer seiner berühmtesten Sätze: »Ein Haus, das gegen sich selbst geteilt ist, kann nicht stehen. Ich glaube, daß dieses unser Regierungssystem — halb für die Sklaverei, halb gegen sie — nicht von Dauer sein kann.«[2] Eine

Abraham Lincoln als Präsidentschaftskandidat 1860
*Photographie von Alexander Hesler*

geringe Einschränkung nur bedeuteten die hiernach folgenden Worte: »Ich erwarte nicht, daß die Union der Vereinigten Staaten sich auflöst; ich erwarte nicht, daß das Haus fallen wird. Aber ich erwarte, daß es aufhören wird, geteilt zu sein. Es wird ganz das eine sein oder das andere.« Man sieht, die Unterschiede zwischen der ersten Rede gegen Douglas und dieser zweiten können kaum größer sein: die erste, träumerisch-individualistische Äußerungen, die zweite eine staatsmännisch durchdachte, präzis geformte Feststellung. Die erste noch ganz mit der Negerfrage beschäftigt, dem äußeren Symptom nur des Konfliktes, die zweite jedoch auf diesen Konflikt selbst konzentriert und die Gefahr des Staatszerfalls, mit der er das Land bedrohte, nicht verschweigend.³ Diese zweite Rede ist als »House Divided«-Rede, die Rede vom geteilten Haus, ein Stück der amerikanischen Geschichte geworden — etwa wie die Emser Depesche ein Stück der europäischen.

Allerdings, zunächst hagelte es Angriffe gegen sie; und Lincolns Freunde, die ihn gewarnt hatten, schienen recht zu behalten. Die Parteigegner triumphierten: für sie war es die selbstmörderische Leistung eines halb närrischen Agitators. Lincoln selbst freilich sagte, er würde lieber sein ganzes bisheriges Leben ausstreichen lassen als diese Rede.

Drei Wochen später erschien Douglas in Illinois. Chicago, wo er vor vier Jahren niedergeschrien worden war, bereitete ihm jetzt einen Triumph. Man schickte ihm als »Verteidiger der Volkssouveränität« einen dekorierten Extrazug sechzig Meilen entgegen und begrüßte ihn mit hundertfünfzig Kanoneschüssen. Bei Douglas' erster Rede, von einem Balkon herab, in Licht und Rauch Tausender von Fackeln, hatte Lincoln sich unter die Zuhörer gemischt und hörte sich selbst »einen liebenswerten und intelligenten Gentleman, einen guten, ehrenwerten Bürger« nennen; aber er habe in der House Divided-Rede »kühn und klar einen Krieg zwischen den Teilen des Landes befürwortet, zwischen Nord und Süd, einen Krieg, der so lange fortzusetzen sei, bis alle Staaten der Union entweder Sklavenstaaten oder sklavenfreie Staaten wären«.

Auf dieser Linie entwickelte der Wahlkampf sich weiter. Douglas fuhr prächtig durchs Land in einem Extrazug mit Blasorchester und einer Kanone auf dem letzten offenen Wagen, während Lincoln des öfteren, in gewöhnlichem Personenzug auf einem Nebengeleise abgestellt, den prächtigen Aufzug an sich vorüberbrausen lassen mußte, mit einer Mundharmonika die Langeweile vertreibend.

Wo immer Douglas sprach, zog er aus dem Seidenfutter seines Gehrocks ein Exemplar der House Divided-Rede und zitierte Lincoln: »Ich glaube, daß dieses unser Regierungssystem nicht für die Dauer sein kann.« Und unermüdlich korrigierte ihn Lincoln, er erwarte eine Krisis dieses Regierungssystems, aber er wünsche sie nicht. Es sei wie mit dem Tod; auch zu sterben erwarte er; aber den Wunsch zu sterben habe er nicht.

Gegen Ende des Sommers erließ Lincoln an Douglas eine offene Herausforderung: an sieben Punkten des Staates Illinois sollten beide Kandidaten gemeinsam vor den Wählern disputieren. Douglas nahm an, und so entwickelte sich ein Redeuell, das in der amerikanischen Geschichte etwa an der gleichen Stelle steht wie Luthers Thesen an der Wittenberger Schloßkirche in der deutschen. Das ungeheure Aufsehen, das es von vornherein erregte, ist freilich wohl nur dann verständlich, wenn man bedenkt, daß die Politik damals der einzige Weg war, auf dem die amerikanische Spiel- und Wettleidenschaft sich Luft verschaffen konnte und daß die Wahlversammlungen für die unverwöhnten, einsam lebenden Menschen von damals eine jahrmarkthafte Volksbelustigung waren. Tausende strömten herbei, oft in Extrazügen, offene fahnenumhängte Plätze mit frohem Tumult erfüllend. Blechmusik dröhnte, Gelegenheit zu Trunk, Tanz und Glücksspiel war gegeben. Abends glühte bengalisches Licht rot und grün auf, zischten Raketen empor, und die Kandidaten traten auf wie Gladiatoren, umringt von Fackeln, um mit blinzelnden Augen, fast verbrannten Wimpern und im Rauch erstickenden Stimmen ihre Reden zu halten.

Das Redeuell begann am 21. August in Ottawa in brütender Nachmittagshitze. Reiterscharen und Wagen voll junger Mäd-

chen in Weiß, freilich vom Straßenstaub grau geworden, hatten die Kandidaten eingeholt; etwa zwölftausend Menschen waren anwesend. Zum erstenmal arbeiteten Stenographen für die großen Zeitungen des Landes, von denen einige den vollen Wortlaut der Reden druckten; deshalb allein schon waren Millionen von Zeitungslesern in der ganzen Union vom Verlauf des Duells unterrichtet, das somit etwas vom Kampf homerischer Helden vor dem Auditorium der olympischen Götter erhielt. Wie jene Kämpfer suchten auch Lincoln und Douglas einander in die Enge zu treiben und einander immer wieder in überraschenden Wendungen zu entwischen. Oft verloren sie sich in Haarspaltereien. An harten Worten und Beschuldigungen fehlte es nicht; man warf einander Betrug vor, Fälschung, Verschwörung, Aufforderung zur Rebellion, Steuerhinterziehung, Geisteskrankheit. Einmal, in Galesburg, stürzte Douglas auf Lincoln zu und versuchte, dem Riesen die Faust unter die Nase zu halten; es sah so bedrohlich aus, daß die Zuschauer bereits begannen, die Röcke auszuziehen.
Inhaltlich war das Niveau der Reden mäßig; nirgends reichten sie an das des klassischen amerikanischen Parlamentarismus, der Webster und Calhoun heran. Lincoln und Douglas äußerten stets die gleichen Argumente, endlose Variationen des einen Themas, das zwischen ihnen nun seit Jahren traktiert wurde — eben weil keine wirkliche Lösung zu finden war. Douglas sprach von Rechts- und Vertragsfragen, Lincoln von moralischen Verpflichtungen. Ihre Diskussion hatte das Schicksal so vieler menschlicher Diskussionen: zwei redliche, patriotische Männer, gegen deren reinliche Absichten nichts einzuwenden war, sprachen von ganz verschiedenen Ebenen und daher immer aneinander vorbei.
So ging es hin bis zum Sommerende, ja, weiter noch, bis die Herbstwinde kamen, die die Fahnen ebenso zerrissen wie die Stimmen der Redner, und die Zuhörer zwangen, ihre Mäntel zuzuknöpfen. Am 15. Oktober in Alton, vor nur noch 6000 Hörern, endete die eigenartige Veranstaltung.
In diesen Wochen, in denen Lincoln gewahrte, wie rasch er im

ganzen Gebiet der Union bekannt wurde, mußte sein Selbstbewußtsein naturgemäß ebenso wachsen, und wahrscheinlich, daß jetzt zum ersten Male der Gedanke an die Präsidentschaft, bisher immer nur vage berührt und nie ernst genommen, sich in aller Realität seiner bemächtigte. Jedenfalls, als er im September mit den Freunden die Rede besprochen hatte, die er in Freeport halten wollte, und als sie ihm rieten, bestimmte Fragen an Douglas nicht zu stellen, da er sonst das Spiel verlieren könne, antwortete er: »Ich bin hinter einem größeren Wild her.« Der kommende Wahlkampf von 1860 sei hundertmal mehr wert als der gegenwärtige. Im Jahre 1860 aber war Präsidentenwahl.

Am Ende des Rededuells scheint man ihm bereits etwas davon angesehen zu haben, daß er sich mit schweren Entschlüssen trug. Ein Fremder, der ihn in einem Hotel traf, schildert ihn folgendermaßen: »Ich habe niemals ein gedankenvolleres Gesicht gesehen. Ich habe niemals ein würdevolleres Gesicht gesehen. Ich habe niemals ein traurigeres Gesicht gesehen.«

# VIII
# Die Präsidentenwahl

Die Senatorenwahl in Illinois am 2. November 1858 wurde von Douglas gewonnen, war also eine Niederlage für Lincoln, ebenso wie für den offiziellen Kandidaten der Demokraten. Doch hatte Lincoln in diesem Wahlkampf sehr viel mehr erreicht, als sich im Augenblick schon erkennen ließ: er hatte vor dem Auditorium des ganzen Landes Douglas zu Äußerungen genötigt, die diesen und die Demokratische Partei immer noch stärker auseinanderbringen mußten und damit den Riß, der die Partei spaltete, immer tiefer und deutlicher gemacht. Das aber bedeutete in absehbarer Zukunft den Aufstieg einer neuen Partei, die stärker war als jedes der beiden demokratischen Bruchstücke, also den der Republikaner.
Als Lincolns Niederlage entschieden war und er abends allein nach Hause ging, stolperte er auf der vom Herbstnebel schlüpfrigen Straße, hielt sich aber noch aufrecht. »Ein Straucheln und kein Fall«, sagte er zu sich selbst, und in seinem für Vorzeichen offenen Sinn fühlte er sich nicht unzufrieden.
Die folgenden Monate des Jahres 1859 ließen seinen klar rechnenden Verstand wieder zweiflerischer werden. Die handfesten Gewaltigen seiner Partei allerdings, die großen »Bosse«, waren bereits deutlicher als er selbst gewahr geworden, daß er seit dem Duell mit Douglas und eben durch dieses gleichsam an dessen nationaler Bedeutung beteiligt war — weil einfach Douglas ohne Lincoln nicht mehr denkbar war. Demgemäß hatten sie, die die Kandidaten etwa so zu betrachten pflegten, wie Buchmacher die Rennpferde, Lincolns Verwendbarkeit für die nächste Präsidentenwahl schon aufs ernsthafteste zu erwägen begonnen.
Doch er selbst suchte sich noch einmal den Ereignissen zu entziehen, die er herannahen fühlte, unerkennbar und umrißlos wie fremde Schiffe im Nebel. Wenn kleine Zeitungen des Mittel-

westens, die sich eine gewisse Unbekümmertheit leisten konnten, die Frage aufwarfen: »Warum nicht Lincoln als Präsident?«, so antwortete er: »Ich bitte Sie, das nicht mehr irgendwie zu erwähnen. Ich bin nicht geeignet für die Präsidentschaft.« Wieder also hatte er die Angst dessen durchzumachen, der fühlt, wie schwach menschlicher Wille und menschliche Kraft sind. Und wenn das Grundstreben aller Politik, sofern sie menschenwürdig sein soll, die Erleichterung des schweren Loses der Mitmenschen in den Grenzen des Möglichen ist, so war er sich der Enge dieser Grenzen sehr wohl bewußt und seine Angst daher nicht unbegründet. Andrerseits freilich war er bereits so tief ins mechanische Triebwerk des Politischen hineingeraten, daß es praktisch kein Zurück mehr gab, das ihm schließlich, redlich betrachtet, wohl auch gar nicht mehr willkommen gewesen wäre. Aber erst kurz vor Jahresschluß 1859 erklärte er sich bereit, die Kandidatur anzunehmen...
Es mag sein, daß ein Ereignis ihm den letzten Anstoß gab, das soeben die Gefühle der Nation aufs tiefste aufgewühlt hatte. In der Nacht vom Sonntag, 16. Oktober, war das Städtchen Harpers Ferry, an der Vereinigung des Potomac mit dem Shenandoah zwischen Felsenufern gelegen, von einer Gruppe Bewaffneter überfallen worden. Sie hatten das Bundesarsenal und die Gewehrfabrik besetzt, alle erreichbaren Sklaven befreit und bewaffnet und zum allgemeinen Sklavenaufstand aufgerufen.
Ihr Führer war John Brown, ein riesiger, langbärtiger Patriarch, Abkömmling frühester Ansiedler, seit langem schon samt seinen neunzehn Kindern in die Kämpfe in Kansas tief verwickelt; reiche Freunde unterstützten ihn mit Geld; zwei seiner Söhne waren schon dabei getötet worden. Im bürgerlichen Sinn war seine Vergangenheit nicht fleckenlos: er stahl Pferde, wenn sie seinen Feinden gehörten, und tötete die Besitzer, wenn sie sich widersetzten. Trotzdem war der religiöse Fanatismus, mit dem er sich zum Beender der Sklaverei berufen fühlte, ganz echt. Kein Moses oder Jeremias, pflegte er zu sagen, sei dazu nötig, sondern ein Simson. Jedes Blutvergießen schien ihm gerecht-

fertigt, sofern man nur die mißbrauchte Bibel dabei emporrecken konnte.

Da die Leute Browns die Telegraphendrähte zerschnitten hatten, tröpfelten Nachrichten nur sehr spärlich und der Montag war ein Tag angstvoller Erwartung. Die ganze Union bebte in Todesangst: war das nun der Moment, den man so lange gefürchtet hatte, war die Sklavenempörung da, die Flut von Blut und Feuer, die das Land überschwemmen wollte?

Aufzuatmen begann man, als bekannt wurde, daß die in Harpers Ferry befreiten Sklaven Miene machten, die an sie verteilten Waffen zur Befreiung ihrer von Brown eingesperrten Besitzer zu verwenden. Doch kam es nicht mehr so weit. Der Oberst Robert E. Lee — ein Name, den das Land künftig noch sehr oft hören sollte — griff mit achtzig Marineinfanteristen die im Spritzenhaus verschanzten Leute Browns an; sie wehrten sich bis zur letzten Patrone, so daß schließlich nur wenige Überlebende gefangen werden konnten, unter ihnen der verwundete Brown selbst. Der Staat Virginia machte ihm wegen Mordes, Hochverrats und Aufwiegelung von Sklaven einen öffentlichen, überaus fairen Prozeß und verurteilte ihn zum Tode. Völlig unbewegt stieg der mörderische Weißbart zum Galgen, unter Hinterlassung folgender Botschaft. »Ich, John Brown, bin jetzt ganz sicher, daß die Verbrechen dieses schuldigen Landes nie zu tilgen sind, es sei denn mit Blut.«

Lincoln erschütterte vielleicht noch nicht so sehr die Hinfälligkeit der öffentlichen Sicherheit, die sich hier offenbart hatte, als vielmehr die völlige Verwirrung, in die die Begriffe von Recht und Rechtlichkeit offenkundig geraten waren, weshalb eben es eine so gute Zeit für Fanatiker aller Art war. Alsbald nämlich nach seinem Tode wurde John Brown für die Sklavereigegner der Nordstaaten ein Märtyrer, und zwar nicht nur in den urteilslosen Massen — die sich in der Tat ja oft sonderbare Helden suchen —, sondern auch für freigeistige, wenn auch emotionale Zeitgenossen wie Emerson und Thoreau. Jenseits des Ozeans verglich ihn Victor Hugo sogar mit Sokrates und Christus. Lincoln aber sah, daß hier ein Mensch fragwürdiger

Qualität sich das Recht angemaßt hatte, anderen das aufzuzwingen, was er für Recht hielt. Am Tage der Hinrichtung, am 2. Dezember, erklärte er daher in einer Rede in Troy in Kansas: »John Brown wurde soeben gehängt, und wir können dagegen keinen Einspruch erheben, obwohl er unsere Ansicht teilte, daß die Sklaverei ein Unrecht ist. Doch er handelte gegen das Gesetz, und vor diesem Gesetz half es ihm nichts, daß er sich selbst im Recht glaubte. Wenn ihr versucht, gegen das Gesetz die Union zu zerstören, wird es unsre Pflicht sein, mit euch ebenso zu verfahren, wie mit John Brown verfahren wurde.«

Bald nach Beginn des neuen Jahres 1860 wurde Lincoln eingeladen, in der Young Men's Central Republican Union in New York zum Geburtstag Washingtons eine Ansprache zu halten. Am 27. Februar stand er im Saal des Cooper-Institut, einer Art Gewerbeschule, in einem der damals neuesten und größten Räume New Yorks. Er trug einen soeben gekauften Anzug, den er aber in einer Aktenmappe befördert und dabei zerknittert hatte. Obwohl ein Schneesturm wütete, sah er sich 1500 Zuhörern gegenüber, einem Auditorium, das das kultivierteste des Landes vielleicht nicht war, doch jedenfalls dafür galt — Menschen vielleicht eher, die überall dabei sein mußten und sich mehr eine Schaustellung erwarteten als eine Rede. Die meisten wußten von dem Fremdling aus dem Westen nicht mehr, als daß er mit Douglas zwar nicht fertig geworden war, ihm jedoch derart schwer zugesetzt hatte wie bisher noch niemand.

Für Lincoln war es nicht das erstenmal, daß er nach New York kam, wohl aber, daß New York zu ihm kam, daß er die Bekanntschaft der Elite der Stadt und damit zugleich der meisten Intellektuellen, Mondänen und Sensationslüsternen des Landes machte.

Das Begrüßungsklatschen quittierte er mit Lächeln und begann dann seine Rede etwas zögernd und immer noch im gezogenen Dialekt von Kentucky. Rasch aber, wie gewöhnlich, erwärmte

er sich an ihr, sprach frisch und unbefangen wie zu sich selbst. Noch einmal schilderte er seine Stellung zur Sklavenfrage und den Abgrund, der ihn von John Brown trenne: Wenn auch die Sklaverei ein Übel sei, so sei sie dennoch dort, wo sie Rechtens bestehe, nicht zu beseitigen; aber alles müsse man tun, um zu verhindern, »daß sie sich weiter ausbreitet und uns schließlich überrennt«. Ein Mittelgrund zwischen Recht und Unrecht könne nicht existieren — ebensowenig wie ein Mann, der zugleich ein lebender Mann und ein toter Mann sei. Er schloß: »Laßt uns darauf vertrauen, daß das Recht Macht schafft. Und in diesem Glauben laßt uns bis zum Ende wagen, unsere Pflicht so zu tun, wie wir sie verstehen.«
Sein Erfolg war über Erwarten groß: sein erster Ausflug in die große Welt war geglückt. So gespannt hatte das Publikum ihm zugehört, daß man in den Augenblicken, in denen er schwieg, das Summen des Gaslichts vernahm. Und wie das in der Natur des Großstädters und des großstädtischen Intellektuellen insbesondere liegt, war es ein explosiver Übergang von kaum verhehlter Mißachtung zu rückhaltloser Begeisterung. »New York Tribune« etwa, die sonst für Douglas eintrat, schrieb: »Er ist der größte Mann seit Sankt Paul.«
Lincolns Instinkte waren gesund genug, um sich nicht berauschen zu lassen. Er zeigte nicht das Gesicht des Triumphators sondern das eines von Bedenken gequälten Mannes, als er sich von seinen Gastfreunden verabschiedete und, auf der Plattform eines wackligen Pferdebahnwagens stehend, im Schneetreiben ihren Blicken entschwand. Freilich drückten ihn auch seine neuen Schuhe, und er hatte deshalb den ganzen Abend schon gehinkt.
Einem ganz andersartigen Publikum sah er sich kurz danach gegenüber, nämlich in den Industriegebieten Neuenglands. Hier fand er die Arbeiter der Schuhfabriken New Havens im Streik, die etwa 250 Dollar im Jahr verdienten. Wie leicht und wie verführerisch wäre es für einen Präsidentschaftskandidaten geringeren Ranges gewesen, diese berechtigte Unzufriedenheit auszubeuten, vor diesen armen, weitgehend des Lesens und

Schreibens unkundigen Menschen in der billigen Glorie des Erlösers zu paradieren! Doch auch ihnen sagte Lincoln nichts anderes, als was sein untrügliches Rechtsgefühl ihm diktierte: »Ich glaube nicht an ein Gesetz, das einen Mann verhindern soll, reich zu werden. Es würde mehr Unheil anrichten als Gutes tun. Während wir keinen Krieg gegen das Kapital predigen, wünschen wir doch, daß auch dem Niedrigsten die gleiche Chance zum Reichwerden gewährt sei wie jedermann sonst.«

Im April trat in Charleston die Demokratische Partei zusammen, um ihren Kandidaten für die Präsidentenwahl zu nominieren, und es geschah, was man erwartet hatte: die Aktionen Douglas', insbesondere seine Erklärungen im Rededuell mit Lincoln, hatten seine Partei derart tief gespalten, daß es ihr nicht mehr möglich war, sich auf einen Kandidaten zu einigen; die Versammlung brach auseinander und zwei Kandidaten standen einander gegenüber: für die Majorität, vor allem die Südstaaten, Beckinridge, ein Vorkämpfer der Sklaverei, für die Minorität Douglas.
Die Republikanische Partei trat am 16. Mai in Chicago zusammen, um ihren Kandidaten zu nominieren. In Illinois war ohne weiteres Lincoln aufgestellt worden, in Decatur, ganz nahe der Stelle, an der sein Vater sich zuerst niederließ, als er in den Staat eingewandert war; Begeisterte hatten dabei Holzlatten herangeschleppt, die Lincoln angeblich vor dreißig Jahren gemacht hatte, obwohl er sich standhaft weigerte, sie als solche anzuerkennen.
In Chicago allerdings hielt man den New Yorker Senator William Seward für einen ihm weit überlegenen Kandidaten. Er war ein früherer Gouverneur seines Heimatstaates, ein schmaler, blauäugiger Mann mit stolzer Hakennase, kühl, intelligent, selbstbewußt, nicht ohne Zynismus, von guten Lebensformen, trotzdem, imstande, sich populär zu machen, im ganzen Lande bekannt und überdies der eigentliche Gründer der Republikanischen Partei, der Lincoln sich ja erst später angeschlossen hatte. Allerdings war Seward unberechenbaren Tempera-

ments: in einer eben deshalb berühmt gewordenen Rede hatte er den Konflikt zwischen Norden und Süden »ununterdrückbar« genannt, galt seitdem als »Radikaler« und hatte an Beliebtheit verloren. Horace Greeley, der Beherrscher der »New York Tribune«, ging eigens nach Chicago, um Seward auszuschalten. Lincoln hingegen, eben weil er national doch noch sehr viel unbekannter war, fehlte es an derart mächtigen Gegnern.

Zum erstenmal bei dieser Konvention der jüngsten Partei präsentierte sich auch die jüngste Großstadt des Landes, Chicago. Vor noch nicht fünfundzwanzig Jahren gegründet, hatte sie blitzschnell die flache Prärie am Ufer des Michigansees pilzartig überwuchert. Als Eisenbahnknotenpunkt versorgte sie die ganze Union mit Getreide und Fleisch, Mehl und Alkohol. Von der Befriedigung primitivster Lebensbedürfnisse lebend, war auch die Stadt selbst voller Robustheit, Rücksichtslosigkeit, Roheit. Statt Kathedralentürmen ragten riesige Getreidespeicher über sie empor, und der Geruch der Schlachthäuser war auch aus den Palästen der Reichen nicht zu vertreiben, die mit den Baracken des Elends Rücken an Rücken standen. In dieser Stadt ließ nun die Republikanische Partei einen ganzen Hotelblock niederreißen und an seiner Stelle eine Holzhalle errichten, »Wigwam« genannt, die 10 000 Menschen aufnehmen konnte. 500 Delegierte stellten sich ein und gegen 40 000 Fremde. Etwa hundertfünfzig Extrazüge kamen täglich an.

Die Sitzungen verliefen von vornherein in tumultuöser, fast revolutionärer Stimmung. Wettfieber wie auf einem Rennplatz, Alkohol und ungewohnter Müßiggang versetzten die Massen in Hitze, machten ein Meer dämonisch schreiender und heulender Stimmen aus ihnen.

Lange sah es aus, als werde die Versammlung sich für Seward entscheiden, der nicht anwesend war. Auch Lincoln war in Springfield geblieben. Wünschte er seine Wahl? Wünschte er sie nicht? Wer wußte es? Wußte er selbst es? Wieder einmal wurde das Schicksalsverbundene, das über ihm waltete, sehr stark fühlbar. Er ließ die Dinge treiben, die nun einmal im

Gang waren, und sich selbst mit ihnen. Man steht an einer jener Stellen seines Lebens, an denen man nicht weiß, ob sein Instinkt ihn leitete oder seine scharf rechnende Klugheit. Oder war der Übergang aus öder, abseitiger Kleinstadtexistenz in hellste Weltöffentlichkeit vielleicht allzu plötzlich gewesen, um die Persönlichkeit voll darauf einstellen zu können?
Auch der Lärm der Propagandamaschine, die für ihn in Gang gesetzt wurde, mußte ihn betroffen machen. Nur mit Beängstigung konnte er das übermenschliche Bildnis betrachten, in dem er den Wählern vorgestellt wurde, als erlesener Geist von magnetischen Fähigkeiten, der dennoch ganz der simple Mann aus dem Volke geblieben sei. Er, der genau wußte, daß er weder das eine noch das andere war — wie sollte er solchen Erwartungen genügen? Die demokratische Propaganda, die ihn als ehemaligen Whiskykrämer und drittklassigen Provinzanwalt schilderte, der die englische Grammatik nicht beherrsche, dafür aber unpassende und rohe Scherze erzähle und von afrikanischen Gorillas abstamme, wird ihn sehr viel weniger beunruhigt haben.
Den Wahlfeldzug überließ er vollkommen den »Bosses« der einzelnen Staaten. Es wurde einer der aufgeregtesten, ja hysterischsten der amerikanischen Geschichte, vor allem, weil eine junge, vorwärtsdrängende Partei ihn führte und weil Riesenmengen kleiner Leute — unter ihnen Neueinwanderer in großer Zahl —, die sich selbst bisher für unbeachtlich gehalten hatten, plötzlich und zum ersten Male zu spüren bekamen, welches Gewicht sie geltend machen konnten. Sie sahen in Lincoln einen der ihrigen, nannten ihn »The Rail Candidate«, »The Backwoodsman«, »Honest Abe« und sangen rauhstimmig in wildem Rhythmus:

»Old Abe Lincoln came out of the Wilderness.
Out of the Wilderness, out of the Wilderness,
Old Abe Lincoln came out of the Wilderness,
Down in Illinois.«

Doch machte es sich jetzt bezahlt, daß er sich niemals auf einen grundsätzlichen Antikapitalismus eingelassen hatte, sondern als Anwalt kapitalistische Interessen ebenso bereitwillig vertreten hatte wie die von Kleinverdienern und Besitzlosen. Denn die Finanzierung seines Wahlfeldzuges scheint keinerlei Schwierigkeiten gemacht zu haben. Im Juni allein wurden fünf Biographien von ihm veröffentlicht. Sein Porträt erschien auf Medaillen ebenso wie auf Seifenstücken. Zahllose Fässer mit Teer wurden im ganzen Lande ihm zu Ehren verbrannt. Er wäre einverstanden gewesen, wenn man ihn als Vizepräsidenten unter Seward aufgestellt hätte, der in den Abstimmungen der ersten beiden Tage stets eine, wenn auch niemals zureichende Mehrheit gewann. Diejenigen »Bosse«, die seine Wahl in Chicago betrieben, hatte Lincoln eindringlich gebeten, irgendwelche Versprechungen zu unterlassen. Aber sie hielten sich nicht daran, sondern verteilten eifrig Kabinetts- und Verwaltungsposten; eine gut geschulte Claque hatten sie auf der Galerie untergebracht.

Erst am dritten Tag ergaben sich bei der dritten Abstimmung um die Mittagsstunde 354 Stimmen von 466 für Lincoln. Damit fiel ihm die Kandidatur zu. Der luftige Bretterbau des »Wigwam« schien vom Erregungssturm bersten zu wollen, Blechmusik brauste daher, Hüte und Regenschirme flogen in die Höhe. Die Farmer des Mittelwestens, die in Lincoln ihren Mann sahen, erhoben baßtönig und in schrillem Falsett einen wilden Freudentumult. In der Stadt wurden Kanonen abgefeuert, Dampfpfeifen schrillten, Glocken läuteten.

Lincoln war inzwischen, wie jeden Tag, in seine Kanzlei gegangen, dann auf die Kegelbahn, die er aber besetzt fand; ebenso erging es ihm, als er Billard spielen wollte. Schließlich ließ er sich in der Redaktion einer Lokalzeitung, des »Journal«, nieder. Gegen Mittag langte ein Telegramm an, einfach an »Abe« adressiert; es lautete: »We did it. Glory to God.« — »Wir taten es. Gott sei Ruhm.«

Als Lincoln die Straße betrat, umringten ihn bereits Gratulanten. Er brach sich mit sanftem Lächeln Bahn durch sie. »Ich denke«, sagte er, »in unserm Haus ist eine kleine Frau, die diese Neuigkeit sehr gern hören wird.«

Am Abend belagerten Menschenmengen sein Haus. Es sei leider, sagte er, zu klein, als daß er sie alle einladen könne. Worauf sie freudig antworteten, in den Novemberwahlen würden sie ihm ein größeres, das Weiße Haus, verschaffen ...
Nachdem die Entscheidung gefallen war, nahmen die Ereignisse Lincoln gleichsam auf ihre Fittiche. Er selbst verfiel in dieser Zeit in eine Wortkargheit, ja, Zurückgezogenheit, die bei einem routinierten Redner, wie er es war, auffallen muß. Wenn man ihn um seine Meinung befragte, verwies er einfach auf Reden, die er früher gehalten hatte: wenn man sie lese und ihm nicht glaube, werde man ihm ebensowenig glauben, wenn er sie jetzt wiederhole.
Er selbst blieb weiterhin abseits und verhielt sich so still wie möglich. Er schrieb nur Briefe, schüttelte Hände, ließ sich jedoch zu keiner politischen Äußerung veranlassen. Eine kurze Ansprache an Tausende von Menschen, die sich am 14. August vor seinem Hause angesammelt hatten, fand er mit den Worten ab: »Sie werden mir freundlichst erlauben, zu schweigen.«
So verging der Sommer, rasch kam der Herbst und der 6. November, der Wahltag. Trotz der ungeheuren Spannung — oder vielleicht auch gerade ihretwegen — kam es nirgends zu Unruhen.
Am späten Nachmittag, nachdem die ersten, bereits günstig lautenden Telegramme ihn erreicht hatten, hatte Lincoln sich auf das Roßhaarsofa seines Hauses geworfen, sah zufällig in den Spiegel gegenüber und erblickte in ihm sich selbst in voller Länge, doch mit zwei Gesichtern. Er stand auf und die Erscheinung verschwand; doch als er sich wieder niederlegte, war sie aufs neue da, und zwar war das eine der beiden Gesichter viel fahler und blasser als das andere ...
Den Abend des Wahltages, von neun Uhr an, verbrachte er im Telegraphenamt. Als die Nachricht kam, daß er die Staaten New York und Pennsylvanien gewonnen hatte, war klar, daß er gewählt war.
Ein unbeschreibliches Getümmel erfüllte die Straßen Springfields. Arm in Arm stand die Menge vor dem Kapitol und

sang ihr primitives Siegeslied: »Ain't I glad I joined the Republicans?« — »Kann ich nicht froh sein, daß ich mich den Republikanern anschloß?« Als Lincoln aus dem Haus trat, wurde er über die Straße geschwemmt, in den »Klub Republikanischer Damen«; hier hörte er zum erstenmal: »How do you do, Mr. President?« Mühsam bahnte er sich seinen Weg bis an sein Haus am Stadtrand.

Als ihm seine Frau in der Tür entgegentrat, sagte er nichts als: »Mary, wir sind gewählt.« Sie strahlte stumm zu ihm empor, die kleine Frau, die vor vielen Jahren schon gesagt hatte, sie werde den Präsidenten der Vereinigten Staaten heiraten, die so lange, so schwere, so leidvolle Jahre, Tage des Trübsinns und des Streits, Stunden des Jähzorns und der verzweifelten Depression dafür durchgemacht hatte. Nun hatte sie recht behalten.

Lincoln und seine Familie im Jahre 1861:
Mary, William (Willie), Robert, Thomas (Ted), Abraham Lincoln
*Ölgemälde von Francis B. Carpenter*

Mary Lincoln als First Lady
*Photographie von Mathew B. Brady aus dem Jahre 1865*

# IX
## Der Erwählte

Lincoln war mit den Stimmen von 1 856 452 Wählern gewählt worden. Seine Gegenkandidaten hatten, zusammengezählt, fast eine Million Stimmen mehr als er; in den Südstaaten, jenseits des Potomac und Ohio, war ihm nicht eine einzige Stimme zugefallen. Er war also Präsident einer Minorität, Vertreter ganz bestimmter Bevölkerungsteile in ganz bestimmten Distrikten: des Atlantischen Nordostens und des Mittleren Westens, von Farmern, Siedlern, Schmieden, Zimmerleuten, kleinen Krämern auf dem Lande, von Fabrikarbeitern, Industriellen, mittlerer Bourgeoisie in den Städten. Vor allem aber wurde die bislang nur gesinnungsmäßige Feindschaft des Südens gegen ihn im Augenblick seiner Wahl schon zu einem konkreten Tatbestand, indem alsbald der Staat South Carolina sein Ausscheiden aus der Union bekanntgab und überall statt des Sternenbanners die eigene Flagge hißte, auf der eine Fächerpalme zu sehen war. Er wartete also die Amtsführung Lincolns gar nicht ab, sondern rechnete, da dieser nur im Osten und Norden gewählt war, mit einer Majorisierung des Südens, der er sich auf so drastische Weise zu entziehen strebte. Lincoln selbst war auf diesen Streich durchaus nicht gefaßt gewesen. Nun tröstete er sich, wie der Norden das gemeinhin tat: indem man achselzuckend im Ausscheiden South Carolinas nur eine wilde Geste heißblütigen Temperaments sehen wollte, mit der der Süden schon seit zwanzig Jahren gedroht hatte; eines Tages würde sie sich wieder rückgängig machen lassen...

Bis zum Antritt seines Amtes hatte Lincoln fünf Monate zu warten. Mancherlei läßt erkennen, daß es eine dunkle, qualvolle Zeit für ihn war. Die Vision, in der er sich selbst mit zwei Köpfen im Spiegel sah, von denen der eine lebensvoll war, der andere blaß, kehrte mehrmals wieder. Er sprach mit Mary

darüber, und sie erschrak sehr: er werde zweimal gewählt werden, folgerte sie, aber die zweite Wahlperiode nicht überleben. Was alles ihn in dieser Zeit sonst noch an düsteren Ahnungen heimgesucht hat, weiß man nicht, da er höchst selten und nur unter Zwang über dergleichen sprach.
Sicherlich auch war es eine Zeit der Selbstprüfung und damit des Zweifels. Was alles erwartete die Welt von ihm! Nicht mehr, wie bisher, würde es ihm erlaubt sein, das Für und Wider aller Dinge in Träumerei und Grübeln zu ergründen — nein, er würde nun, mitten in einem rasch und präzis arbeitenden Staatsapparat, höchst konkrete Entscheidungen zu treffen haben, Schlag um Schlag, so wie fertige Münzen aus einem Prägestock fallen. Und davon, daß sie richtig und vollwertig waren, konnte Wohl und Zukunft der Nation abhängen. Selbst aber wenn ihm das gelang, wie schwer würde es dann immer noch sein — das wußte er schon aus Erfahrung —, den Mitmenschen klar zu machen, was einfachste Vernunft von ihnen forderte. In dieser Zeit geschah es, daß zwei seiner Kinder miteinander stritten und daß ein Nachbar fragte, um was es sich handle. »Um was es sich in der ganzen Welt handelt«, erwiderte Lincoln, »ich habe drei Walnüsse und jeder will zwei.«
Wie war er in diese Lage hineingeraten, die, genau betrachtet, ja eine entsetzliche Bedrohung für ihn war? Hatte der jahrzehntelange Traum seines Ehrgeizes, sein halb bewußter Wunsch nach sozialem Aufstieg sich nun wie ein Alpdruck lastend gegen ihn gewendet? War er eine Figur nur im Schachspiel der klugen Bosse der Partei, die bisher keinerlei Bereitschaft zeigten, sich nach ihm zu richten? Oder war er mehr als das, jedoch nicht minder schrecklich: Werkzeug einer großen historischen Wendung, unkontrollierbarer, überlegener Mächte also?
Den ganzen Winter lag ein düsterer Nebelhimmel vor den Fenstern. Lincoln suchte nach Mut. Zuweilen fand er ihn, zuweilen fehlte er ihm vollkommen. Meldete sich in solcher innerer Zerrissenheit die Erbschaft des immer unbeständigen Vaters Tom Lincoln? Der Sohn entsann sich seiner niemals gern, des

ungeschickten, ungebildeten, wenn auch nicht bösartigen Mannes; ja, er hatte ihn immer, solange er lebte, in einer Weise vernachlässigt, die ihm den Tadel der Zeitgenossen eintrug.[1]
In diesen Wochen ließ sich Lincoln einen Bart wachsen, nur die Oberlippe blieb noch rasiert; niemand wußte, warum. Er sagte später, ein Mädchen in New York habe ihn in einem Brief darum gebeten — was kaum ernst zu nehmen ist. Glaubte er vielleicht, so seinem neuen Amt angemessener, würdiger zu erscheinen? Meistens jedenfalls, wenn jemand sein äußeres Ansehen zu ändern wünscht und daher die Barttracht wechselt, verrät das Unsicherheit, Unzufriedenheit mit sich selbst und Verlangen nach einem durchgreifenden Positionswechsel.
Nach außen hin blieb Lincoln gelassen und freundlich wie immer, so sehr, daß ein Besucher ihm bei der Verabschiedung sagte: »Ich wollte, ich könnte zu einer ebenso rosigen Ansicht über die Situation kommen wie Sie.« Worauf Lincoln, gar nicht mehr lächelnd, erwiderte: »Ich will nur hoffen, daß sie Ihnen einen nicht noch schlimmeren Eindruck macht als mir. Ich kann nachts nicht mehr schlafen.«
Und einem seiner alten Freunde, dem Richter Gillespie, gestand er im Januar, er sei nun im Garten von Gethsemane und sein Kelch der Bitternis sei voll und übervoll; auf den Knien habe er gebetet, daß er an ihm vorübergehe. Gillespie, ein robuster Wahrheitsager, hatte wenig Trost für ihn; auch Christi Gebet, sagte er, sei nicht erhört worden; doch sein Opfer habe die Welt vom Heidentum erlöst; vielleicht werde Lincolns Opfer ebenso schrecklich, doch ebenso bedeutsam sein.
Allmählich überschwemmten Besucher Lincolns Haus. Seine Wähler, die ihn ja im Grunde ebensowenig kannten wie er sie, kamen, um zu sehen, wen eigentlich sie gewählt hatten, und mit kotbekrusteten Stiefeln bewegten sich die Hinterwäldler in der schmalen Eleganz seines Heimes, zwischen den verschnörkelten Plüschmöbeln mit den Spitzendecken, zwischen den Pfeilerspiegeln, den Etageren mit Nippes, und Familienphotographien, den Petroleumlampen mit den kugelförmigen Milchglasschirmen.

Während sie über die gestickten Teppiche stampften, behielten sie die Hüte auf dem Kopf, die Zigarre im Mund, und wenn sie Marys ansichtig wurden, konnten sie die unbefangene Frage tun: »Ist das die Alte?« Der Andrang wurde rasch so stark, daß der Gouverneur von Illinois einige Räume des Staatshauses, des Kapitols, für Lincolns Empfänge zur Verfügung stellte; Tag für Tag ergossen sich nun Ströme von Besuchern aus den in Springfield ankommenden Eisenbahnzügen. Von zehn Uhr morgens bis zum Mittag und von drei bis halb sechs stiegen sie im Treppenhaus empor, bis zu Lincolns Empfangsraum im zweiten Stock, Abenteurer dabei und reine Narren, an denen das Land von jeher reich war, Schmeichler und Schmarotzer, Profit- und Amtsjäger, doch auch ernste Politiker, für die, da der Raum des Städtchens nirgends ausreiche, auf dem Bahnhof Schlafwagen aufgestellt wurden.
Unter diesen Besuchern war auch Thurlow Weed aus Albany, Boß der Republikaner im Staat New York und Intimus Sewards, von welch letzterem man wußte, daß er Lincolns Außenminister werden sollte. Weed sollte die Zustimmung des künftigen Präsidenten zu einem Plan einholen, den einige über den Abfall South Carolinas besorgte Politiker in Washington ausgearbeitet hatten; nach ihrem Vorsitzenden, dem Senator John C. Crittendon, »Crittendonplan« genannt, ist er in die Geschichte eingegangen: er bestand aus einer Reihe von Verfassungszusätzen, von denen man hoffte, sie würden South Carolina in die Union zurückbringen. Die Grundbestimmung war, daß die Sklaverei nördlich des Breitengrades 36,30 zu verbieten sei, insofern also eine Wiederherstellung des Missouri-Kompromisses; südlich des Breitengrades aber sollte sie überall zugelassen werden, also auch in neuen Territorien; überdies sollte verfassungsmäßig festgelegt werden, daß dieser Zusatz niemals aufgehoben werden dürfte. In dem Wissen, das uns inzwischen zuwuchs, läßt sich sagen, daß die Durchführung des Crittendonplanes die Möglichkeit bedeutet hätte, den Krieg zwischen Norden und Süden zu vermeiden und dem Schicksal der Vereinigten Staaten eine andere Wendung zu geben.

Doch Lincoln widersetzte sich dem Plan mit einer Unbeugsamkeit, die schwer verständlich ist. Gewiß, er hätte mit seiner Annahme die Formel »keine Sklaverei in Territorien« aufgeben müssen, an der er bisher beharrlich festgehalten hatte; doch hätte er dafür ja die Wiederherstellung des Missouri-Kompromisses eingetauscht, nach der er ebenfalls unablässig verlangte. Warum verweigerte er sich diesem Kompromiß, bei dem der Gewinn von sehr viel größerem Wert gewesen wäre als der Verlust? Nur 46 Sklaven gab es 1860 in sämtlichen Territorien, und ihr Boden und Klima schlossen es aus, daß je Sklavenstaaten großen Umfangs aus ihnen werden konnten.
Handelte es sich also bei Lincoln um eine überstarke Bindung im Prinzipiellen? Wollte er keinen einzigen seiner Programmpunkte fallen lassen, um nicht etwa an Respekt zu verlieren? Stand es so um ihn, daß er, eben weil er damals so viel Schwäche und menschliche Furcht in sich fühlte, sie um keinen Preis nach außen hin erkennen lassen wollte? War die Formel stärker geworden als der Mann? Es mag sein. Doch ist eine andere Erklärung vielleicht plausibler. Vielleicht glaubte auch Lincoln damals noch nicht an einen dauernden Abfall eines oder mehrerer Südstaaten, noch weniger an einen Krieg mit ihnen, weshalb er es nicht für nötig hielt, zur Abwendung einer solchen Katastrophe Zugeständnisse zu machen? Er täuschte sich sehr über den kritischen Charakter der Situation und hatte von der Erbitterung des Südens nur eine ungenügende Vorstellung. Auch er glaubte, es ginge immer noch vornehmlich um die Sklavenfrage, an der er nur eine geringe Minorität im Süden praktisch interessiert wußte. Daß der Abfall South Carolinas aber den Kampf um ein sehr viel umfassenderes Problem, um das der Souveränität der Südstaaten, eröffnet hatte, erkannte er noch nicht. Er sah nicht, daß auch der arme, weiße Farmer des Südens ohne Zögern mit den »Sklavenbaronen« gemeinsame Sache machen würde, wenn es galt, Eingriffe der Nordstaaten in das Selbstbestimmungsrecht des Südens abzuwehren. Es rächte sich hier zum ersten Male schon, daß er nicht genug von der Außenwelt wußte, seine lückenhafte Bildung,

sein Mangel an geschichtlichem Sinn. Er wähnte, der Süden werde wieder zur Vernunft kommen, wenn man ihn nur nicht reize, und versuchte es zunächst mit einer Politik zeitgewinnenden Hinhaltens. Und vor allem: um begreifen zu können, wie ernst es South Carolina mit seiner Sezession war, wurzelte Lincoln viel zu sehr schon im Nationalismus des 19. Jahrhunderts, war er viel zu sehr von der Vortrefflichkeit großer Zentralstaaten überzeugt; daß jemand deren Vorteile aufgeben könne, um freiwillig ein Kleinstaatdasein zu führen, war ihm unvorstellbar.

Hier sieht man ins Zentrum seines politisch-psychologischen Systems: die junge Nation der Vereinigten Staaten war ihm etwas, dem er ohne Zögern das Attribut der Heiligkeit zuerkannt hätte[2], ebenso ihrer Einheit und ihrer territorialen Unteilbarkeit — diesem Begriffspaar aus der Französischen Revolution, das aus ihr in den Ehrenkodex des europäischen Nationalismus übergegangen und nun also auch in Amerika gültig geworden war. Wie charakteristisch war es schon seinerzeit, daß Lincoln den Abfall des Staates Texas von Mexiko aufs lebhafteste gerechtfertigt hatte; denn immer ist ja für den Nationalismus ein Separatismus, den er im eigenen Lande nie dulden würde, begrüßenswert, sobald er den Nachbarn trifft und schädigt.[3] So hatte in diesen Tagen der Wintermitte eine große Vorentscheidung in Lincolns Hand gelegen. Und die Art, wie er sie traf, ist wie ein schnell zwar verlöschender Scheinwerferstrahl, doch gezielt mitten in die vielfältig umschleierten Tiefen seines Wesens.[4]

Der Winter verging und der Tag näherte sich, an dem Lincoln nach Washington abreisen mußte. Gleich nach seiner Wahl waren Drohbriefe angekommen. Die Absender nannten ihn etwa Affe, Neger, Satyr, Mißgeburt, Ungeheuer und Idiot und illustrierten ihre Schreiben mit Zeichnungen von Galgen und Dolchen. Die Flut dieser Briefe wuchs allmählich, aber so stetig, daß Lincoln besorgt wurde und seinen Freund Mather, einen Offizier der Nationalgarde, von Illinois nach Washington schickte, um mit dem Oberkommandierenden der Armee, Ge-

neral Winfield Scott, die Frage zu erörtern, wie es mit der Sicherheit des neuen Präsidenten bestellt sein werde. Da Scott aus dem Süden stammte, schien eine solche Erkundigung nicht überflüssig: Mather fand in Scott einen riesigen, fetten Greis, der im Bett mit einem Gichtanfall schwer zu kämpfen hatte. Doch seine Antwort war soldatisch rauh: sobald Lincoln in Washington sei, werde er, Scott, für seine Sicherheit haften; er werde notfalls beide Enden der Pennsylvania-Avenue mit Kanonen besetzen und jeden in Fetzen schießen, der wagen sollte, einen Finger gegen den Präsidenten zu erheben.
Dann galt es, Lincolns Abreise vorzubereiten. Das Haus wurde vermietet, die Möbel bei Nachbarn untergebracht, das Anwaltsbureau Herndon übergeben. Hier, auf dem alten Sofa, den Blick zur Decke, wie so oft, lag Lincoln seinen letzten Nachmittag in Springfield. »Wie lange waren wir zusammen, Bill?« fragte er Herndon. »Mehr als sechzehn Jahre.« »Und wir haben niemals ein böses Wort gewechselt?« »Nein, niemals.« Er schien zufrieden. Dann, aufstehend und ein paar Bücher und Schriften zusammenpackend, sagte er: »Unser Firmenschild, laß es unverändert hängen. Unsere Klienten sollen wissen, daß eine Erwählung zum Präsidenten an der Firma Lincoln & Herndon nichts ändert. Wenn ich's erlebe, daß ich zurückkomme, wollen wir die Praxis wieder miteinander betreiben, wie wenn nichts geschehen wäre.«
Dann ging er, langsam und als ob es ihm schwerfiele, und in dem engen Treppenflur brach sich ein plötzliches Geständnis Bahn: er sei des Amtes jetzt schon überdrüssig; es schaudere ihm beim Gedanken an die Aufgaben, die ihm bevorständen. Und wie schwer falle ihm das Abschiednehmen, weil das Gefühl, er werde lebend nicht zurückkehren, sich nun einmal nicht unterdrücken lasse.
Herndon versuchte, was er konnte: das seien Illusionen, die mit dem Ideal, das das Volk von seinem Präsidenten habe, gar nicht im Einklang ständen. »Doch im Einklang mit meiner Philosophie«, erwiderte Lincoln rasch, und damit war das Gespräch beendet.

Der nächste Morgen, der 11. Februar, war trüb und regnerisch; fröstlicher Nebel lag über der Prärie. Auf dem Bahnhof stand der kleine Extrazug bereit, der den Präsidenten nach Washington bringen sollte. Die Geleise waren von Menschen überschwemmt; ein feiner Regen begann herabzurieseln. Soldaten mußten vor Lincoln den Weg öffnen. Unzählbare Hände streckten sich ihm entgegen, die noch einmal geschütteln werden wollten.

Mit schweren Schritten, als sei er schon am Ziel einer Wanderung, stieg Lincoln zur Plattform des letzten Wagens hinan und blieb einige Augenblicke stehen, mit seinen große Händen das Geländer umklammernd, Regentropfen glitzerten wie Tränen auf seinen Wangen.

Dann entschloß er sich zu einigen Worten: dieser Stadt und ihren freundlichen Einwohnern schulde er alles; ein Vierteljahrhundert habe er hier gelebt und sei aus einem jungen Mann ein alter Mann geworden. Die Aufgabe, die nun vor ihm liege, sei noch schwerer als die George Washingtons geworden sei. Und wenn nicht auch mit ihm, wie mit diesem, die göttliche Allmacht sei, könne er auf keinen Erfolg rechnen. »Vertraut auf den, der mit mir gehen und doch zugleich bei euch bleiben kann. Ihm empfehle ich euch an, wie ich hoffe, daß ihr in euren Gebeten mich ihm anempfehlt. Und so sage ich euch ein liebevolles Lebewohl.«

Die Bahnhofsglocke läutete. Die Lokomotive pfiff. Der Zug begann sich zu bewegen. Und langsam wendete die große, hagere Gestalt Lincolns sich dem Innern des Wagens zu. Die Menschen auf dem Bahnhof standen barhäuptig im Regen, bis der Zug in Dunst und Nebel verschwunden war.

# X
# Wochen der Spannung

Die Eisenbahnfahrt von Springfield nach Washington nahm gewöhnlich zwei Tage in Anspruch. Für Lincoln dauerte sie zwei Wochen, da die Reiseroute so aufgestellt war, daß der neue Präsident von möglichst vielen seiner Wähler gesehen werden konnte. Im Zickzack durch fünf Staaten, unter dunklen Sturmwolken eines rauhen, ungastlichen Wetters, schleppten die langsamen Lokomotiven die kurze Reihe der Wagen.
Die Familie Lincoln war nur von einigen Freunden begleitet, den Sekretären Hay und Nicolay, von denen dieser, ein junger rothaariger Bayer, noch nicht einmal naturalisiert war, aber durch ernste Zuverlässigkeit Lincolns Sympathie erworben hatte; sein Lieblingswort war »responsibility« — »Verantwortlichkeit«. Außerdem waren vier Armeeoffiziere im Zug und endlich Elmer Ellsworth, ein vierundzwanzigjähriger Student der Rechte aus Lincolns Kanzlei, der jetzt eine als Zuaven uniformierte Freiwilligentruppe gegründet hatte. Die laute, egozentrische Unbedenklichkeit des Jungen mit dem fein modellierten, blassen Gesicht unter braunem Lockenschwall, hatte auf Lincoln von jeher erfrischend gewirkt, so daß er ihn gern in seiner Umgebung hatte. Die Reise war alles andere als ein Triumphzug — nur Lincolns kindliche Söhne waren guter Laune —, sondern glich mehr dem Beginn eines Abenteuers, das sich immer bedenklicher anließ.
Denn noch ehe Lincoln Springfield verließ, schon im Laufe des Januar zumeist, waren nicht weniger als sechs Südstaaten dem Beispiel South Carolinas gefolgt: Mississippi, Florida, Alabama, Georgia, Louisiana, Texas; auch sie hatten sofort von allen Forts, Arsenalen, Zollgebäuden und Schiffen der Bundesbehörden Besitz ergriffen. Wo würde die Abfallsbewegung, offenbar immer weiter nordwärts greifend, enden?
Trotzdem mußte Lincoln überall, wo der Zug hielt, von der

Plattform aus sprechen, zuversichtliche Worte finden, viele Tausende von Händen schütteln und in den größeren Städten festliche Einzüge halten, so fehl am Platz ihm auch ihre laute Blechmusik scheinen mochte, das meistens regendurchnäßte Rot-Weiß-Blau der Dekorationen im Dunkel der Februarabende, die offenen, mit sechs Schimmeln bespannten Wagen, in denen er, den Zylinder nachdenklich in die Stirn geschoben, Platz nehmen mußte, die Fackelzüge, die ihn rot anglühten, die Ständchen, die die deutschen Arbeiter- und Sängervereine nach heimatlicher Sitte brachten.

Es war eine Zeit, in der man in Amerika schlecht zu schlafen begann, von unbestimmten Ängsten bedrückt. Um so eifriger suchte man im furchenreichen Gesicht des neuen Präsidenten nach Beruhigung und Rat, lauschte man angestrengt seinen Reden, doch vergeblich: diese Reden, viele zwar an Zahl, klangen erstaunlich matt, selbst unbeteiligt und wirklichkeitsfern. Sein sonst so waches Denken zeigte Zähflüssigkeit, einen Hang zur Defensive, schien von der Angst bestimmt, keinen Mißgriff zu tun. Wie schon den ganzen Winter hindurch versteifte er sich, wenn ihm Fragen vorgelegt wurden, auf einige fixierte Formeln: stets schon sei er gegen die Ausdehnung der Sklaverei in die Territorien gewesen; die gegenwärtige Krise sei nur künstlich geschaffen (»artificial«), immer noch sei möglich, was Mittelpunkt seines Denkens war, die Erhaltung der Union. Im übrigen warb er überall um Aufschub und brauchte eine alte amerikanische Siedlerredensart: Wir wollen über diese Brücke erst gehen, wenn wir an ihr angelangt sind. Äußerlich blieb er dabei kühl und ruhig. Aber manchmal schien es die beunruhigende Ruhe dessen, der sich ins Unglück schon gefügt hat. Einmal nur scheint es geschehen zu sein, daß ihm ein fast verzweifeltes Geständnis entschlüpfte, bei einem kurzen Halt in Steubenville, wo er sagte: »Ich fürchte, daß das ganze Vertrauen, das in mich gesetzt wurde, unbegründet ist. Tatsächlich, ich bin sicher, es ist so.« Niemand jedenfalls wußte, wie weit er die Ereignisse treiben lassen würde, und auch er selbst wußte es damals wohl noch nicht.

Am 18. Februar, als der Zug den Staat New York durchquerte, meldete der Telegraph, daß die ausgeschiedenen Südstaaten sich in Montgomery, der Hauptstadt Alabamas, zu einem neuen selbständigen Bundesstaat zusammengeschlossen hätten, der den Namen Konföderierte Staaten von Amerika trug. Eine provisorische Regierung war gebildet.

Ihr Präsident war Jefferson Davis, wie Lincoln in Kentucky geboren, aus unbegüterter Familie, Enkel Waliser Emigranten. Doch hatte er die Militärakademie West Point absolviert, hatte sich als Offizier im Mexikanischen Krieg ausgezeichnet und war dann in raschem Aufstieg Senator und unter dem Präsidenten Pierce in den fünfziger Jahren Kriegssekretär der Vereinigten Staaten geworden. Obwohl er im Grunde ein Schreibtischmensch war, liebte er, Schritt und Haltung des Militärs beizubehalten. Ein Mann von unbeugsamem Rechtsgefühl, doch geringem Tatsachensinn, ein kaltblütiger Logiker, tapfer bis zur Selbstaufopferung, doch leicht verletzlich, daher verschlossen und ohne die Werbekraft nach außen, die Lincoln haben konnte. Oft hielt man bei Davis für Zynismus, was Stolz und Scheu war. Schlank und sehr hager, mit lebhaften, grauen Augen — von denen eins blind war —, Hakennase und spitzem Kinnbart ähnelte er sehr der Figur des Uncle Sam, der damals eben populär zu werden begann. Der Vizepräsident Alexander Stephens aus Georgia war, als er gleichzeitig mit Lincoln im Kongreß der Whig-Partei angehörte, dessen Freund gewesen; gemeinsam hatten sie den Mexikanischen Krieg bekämpft und die Präsidentenwahl Taylors betrieben. Sohn eines armen Schulmeisters, hatte Stephens dennoch sehr rasch die übliche Politikerlaufbahn über die Rechtsanwaltschaft zum Kongreßmitglied zurückgelegt und sich durch Klugheit und Energie einen Namen geschaffen. Dabei war er zwerghaft klein, wog nie über 100 Pfund und sah immer ungesund aus. Es konnte geschehen, daß der »blasse kleine Stern von Georgia« in der Eisenbahn aufgefordert wurde, für Erwachsene Platz zu machen.

Dies nun, die Konsolidierung des Südens als souveräner Staatenbund eigenen Rechtes mit Männern erheblichen Ansehens an

seiner Spitze, war ein Unternehmen, das schwer wieder rückgängig zu machen war. Es war eine Krise, die, wie jedermann meinte, nicht lange mehr sich selbst überlassen werden konnte, sondern den Präsidenten zwingen würde, Entscheidungen zu treffen. Die Stimmung auf dem einsam dahinklappernden Sonderzug wurde damit, wenn möglich, noch düsterer.
Der Empfang in der Stadt New York, der unmittelbar darauf folgte, war der bisher glänzendste, aber auch kühlste. Der Bürgermeister Fernando Wood, der ein Vermögen im Schnapshandel, dann als Reeder verdient hatte, förderte öffentlich den Plan, New York der drohenden Katastrophe zu entziehen, indem es sich, etwa nach dem Muster der deutschen Hansastädte, für souverän und neutral erkläre, wozu Lincoln bemerkte, das wäre etwa so, wie wenn die Haustür eine Buchhaltung auf ein eigenes Bankkonto begänne. Abends gab man ihm zu Ehren in der Musik-Akademie in der 14. Straße Verdis Verschwöreroper »Ein Maskenball«, wobei Lincoln mit schwarzen Handschuhen erschien, dem einzigen Paar im Haus, die er auch noch über den roten Sammet der Logenbrüstung hängen ließ. Das Publikum amüsierte sich, und ein Südstaatler im Parkett bemerkte, man solle auch noch einige Blumen für den Begräbnisunternehmer der Union hinüberschicken.
Die Verschwörerthemen der Oper allerdings schienen gleichzeitig in Lincolns Alltag sehr konkret einzudringen, sobald sein Weg sich von New York südwärts wandte, Washington zu. Zunächst hatte er den Staat Maryland zu durchfahren, der, ebenso wie seine Hauptstadt Baltimore, seine Abneigung gegen den neuen Präsidenten bereits durch feindseliges Schweigen bekundet hatte. Hier, in Baltimore, schien das Schicksal ihm seinen Rubikon bereitet zu haben.
Er schenkte nämlich einem Gerücht Glauben, das ihn nachts am 21. Februar in Philadelphia erreichte, wonach in Baltimore seine Ermordung geplant sei. Die Eisenbahnwagen mußten dort durch Pferdegespanne von einem Bahnhof zum andern gezogen werden, sicherlich eine gute Gelegenheit für einen Überfall. Obwohl die Offiziere seiner Begleitung heftig widersprachen —

General Summer ließ sogar etwas von »verdammter Feigheit« verlauten —, überredeten ihn seine Freunde und einige Detektive, darunter der berühmte Pinkerton, in einem einzelnen Wagen von Harrisburg, wo er noch eine Rede zu halten hatte, nach Philadelphia zu fahren, um dort den fahrplanmäßigen Schlafwagenzug New York-Philadelphia-Washington zu erreichen. Nachts drei Uhr kam er auf diese Weise nach Baltimore, und da niemand ahnen konnte, daß der Reisende im letzten Abteil des letzten Wagens, der anscheinend krank im Bett lag, Präsident der Vereinigten Staaten war, geschah nichts, außer daß viele Stunden später, als der Extrazug Lincolns ohne den Präsidenten in Baltimore anlangte, dem republikanischen Empfangskomitee die Zylinder über die Ohren getrieben wurden. Wahrscheinlich war es eine kleinbürgerliche Torheit, zu der Lincoln sich hier hatte verleiten lassen. Unmöglich konnte seine Reise im Schlafwagen lange ein Geheimnis bleiben, vielmehr wurde sie von seinen Gegnern nach Kräften noch mit skurrilen Erfindungen ausgestattet, um ihn der Feigheit zu beschuldigen.[1]
In der Tat schadete sie ihm gewaltig.
Lincoln war in der Morgendämmerung der immer noch unfertigen Kuppel des Kapitols in Washington ansichtig geworden. Unerkannt im Strom der Passagiere verließ er den Zug. Seward erwartete ihn und brachte ihn rasch ins Hotel Willard, das turbulente Zentrum des damaligen Washington. An den nachfolgenden Extrazug wurde von Pinkerton ein Telegramm adressiert: »Plums arrived here with nuts this morning« — »Pflaumen mit Nüssen heute morgen hier angekommen.« Es war der 23. Februar 1861.

Im Jahr 1861 war Washington eine noch unfertige Hauptstadt, wenn auch auf riesenhaftem Grundriß, und eben deshalb ein Symbol der Nation. Zwischen halbwegs nur geschlossenen Straßenzeilen lagen noch große Strecken Weideland, durchschnitten von Feldwegen und übelriechenden Abzugsgräben. Wo Straßenpflaster vorhanden war, war es schadhaft und auch in der Pennsylvania-Avenue, die als breiter, imposanter Boulevard geplant war, so löcherig, daß die öffentlichen Omnibusse bedrohlich dahinschwankten. Am Kapitol baute man bereits seit sechzig Jahren; immer noch war es von Sandhaufen, Kalkgruben, Gerüsten umgeben. Offen wie der Krater eines Vulkans klaffte die Kuppel, und ein Kran, weithin sichtbar, krönte sie. Von dem großen Obelisken zum Gedächtnis George Washingtons war erst der untere Schaft vorhanden. Das Weiße Haus, dessen Front hinter entlaubten Baumgruppen hervorschien, ähnelte dem Herrenhaus einer südstaatlichen Plantage, mit säulengetragener Hauptfront, mit Parkanlagen, Küchen- und Blumengarten, Obstanlagen und Gewächshäusern. Vor kurzem war es mit Gaslicht versehen worden. Die Stadt Washington galt für elegant und lebenslustig, und für gesellige Zwecke wurden tatsächlich gewaltige Summen ausgegeben; es stand im Ruf eines Junggesellenparadieses mit leisem Hang zu Trägheit, Lässigkeit und Unordnung.

Lincoln freilich, müde und nervös anlangend, traf auf eine Stadt voller Spannungen. Die südstaatlichen Bonvivants waren abgereist, samt ihren Rassepferden und livrierten Negersklaven. Im Hotel Willard, halbwegs zwischen Weißem Haus und Kapitol, erregte er zunächst bei den Parteifreunden einiges Befremden durch seine provinzielle Phraseologie und manche falsche Aussprache. Er selbst sah sich einer Flut von unerbetenen Ratgebern, erbitterten Amtsjägern und einfach von Panik Besessenen gegenüber — einem brodelnden Wirrwarr aus Eigennutz, Haß, Pazifismus und Todesangst —, völlig unbrauchbaren Kräften, das sah er alsbald, bei den drei großen Aufgaben, die er zunächst zu lösen hatte: ein Kabinett zu bilden, das in einer zerrissenen Nation zu arbeiten vermochte, bei seiner Amtseinführung ein konkretes Regierungsprogramm vorzulegen, in dem sich kaum noch derart mit Allgemeinheiten auskommen ließ, wie unterwegs, und drittens zu verhindern, daß der Abfall der südlichen Staaten noch weiter um sich griff.

Was die Kabinettsbildung anging, so wußte man, daß Lincoln jede administrative Praxis fehlte, und daß die Männer, mit denen er sich umgab, damit von vornherein sehr viel mehr Macht gewannen als bei einem erfahreneren Präsidenten. Es war ein Akt scharfsichtiger Klugheit, daß Lincoln keinen wirklichen Freund in sein Kabinett aufnahm. Seine Freunde, so argumentierte er offenbar, würden ohnehin zu ihm halten, sowohl innerhalb wie außerhalb des Kabinetts. Hingegen erkannte seine bäuerliche Verschmitztheit in einer Beteiligung an der Regierungsgewalt ein gutes Mittel, um potentielle Gegner, Rivalen und Neutrale unter Kontrolle und gefügig zu halten. Im übrigen geschah die Formierung des Kabinetts unter dem Druck verschiedenster Rücksichten und Zwänge. Seine Mitglieder, die sich in den ersten Märztagen in Lincolns Arbeitszimmer um einen langen, mit grünem Fries bedeckten Eichentisch zusammenfanden, der auf einem dünn getretenen Teppich stand, waren weder mit dem Präsidenten eines Sinnes noch miteinander.

Zwei der Kabinettsmitglieder, Seward und Chase, hatten selbst nach dem Präsidentenamt gestrebt und natürlich auch jetzt noch nicht aufgehört, sich für geeigneter dafür zu halten als den hinterwäldlerischen Emporkömmling. Auch die öffentliche Meinung setzte Männer wie Seward und Chase über Lincoln; diesem Zufalls- und Minderheitspräsidenten mit der schlottrigen Haltung und den schäbigen Witzen schienen sie intellektuell weit überlegen: zwei selbstbewußte Männer mit eigener Vergangenheit, Tradition, Gefolgschaft, reich an Sachwissen und Erfahrung. Er mußte wissen, daß sie mancherlei Spottworte gegen ihn wie Dolche hinter seinem Rücken bereithielten und froh sein, wenn er nicht gerade auf offene Respektlosigkeit traf. Der stärkste Faktor im Kabinett blieb immer William Henry Seward, der, wie erwartet, Secretary of State, also Außenminister geworden war, ein schmaler, schmächtiger Mann mit graurotem Haar, schnabelförmiger Nase, dicken Lippen, schwachem Kinn; niemals trug er, im Gegensatz zur Zeitmode, einen Bart. Er war klug und belesen und kannte auch Europa; bei der Königin Victoria war er ebenso empfangen worden wie bei Napoleon III. und Papst Pius IX. Er war ein kühner, leidenschaftlicher, verschlagener Mensch, der zwar an Prinzipien glaubte,

obwohl er sich rühmte, keine zu haben, aber kein Schlagwort ernst nahm. »Ein raffinierter Rechtsanwalt, der Richelieu spielt«, sagte man von ihm. Er hatte einen kühlen Witz und eine scharfe, verwegene Zunge. Seine heisere Stimme ließ sich meistens aus dem dichten Rauch schwerer Zigarren vernehmen. Übrigens war Jefferson Davis, seit kurzem Präsident der Südstaatlichen Konföderation, bislang einer seiner intimsten Freunde gewesen. Seit zwanzig Jahren war Seward eine der großen Persönlichkeiten der Politik, der eigentliche Gründer der Republikanischen Partei und im Staate New York zweifellos der mächtigste Mann. Die Wahlniederlage, die Lincoln ihm beigebracht hatte, konnte er lange nicht verwinden: so hielt er sich anfangs für den von der Vorsehung ausersehenen Erzieher und Protektor des Präsidenten und den eigentlichen Regenten.
Schatzsekretär, also Finanzminister, war Salmon Portland Chase, ein Rechtsanwalt und früherer Gouverneur des Staates Ohio, einstmals Angehöriger der Demokratischen Partei und Abolitionist, ein sechs Fuß großer, breitschädeliger Mann mit so harmonischen Zügen, daß er wie eine römische Porträtbüste aussehen konnte. Seine Intelligenz war außerordentlich, jedoch nicht groß genug, um ihn vor Snobismus bewahren zu können. Er war gänzlich humorlos. Wie Seward glaubte auch er, daß er zum Präsidenten hätte nominiert werden müssen. Doch während Seward seine persönlichen Gefühle schließlich überwand und ein treuer Mitarbeiter Lincolns bis zum dunklen Ende wurde, blieb Chase immer eine zweifelhafte Stütze. Er war bereits einmal als berühmter Rechtsanwalt mit dem Prärieadvokaten Lincoln vor Gericht zusammengestoßen und hatte dabei durch Arroganz auf sich aufmerksam gemacht. Im Kabinett war er fast stets ein Doppelspieler zwischen diesem und der Opposition, und da er andern ebensowenig Vertrauen schenkte, wie er es von ihnen verdiente, kam er zuweilen mit Kavalleriepistolen zum Kabinettsrat. Seinen Ehrgeiz verbarg er gut hinter würdevoller Schweigsamkeit, der Fähigkeit zur rollenden Phrase und einer an sich nicht unechten, aber in pietistischem Formalismus erstarrten Frömmigkeit. Doch war er ein höchst fähiger Leiter des

Finanzwesens, das unter ihm so glatt und geräuschlos funktionierte, daß Lincoln deshalb allein schon sich Jahre hindurch Chase gegenüber taub und blind stellte.

Den Posten des Kriegsministers hatten die Wahlmanager Lincolns bei der Nominierung schon dem Pennsylvanier Simon Cameron versprochen, obwohl sie dazu nicht ermächtigt waren; dafür aber hatte er ihnen die Stimmen des Staates Pennsylvanien zugeführt. So fühlte Lincoln sich verpflichtet, ihr Versprechen einzulösen, obwohl Cameron, ein schöner, imposanter Mensch schottischer Herkunft, der Erztyp des korrupten »Boß« war, des Berufspolitikers, dessen Macht darauf beruht, daß er materielle Gunstbeweise auf Kosten des Staates auszuteilen vermag und nie in politischen Begriffen denkt, sondern nur in denen des persönlich profitablen, wenn auch noch so fragwürdigen Geschäfts. Als einen ehrlichen Politiker soll er einen solchen bezeichnet haben, der, wenn er gekauft ist, auch gekauft bleibt.[2]
Von Feinden Camerons alsbald bestürmt, nahm Lincoln — ratlos geworden — die Ernennung wieder zurück, jedoch nur, um sie gleich darauf aufs neue zu bestätigen. Rasch wurde das Kriegsministerium nun ein Paradies betrügerischer Geschäftsleute: von 1000 Pferden etwa, die es ankaufte, erwiesen sich 485 als blind oder krank. Erst nach vielen Monaten war Cameron zur Resignation zu bringen. Er wurde mit dem entlegenen Botschafterposten in Petersburg entschädigt.

Der Marineminister Gideon Welles, ein Journalist aus Connecticut, hingegen war ehrlich, fleißig, pedantisch, ein fähiger Verwalter, guter Menschenkenner und ein scharf beobachtender Tagebuchschreiber. Wenn er bei Lincoln erschien, mit seinem ungeheuren weißen Vollbart, der in weißen Kaskaden seine Brust überschäumte, dem Bild des Neptun ähnelnd, in unerschütterlichem, unbarmherzigem Puritanerernst, pflegte der Präsident zu fragen: »Was habe ich falsch gemacht?« Freilich, eben dieser Bart, die stets rutschende Perücke und der pompöse Vorname Gideon machten aus dem Marineminister leicht eine komische Figur[3], den man daher auch im allgemeinen ungünstiger beurteilte als er es verdiente.

Generalstaatsanwalt, also nach europäischen Begriffen Justizminister, wurde Edward Bates, der, nunmehr achtundsechzig Jahre alt, noch unter der Präsidentschaft George Washingtons geboren war. Ein Whig alter Art, großer Farmer, angesehener Jurist, der in Missouri lebte, galt er als der Mann des Südwestens, der fragwürdigen Grenzstaaten also, deren Abfall Lincoln um jeden Preis verhindern mußte. Eben deshalb hatte er Bates in sein Kabinett aufgenommen, was nicht hinderte, daß ein Sohn Bates' in der Armee der Südstaaten diente.
Ähnlich stand es um Montgomery Blair, den Generalpostmeister. Siebenundvierzig Jahre alt, ein würdevoller Jurist und reicher Mann, verband er mit der ruhigen Selbstsicherheit eines solchen auch die Unbesonnenheit dessen, der gewohnt ist, sich viel erlauben zu dürfen. Die Familie Blair, in Kentucky und Missouri ansässig, also ebenfalls im Oberen Süden, war seit Generationen politisch ebenso regsam wie einflußreich. 1861 hielten Montgomery Blair, sein Vater Francis und sein Bruder Frank so zielstrebig und geschlossen zusammen, wie irgendein mittelalterlicher Clan. Douglas nannte sie »geborene Verschwörer und Unheilbringer«. Montgomery besaß ein prächtiges Haus in Washington gegenüber dem Weißen Haus[4], und jenseits des Potomac, in Virginia, war Francis Besitzer eines Gutes, Silver Spring, auf dem seine aus Washington herübergekommenen Gäste von Negersklaven bedient wurden, bis tief in die Jahre des Bürgerkrieges hinein.

Nachdem die Kabinettsbildung so erledigt war, blieb als zweite Frage von kapitalster Bedeutung weniger die, wie die separierten Staaten für die Union zurückzugewinnen seien — mit ihr beschäftigte sich eine schon seit dem 4. Februar tagende, von einundzwanzig Staaten beschickte Friedenskonferenz unter dem Vorsitz des Ex-Präsidenten Tyler, durchweg ältere Männer, von denen einer während der Verhandlungen starb. Sehr viel wichtiger war die Unterfrage, wie es zu vermeiden sei, daß die Sezession weiter um sich griffe: würde es gelingen, die Sklavenstaaten des Oberen Südens, die bisher noch nicht ausgeschieden waren, in der Union zu halten? Denn wenn diese, North Carolina, Virginia, Maryland, Tennessee, Kentucky, Arkansas und Missouri, sich der Konföderation anschlossen, wäre ein gewaltiger Landblock entstanden, der dem Norden an Fläche und Bevölkerungszahl überlegen und auch strategisch aufs günstigste gestaltet gewesen wäre. In North Carolina, Arkansas und Tennessee war bei den Wahlen keine einzige Stimme für Lincoln abgegeben worden. Andererseits hatten sich eben diese drei Staaten, ebenso wie Virginia, in Wahlen des gleichen Jahres gegen ein Ausscheiden aus der Union ausgesprochen. Am wichtigsten war der Staat Virginia, der unmittelbar an der Stadtgrenze Washingtons, jenseits des Potomacflusses, begann, nicht nur, weil er der älteste und angesehenste war — fast alle Führer im Unabhängigkeitskrieg waren Virginier gewesen —, sondern auch wegen seiner materiellen Kraft und des hohen Kulturstandes seiner weißen Bevölkerung. Aus Virginia kam daher jetzt auch ein Kompromißplan, dessen Sinn gewesen wäre, aus den Vereinigten Staaten eine Art Völkerbund zu machen; in der Sklavenfrage war man zu Konzessionen bereit; die Souveränität der Einzelstaaten aber sollte über alle Zweifel festgestellt werden, ein Plan, dem Lincoln sich eben deshalb widersetzte, sobald er davon hörte: er war bereit, den Virginiern das Eigentum an ihren Sklaven zu garantieren, nicht jedoch Souveränität gegenüber der Union. So verliefen die Bemühungen im Sande.

Amtsübernahme und Vereidigung des neuen Präsidenten, bei der er die bangen Fragen des Landes endlich — so nahm man an — beantworten müßte, waren auf den 4. März angesetzt.
Es war ein kalter, heller, unangenehm windiger Frühlingstag. Attentatsgerüchte durchkreuzten die Stadt, unfaßbar wie Mückenschwärme. Washington hatte sich mit Fremden gefüllt, teils sonnenbraune Westler, die den von ihnen gewählten Präsidenten von Angesicht zu sehen wünschten und sich in den Fontänen vom Staube säuberten, teils jenes Gesindel, das sich überall sammelt, wo Unordnung zu erwarten ist. General Scott erfüllte sein Versprechen: besorgten Auges musterte der kolossale

Greis mit der goldenen Feldbinde, den Messingepaulettes und dem blaugelben Federhut die Spaliere blitzender Bajonette, die bereitstehende Artillerie, die Reiterpatrouillen; Trompeten schmetterten allenthalben; in jedem Fenster des Kapitols hatte er zwei Scharfschützen verborgen.

Als Lincoln zusammen mit seinem Amtsvorgänger Buchanan zum Kapitol fuhr, auf blauen Seidenkissen der offenen Karosse, die ein Neger in glänzendem Zylinder kutschierte, sah die Menge fast nichts von ihm, so dicht umdrängte ihn die Kavallerieeskorte — eine wenig eindrucksvolle, kurze Prozession, da das diplomatische Korps aus Furcht vor Unruhen der Zeremonie fernblieb.

Zur Eidesleistung vor dem Kapitol waren die Baugerüste nur stellenweise und ungefähr zur Seite geräumt worden; die Menge, die die Rasenfläche füllte, hatte sie erklettert. Aus der Kuppel ragte der Kran empor; niemand konnte sagen, ob er je wieder in Tätigkeit gesetzt werden würde. Fast sah er wie ein Galgen aus.

So stand Lincoln nun hoch auf der riesigen Freitreppe, auf einem rasch hergerichteten Podium, neben einem wackligen kleinen Tisch — eckig, schlenkrig, hager, mit enger Brust, vorwärts geneigten Schultern, der körperlich größte aller amerikanischen Präsidenten, dessen Kopf fast zu klein aussah für den riesenhohen Körper —, endlich am Gipfel angelangt.

Noch störte eine Winzigkeit: seinen Stock mit der goldenen Krücke legte er, sich bückend, unter den wackligen Tisch; dann aber wußte er offenbar nicht, wohin mit seinem Zylinderhut, und hier nun erhob sich vor seinem suchenden Blick Douglas, der als Senator in der vordersten Reihe saß. Der Mann des Schicksals also stand wieder vor ihm, der ihn in seinen ersten Redefeldzug 1854 hineingetrieben hatte und damit in alles, was folgte, in eine Kette von Ursachen und Wirkungen, die ein nur vorläufiges Ende hier auf den Stufen des Kapitols gefunden hatte. Douglas, rasch entschlossen wie immer, langte nach dem Zylinder des Präsidenten und hielt ihn während der ganzen Zeremonie. Und so konnte Lincoln nun seinen Amtseid leisten,

auf eine offene Bibel, die ihm der Richter Taney mit zitternden, blauädrigen Greisenhänden entgegenhielt, den gleichen Händen, die vor Jahren nicht anders gekonnt hatten, als das Urteil im Fall Dred Scott zu unterzeichnen.
Dann begann der neue Präsident seine Rede. Sie war mit unendlicher Sorgfalt vorbereitet, Wort für Wort, immer wieder ergänzt und gekürzt, gerundet, gespitzt. Seine Stimme setzte hoch an, weit tragend, wie er es aus den Freiluftversammlungen des Westens gewöhnt war.
Er hielt daran fest, so sagte er, daß die Sezession der Südstaaten unnötig und künstlich sei. Warum nicht auf eine friedliche Verständigung warten, zu der er tun würde, was immer möglich sei? Einiges freilich sei ihm unmöglich. Vor allem: er könne die Sezession nie als rechtsgültig anerkennen. Denn damit gebe er die Union preis, die über allem andern stehe, und zu deren Schutz der Präsident durch seinen Eid verpflichtet sei. Dann wendete er sich direkt an den Süden. »Laßt uns ruhig und gut nachdenken ... Nichts Wichtiges kann dadurch verlorengehen, daß man sich Zeit läßt.« Eine Warnung folgte: »Die Macht, die mir anvertraut ist, wird benutzt werden, um das Eigentum und die Liegenschaften, die der Bundesregierung im Süden gehören, besetzt zu halten und Steuern und Zölle zu erheben.« Jedoch, das bedeute kein Blutvergießen, keinen Gebrauch von Gewalt, keine Invasion. Was die Sklaverei betreffe, so habe er nicht die Absicht, sich dieser Einrichtung zu widersetzen, wo sie bestehe. Das Privat-Eigentum, also auch das an Sklaven, sei in keinem Teil der Union durch die neue Regierung gefährdet. »In euren Händen, meine unzufriedenen Landsleute, liegt die bedeutungsschwere Frage eines Bürgerkriegs. Die Regierung wird euch nicht angreifen. Ihr könnt keinen Konflikt haben, ohne selbst die Angreifer zu sein. Ihr habt keinen Eid geschworen, das Regierungssystem nicht zu zerstören, während ich den heiligsten Eid geschworen habe, es zu bewahren, zu beschützen und zu verteidigen.«
Ins Weiße Haus zurückgekehrt, fand er es von besorgt gewordenen Amtsjägern buchstäblich überfüllt, die Halle, die Treppe,

die Korridore; in seinen Amtsräumen, ja, in seinem Schlafzimmer bedrängten sie ihn, mit Papieren raschelnd, rauhe Whiskystimmen mit Alkohol im Atem. Manche torkelten, manche schneuzten sich mit den Fingern. Es war das von Andrew Jackson eingeführte Beutesystem der »Federal Patronage«, das ihm hier zum ersten Male entgegentrat, die Aushändigung von Bundesämtern, vom Botschafterposten bis zur Dorfpostmeisterei an getreue Wähler. Viele Hunderte von Ämtern, von denen er nichts wußte, hatte er nun mit Anwärtern zu füllen, die er nicht kannte; er komme sich vor wie »Freiwild für alle«, sagte er. Und zu Hay äußerte er: »Ich fühle mich wie jemand, der in einem Palast sitzt und darin Wohnungen verteilt, während das Gebäude schon in Flammen steht und wahrscheinlich bald in Asche zusammenfällt.«

Abends, bei dem traditionellen Inaugurations-Ball, drehten sich die Krinolinen in Polka, Mazurka und Walzer, doch der Saal war halb leer. Lincoln trug einen schlecht sitzenden Frack, schien erschöpft und sehr mißgestimmt. Frau Lincoln in blauer Robe und blauem Federschmuck im Haar erschien mit so gerötetem Gesicht, als hätte sie soeben noch am Kochherd gestanden.

Inzwischen ging die Rede Lincolns über die Telegraphendrähte in das Land hinaus, wurde hastig überflogen und danach jede Zeile, jede Silbe nach Aufschluß durchforscht; doch meistens wurde sie enttäuscht aus der Hand gelegt. War es wirklich die lang ersehnte Antwort? Konnte nicht immer noch in ihr jeder das lesen, was er zu lesen wünschte? Immer noch hatte der Präsident nicht gesagt, was von ihm zu erwarten sei. Wie etwa wollte er es durchsetzen, das Eigentum der Bundesregierung im Süden besetzt zu halten, während es dort doch kaum noch einen einzigen Bundesbeamten gab? War also nur noch Gewalt denkbar, deren Anwendung er doch aber ausdrücklich abgelehnt hatte? War nicht offenbar: er wollte sich nicht entscheiden, sondern immer noch die Hände frei behalten? Die Spannung näherte sich der Unerträglichkeit.

Oft ist geäußert worden, wie klug, ja raffiniert die Rede gewesen sei, gerade in ihrem Verschweigen ein Werk des schlauen

Prärieadvokaten. Das mag schon sein: in der Art, wie er der praktischen Entscheidung auswich, wie er sie dem Gegner zuschob, bewährte sich der alte Prozeßtaktiker.
Aber sicher ist auch, daß diese Rede kein Wort wider besseres Wissen und gegen seine Überzeugungen enthielt: die Union, ihre Verfassung und ihre Fortexistenz, das waren seine drei unabänderlichen Ziele, die Sterne, nach denen er seinen Nachen steuerte. Nie hatte er andere, nie würde er andere haben. Im Vergleich mit ihnen wird alles andere blaß und unwesentlich: die Sklavenfrage ebenso wie ein etwaiger Prestigeverlust seiner Regierung, die ihm ja immer nur eine zeitlich begrenzte Erscheinung sein konnte, während hingegen die Union ewig oder besser noch — nach Lincolns Wunsch — für die Ewigkeit bestimmt war. Nie hat er diese Position verlassen, wieviel und was alles auch an taktischen Wendungen nötig werden mochte, eben um sie behaupten zu können.
Sehr viel besser als die Millionen Leser, die sich nun über die Zeitungen beugten — vielleicht schon allzu gut —, wußte eine Anzahl Mitglieder der Friedensdelegation über die Sinnesrichtung des Präsidenten Bescheid, die ihn kurz nach seiner Ankunft schon im Hotel aufgesucht hatte. Die Unterredung war angeregt und nicht unfreundlich verlaufen, bis ein Vertreter New Yorks mit lauter Stimme bemerkte, es hänge nur von Lincoln ab, ob die ganze Nation Bankrott machen und Gras in den Straßen ihrer Handelsstädte wachsen solle.
»Wenn es von mir abhängt«, hatte Lincoln mit fröhlichem Blinzeln erwidert, »wird nirgendwo Gras wachsen, außer auf Feldern und Wiesen.«
Er werde also, folgerte der Delegierte, die Wünsche des Südens erfüllen, ihm gestatten, seine eigenen Angelegenheiten selbst zu erledigen, Territorien als Sklavenstaaten in die Union aufnehmen und nicht wegen der Sklaverei Krieg führen?
Da war keine Spur von Lächeln mehr in Lincolns Gesicht. Langsam, schwer tropfend, doch völlig fest kam die Antwort: »Wenn ich je das große Amt des Präsidenten übernehme, werde ich einen Eid leisten müssen. Ich werde schwören müssen, getreu-

lich das Amt des Präsidenten der Vereinigten Staaten auszuüben, aller Vereinigten Staaten und, so gut ich irgend kann, die Verfassung zu beschützen und zu verteidigen. Die Verfassung wird aber nicht verteidigt, wenn der Gehorsam gegen sie nicht in jedem Teil eines jeden der Vereinigten Staaten erzwungen wird. Die Verfassung muß respektiert werden, durchgesetzt und verteidigt — mag das Gras wachsen, wo immer es will.«
Dies war so klar gesprochen, daß niemand mehr Lust nach weiteren Fragen verspürte. Gedrückt und beklommen verließen die Delegierten den Raum. Wenige Tage später wurde die Friedenskonferenz für unbestimmte Zeit vertagt.

## XI
## Die Entscheidung fällt

Der März ging hin und der April begann. Und immer noch wuchs die Spannung. Handel und Industrie stockten, und die großen Städte des Nordens begannen zu murren. Jedermann lechzte allmählich nach einer Entscheidung. Doch noch immer brachte sie der dürre, arme Mensch, den man sich ins Weiße Haus gewählt hatte, nicht zustande, wußte er offenbar selbst nicht, was er tun sollte. Ja, man empfand fast schon Mitleid mit ihm, durchmischt, verständlicherweise, mit immer stärkerer Sorge um das eigene Selbst und die eigene Zukunft.
So nur ist zu erklären, daß Außensekretär Seward, von dem berichtet wird, daß er in diesem Winter um zehn Jahre gealtert schien, am 1. April Lincoln eine Denkschrift vorlegte — »Einige Gedanken zur Erwägung durch den Präsidenten« betitelt —, worin er nichts weniger vorschlug, als einen Krieg mit dem Ausland zu provozieren, um so den Bürgerkrieg zu vermeiden; denn es sei »ein politisches Grundprinzip, daß man im Krieg immer auf der Seite des eigenen Landes steht«. Und da sich damals bereits die Intervention Napoleons III. in Mexiko ankündigte und auch Spanien Miene machte, eine Rebellion in San Domingo auszubeuten, schlug Seward vor, kategorisch von beiden Mächten Erklärungen über ihre Absichten zu verlangen und, falls sie unzureichend seien, ihnen den Krieg zu erklären. Er ließ dabei erkennen, daß irgend jemand schließlich die Regierungsgeschäfte führen müsse, mit andern Worten: Lincoln führe sie nicht, während er selbst, Seward, »der Verantwortung weder ausweichen noch sie an sich reißen« wolle.
Gewiß bedeutete die Denkschrift Sewards einen Versuch, die Präsidentschaft, die ihm die Wahl nicht gegeben hatte, nachträglich, wenn auch nicht dem Namen nach, zu übernehmen. Aber vor allem bezeichnend ist sie für die Anormalität der ganzen Situation, wie sie sich nach der Ankunft Lincolns ent-

wickelt hatte, für die Unfertigkeit und Unfestigkeit des neuen Regierungssystems. Sewards ehrliche Sorge, daß den unbeholfenen Händen des Hinterwäldlers das Steuer in derart schwerer See entgleiten könne, war daher sachlich berechtigt.

Doch diese unbeholfene Hand brachte nichtsdestoweniger einen so entschiedenen, gemessenen und zugleich freundschaftlichen Antwortbrief zustande — von Lincoln selbst geschrieben, damit kein Sekretär ihn sehe —, daß Sewards Vorschlag niemals mehr erwähnt wurde; er blieb tiefes Geheimnis zwischen beiden Männern. Erst fünfundzwanzig Jahre später wurde die seltsame Korrespondenz in den Akten entdeckt.

Als wichtigste Frage stand vor Lincoln immer noch die des Oberen Süden. Gingen auch diese Sklavenstaaten noch zu den Konföderierten über, so schien alles verloren. Andrerseits, wenn sie der Union treu blieben, würden dann nicht auch die heute schon ausgeschiedenen Staaten die Unhaltbarkeit ihrer Position einsehen und zurückkehren? Tatsächlich wurde damals auch im Süden selbst die Sezession noch nicht für endgültig gehalten, sondern nur für ein Druckmittel, um vom Norden eine Garantie der südstaatlichen Souveränität zu erlangen; auch Präsident Jefferson Davis teilte diese Ansicht.

Hier nun trat aufs neue Stephen Douglas in Lincolns Leben; der Rivale von einst, der ihm unfreiwillig so oft weitergeholfen hatte, erwies ihm freiwillig einen neuen Dienst — freilich den letzten. Der »kleine Riese« durchreiste, obwohl schwer erkältet, die Staaten Kentucky, Virginia, Ohio, Illinois, seine ganze feurige Beredsamkeit für die Union einsetzend; sein Einfluß, sagte man, sei eine halbe Million Soldaten wert. Am 1. Mai sprach er zum letzten Male, in Chicago, das ihm so viel verdankte. Hier starb er auch, am 3. Juni — übrigens arm und mit überschuldetem Nachlaß. Die hektischen Jahre der jüngsten Vergangenheit hatten ihm nicht mehr erlaubt, an sich selbst zu denken.

Die tatsächliche Entscheidung jedoch — wie so oft menschlicher Bemühung spottend — zwang sich von außen auf.

Im Hafen der alten Stadt Charleston in South Carolina, dem
»Athen des Südens«, lag auf einer Insel das Fort Sumter, ein
annähernd fünfeckiger Bau aus dunklem Backstein, wie ein
riesiges Plätteisen unmittelbar dem Wasser entragend. Mit nur
etwa hundert Mann des Bundesheeres als Besatzung und mitten
im Gebiet der Konföderierten gelegen, war sein militärischer
Wert gleich Null. Da jedoch die Bundesartilleristen nach der
neuen südstaatlichen Theorie fremde Truppen auf dem souveränen Gebiet der Konföderation darstellten, schien ein Konflikt kaum vermeidbar.
Um ihn zu verhindern, waren schon in der Nacht vor Lincolns
Amtseinführung drei Vertreter des Südens in Washington eingetroffen. Lincoln sah in ihnen zwar nicht, wie sie das wünschten, Bevollmächtigte einer fremden Macht, sondern nur ungehorsam gewordene Bürger des eigenen Gemeinwesens und lehnte daher ab, sie zu sprechen. So konnten sie nur indirekt durch
zwei Richter des Supreme Court, Nelson und Campbell, wenigstens mit Seward verhandeln — eine bedrohlich langwierige Methode, während die Vorräte im Fort Sumter dahinschwanden
und die Frage, ob es zu räumen oder neu zu verproviantieren
sei, immer dringlicher wurde.
Von vornherein war es für Lincoln ein unerträglicher Gedanke,
daß er ein Fort, Eigentum der Union also, widerstandslos preisgeben sollte; lange schon, ehe er sein Amt antrat, hatte er sogar erklärt, er erwäge, wenn er Präsident sei, die aufgegebenen
und von südstaatlichen Truppen besetzten Forts »zurückzunehmen«, was mit nicht kriegerischen Mitteln kaum denkbar war.[1]
In Washington fand er wenig Gegenliebe für solche Ansichten,
in denen man übertriebenen Patriotismus eines uneingeweihten
Provinzlers sah. Seward meinte, man müsse vor allem dem Entstehen einer rabiaten Kriegspartei im Süden vorbeugen und
darum das Fort möglichst rasch und lautlos räumen; hierin fand
auch General Scott, der ruhmreiche alte Soldat, nichts Ehrenrühriges. Ein einziges Mitglied des Kabinetts bekannte sich zu
Lincolns Meinung, daß an dem Fort festzuhalten sei, Generalpostmeister Blair, ein stürmischer und stolzer Mann, der sich zu-

weilen in Einzelgängertum gefiel. Lincoln vertagte die Entscheidung. Vielleicht sah er, daß er sie in sich selbst erkämpfen mußte.

Den ganzen März hindurch war der Eindruck allgemein, daß er das fatale Fort räumen würde. Im Gespräch mit Vertretern Virginias — wo am 4. Februar ein Parlament mit einer unionfreundlichen Mehrheit gewählt worden war — sprach er selbst von der Räumung, allerdings in Gestalt eines Tausches: falls man ihm garantiere, daß Virginia in der Union bleibe, werde er die Truppen aus Sumter zurückziehen; »einen Staat für ein Fort, kein schlechtes Geschäft«, sagte er.

Plötzlich aber, am 29. März, nach schlafloser Nacht gab er den Befehl, eine Entsatzflotte für Sumter vorzubereiten, elf Schiffe mit 285 Kanonen und 2400 Mann. Am 4. April sagte er, er habe sich entschlossen, die Expedition abfahren zu lassen, und am 8. und 9. April ging sie tatsächlich in See, mit dem Befehl, Fort Sumter zu entsetzen, »wenn nötig mit Gewalt«. Am 8. April hatte ein Beamter des State Department dem Gouverneur von South Carolina, Pickens, einen Brief Lincolns vorgelesen: Fort Sumter werde entsetzt werden, jedoch werde man, falls kein Widerstand geleistet werde, nur seine Lebensmittelvorräte auffüllen, nicht aber seine Garnison verstärken — eine Botschaft, die Pickens sofort an Jefferson Davis telegraphierte.

Die Verhandlungen mit den südstaatlichen Emissären waren inzwischen weitergegangen.[2] Ihre Berichte nach Hause lauteten günstig, da sie die innere Zusammenhanglosigkeit des Regimes Lincolns nicht kannten und daher glaubten, Seward spreche auch für den Präsidenten, wenn er immer wieder versicherte, nichts Feindseliges gegen den Süden sei geplant. Am 7. April noch gab Seward dem Richter Campbell zu verstehen, daß die Räumung Sumters möglich sei. Am nächsten Tage erst erfuhren die Delegierten, daß das Entsatzgeschwader bereits auslaufe. Sie fühlten sich hintergangen und reisten ab, nicht ohne ein Schreiben zurückzulassen, in dem es heißt: die unparteiische Geschichtsschreibung werde feststellen müssen, daß die Verantwortung für das, was nun folge, auf diejenigen komme, die

die große fundamentale Doktrin Amerikas verleugneten, wonach »Regierungen die Rechtfertigung ihrer Macht durch Zustimmung der Regierten erhalten« und die mit Waffengewalt einen Teil des Volkes dem Willen eines anderen Teiles zu unterwerfen suchten.

Auch im Süden war inzwischen die Spannung ständig angestiegen, hatte die Nerven angegriffen und die Empfindlichkeit so groß gemacht, daß leise Erschütterungen schon das Gleichgewicht kosten mußten. Jetzt fühlte man sich nicht nur von Seward betrogen, sondern durch das herannahende Geschwader zwar nicht eben bedroht, so doch in dem jungen staatlichen Selbstgefühl tief und absichtsvoll gekränkt. In Jefferson Davis' Kabinett warnte zwar der Außenminister Toombs vor Gewaltschritten; »wir werden in ein Hornissennest greifen, vom Ozean bis zu den Bergen, und sie werden uns zu Tode stechen«. Doch die Theorie setzt sich durch, daß der, gegen den ein anderer ein Waffe erhebt, nicht zu warten braucht, bis er wirklich zuschlägt, sondern sich vorher schon zur Wehr setzen darf. Und der in Charleston kommandierende General, Pierre Beauregard, ein in Frankreich geborener und erzogener Louisiana-Kreole, bis vor kurzem noch Kommandant der Militär-Akademie West Point, erklärte, wenn die Konföderation nicht mit Blut getauft werde, könne sie nicht sechs Monate leben. Er war es, der nun von Davis die Order erhielt, Fort Sumter, ehe das Entsatzgeschwader einträfe, zur Übergabe aufzufordern und sie, falls sie verweigert würde, zu erzwingen. Und Beauregards Artilleristen waren es, die den ersten Schuß gegen den backsteinernen Koloß abfeuerten — den ersten Schuß des Bürgerkriegs.

Die Entscheidung in Davis' Kabinett war ein Produkt feurig wallenden Temperaments und daher sehr unklug. Denn auch ein etwa neu verproviantiertes Fort Sumter konnte, mitten im Gebiet der Konföderation, unmöglich als eine gegen sie erhobene gefährliche Waffe angesehen werden.

Es war der 12. April 1861, halb fünf Uhr morgens, als der Schuß fiel. Sobald das erste fahle Morgenlicht sich in die Nacht mischte und die Umrisse des Forts sichtbar machte, beschrieb die rotglühende Kugel einen Halbkreis im dunklen Himmel und explodierte genau über dem Ziel. Das Fort, dem es an Munition und Kanonieren fehlte, antwortete erst um sieben Uhr. Mehr als dreißig Stunden dauerte danach das Artillerieduell, nachts von schwerem Sturm und Regen unterbrochen. Schließlich stand das Fort in Flammen, die Unionsflagge versank herabgeschossen im Qualm. Am nächsten Morgen tauchte das Entsatzgeschwader vor dem Hafen auf, wechselte Flaggensignale mit dem umkämpften Fort, wagte jedoch nicht die Einfahrt, da es allzu gute Ziele für die Küstenbatterien bot. Am Abend dieses Tages kapitulierte das Fort und am 14. April durfte die Besatzung, die wunderbarer Weise keinen Mann verloren hatte, abziehen — unter vollen militärischen Ehren, Trommelgerassel und Kanonensalut.

Es war eine tragische Fügung, daß Lincoln schon in seinen ersten Tagen im Weißen Haus den schicksalsschwersten Entschluß seiner Präsidentschaft zu fällen hatte, der den ganzen Rest seiner Amtsführung, ja seines Lebens unabänderlich festlegte.
Wie er dazu kam, wird man niemals genau wissen. Das halbdunkle Zwischenreich, in dem aus Mischung verschiedenster Motive die menschlichen Entschlüsse sich formen, läßt sich in diesem Falle nur unvollkommen erhellen.
Natürlich ist sehr bald schon die handfeste Erklärung gefunden worden, der alte, gerissene Prärieanwalt habe einfach, nach den Gewohnheiten des Zivilprozesses, die Gegenpartei zu einem Schritt verleitet, durch den sie sich selbst ins Unrecht setzte; auch Sewards Verhandlungen seien absichtlich in die Länge gezogen worden, damit der Süden um so fester auf Frieden rechne und um so sicherer überrascht werde.
Tatsächlich dürfte das, was sich in jenen Tagen in Lincoln vollzog, sehr viel komplizierter gewesen sein. Gewiß, in Springfield, als er noch der Verantwortung fern war, hatte er die Absicht geäußert, die an die Südstaaten verlorenen Forts zurückzuerobern. Dann aber in Washington fand er unter den politischen Praktikern eine solche Ansicht nirgends geteilt. Allenthalben

vielmehr traf er auf die Meinung, auch diese Krise werde sich friedlich lösen lassen, selbst wenn man dabei den Verlust sämtlicher Forts, einschließlich Sumter, in Kauf nehmen müsse. General Scotts Worte an die Südstaaten: »Launische Schwestern, geht hin in Frieden« wurden weithin gebilligt. Was dann insbesondere Fort Sumter betraf, so erklärte Scott, wenn man es wirklich dauernd halten wollte, benötige man 20 000 Mann, während die reguläre Armee nur 16 000 Mann umfaßte und über die ganze Union verstreut war. Warum übrigens auch sollte man um ein einzelnes Fort so viel Aufhebens machen, nachdem man schon den Verlust fast des gesamten Bundeseigentums in den ausgeschiedenen Staaten, der Forts, der Zollämter, der Münze in New Orleans, stumm hingenommen hatte? Und auch, daß südstaatliche Truppen auf das Sternenbanner schossen, war schon vorgekommen. Im Januar, als sich das unbewaffnete Handelsschiff »Star of the West« mit Truppen und Munition an Bord Fort Sumter genähert hatte, wurde es derart beschossen, daß es unverrichteter Sache umkehrte. Doch der damals noch amtierende Buchanan hatte das peinliche Vorkommnis auf sich beruhen lassen.
Unter diesen Eindrücken und vom Gewicht der Verantwortung belastet, das er jetzt erst real auf seinen Schultern spürte, wogten Lincolns Meinungen eine Zeitlang haltlos hin und her wie Präriegras im Winde. Anfang März schon fiel seinen Besuchern auf, wie abgehärmt und besorgt sein Gesicht aussah. Allgemein indes nahm man an, er habe sich mit dem Verzicht auf Fort Sumter abgefunden.
Gegen Ende März jedoch begann bei ihm ein Stimmungsumschwung, dessen Ursprünge nicht genau bekannt sind. Mag sein, daß ihn angesichts der Kürze der Frist, die zur Verproviantierung des Forts noch verfügbar war, einfach eine Panik ergriff. Mag sein auch, daß er dem ständigen Druck einer kleinen, doch sehr militanten Minderheit unterlag, die es ihn insbesondere nicht vergessen ließ, daß er sich in seiner Rede bei der Amtseinführung verpflichtet hatte, alles, was noch von Liegenschaften im Besitz der Bundesregierung sei, besetzt zu halten. Zu die-

ser Gruppe gehörte besonders Vater und Sohn Blair; dieser drohte für den Fall des Nachgebens seine Demission als Generalpostmeister an, während es von dem Vater heißt, er habe auf Lincoln »elektrisierend« zu wirken verstanden. Sehr nahe stand ihm damals auch ein ehemaliger Postdampferkapitän schwedischer Herkunft, Gustavus Vasa Fox, der soeben unter Welles assistierender Sekretär der Kriegsmarine geworden war. Der etwa Vierzigjährige war ein Freund der Blairs und genoß einen erheblichen Rückhalt bei begüterten New Yorker Reedern, Eisenbahnmagnaten und Großkaufleuten. Es ist sehr gut möglich, daß die ganze Idee des Sumter-Geschwaders überhaupt Fox' Hirn entstammt. Er hatte bereits am Jahresanfang dem damaligen Präsidenten Buchanan einen Plan zum Entsatz Sumters vorgelegt; er sollte mit schnellen Dampfern in stockdunkler Nacht mit steigender Flut ausgeführt werden; Buchanan hatte abgelehnt; doch nun unterbreitete Fox den Plan dem neuen Präsidenten, der für den erfahrenen und wagemutigen Mann und seine salzige Seemannssprache von vornherein eine deutliche Vorliebe zeigte. Jedenfalls hatte Fox am 21. März im Auftrag Lincolns Charleston besucht und ihm berichtet, ein Entsatz Sumters sei immer noch möglich, doch Eile geboten, da die Vorräte dort nur bis Mitte April reichten. Und als Lincoln daraufhin am 29. März endlich anordnete, daß die Expedition vorbereitet werde, war es Fox, dem er die Formulierung der dazu nötigen Orders anvertraute. Am 30. schickte er ihn mit mündlichen Instruktionen nach New York, wo das Geschwader in Dienst gestellt wurde.

So reifte in ihm die schicksalsschwere Entschließung heran: eine, wie er glaubte, Kompromißlösung des Konflikts; sie entsprach sowohl seiner rationalen Überlegung, daß der Friede nicht gefährdet sei, wenn »tapfere hungernde Männer Brot erhielten«, wie aber auch seinem unüberwindlichen Gefühl, daß man das Fort unmöglich ohne weiteres aufgeben könne.

Das Risiko, daß das Erscheinen eines bewaffneten nordstaatlichen Geschwaders vor den südstaatlichen Batterien von Charleston immerhin zu kriegerischen Zusammenstößen führen

könnte, scheint ihn wenig belastet zu haben. Als ihm ein Vertreter Virginias, Baldwin, am 4. April »vor Gott und Menschen« erklärte, ein einziger Kanonenschuß vor Sumter bedeute den Krieg, widersprach er ihm höchst aufgeregt. Tatsächlich lag der Gedanke an einen Bürgerkrieg seiner Natur allzu fern und wurde, wenn er schon auftauchte, ins Kaum-Bewußte hinabgenötigt. Eben weil für Lincoln die Union ein unverletzbares Heiligtum bedeutete, war es ihm unvorstellbar, daß Amerikaner gegen sie Krieg führen könnten. Daher glaubte er sicherlich selbst redlich an die Erfolgsaussichten seines Kompromisses, der den Frieden, gleichzeitig aber auch die Autorität der Bundesregierung retten sollte. Der Rechtsanwalt Lincoln war in Tätigkeit getreten, der es liebte, Prozesse durch Vergleiche aus der Welt zu schaffen.
Aber er verwechselte die ruhige, vernunftbeherrschte Alltagsatmosphäre der Gerichtssäle von Illinois mit der hochexplosiven Situation an einem einzigartigen Wendepunkt der Weltgeschichte. Vor allem versäumte er, die anormal gewordene Temperamentslage des Südens in Rechnung zu setzen. Vielleicht lag das daran, daß in ihm selbst die nationalen Empfindungen plötzlich wieder hoch emporgeloht waren — wie ein Feuer, das im Erlöschen schien, aber plötzlich von einem Windstoß getroffen wird, dessen Herkunft niemand kennt. Rissen ihn seine Gefühle nun derart hin, daß er die ganz gleichartigen auf der Gegenseite nicht mehr wahrnahm? Setzte er im Süden einen kühlen Rationalismus voraus, zu dem man dort ebensowenig mehr imstande war wie Lincoln selbst?
So wirkte der Kompromiß, den er in sich selbst eingegangen war, zweifach sehr unglücklich: er führte direkt zur Kanonade von Sumter und indirekt auch zum Verlust des Oberen Südens für die Union, ganz zu schweigen noch davon, daß Lincoln selbst in den Ruf eines planvollen Heuchlers geriet, der, auf die Unbesonnenheit des Südens spekulierend, diesen zum ersten Schuß herausgefordert habe. Wäre dem wirklich so gewesen, so hätte er gewiß nicht seine Ankündigung an Gouverneur Pickens geschickt, noch dazu durch einen persönlichen Emissär,

sondern im Gegenteil ihn zu überraschen und um so mehr zu provozieren gesucht. Eben deshalb auch hielt er es vermutlich nicht für nötig, die Delegation der Südstaaten über die Entsendung des Geschwaders zu informieren, die er ja einem der obersten südstaatlichen Funktionäre bereits mitgeteilt hatte, falls er überhaupt von den Verhandlungen Sewards wußte.

So gut wie sicher ist, daß Lincoln, wenn er geahnt hätte, welche Folgen seine Flottenaktion haben würde, eine stillschweigende Räumung Fort Sumters vorgezogen hättte. Er hatte die Tragweite seines Schrittes gewaltig unterschätzt. Es fehlte ihm noch an Sinn für die gänzlich veränderten Dimensionen, in denen er lebte, seit er nicht mehr Rechtsanwalt, Parteipolitiker, Wahlredner in Illinois war, sondern Präsident der Vereinigten Staaten.[3] Er hatte noch viel und bitterlich zu lernen. Sicherlich lag ihm, seiner ganzen Natur nach, in der tiefen Vernünftigkeit wie der elementaren Güte seines Wesens, nichts ferner als das, wozu er sich nun verurteilt sah: einen verwüstenden Krieg zu führen, noch dazu gegen eigene Landsleute.

Auf beiden Seiten, im Norden wie im Süden also, war mit wenig Weisheit gehandelt worden. Entscheidungen, die nur auf dem Weg sorgsamster rationaler Erwägung richtig zu finden waren, falls sie überhaupt in der Reichweite des Möglichen lagen, waren dem Einfluß des Emotionalen überlassen und daher verfehlt worden.

Wie Lincoln den Untergang seines Kompromißplanes in den Flammen von Fort Sumter aufnahm — man weiß wenig davon. Seine Sekretäre beobachteten erstaunt, daß den ganzen 13. April hindurch, während also das Fort unter Feuer lag und auf den Straßen Washingtons die Zeitungen in fettgedruckten Überschriften einander überboten, der Präsident sein gewohntes Tagewerk nicht änderte. Mit unbewegtem Gesicht empfing er Besucher, hielt eine kurze, inhaltlose Kabinettssitzung ab und leistete die alltäglich üblichen Unterschriften. Die Kunst der Selbstbeherrschung hatte Lincoln, wie wohl jeder, der in Armut heranwächst, frühzeitig erlernen müssen.

Am folgenden Tag, Sonntag, 14. April, als in Fort Sumter die Truppen sich zum Abmarsch formierten und der Kommandant Anderson die heruntergeschossene, angebrannte Unionsflagge in seinen Koffer packte, saß Lincoln schon vor Morgengrauen am Schreibtisch; er formulierte die Proklamationen, die er am 15. bekanntgab: auf Grund eines noch von George Washington stammenden Gesetzes rief er 75 000 Freiwillige aus den Milizen der einzelnen Staaten zum aktiven Dienst auf und mobilisierte das kleine Bundesheer, das freilich keine ausgebildeten Reserven besaß. Gleichzeitig berief er den Kongreß ein, jedoch erst für den 4. Juli. Am 19. April verhängte er die Blockade über die Küsten der ausgeschiedenen Südstaaten.

Der unleugbare kriegerische Charakter dieser Schritte aber war es, der nunmehr den Staaten des Oberen Südens die Gewißheit gab, daß Lincoln gegen die Konföderation Gewalt anwenden wollte. Die wichtigsten und selbstbewußtesten von ihnen, North Carolina und Virginia, »die Mutter der Präsidenten«, hatten stets erklärt, eine Verletzung der Souveränität der ausgeschiedenen Staaten werde sie auf deren Seite führen. Nun sahen sie diese Verletzung geschehen, und so schlossen sie sich dem Unteren Süden an. Missouri, Maryland und Kentucky waren die einzigen Sklavenstaaten, in denen die Bundesbehörden durch rechtzeitige Kräftigung und Bewaffnung der unionsfreundlichen Bevölkerungsteile — oft auf abenteuerlichen Wegen — und durch Verhaftungen unter den führenden Politikern eine Entscheidung für den Süden verhindern konnten. Als am Abend des 18. April in Washington bekannt wurde, das bisher unionsfreundliche Parlament von Virginia habe das Ausscheiden des Staates aus der Union beschlossen, wußte Lincoln, daß damit auch die in der Nähe Washingtons, doch auf virginischem Boden gelegenen Militäranlagen, das Arsenal von Harpers Ferry und die Marinewerft von Norfolk verloren waren.

Inzwischen war der Staat Maryland und namentlich seine Hauptstadt Baltimore, durch die schon der neu gewählte Präsident sich heimlich hatte hindurchstehlen müssen, wie eine Mine explodiert. Als am 19. April das Bostoner Infanterieregi-

ment 6 auf dem Weg nach Washington in Baltimore von einem Bahnhof zum andern marschierte, wurde es von der Bevölkerung angegriffen, mußte sich mit dem Bajonett den Weg bahnen und hatte Tote und Verwundete zu beklagen, worauf die Stadtbehörden Baltimores die südlich führende Eisenbahnbrücke sprengen ließen, »um weiteres Blutvergießen zu vermeiden«, und auch die Telegraphenleitungen arbeiteten bald nicht mehr. Und da Maryland der Bundeshauptstadt Washington nördlich vorgelagert ist, während vor ihrer südlichen Türschwelle das nunmehr offen feindliche Virginia lag, sah sie sich, als sie am 20. April erwachte, von aller Welt abgeschnitten.
Eine ganze Woche lang war Washington nur von dem Bostoner Regiment und fünf Kompanien Pennsylvaniern verteidigt; mit ihnen, so machte General Scott sich anheischig, werde er wenigstens das Regierungsviertel gegen 10 000 Mann halten können.[4] In den Marmorgängen des Kapitols lagerte Munition, im Schatzamt standen Haubitzen. Da Washington von jeher eine Stadt mit starken südstaatlichen Sympathien war, leerte es sich jetzt rasch. Willards Hotel, das sonst tausend Gäste beherbergte, hatte nur noch vierzig. Viele Geschäfte standen geschlossen. Die fremden Diplomaten hatten Schutzbriefe an ihre Türen genagelt, der preußische Gesandte v. Gerolt sogar in deutscher Sprache.
Lincoln saß stundenlang am offenen Fenster und spähte mit einem großen Fernglas in die Frühlingslandschaft Virginias hinüber, wo er wachsende Feldbefestigungen und über ihnen die rote, blau durchkreuzte Flagge der Konföderation erkennen konnte. Wann würde ihr Angriff kommen? Zuweilen glaubte der Präsident, schon die ersten Kanonenschüsse zu hören; dann sprang er empor, lief durchs Haus und mußte schließlich erkennen, daß nur seine aufgeregte Einbildungskraft ihn getäuscht hatte. Als Verwundete des Bostoner Regiments ihn am 24. April besuchten, sagte ihnen der einsame Mann in einem plötzlichen Verzagtheitsanfall: »Ich glaube nicht mehr an irgend etwas wie den Norden. Ihr seid die einzigen nordstaatlichen Realitäten.«

Erst am Mittag des 25. April langte, unter Umgehung Baltimores, das New Yorker Infanterieregiment 7 an, und danach trafen die Truppen aus dem Norden immer zahlreicher ein. Bald sah Lincoln sich inmitten einer so beträchtlichen Kriegsmacht, daß er bereits zu hoffen begann, deren bloßes Gewicht schon werde den Süden zur kampflosen Rückkehr in die Union nötigen. Auch jetzt konnte er sich nicht dazu bringen, an einen wirklichen Krieg zu glauben. Immer noch meinte er, schlimmstenfalls einem Aufruhr gegenüberzustehen, den man zwar, wenn es nicht anders ging, niederschlagen mußte. So gewaltig aber schien ihm nun wieder die Macht der Union, daß er es sich nicht anders vorstellen konnte, als daß sie mit Kraft und Schnelligkeit eines Blitzes wirken würde. In wenigen Wochen hoffte er, den Frieden im ganzen Land wiederhergestellt zu haben.

In der mondhellen Nacht des 24. Mai überschritten die ersten Unionstruppen auf der langen Brücke vor Washington den Potomac, den Schicksalsstrom Amerikas. Die Invasion Virginias hatte begonnen und damit, in vollem Ernst, der Krieg.

Der erste Tote war der junge Ellmer Ellsworth, jener begeisterte Anhänger Lincolns, der ihn schon von Springfield nach Washington begleitete und inzwischen, zumeist aus Feuerwehrleuten, seine Zuaventruppe gebildet hatte, mit der er sich an der kampflosen Besetzung des flußabwärts gelegenen virginischen Städtchens Alexandria beteiligte: als er eine südstaatliche Flagge von einem Haus herunterriß, wurde er von dessen Eigentümer erschossen.

Der Tod des hübschen, fröhlichen Lockenkopfes ergab eine wertvolle Märtyrerlegende für den Norden; überall, wohin sein einbalsamierter Leichnam auf seinem Weg zum heimatlichen Kleinstadtfriedhof kam, wurde er mit Glockengeläute, Salutschüssen, Fahnen auf Halbmast empfangen und Tausende starrten in sein blasses Gesicht. Doch als Lincoln die Todesnachricht erhielt, konnte er sich, trotz aller Selbstbeherrschung und obwohl Besucher anwesend waren, der Tränen nicht erwehren.

# XII
# Commander-in-Chief

Die Verfassung der Vereinigten Staaten macht den Präsidenten zum Commander-in-Chief, zum obersten Befehlshaber des Heeres und der Marine im Frieden wie im Krieg. Es ist das eine Bestimmung, die von den weltklugen Vätern der Verfassung wahrscheinlich mit Absicht vieldeutig gehalten wurde, um sie für Präsidenten jeder Statur angemessen zu machen. Daher hat sie vielen Präsidenten nichts weiter bedeutet, als daß sie die Offizierspatente zu unterschreiben hatten, gleichzeitig aber ist sie einer jener Verfassungssätze, die dem amerikanischen Staatsoberhaupt notfalls erstaunlich weitreichende, nahezu monarchisch-absolute Rechte geben können.

Für Lincoln war diese ihm allein anvertraute Kommandogewalt die Handhabe gewesen, mit der er die Expedition nach Fort Sumter durchgeführt hatte, ohne Wissen und Willen des Kabinetts, geschweige denn des Kongresses, und ohne trotzdem die Grenzen der Verfassung zu überschreiten. Eben deshalb freilich, weil nur er die schicksalsschwere Unternehmung zu verantworten hatte, wurde er alsbald zur Zentralfigur, ja zum Inbegriff des daraus entstehenden Krieges. Wie stark — und, subjektiv, auch mit wieviel Recht — er bestritt, den Krieg herbeigeführt zu haben, es blieb doch der objektive Tatbestand, daß das erste Vorspiel des Kriegs — das Ausscheiden South Carolinas — unmittelbar durch Lincolns Wahl veranlaßt wurde; daß der Krieg selbst fast gleichzeitig mit seiner Amtsübernahme begann und daß seine Aktion gegen Sumter den Kriegsmechanismus praktisch ins Rollen gebracht hatte.

Bewunderung der Freunde und Bosheit der Feinde wirkten alsbald zusammen, um von nun an die unverkennbare, dürre, knorrige und etwas kauzige Figur des Präsidenten auf ein Piedestal zu heben, auf dem er für die ganze Welt sichtbar war. Und daher auch kam es nun zuvörderst auf Lincoln, vor dieser Welt die Haltung des Nordens zu verteidigen: die politische, die intellektuell-moralische, schließlich auch die militärische. Seine Argumente waren insbesondere zwei und schwer widerlegbar: erstens, daß sein Amtseid ihn verpflichte, den territorialen Bestand der Union zu bewahren und, wenn nötig, mit Waffengewalt seine Verminderung zu verhüten, und zweitens, daß die Mehrheit der amerikanischen Bürger die Sezession der Südstaaten ablehne, der Präsident einfach also auf Grund des demokratischen Prinzips verpflichtet sei, diesem Willen Geltung zu verschaffen. Der Süden freilich erwiderte hierauf: das demokratische Mehrheits-Prinzip könne nur innerhalb einer Nation gelten; in Amerika aber seien die Dinge bereits so weit gediehen, daß zwei Nationen einander gegenüberständen. Vor allem aber berief er sich auf die Unabhängigkeitserklärung der Vereinigten Staaten von 1776, wonach die Existenzberechtigung jeder Regierung von der Zustimmung der Regierten abhänge; während es unleugbar das Ziel Lincolns sei, dem Süden eine Regierung gegen den Willen der Regierten zu geben. Juristisch lief die Frage darauf hinaus, ob die Staaten der Union eine eigene Souveränität besäßen, die sie 1776 nur zeitweise zugunsten der Union aufgegeben hätten, also jederzeit zurücknehmen könnten, oder ob sie ihnen danach endgültig verlorengegangen sei — eine staatsrechtliche Streitfrage, deren Beantwortung von der Auslegung des Begriffs »Souveränität« abhängt, also verschiedene Lösungen zuläßt oder, mit andern Worten, praktisch unlösbar ist.

Noch wichtiger vielleicht für Amerikaner, deren Empfindlichkeit in den Gefilden politischer Moral von jeher groß war, war die Frage: Muß ein Staatswesen, das, wie die Union, selbst durch Sezession entstanden ist — durch das Ausscheiden nämlich der amerikanischen Kolonien aus dem Britischen Reich —, einem andern Staat das gleiche Recht zur Sezession zugestehen? Lincoln hatte diese Frage zu verneinen, einfach weil andernfalls das ganze Gebäude seiner nationalen Politik eingestürzt wäre. Daß sie faktisch nicht verneinbar war, wird ihm sein Rechtsbewußtsein nichtsdestoweniger gesagt haben.[1] Zwei emotional betonte Größen gerieten in ihm hier aneinander: nationales Empfinden und Rechtsgefühl. Und da er sich dessen bewußt war, entstand eine der mancherlei tragischen Spannungen, die ihn bis ans Ende seiner Tage nicht wieder aus ihrem Bann entließen.

Keiner der beiden Kriegführenden war im unbestreitbaren Recht, keiner vollkommen im Unrecht. Der alte, vielverlachte Buchanan hatte das Dilemma, in dem Lincoln sich befand, richtig formuliert: er verneinte das Recht eines Einzelstaates zur Sezession, verneinte gleichzeitig ebenso aber das Recht der Bundesregierung, einen Staat an der Sezession zu hindern. Gewiß, auf den Schlachtfeldern des nun beginnenden Bürgerkrieges mußte einer der beiden Gegner verlieren, doch nicht weil sein Recht das mindere war, sondern seine Mittel zum Kriegführen die unterlegenen. Eben deshalb, das sah Lincoln sehr zeitig ein, besaß der Sieger kein Recht zur Bestrafung der Besiegten. Vielmehr erwuchs ihm eben hieraus die Verpflichtung zur Milde. Nie hörte man von ihm die beleidigende Sprache, in der sich der Norden jetzt gegen den Süden erging, nichts von »Hochverrätern, die an den Galgen gehören« oder von »eidbrüchigen Offizieren«; sein Tatsachensinn auch zeigte ihm offenbar, daß man nicht von einer »Verschwörung« dort sprechen konnte, wo Millionen Menschen auf einem zusammenhängenden Landkomplex sich einhellig und in aller Offenheit daran beteiligten. Und im Ernst auch konnte er selbst wohl nicht glauben — sooft er es auch zu behaupten hatte —, die ausgeschiedenen Südstaaten, in denen kein einziger Bundesbeamter mehr tätig war, verblieben trotz allem in der Union.

Wie aber stand es um die Sklaven, zu deren Befreiung, nach allgemeiner Auffassung, Lincoln den Krieg führte? Nun wohl, auf diese Anfangsstadien des Krieges hat die Sklavenfrage überhaupt keinen Einfluß gehabt. Im Gegenteil strebte Lincoln danach, sie möglichst im Unsichtbaren zu halten, um den patriotischen Eifer der Demokraten im Norden nicht erkalten zu lassen; denn zur Rettung der Staatseinheit waren sie durchaus willens, Krieg zu führen, keineswegs aber zur Befreiung von

Negersklaven. Gewiß, die Ablehnung der Sklaverei, das Mitgefühl mit der leidenden Kreatur, gehörte unabänderlich in den seelischen Bestand Lincolns — jedoch in den des Menschen Lincoln. Auf die Entscheidungen des Präsidenten wurde diesen Empfindungen kein Recht eingeräumt. Er hatte allein mit der Tatsache zu rechnen, daß ein neuer Staat sich neben dem seinigen formiert hatte und ihn mit seinen Armeen bedrohte.

Der Krieg, der so entstand, heißt in Amerika neuerdings nicht mehr der Bürgerkrieg, sondern der Krieg zwischen den Staaten, nicht mit Unrecht: denn ein Bürgerkrieg wird ja innerhalb eines einzigen Staates um dessen Beherrschung geführt, wie etwa im England des siebzehnten Jahrhunderts zwischen Royalisten und Parlamentsheer. Hier in Amerika aber war der gewaltige junge Staatskörper, ein ganzer Kontinent, in zwei deutlich getrennte Landmassen auseinandergebrochen. An der Oberfläche mochte es ein Konflikt um Verfassungsrechte sein, in Wirklichkeit war es, wie der Senator Mason von Virginia sagte: ein Krieg der Gefühle und Meinungen einer Gesellschaftsform gegen eine andere. Lange war er herangereift. Eben deshalb aber hatte er sich um so tiefer in die Seelen einfressen können, führte er zu um so besinnungsloserer Ungerechtigkeit und Fanatismus auf beiden Seiten. Eben deshalb aber auch kann man nicht in Lincolns Handlungen, die schließlich die reale Katastrophe herbeiführte, die einzige Kriegsursache sehen: nein, das Schicksal hatte ihn in eine Situation hineingezwungen, in der ein Mensch seiner seelischen Struktur nicht anders handeln konnte, als er es tat.

Ursprünglich hatte Lincoln geplant, das Oberkommando der nordstaatlichen Armeen dem General Robert E. Lee anzuvertrauen, dem gleichen Offizier, der die Revolte John Browns so rasch beendet hatte. Man wußte, daß er der Union anhing und die Sezession für Revolution hielt. Schon im Februar hatte man ihn daher aus seiner Garnison in Texas nach Washington beordert. Aber als er, gerade in den Tagen der Aufregung um Sumter, anlangte, äußerlich schon — ein Jupitergesicht, bartumrahmt und mit ernsten, dunkelbraunen Augen — das Bild des

noblen Soldaten, mußte er gewahren, daß die wirkliche Union, mit deren Geschichte die Familie der Lees stets eng verbunden gewesen war[2], die Union, der seine Loyalität gehörte, schon nicht mehr existierte. Denn für ihn war — Briefe an Verwandte und Freunde bezeugen das — eine Union, die nicht mehr aus dem eigenen Willen heraus, sondern nur durch den Zwang eines Regierungsapparats zusammengehalten wurde, keine Union mehr. So blieb ihm nur noch die Loyalität gegen seinen Heimatstaat Virginia übrig, der in eben diesen Tagen der Konföderation des Südens beitrat.[3]
Am 18. April war er von seinem Landhaus in Arlington auf dem virginischen Ufer des Potomac nach Washington hinübergeritten, wo ihm der ältere Blair in Lincolns Auftrag das Oberkommando der Armee anbot. Aber Lee hatte sich nicht umstimmen lassen, ebensowenig darauf in einer dreistündigen Unterredung mit General Scott. »Sie haben den größten Irrtum Ihres Lebens begangen, Lee«, sagte der Alte schließlich, ihn bewegt umarmend, »aber ich fürchtete es schon«. Am Nachmittag ritt Lee über die große Potomacbrücke zurück. Eine halbe Stunde hatte er nur bis zu seinem Landhaus auf den Höhen; seine weißen Säulen schimmerten ihm schon entgegen. Wie bald würde er es vor den Truppen Scotts zu räumen haben?[4] Bereits begegneten ihm Munitionskarren und patrouillierende Kavallerie, die kriegsmäßig Heubündel am Sattelknopf trug.
Noch vor Beginn des Krieges also verlor Lincoln den hervorragendsten Soldaten Amerikas, eine der bemerkenswertesten Gestalten der Kriegsgeschichte überhaupt — Scott nannte ihn 50 000 Mann wert —, für die Union und gab ihren Gegnern einen furchtbaren Führer.

Der Norden, der sich seiner überlegenen Größe bewußt war — seinen etwa 20 Millionen Weißen und freien Negern hatte der Süden nur etwa 7 Millionen Weiße gegenüberzustellen —, rechnete mit einem kurzen Krieg, um so kürzer, je kräftiger man zuschlug.
Daher der sehr große Zustrom von Freiwilligen, daher auch

die Unterstützung, die Lincoln jetzt plötzlich allenthalben im Norden fand. Die New Yorker Millionäre, die ihn so lange mißachtet hatten, die Astor, Vanderbilt, Stewart, die Belmont vom Hause Rothschild und ihr ganzer Anhang, nahmen jetzt seine Partei. Alle vier noch lebenden ehemaligen Präsidenten — Tyler, Van Buren, Pierce, Buchanan — erklärten sich für ihn, obwohl drei von ihnen der Demokratischen Partei angehörten. Horace Greeley, dessen »New York Herald« bisher die Sezession mit Gleichmut hingenommen hatte, erging sich plötzlich in flammenden Kriegsaufrufen. Und auch die katholische Kirche, die bei der Demokratischen Partei zu stehen pflegte, ihrer Schützerin bei gelegentlichen Katholikenverfolgungen, ging zu Lincoln über. »Das ist meine Flagge gewesen«, sagte der New Yorker Erzbischof Hughes von den Sternen und Streifen, »und soll es sein bis zu meinem Ende.« Andrerseits freilich wurde behauptet, daß seit dem Abmarsch einer New Yorker Freiwilligentruppe, die sich Wilsons Zuaven nannte, die Verbrechen in der Stadt um die Hälfte zurückgegangen seien.

In großen Mengen strömten Ausländer in die Armee, besonders die heimatlos gewordenen Besiegten von 1848, Franzosen und Polen, Ungarn und Italiener. Deutsche und Iren bildeten ganze Regimenter, jene etwa die New Yorker »Turner-Schützen«, die »Steuben-Freiwilligen«, das »De Kalb Regiment«[5], diese allein in New York vier Regimenter mit grünen Fahnen, darunter eins, das 79., unter Camerons Bruder, das statt der Hosen schottische Kilts trug. Oberst des 8. New Yorker Regiments war der in der deutschen Revolution von 1848 bekanntgewordene Louis Blenker; ursprünglich Weinhändler in Worms, hatte er eine etwas zweifelhafte Vergangenheit; auch standen seine Truppen im Ruf, gern zu plündern. Doch er selbst war zu Pferde in blauer, rot gefütterter Pelerine eine malerische Erscheinung; Prinz Felix Salm-Salm aus reichsunmittelbarem Hause und einst preußischer Kavallerieoffizier, nahm keinen Anstoß daran, dem Stab dieses alten Revolutionärs anzugehören, der, nicht ohne beträchtliche militärische Talente, bald zum General befördert wurde. Der deutsche Revolutionär und Journalist Carl Schurz, der bei der Wahl große Mengen deutscher Stimmen im Mittelwesten für Lincoln geworben hatte und dafür mit dem Botschafterposten in Madrid belohnt worden war, erbot sich, ein deutsches Reiterregiment aufzustellen, wurde aber abgewiesen; später erhielt auch er ein Generalspatent. Den ganzen Krieg hindurch begegnen in der Generalität und den Stäben deutsche Namen: Sigel, Heinzelmann, Weitzel, v. Hammerstein, v. Willich, v. Gilsa, v. Steinwehr, Schimmelfennig, Buschbeck, Schenck, Koerner. Chef des Eisenbahnwesens war ein Oberst Haupt, der der Militärtelegraphie ein Oberst Eckert. Doch dienten auch zwei von Napoleon III. verbannte Prinzen aus dem Hause Orleans in der Armee der Nordstaaten, der Thronprätendent, Graf von Paris, und der Herzog von Chartres, zwei fröhliche, ein wenig ungeschickte, anspruchslose junge Leute mit schwarzen Locken und »assyrischen« Profilen; als »Kapitän Perry« und »Kapitän Chatters« waren sie allgemein beliebt.

Mit Garibaldi ließ Lincoln Verhandlungen anknüpfen, um ihn für einen Generalsposten zu gewinnen, nachdem ja fast gleichzeitig mit Lincolns Amtsantritt Victor Emanuel König Italiens geworden war und das italienische Problem fürs erste gelöst schien. Doch Garibaldi stellte im Siegesrausch naiv übertriebene Forderungen — den Oberbefehl und alsbaldige Sklavenbefreiung —, so daß keine Einigung zustande kam.[6] Ähnlich erging es mit Klapka, dem ungarischen Rebellengeneral von 1848, der nicht weniger als 100 000 Dollar bar und 25 000 als jährliches Gehalt forderte. Kurzum aber: an den Lagerfeuern der Armeen der Union hörte man die Heimat- und Heimwehlieder vieler europäischer Völker singen, und die Yankees umstanden die Sänger, etwas verlegen gemacht und gerührt von so viel fremdländischer Süße...

Gewiß, es mischten sich in diese ganze große Kraftanstrengung des Nordens zahllose selbstsüchtige, kraß materielle Motive, Gewinnsucht, Überheblichkeit, hartes Pharisäertum und fanatischer Puritanergeist, der überzeugt war, von Gott selbst zu einem ihm wohlgefälligen Werk ausgewählt zu sein. Doch überwog, anfänglich mindestens noch, eine patriotische Redlichkeit, die das Attentat der Südstaaten auf die Einheit der Nation, ebenso wie Lincoln das tat, als ruchlosen Frevel empfand; es stellten sich Freiwillige ein, die für die Befreiung der Negersklaven nie einen Finger bewegt hätten, aber keinen Augenblick zögerten, für die Union ihr Leben einzusetzen, auf der andern Seite mit ihnen aber auch wieder solche, die entschlossen waren, bei dieser Gelegenheit mit der Sklaverei aufzuräumen, die ihnen mit den moralischen Anschauungen der Zeit nicht mehr vereinbar schien.

Jedenfalls wäre es falsch, in den Freiwilligen des Nordens nur mißleitete Opfer kapitalistischen Machtstrebens, betrogene Idealisten zu sehen. Es war ein Gemenge von Motiven, von dem der Graf von Paris schrieb: »Patriotismus, Ehrgeiz, Eitelkeit und Spekulationsgeist traten sofort miteinander in Konkurrenz.«

Tatsächlich erwies sich die militärische Leistungskraft des Nordens zunächst als erschütternd gering. Die reguläre Armee, 16 000 Mann stark, konnte nur teilweise herangezogen werden, da man sonst unzählige Ansiedlungen an der Indianergrenze der Massakrierungsgefahr ausgesetzt hätte. Die Kriegsflotte blieb zwar in der Hand der Bundesregierung, fünfzig Segelschiffe und vierzig hölzerne Dampfer, doch alle in schlechtem Stand und mit den zeitgenössischen englischen und französischen Panzern nicht zu vergleichen. Vor allem aber erwies es sich als schwierig, aus den Freiwilligen der »Nationalgarden« genannten Staatsmilizen rasch brauchbare Soldaten zu machen. Ihre militärische Ausbildung in den einzelnen Staaten war ebenso ungleichmäßig gewesen wie ihre Bewaffnung, Uniformierung und soziale Zusammensetzung. Einige waren eine Art Klub für junge Gentlemen — wie etwa das 7. New Yorker Regiment, das in elegantem Hechtgrau mit weißen Handschuhen, weißem Lederzeug und Unmengen privaten Gepäcks ausrückte —, in andern wiederum überwogen bleichgesichtige Kaufleute und Fabrikarbeiter. Der gute Wille fehlte kaum, der Sinn für Disziplin jedoch fast überall. Die Offiziere waren gewöhnlich von der Mannschaft gewählt, die ihnen daher auch ohne Bedenken auf die Schultern klatschte. Kein Regiment hatte irgendeine Kriegserfahrung.

Daher erließ Lincoln am 3. Mai ein neues Truppenaufgebot: er rief 42 000 Freiwillige auf, die dieses Mal freilich nicht drei Monate, sondern drei Jahre dienen sollten, und zwar nicht mehr in den Nationalgarden, sondern in der regulären Armee. Beide Maßnahmen hätten die Genehmigung des Kongresses benötigt und waren an sich, ehe diese vorlag, null und nichtig. Doch stieß sich niemand daran, auch nicht der Kongreß selbst. Er war ja erst für den 4. Juli einberufen und zeigte keinerlei Neigung, sich vorher zu rühren.

Freilich, schon vom Beginn des Krieges an hatte Lincoln sich über die geltenden Gesetze hinweggesetzt: am 21. April hatte er angeordnet, in den Telegraphenämtern die Originale und Kopien aller in den letzten zwölf Monaten eingelaufenen und abgesandten Telegramme zu beschlagnahmen. Kurz darauf hatte er die Militärbefehlshaber bevollmächtigt, in bestimmten Landesteilen (deren Zahl unaufhörlich wuchs), nach eigenem Gutdünken Verhaftungen vorzunehmen, die Verhafteten für unbestimmte Zeitdauer gefangenzuhalten und Presse- und Versammlungsfreiheit zu unterdrücken, kurzum jene kostbaren Garantien der persönlichen Freiheitsrechte, die die angelsächsische Tradition in der Formel »Habeas Corpus« umfaßt, außer acht zu lassen. Und als der höchste Richter der Union, Taney, in dessen Hände Lincoln seinen Amtseid geleistet hatte, in einer Entscheidung das Vorgehen des Präsidenten für verfassungswidrig erklärte, erledigte dieser sie dadurch, daß er sie nicht zur Kenntnis nahm. Auch hatte Lincoln schon am 21. April das Schatzamt angewiesen, zwei Millionen zur Bewaffnung von Schiffen vorzustrecken, auch dies ohne Genehmigung des Kongresses und daher ungesetzlich; weitere Zahlungsanweisungen folgten. Sie wurden ebenso widerstandslos ausgeführt wie die Rekrutierungsmaßnahmen.

Lincoln berief sich dabei stets darauf, daß er, um die Verfassung der Union zu retten, verfassungsmäßige Bedenken nicht

aufkommen lassen dürfe. Worauf die Opposition — natürlich ohne jeden praktischen Erfolg — bemerkte, wenn es nötig sei, die Verfassung zu verletzen, um den Krieg führen zu können, so sei es höchste Zeit, den Krieg zu beenden.
Die gleiche Leidenschaft politischen Empfindens, die ihn das Risiko der Sumter-Expedition hatte unterschätzen lassen, ließ Lincoln auch jetzt die Grenzen nicht mehr erkennen, die Verfassung und Tradition dem Präsidenten setzten. Der bremische Gesandte Schleiden setzte ihn ohne weiteres in Parallele mit Napoleon III., der damals als Verkörperung des Verfassungsbruches galt. »Herr Lincoln«, schrieb er, »gleicht Louis Napoleon, falls er ihn nicht übertrifft. Der Unterschied besteht darin, daß die Autorität des Präsidenten auf der einmütigen Zustimmung der Bevölkerung der loyalen Staaten beruht, die des Kaisers auf der Armee.« Doch so unbedingt und so hart durchgreifend Lincolns verfassungswidrige Maßnahmen waren, und manch andere im Lauf der folgenden Zeit, so zeigten sie doch nie eine Spur von der Brutalität, noch weniger vom Übermut des geborenen Gesetzesverächters. Weit eher umgibt sie etwas von der Wehmut dessen, der in äußerster Strenge seine Pflicht sieht, freilich auch und eben deshalb nur schwer über sie hinauszusehen vermag.

Der Zustrom zu den Armeen des Südens war nicht weniger stark als zu denen des Nordens. Die Motive waren hier einheitlicher als dort: es ging einfach um die Verteidigung der Heimat gegen eine Macht, die man — jenseits aller staatsrechtlichen Theorie — als fremd und feindselig empfand. Die Sezession der Südstaaten wurde von der überwältigenden Mehrheit ihrer Einwohnerschaft bejaht[7], keineswegs etwa nur von der dünnen Oberschicht der Pflanzer, die am Sklavenbesitz interessiert waren, sondern auch von den vielen kleinen und mittleren weißen Farmern, die keine Sklaven besaßen und obwohl — rational gesehen — die Konkurrenz der Sklavenarbeit sie wirtschaftlich schädigte.[8] Doch der irrationale Unabhängigkeitssinn überwog auch bei ihnen. Nur für einen engen Kreis Besitzender kamen wirtschaftliche Überlegungen hinzu — etwa die starke Verschuldung des Südens bei New Yorker Banken oder die ihn von jeher benachteiligenden Schutzzölle, die beide man jetzt loszuwerden hoffte.

Die ausgeschiedenen Staaten, zusammen etwa von der Größe Mitteleuropas, bildeten einen annähernd rechteckigen Landblock, im Norden und im Westen von Flüssen begrenzt, vom Potomac und Rio Grande, im Osten und Süden vom Meer, vom Atlantischen Ozean und vom Golf von Mexiko mit der verlockenden Aussicht auf ein tropisches Imperium an dessen milden Wassern. Dieses Staatsgebilde hatte sich bereits eine vollständige und wirksame Exekutive, Legislative und Justiz geschaffen, Schatzamt und Armee, Flagge und Siegel, welch letzteres das Reiterstandbild George Washingtons zeigte, der ja auch aus dem Süden stammte und Sklavenbesitzer gewesen war. Die Verfassung der Konföderation, die ihre Grundzüge aus der der Union übernommen hatte, war ein Dokument guter politischer Schulung begabter, angesehener und redlicher Männer, wie sie sich im Kabinett Davis' zusammengefunden hatten.

Natürlich wußten sie, daß man dem Norden unterlegen war, sowohl der Volkszahl nach wie an ökonomischer Kraft. Aber man hielt die eigene Agrarwirtschaft für sehr viel stabiler als die Börsen- und Industriewirtschaft des Nordens[9] und vertraute vor allem darauf, daß die südstaatliche Baumwolle der Welt unentbehrlich sei. »Baumwolle ist König«, wiederholte man sich unablässig und verließ sich auf baldige Intervention des Textilwaren herstellenden Auslandes, vornehmlich Englands und Frankreichs.

Seinen stärksten Trumpf sah der Süden in seiner Armee. Die Söhne der südlichen Pflanzer waren gern Offiziere geworden[10] und hatten eine militärische Tradition entwickelt, die dem merkantil gesinnten Norden fehlte. Der Süden hatte daher ein reich gefülltes Reservoir junger Generäle zur Verfügung[11], während der Norden auf verhältnismäßig wenige, oft schon bejahrte Berufsoffiziere angewiesen war. Die Ausrüstung der Armee war freilich für den industriearmen Süden schwierig. Kaum die

Hälfte der Truppen war uniformiert, in graues Tuch, das man gewählt hatte, um sie vom Blau der Bundesuniform zu unterscheiden; die andere Hälfte der Armee trug Röcke, die nach uraltem Bauernrezept mit Walnußsaft bräunlich gefärbt waren. Das Gros der Armee bestand aus kleinen Farmern und ihren Söhnen, die ein Leben unter freiem Himmel ebenso gewohnt waren wie einfache Nahrung. Die Berittenen hatten ihre Pferde selbst zu stellen, was zur Folge hatte, daß diese, solange es sich irgend noch ermöglichen ließ, aufs beste gepflegt waren. Es waren das Menschen, die nie einen Sklaven besessen hatten, kleine Plebejer, die sich dennoch ebenso erbittert schlugen wie die aristokratischen Plantagenbesitzer — beide in der Meinung, daß Weiße und freigelassene Negersklaven nun einmal nicht in Sicherheit nebeneinander wohnen könnten.
Auch in der Armee der Südstaaten dienten zahlreiche Ausländer. Mehr als hundert Kompanien bestanden ganz oder zum großen Teil aus ihnen. An der Bombardierung von Fort Sumter war eine in Charleston stationierte deutsche Artillerie-Kompanie beteiligt. Elf Ausländer wurden Generäle, dreißig Obersten. Prinz Polignac, ein Neffe Kosciuskos, diente als Generalmajor, und seine Texas-Truppen zogen seinen Namen in »Polecat« zusammen, ohne böse Absicht, obwohl das eine Art Skunk bedeutet. Der beurlaubte preußische Oberst Heros von Borcke, aus pommerschem Uradel, meist nur »Von« genannt, machte sich durch fröhliche Unerschrockenheit beliebt. Der schweizerische General Zollikofer fiel, und der Engländer Henry M. Stanley, der später als Afrikaforscher berühmt wurde, geriet in nordstaatliche Gefangenschaft.
Freilich, einer der stärksten Kraftquellen Lincolns fehlte den Führern des Südens, seine offenkundige Herkunft aus den untersten, doch breitesten Volksschichten, daher seine Vertrautheit mit ihnen und seine Fähigkeit, ohne viel eigenes Zutun auch ihr Vertrauen zu gewinnen. Jefferson Davis war ein brillanter Intellekt, eine ritterliche Erscheinung, dabei von echter Frömmigkeit, doch »kaltblütig wie eine Eidechse, stolz wie Luzifer«, Stephens die kränkliche Zwergengestalt, melancholisch und des-

halb selten sichtbar, während ihr praktisch wichtigster Mitarbeiter, Judah Benjamin, ein abenteuerlicher britischer Westindier jüdischer Herkunft, der nacheinander die Ämter des Generalstaatsanwalts, des Kriegssekretärs und des Außensekretärs innehatte, äußerst gewandt, vielseitig, zäh, arbeitsam, eine Art »südstaatlicher Disraeli«, dennoch den Volksmassen der Konföderation immer ein Fremdling blieb. Schatzsekretär der Konföderation war Cristopher Memminger, ein geborener Württemberger, ein charaktervoller, ernst erbitterter Arbeiter, Marineminister Stephen Mallory, ein Katholik aus Florida, der seine Skepsis gegenüber der Sezession nicht verhehlte, dennoch den Bau einer Flotte für sie mit verzweifelter Energie betrieb. Es war eine Gruppe ungewöhnlich fähiger Geschäftsmänner zusammengekommen; doch enthielt sie nur zwei erfahrene Politiker, den Kriegssekretär Walker und den Außensekretär Toombs, die beide in kürzester Frist das Kabinett verließen. Im übrigen saß in ihm kein einziger Vertreter der großen Pflanzer, der »Sklavenbarone«, gegen die der populäre Zorn des Nordens sich mit Vorliebe zu richten pflegte.

Das strategische Problem des Krieges ergab sich aus dieser Sachlage von selbst: für den Norden kam alles darauf an, das Gebiet der Konföderation zu umklammern und bis zur Lebensunfähigkeit zu verkleinern — wohingegen der Süden, seiner zahlenmäßigen Unterlegenheit wegen, an Offensive nicht denken konnte, sondern, den Vorteil der inneren Linie genießend, sich etwa in der Rolle Preußens im Siebenjährigen Krieg fühlen konnte und wie dieses sein Kriegsziel schon erreicht hatte, wenn es ihm gelang, sein Gebiet so lange zu behaupten, bis der Feind kriegsmüde geworden war.

Lincolns unverbildeter Verstand begriff diese Grundtatsachen rasch, und General Scott bestärkte ihn in seiner Einsicht. Dieser alte Mann, eine schwer bewegliche Fleisch- und Fettmasse, die noch ein paar Kugeln aus dem Krieg von 1812 in sich trug, war nicht nur ein guter Stratege, sondern seltsamerweise hatte dieser Fünfundsiebzigjährige ein viel richtigeres Empfinden für das, was zeitgerecht war, als die um dreißig, vierzig Jahre

Jüngeren, die nur in seinem greisenhaften Einschlafen am Beratungstisch, seiner Trompetenstimme und seiner Vorliebe für pompöses Auftreten einen Grund zum Lachen fanden. Scott aber erkannte von vornherein und fast allein, daß dies ein Krieg ganz neuer Art war, ein Krieg der wirtschaftlichen Produktivität, des Versorgungswesens und der Verkehrswege. Zum zweitenmal erst in der Kriegsgeschichte — nach der Kontinentalsperre Napoleons gegen England — hatte Scott die strategische Wichtigkeit dessen erkannt, was inzwischen die Bezeichnung »industrielles Potential« erhielt. Sein Plan war demgemäß, die Konföderation »wie von der Riesenschlange Anaconda« erwürgen zu lassen, indem man ihr systematisch alle Verbindungen mit der Außenwelt abschnitt, also ihre Küsten blockierte und ihr die Herrschaft über den Mississippi entwand, der, wie das Rückgrat einen menschlichen Rumpf, ihr Gebiet von Norden nach Süden durchlief, der ihre wichtigste Verkehrsstraße war und dessen Mündungsdelta sich breit in den Reichtum Mittel- und Südamerikas hinein öffnete. Der Krieg sollte also nicht mehr dadurch gewonnen werden, daß die eigene Armee die des Gegners schlug, sondern daß sie ihn einer schließlich unerträglichen wirtschaftlichen Not aussetzte. Scott sah auch, daß dieser Plan nur mit großen Schwierigkeiten ausführbar sei, er erklärte, er müsse dazu 300 000 Mann für drei Jahre zur Verfügung haben; und so kam Lincolns zweites Truppenaufgebot zustande.

Nicht immer freilich glaubte Lincoln dem Alten. Immer wieder geschah es in der Folgezeit, daß er sich an ihm irremachen ließ, vom Gefühl der eigenen Inkompetenz überwältigt, wenn andere Generäle ihm gegenübertraten. Es war ein schwieriges Auskommen für ihn mit diesen bärenhaften, pallaschklirrenden Gestalten, in breitrandigen Hüten und hohen, fettglänzenden Stiefeln, mit den lederbraunen, vollbärtigen Gesichtern und den herrschsüchtigen Stimmen, diesen Fachleuten und Praktikern, die als solche den Präsidenten einigermaßen herablassend behandelten und zudem — und nicht mit Unrecht — auf Protektion und Freundschaft mächtiger Politiker pochten. Jenseits des Bewußtseins zwar mißtraute Lincoln ihnen stets und glaubte ihnen wenig, viel später erst sollte ihm General Sherman sagen: »Diese Armeeoffiziere wissen alles und jedes, was nötig ist, um fünfzig Dragoner an der Indianergrenze zu führen und nichts von allem übrigen« — aber sein Pflichtgefühl zwang ihn doch immer wieder zum Glauben an sie, einfach weil er sie nicht zu widerlegen vermochte. Unheil war zumeist die Folge davon.

Verhängnisvoller vielleicht noch war, daß eine Anzahl hoher militärischer Posten an Zivilisten vergeben werden mußte, die sich parteipolitische Verdienste erworben hatten, ein Verfahren, das sich trotz offenkundiger Widersinnigkeit und Gefährlichkeit in den Gewohnheiten Amerikas so fest eingewurzelt hatte, daß Lincoln dagegen machtlos war.

Es dämmerte ihm daher — und wahrscheinlich war es eine schreckliche Dämmerung —, daß es auf ihn kommen würde, auch noch die militärischen Probleme des Krieges zu meistern, also tatsächlich der Commander-in-Chief zu werden, der er der Verfassung nach war. Und ähnlich wie er sich als junger Mann der Jurisprudenz bemächtigt hatte, suchte er sich nun durch unverdrossene, eindringliche Lektüre kriegswissenschaftlicher Werke auch in den Regionen des Militärischen vertraut zu machen.

Nachdem Virginia zur Konföderation übergegangen war, hatte sie, in einer Geste, die zugleich Verwegenheit und Verachtung ausdrücken sollte, ihren Regierungssitz in diesen alten, stolzen Staat verlegt, nach Richmond, einer großen Landstadt auf sieben sanften Hügeln am Jamesfluß, kaum hundert Meilen südlich von Washington; hoch über den Häusern, von überall sichtbar, lag das Kapitol der Konföderation. Und so, da jeder der beiden Gegner den Triumph erstrebte, die feindliche Hauptstadt zu erobern, ergab sich, daß ein großer Teil der kommenden Kämpfe — trotz der ungeheuren Weite des Gesamtkriegsschauplatzes — sich im Gelände zwischen diesen beiden Kapitalen zusammenzog. Allerdings, da es in seiner ganzen Länge von zwei Flüssen durchschnitten war, dem Rappahanock und dem York, deren Ufer weithin versumpft und bewaldet waren, war von keiner Seite ein unmittelbarer Angriff möglich. Die naturgegebene Ein- und Ausfallpforte zwischen Norden und Süden bildete vielmehr das Tal des Shenandoahflusses, der, von Süden kommend, oberhalb Washingtons in den Potomac mündet, eine breite, fruchtbare, weithin gartenartig bebaute, von einer Eisenbahn durchlaufene Landsenke. Auf sie vor allem konzentrierte sich das Interesse der Strategen.

Ein zweiter Kriegsschauplatz entwickelte sich im Westen, in zunächst sehr verworrenen Annäherungskämpfen vom oberen Mississippi her, der im Besitz der Union war, gegen Tennessee, also den von der Konföderation beherrschten Mittellauf des Flusses.

Es war ein Krieg, dessengleichen die Welt noch nicht gesehen hatte, sowohl was die Größe der schließlich aufgebotenen Heere anging wie die ungeheure Weite seines Schauplatzes. Und wenn auch die Kriegführung sich noch im Schema des napoleonischen Zeitalters bewegte — mit Umgehung, taktischer Schwenkung, eingestoßenen Flanken —, entwickelte sie daneben ganz neue Elemente. Eben die besondere Bereitschaft und Begabung des amerikanischen Volkes, der Nachkommen von Handarbeitern, alle Schwierigkeiten völlig unbefangen anzugreifen, sofern sie mit technischen Mitteln bekämpfbar sind, entwickelte neue Kriegsmittel: der elektrische Telegraph war zwar schon bei der Belagerung von Sebastopol aufgetreten, doch hier beherrschte er das Nachrichtenwesen. Die Eisenbahn wurde aufs stärkste in Anspruch genommen. Höchst groteske neue Formen von Panzerschiffen tauchten auf. Einem Torpedoboot, »Little David«, konstruiert von einem Agrarchemiker in Charleston, war es bestimmt, das Union-Flaggschiff »New Ironside« zu versenken, während der Norden eine Art Vorform des Unterseeboots erlebte, den »mechanischen Walfisch«, den neun Männer, in einer Reihe sitzend, wie Radfahrer zu bewegen hatten. Gegen Ende des Krieges führte der Norden das Henry-Repetiergewehr ein, wie die Südstaatler bitter bemerkten, das »Yankeegewehr, das man nur Sonntags zu laden braucht, damit es die ganze Woche lang schießt«. Lincoln, als einstiger Handarbeiter an technischen Neuerungen immer interessiert, probierte es selbst auf dem Schießstand aus. Auch mit einem neuen Schießpulver machte er eigene Versuche und lehnte es ab, weil es allzuviel Asche zurücklasse. Von ihm auch kam die Anregung, ein Luftschiffer-Korps aufzustellen, das zunächst mit Fesselballons arbeitete — und nach kurzem schon sah der fünfundzwanzigjährige württembergische Militärattaché Graf Zeppelin sehr nachdenklich dem Steigen und Schweben der gasgefüllten, gelben Kugeln zu.

Allmählich wohl erst erkannte Lincoln den ganzen Umfang seiner Aufgaben, begann das ungeheuerliche Abenteuer, in das er sein Leben, gänzlich unerwarteterweise, jetzt münden sah, sich wenigstens in den Umrissen vor ihm abzuzeichnen. Kopfschüttelnd wiederholte er, von Wirrnissen und Unsicherheiten aufs äußerste bedrängt, einen Vergleich aus seiner Hinterwäldlervergangenheit: es sei, wie wenn man ein Bündel Flöhe über einen Scheunenboden schaufeln müsse.

Doch gerade aus diesen Tagen, vom 5. Juni, stammte ein Brief Sewards an seine Frau, worin es heißt: »Geschicklichkeit und Kraft in der staatlichen Vollziehungsgewalt sind seltene Eigenschaften. Der Präsident ist der Beste von uns.«

Wieviel will das aus der Feder Sewards, dieses herrischen, selbstbewußten Mannes heißen, des zynischen, erbarmungslosen Kritikers, der sich wenige Wochen vorher noch dem Präsidenten so weit überlegen gefühlt hatte, daß er ihm anbot, ihn unter eine Art Vormundschaft zu nehmen! Was für ein vielleicht widerwillig abgegebenes, so doch um so überzeugenderes Geständnis! Lincoln, der ungewandte, in sich gekehrte Weltfremdling wird »der Beste« unter den so viel erfahreneren, gebildeteren, gewitzteren Politikern seines Kabinetts genannt, noch dazu von einem Mann, der selbst bisher weithin für den Besten galt.

Dieser Brief Sewards ist ein erstes sichtbares Zeichen dafür,

daß in eben diesen dunklen Tagen ein neuer Lincoln heranzuwachsen begann. Es wurde ein langsames Wachstum, gewiß, von häufigen Rückschlägen unterbrochen; aber auch seine Laufbahn als Politiker war ja nicht anders gewesen.
Trotzdem, dieser eine Satz in dem Briefe Sewards — er sei »der Beste von uns« — gleicht einem ersten schwachen Wetterleuchten neuer Möglichkeiten am Lebenshorizont Lincolns. Man spürt etwas, was auch Seward gespürt haben mag, daß der Präsident eines Tages aufhören könnte, nur dem Namen nach Commander-in-Chief zu sein.

# XIII
## Mißglückte Feuerprobe

Vom ersten Tage an war, wie bei jedem Krieg, die Parteinahme des Auslandes von höchster Wichtigkeit. Von vornherein war gewiß, daß die beiden großen Westmächte, England und Frankreich, denen Lincolns Blockade die südstaatliche Baumwolle sperrte, keine freundlichen Gefühle gegen ihn hegen konnten. Nicht nur, daß sie, die soeben erst gemeinsam den Krimkrieg gegen Rußland gewannen, eine gewisse diplomatisch-militärische Solidarität bewahrt hatten. Aber da sie ja auch schon 1841 zum Schutz ihres Opiumhandels gemeinsam Krieg gegen China geführt hatten, warum sollten sie nicht — so fragte nun die Welt — für die ungleich wichtigere Baumwolle desgleichen tun? Eben auf diese Sachlage setzten die Südstaaten ihre Hoffnungen; sie empfanden daher die Blockade zunächst als Förderung ihrer eigenen Diplomatie, ja, hielten absichtlich Baumwolle zurück. Es war ein gewaltiges Glücksspiel, auf das sie sich damit einließen, eine der ersten Spekulationen auf die geschichtsschaffende Kraft der Wirtschaft — eine Spekulation, die wohl immer fehlschlagen wird, da sie verkennt, daß nur im Bunde mit der aktiven Macht der Staatsgewalt die passive Macht des Reichtums Kriege gewinnt, daß Baumwolle allein aber niemals Regimenter oder Panzerschiffe ersetzen kann. Der alte General Scott im Norden war sehr viel klarsichtiger, der mit Waffengewalt die Wirtschaft des Südens allmählich erdrosseln wollte, während dieser wähnte, seine Wirtschaftskraft sei imstande, die Waffen des Nordens unwirksam zu machen.

In England stand man anfangs beiden Kriegführenden ohne Sympathie gegenüber, da man in beiden nur Störer des Weltfriedens und Welthandels sah. Auch machte sich sofort wieder die alte gegenseitige Abneigung zwischen dem britischen Mutterlande und den ihm einst entlaufenen amerikanischen Kolonien fühlbar, jene latente Feindschaft, die für Nicht-Angelsachsen ebenso unverständlich bleibt, wie eben intime Familienangelegenheiten das für Außenstehende zu sein pflegen, und die sich fast schon eine beiden Völkern teuer gewordene Denkgewohnheit nennen läßt. Mit der Zeit erst kam in England ein Stimmungsumschlag zugunsten des Südens und auch eine gewisse Interventionslust zustande: die traditionelle britische Parteinahme für den Schwächeren, der um seine Unabhängigkeit kämpft, etwa so, wie man vor wenigen Jahren sich für Italien gegen Österreich erhitzt hatte. Auch begann man zu fürchten, daß, falls der Krieg sich in die Länge zöge, Arbeitseinstellungen in der Textilindustrie unvermeidlich sein würden, sobald die fürs erste noch großen Vorräte roher Baumwolle erschöpft wären. Wozu sich der Gedanke gesellte, man könne vielleicht durch den amerikanischen Krieg von der undeutlich schon drohenden Konkurrenz amerikanischer Industrien überhaupt befreit werden[1]; die Sorge englischer Kapitalisten um ihre Investitionen in eben diesen Industrien konnte sich demgegenüber nicht durchsetzen. Palmerston als Premierminister, nahe schon am Ende seines achtzigjährigen Lebens, doch daseinsfroh wie nur je, skeptisch bis fast zur Fahrlässigkeit, doch immer wieder voll der Überlegenheit und Erfahrenheit des Alters, und sein ebenfalls siebzigjähriger Außenminister John Russel standen innerlich sehr viel mehr auf der Seite der Südstaaten, waren viel interventionsgeneigter, als sie es nach außen erkennen lassen durften. Einzig die englischen Arbeiterorganisationen setzten sich rückhaltlos gegen die Intervention und also indirekt zugunsten der nordstaatlichen Bourgeoisie ein; doch waren sie politisch ja damals noch machtlos.[2] Und da überdies ihre einzige Parole »Gegen die Sklaverei« lautete, die eben im damaligen Stadium Lincoln möglichst ins Vergessen zu drängen strebte, brachte ihm diese Bundesgenossenschaft mehr Unannehmlichkeiten als Vorteile ein. Er hatte stets die Gefahr vor Augen, daß England die Konföderation als souveränes Staatsgebilde anerkannte, von wo es nur noch wenige Schritte bis zur Allianz gewesen wären.

In Frankreich, dessen Textilindustrie von vornherein schwerer litt als die englische und wo die jüngsten Kriegserfolge Napoleons III. gegen Österreich und Rußland das militarische Selbstvertrauen stark gehoben hatten, regte sich alsbald der Wunsch, den amerikanischen Bürgerkrieg durch einen raschen Gewaltakt zu beenden — sei es durch eine französische Blokkadeflotte vor den nordstaatlichen Häfen, sei es durch direkten bewaffneten Eingriff. Napoleon verhehlte seine Antipathien gegen den Norden niemals, ebensowenig taten es seine alten Staatsstreichgenossen und jetzigen Minister De Morny und Persigny; hingegen war der Außenminister Thouvenal strikt neutral. Doch da der Kaiser in seiner oft formalistisch überspitzten und daher unrealistischen Diplomatie entschlossen war, nur unter Erneuerung der Krimkriegs-Front, also gemeinsam mit England zu handeln, dieses aber zu keinem Entschluß kam — da es im Grunde viel mehr schon als am amerikanischen, am europäischen Schachbrett interessiert war, wo das Schicksalsspiel zwischen Preußen, Österreich, Frankreich, Rußland damals anhob —, so kam auch eine französische Aktion nicht in Gang. Überdies glaubte Napoleon bis 1865, der Süden könne ohne fremde Hilfe siegen. Er wählte fürs erste daher den Umweg über Mexiko, gegen dessen revolutionäre Regierung Juarez er eine französisch-englisch-spanische Koalition zusammenbrachte; und das Abenteuer des Kaiserreichs Mexiko begann, das den österreichischen Erzherzog Maximilian späterhin das Leben kosten sollte. Im Oktober 1861 landeten die ersten französischen Truppen samt einiger britischer Marineinfanterie in Mexiko, also unter Mißachtung der Monroe-Doktrin und in offener Provokation der durch den Bürgerkrieg nach außen gelähmten Vereinigten Staaten. Immerhin, um diese Truppen zu Alliierten der Südstaaten zu machen, hatte auch die große politische Macht, die die französische Industrie damals ausübte, nicht ausgereicht.

Auf stärkere Sympathien hingegen traf Lincoln bei dem Besiegten des Krimkrieges, dem zaristischen Rußland. Allerdings war es eine Freundschaft, die auch ihre lästige und unbequeme Seite hatte; denn obgleich der Zar im gleichen Jahre 1861 die Sklaverei der Leibeigenen in Rußland abgeschafft hatte, so hatte er das doch durch einen einzigen autokratischen Federstrich getan; ebendeshalb blieb er für den durchschnittlichen westeuropäischen Liberalen der »Hort der Reaktion«, verdächtig und anrüchig. Mit andern Worten: gerade bei denjenigen Elementen in England und Frankreich, auf deren Sympathien Lincoln rechnen mußte, wirkte die Freundschaft Rußlands für ihn kompromittierend.

An der diplomatischen Front also schien diese Konföderation von vornherein beträchtlich konstant zu sein: die Sorge, daß sie Ansatzpunkt einer großen Allianz gegen ihn werden könne, wich niemals aus Lincolns Bewußtsein. Schon im Mai 1861 entwickelte sich die erste akute Krise, da Palmerston eine Neutralitätserklärung erließ, in der er die Südstaaten zwar noch nicht als selbständigen Staat, so doch als kriegführende Macht anerkannte, also Lincolns Auffassung, es handle sich nur um einen rebellierenden Landesteil, ablehnte.[3]

Es wurde eine langwierige Kraftprobe zwischen London und Washington, eine kurzfristige zwischen Lincoln und Seward. Denn der Außenminister, empfindlich gereizt, hatte seine Antwortnote in so unbekümmert hochmütigem Ton entworfen, daß es gut möglich war, ein Ultimatum in ihr zu sehen. Als Lincoln sie las, unterlag er einem der sehr seltenen Ausbrüche seines Temperaments: vor Augenzeugen zerknitterte er das Papier in seiner großen Hand. »Ich selbst will gewiß nicht herrschen«, sagte er, »aber sicherlich soll es auch Seward nicht. Der einzige Herrscher, den ich habe, ist mein Gewissen. Dieser Mann wird das noch zu lernen haben.« Worauf die Note die entgegenkommende Form erhielt, die Lincoln wünschte. Mag sein, daß Sewards Brief an seine Frau einige Wochen später — »der Präsident ist der Beste von uns« — durch solche Erlebnisse bestimmt war.

Die Spannung zwischen den Kabinetten von London und Washington war weniger rasch zu beseitigen. Es war ihr im Gegenteil bestimmt, bald abnehmend, bald wieder anwachsend, bis zum Ende des Krieges zu dauern. Ununterbrochen fast ging es dabei um Fragen der Blockade und um Lincolns beharrliche Weigerung, in den Konföderierten eine gleichberechtigte kriegführende Partei zu sehen — obwohl nur dann, wenn ein Kriegszustand vorliegt, das Völkerrecht eine Blockade zuläßt. Immer wieder mußte Seward versuchen, diesen Tatsachen Gewalt anzutun, während die beiden alten Lords in London nur kaltblütig und fast schon humorig stets zu wiederholen brauchten: entweder bestehe ein Kriegszustand, der die Blockade rechtskräftig mache, oder er bestehe nicht und damit keine rechtliche Möglichkeit für eine Blockade; Lincoln müsse sich darüber klarwerden, was er wolle: entweder die Südstaaten als kriegführend anerkennen oder die Blockade gegen sie fallen lassen.

Gleichzeitig aber wurden auch die Umrisse innenpolitischer Krisen für Lincoln erkennbar. Der Kongreß war zwar noch nicht zusammengetreten und verlangte anscheinend auch selbst nicht danach. Lincoln regierte daher die ersten Monate hindurch selbständig und — verfassungsrechtlich gesehen — nicht weniger absolut als der russische Zar: ohne Befragung irgendeiner andern Instanz begann er einen Krieg, stellte eine Armee auf, finanzierte sie, hob die Rechte des »Habeas Corpus« immer weiter auf und führte praktisch das Delikt der strafbaren Meinungsäußerung ein. Seward sagte in dieser Zeit zu dem britischen Botschafter Lord Lyons: »Ich kann eine Klingel zu meiner rechten Hand berühren und ein Bürger in Ohio wird verhaftet; ich kann eine Klingel zu meiner Linken berühren und ein Bürger in New York wird verhaftet. Kann Königin Victoria so viel tun?« In der Verschwiegenheit der Kabinettssitzungen freilich gestand er seinen Kollegen, ihre Taten könnten sie alle miteinander aufs Schafott bringen, die Blockade oder die Aufhebung des »Habeas Corpus«...

Als der Kongreß endlich zusammentrat, machte trotzdem der rechte Flügel seiner eigenen Partei dem Präsidenten den Vorwurf mangelnder Energie. Dieser Flügel der Republikaner, unter dem Lincoln noch viel zu leiden haben sollte, bestand teils aus amerikanischen Chauvinisten, für die die Sezession nicht, wie für Lincoln, nur ein Verfassungsbruch war, sondern ein Verbrechen, das mit Feuer und Schwert zu bestrafen sei, teils aus starräugigen Abolitionisten, für die es außer der Negersklaverei kein Problem mehr in der Welt gab; sie vor allem bedrängten jetzt Lincoln, er solle sofort und ohne Rücksicht auf die nordstaatlichen Demokraten bekanntgeben, der Krieg werde zur Abschaffung der Sklaverei geführt und alle Sklaven befreien und bewaffnen. »Ist Lincoln ein Präsident oder eine Taube?« fragten sie. Zusammen mit den Chauvinisten bildeten sie eine militante, ewig bedrohliche Gruppe und waren, eben weil sie in der regierenden Partei standen, besonders schwer zu zügeln. Drei Senatoren insbesondere, Wade, Chandler und Trumbull, waren ihre Führer, die sich mit Genugtuung »Jakobinerklub« nennen hörten und in der Tat auch ebenso gut wie ihre Vorbilder von 1790 ihren Machthunger mit der humanitären Phrase zu umkleiden verstanden. Am andern Flügel des Kongresses fanden sich, wenn auch fürs erste viel zaghafter und vorsichtiger, die Reste der Demokratischen Partei zusammen. Da sie in den Südstaaten die einzige überhaupt vorhandene Partei war, waren alle ihre bedeutenderen Führer dorthin abgewandert — falls sie nicht, wie Douglas, zu Lincoln übergegangen waren. Was von ihnen im Norden geblieben war, war zweite Garnitur. Sie waren zwar nicht, wie ihre Parteigenossen im Süden, Gegner der Union, wohl aber des Bürgerkriegs. Sie nahmen an Lincolns Verfassungsverletzungen allmählich immer deutlicheren Anstoß und verlangten Waffenstillstand und »Frieden ohne Sieg«. Ihr Programm umzeichnet der Satz: »Die Verfassung wie sie ist und die Union wie sie war.«

Neben ihnen und von ihnen unklar nur abgehoben, stand noch eine dritte Gruppe von Widersachern Lincolns, große Geschäftsleute etwa, die erklärten: »Dieser Mann im Weißen Haus wird uns alle zu Bettlern machen«, Industriearbeiter, die die Konkurrenz etwa freigelassener Neger auf dem Arbeitsmarkt fürchteten, doch auch Menschen, die einfach die Meinung

Buchanans und Lees teilten, daß eine echte Union durch Gewalt und militärische Eroberung nicht verwirklicht werden könne. Vom Standpunkt der Bundesregierung konnte ihre Haltung nur Illoyalität, wenn nicht schon Verräterei bedeuten, was der Name »Copperheads«, den man dieser Gruppe gab, unzweideutig ausdrückt; er bezeichnet eine allgemein gefürchtete Giftschlange mit kupferrotem Kopf — worauf freilich die, die der Name treffen sollte, kupferne Centstücke im Knopfloch trugen, da diese das Profil der Freiheitsgöttin zeigten. Aus den wirklich aktivistischen Verrätern unter ihnen entstand eine Geheimorganisation, »Ritter vom Goldenen Zirkel« genannt, und verbreitete sich über alle Nordstaaten.
Nicht nur eine politische Schwierigkeit aber, sondern ein moralisches Problem blieben für Lincoln weiterhin die Mengen von Amtsjägern, die es für ihr Recht hielten, treue Parteiarbeit durch staatliche Anstellung belohnt zu sehen. Nach wie vor belagerten sie den Präsidenten, wo immer sie seiner ansichtig wurden, während ihre Fürsprecher oft politisch so gewichtige Persönlichkeiten waren, daß er sie anhören mußte, welche Mengen kostbarer Zeit dabei auch verschwendet wurden. Das Entwürdigende dieses seit Andrew Jackson üblich gewordenen »Beutesystems« drückte Lincoln schwer, und aus dieser Zeit stammt seine düstere Prophezeiung: »Dieser Kampf der Menschlichkeiten, diese Balgereien um ein Amt, also um eine Möglichkeit, ohne Arbeit zu leben, wird schließlich die Stärke unserer Staatseinrichtungen auf die Probe stellen«[4].
Er versuchte, sich in eine Art Galgenhumor zu retten, so, wenn er etwa einem Bewerber einen Brief folgenden Wortlauts an einen Behördenchef mitgab: »Dieser Mann wünscht zu arbeiten — ein so ungewöhnlicher Wunsch, daß ich glaube, er muß ihm erfüllt werden.« Oder als eine Delegation ihm ihren Kandidaten damit zu empfehlen suchte, daß sie sagte, keine Ehre könne ihm zuteil werden, die ihn in der Achtung seiner Mitbürger noch erhöhe, antwortete Lincoln: »Einem so hervorragenden Mann ein solches Amt zu geben wie das, das Sie für ihn wünschen, hieße ihm Unrecht tun; ich möchte es daher

lieber für einen armen Politiker reservieren, der es nötig hat.« Doch waren solche bitteren Witze nur unvollkommene Notwehr, die ihm nicht über die trüben Tatsachen hinweghalfen, daß die Unsitte, mit staatlichen Ämtern für parteipolitische Dienste zu bezahlen, bereits so stark verwurzelt war, daß Lincoln sich ihr, trotz klarer Einsicht in ihre Verderblichkeit, beugen mußte.

Alles dies, die schleichende Interventionsgefahr von außen, die unterwühlende Kraft der Opposition im Innern, dazu das natürliche Schwächegefühl, daß er ein Minderheitspräsident sei, ein Gefühl, das ein gewissenhafter Mensch wie er nie ganz verlieren konnte, mußte bei Lincoln den Wunsch erwecken, den Konflikt mit dem Süden so rasch wie möglich aus der Welt zu schaffen — wozu er nur einen Weg sah: die Besiegung der Konföderation.
Vorwärtsgestoßen wurde er dabei durch die immer lauter anschwellende Stimme der öffentlichen Meinung. Jedem Eisenbahnreisenden zeigte sich auf der anderthalbstündigen Fahrt von Baltimore nach Washington die grüne Ebene Marylands mit Zeltlagern und Artillerieparks der Bundestruppen bedeckt, und ihr häufiges Paradieren in den Straßen Washingtons hatte den unerwünschten Nebenerfolg, daß auch die Kongreßabgeordneten immer dringlicher nach einer Schlacht verlangten; unmöglich, so meinten sie, daß die Südstaaten einer so gewaltigen Machtanhäufung gewachsen sein könnten. Warum also zögere man, sie der Feuerprobe auszusetzen und den Krieg im Nu zu beenden? Tiraden wie »Auf nach Richmond!«, von unbesonnenen Politikern erhoben, von unwissenden Journalisten wiederholt, gewannen eine solche Kraft, daß Lincoln fühlte, er werde sich ihnen nicht mehr lange widersetzen können, zumal sie ja auch mit seinen eigenen Wünschen übereinstimmten. Am 6. Juli meldete ihm der Kriegssekretär Cameron, rings um Washington ständen vierundsechzig Freiwilligen-Regimenter, jedes 900 Mann stark, außerdem 1200 Mann reguläre Truppen.

General Scott allerdings riet von einer Offensive ab. Er nannte den beabsichtigten Einmarsch in Virginia einen »kleinen, stückweisen Krieg«, der nichts entscheiden könne und riet, auf seine große Einkreisungsaktion, die »Anaconda«, zu warten, die gleichzeitig mit dem Herbst beginnen würde. Auch andere Berufsoffiziere äußerten Bedenken. Doch Lincoln und das ganze Kabinett widersprachen; als alte Politiker glaubten sie zu wissen, daß das Publikum einen so langen Aufschub nicht ertragen könne. Hinzu kam, daß die Dienstzeit vieler der Drei-Monats-Freiwilligen Mitte Juli ablief, so daß Eile geboten war, wenn man bei der Offensive noch auf sie rechnen wollte. Wieder also, wie bei der Sumter-Aktion, stand Lincoln unter dem Druck einer unaufhaltsam ablaufenden Frist. Alles das wirkte zusammen dahin, daß Ende Juni McDowell, der Oberbefehlshaber der mobilen Armee, nachgab und dem Kabinett einen säuberlich ausgearbeiteten Angriffsplan vorlegte. McDowell, damals in der Mitte seiner vierziger Jahre, war in der Kriegsakademie ein Klassenkamerad Beauregards gewesen und hatte, ebenfalls wie dieser, seine weitere Schulung in Frankreich erhalten; er war ein in sich gekehrter Mensch mit schwärzlichem Knebelbart und Neigung zur Korpulenz, glanzlos und von wenig gewinnendem Benehmen. Sein Angriffsplan fand jedoch die Billigung des Präsidenten und des Kabinetts, und schließlich gab auch Scott mürrisch seine Zustimmung.
Kurz danach, am 4. Juli, dem Nationalfeiertag, unter Flaggenschmuck der Straßen und rauschender Militärmusik, versammelte sich endlich der Kongreß. Ursprünglich planten Lincoln und das Kabinett, den Beginn seiner Arbeit mit dem der Offensive zusammenfallen zu lassen, um etwa mögliche Kritiken in der Flut des Patriotismus und der militärischen Erfolge davonzuschwemmen.
Die Adresse, die Lincoln an den Kongreß richtete und die dort am 4. Juli verlesen wurde, war demgemäß abgestimmt: ganz anders als seine vieldeutige Inaugurationsrede war sie klar, fest, hart, fast militärisch. Nichts mehr enthielt sie von Kom-

Bauzustand des Kapitols in Washington
zum Zeitpunkt der Amtseinführung Lincolns (1861)
*Diorama der Chicago Historical Society*

Präsident Lincoln liest seinem Kabinett am 22. Juli 1862 die Proklamation zur Befreiung der Sklaven vor.
Von links: Kriegsminister Stanton, Schatzminister Chase, Lincoln, Marineminister Welles, Innenminister Smith, Außenminister Seward (Vordergrund), Generalpostmeister Blair und Justizminister Bates
*Schabkunstblatt von Alexander H. Ritchie*
*nach einem Ölgemälde von Francis B. Carpenter*

promißbereitschaft und von gutem Zureden. Alles Recht sei auf der Seite der Bundesregierung, alles Unrecht auf der der ausgeschiedenen Staaten. Diese hätten keinerlei Anspruch auf Souveränität, da sie niemals einen andern legalen Status gehabt hätten, als den innerhalb der Union. Die Staatsrechtstheorien des Südens wurden Sophisterei genannt und somit abgetan; denn wer bestimmt die Grenzen zwischen Sophisterei und Recht? Davon, daß hier einer jener Fälle vorlag, in denen die Rechtslage mehrdeutig war, Recht also auf beiden Seiten lag, so daß die bestehenden Gesetze versagen mußten, konnte in einer Botschaft, die einen Krieg rechtfertigen sollte, freilich nicht die Rede sein. Von den Kriegsmaßnahmen, die Lincoln in den vorhergehenden Monaten eigenmächtig getroffen hatte, sagte seine Botschaft: ob sie nun streng legal seien oder nicht, sie entsprächen einem volkstümlichen Verlangen und einer öffentlichen Notwendigkeit. Neu und auf die Ohren des Auslandes berechnet waren dann Sätze, in denen Lincoln die Sache der Union als die der ganzen demokratischen Welt darzustellen suchte; die »ganze menschliche Familie« sei vor die Frage gestellt, ob die Demokratie imstande sein werde, ihre Unversehrtheit zu bewahren. Ehe dies entschieden sei, sei das demokratische Element in aller Welt bedroht. Ungewohnt stark war auch sein Werben um die Massen: mit Genugtuung etwa bemerkte er, daß das einfache Volk, »the plain people«, ihn verstände und auf seiner Seite stehe. Hier war es, daß auch — eine große Seltenheit bei Lincoln — demagogische Seitenlichter aufblitzten: kein gemeiner Soldat der Union, sagte er, habe seine Fahne verlassen; wohl aber hätten viele ihrer Offiziere den Dienst quittiert, um zur Konföderation überzugehen und sich denen gegenüber als falsch erwiesen, von denen sie zuvor verwöhnt worden seien. In der Botschaft enthalten war die Forderung nach Aufstellung einer neuen Armee von 400 000 Mann und nach Kriegskrediten von 400 Millionen. Die Sklaverei wurde mit keinem Wort erwähnt. Der Kongreß nahm die Verlesung des Dokuments ohne Gegenäußerung hin. Auch er wartete auf die Offensive.

Am 16. Juli begann McDowell den Vormarsch, so vielfach schon angekündigt, daß der feindliche Befehlshaber, Beauregard, keine Prophetengabe brauchte, um völlig vorbereitet zu sein. Freiwillige Spione in der Washingtoner Gesellschaft taten ein übriges. Zur gleichen Stunde, in der McDowell seine Befehle erhielt, pflegten die Zeitungsjungen in Washington sie auf den Straßen auszuschreien.

Es war einer jener Feldzüge, in denen der Angreifer die Niederlage des Angegriffenen für so sicher hält, daß er, bildlich gesprochen, bereits die Ketten mit sich führt, um ihn an seinen Triumphkarren zu fesseln. In langen, staubaufwirbelnden Kolonnen begleitete, wer immer in Washington es sich leisten konnte, die Armee, wie zu einem fröhlichen Picknick am Wochenende, das nahe war. Kongreßabgeordnete zu Pferde, gewaltige Revolver über die Westen geschnallt, hielten Ansprachen an die Truppen; über eleganten Landauern und alten Droschken schwebten die bunten Sonnenschirme der Damen, während aus Körben auf den Kutschböcken Flaschenhälse herausragten. Die Soldaten freilich, allzu lange schon auf den Beinen, waren nicht in bester Laune. Die Marschordnung der neuen, schwer beweglichen Regimenter und Brigaden ging immer wieder verloren. Überdies hatten am Vorabend pennsylvanische und New Yorker Truppen, deren Verpflichtungszeit abgelaufen war, die Armee verlassen, ohne Rücksicht auf die bevorstehende Schlacht, was die Stimmung der Zurückbleibenden weiter verschlechterte.

Am Sonntag, 21. Juli, bei prächtigem Wetter, trafen die Armeen endlich aufeinander. Washington lag wie ausgestorben. Lincoln war am Vormittag in der Kirche gewesen: bald danach trafen die ersten Meldungen vom Schlachtfeld ein; alle lauteten günstig; die Armee sei in ständigem Vorrücken. Als Lincoln mit den Depeschen ins Hauptquartier Scotts hinüberging, weckte er ihn aus dem Mittagsschlaf. Auch von ihm empfing er die Versicherung, alles gehe gut. Daraufhin erlaubte er sich eine sonntägliche Spazierfahrt.

Als er von ihr zurückkehrte, fand er seine Sekretäre bleich und

betreten vor. Seward habe nach ihm gesucht, und schließlich heiser geflüstert: »Sagen Sie es niemanden. Wir sind geschlagen und die Armee ist in vollem Rückzug.«
Wieder, wie bei der Nachricht von der Sumter-Kanonade, nahm Lincoln auch diesen Zusammenbruch seiner Hoffnungen schweigend hin und ohne daß auch nur sein Gesichtsausdruck wechselte. Er begab sich in Scotts Hauptquartier; das Kabinett fand sich hier zusammen und man erwartete weitere Meldungen McDowells. Bald trafen sie ein und waren schlimm genug: Zwischen waldigen Hügelrücken, durch die der schmale Fluß Bull Run sich träge dahinwindet, fünfundzwanzig Meilen von Washington, hatte Beauregard, der gewandte Kreole, seine ausgeruhten Truppen vor denen der Union derart zurückgenommen, daß diese zu immer weiterem Vorrücken verleitet wurden und sich immer mehr erschöpften, bis plötzlich eine mit der Eisenbahn herangebrachte frische Armee unter General Joe Johnston, einem strategisch äußerst begabten, kleinen, glatzköpfigen Berufssoldaten, die Unionstruppen in der Flanke packte — das erstemal wahrscheinlich in der Kriegsgeschichte, daß eine Entscheidung unmittelbar durch die Eisenbahn herbeigeführt wurde. In wüstem Vorwärts- und Rückwärtsfluten verloren die Nordstaatler zuerst die Nerven, und ihre plötzliche allgemeine Kehrtwendung wurde zur Panik; wenige Truppenteile nur, so Blenkers Brigade, hielten aus und deckten den Rückzug.
In Abend und Nacht hinein ergoß sich der Strom der Flüchtenden, und der Staub, den ihre eilenden Füße aufwirbelten, verfinsterte den Mond. Gegen Mitternacht erschienen ihre ersten Wellen in Washington, und von nun an sah Lincoln sie ununterbrochen vorbeifluten. In der Morgendämmerung setzte ein Gewitter ein und treibhauslauer Regen durchnäßte sie.
Lincoln ging nicht zu Bett. Auf einer Chaiselongue in seinem Arbeitszimmer hingestreckt, hörte er die Berichte immer neuer Augenzeugen; auch er wartete wohl, wie die ganze Stadt, auf die ersten Vortruppen der Sieger, die in wenigen Stunden Washington erreichen mußten. Unter seinen Ratgebern, die

aufgeregt darüber stritten, ob Washington geräumt werden solle, ob man es überhaupt noch räumen könne, war er der einzige, der die Ruhe bewahrte, die Ruhe des Bauern vielleicht, dem der Hagel die Ernte zerschlug, wie er dies nun einmal, alter menschlicher Erfahrung nach, immer wieder zu tun pflegt und wogegen es keine Auflehnung gibt.

Die Niederlage von Bull Run war nur deshalb keine Katastrophe, weil das konföderierte Oberkommando über den Umfang seines Sieges selbst nicht im klaren war und eine systematische Verfolgung nicht wagte. Überdies war es einer jener Siege, die auch den Sieger lähmen: die Konföderation glaubte jetzt ihre Selbständigkeit gesichert und ihre Soldaten gingen massenhaft nach Hause.

So wurde Washington nicht geräumt. Lincoln stellte sich gleichsam breitbeinig auf, wie ein Hinterwäldler, der eine frische Pflanzung verteidigt, nicht im mindesten gesonnen, sie aufzugeben. Und wieder auch, wie nach der Katastrophe von Fort Sumter, ließ er nach der von Bull Run von ihren Wirkungen nach außen nichts erkennen. Er preßte stumm die Lippen zusammen und seine Verschlossenheit blieb undurchdringlich wie nur je.

Doch ebenso wie der Morgen nach Fort Sumter fand auch der Montag nach Bull Run den Präsidenten bei der Arbeit am Schreibtisch. Hier suchte der wortkarge Mensch seine Zuflucht, während vor seinen Fenstern der Marsch der Geschlagenen immer noch andauerte; unter Gewitterwolken und Regengüssen schlürften die schwankenden, ungeordneten Kolonnen dahin, taumelten Erschöpfte, aber auch Betrunkene aus ihnen heraus und sanken schlafend nieder, drang zuweilen der schrille Schmerzensschrei eines Verwundeten aus einem rumpelnden Bauernwagen. Von jenseits des Potomac kam ein dumpfes Lärmen, von dem man nicht wußte, ob es vom Donner oder von Kanonen herrührte. Es war »ein Tag, bitter wie Galle«, schrieb Walt Whitman, der ihn miterlebte.

Doch ebenso wie sofort nach der Sumter-Katastrophe und un-

ter ihrem unmittelbaren Eindruck Lincoln seine Kriegsaufrufe entworfen hatte, so schrieb er nun an einem Dokument, das er bereits nachts mit Bleistift begonnen hatte, ein Memorandum, »Militär-Politik, vorgeschlagen anläßlich der Niederlage von Bull Run«: ein Programm, das Ausbildung neuer Offiziere vorsah, verstärkten Drill, verschärfte Blockade, Reorganisierung der Armee und einen neuen Aufruf von Freiwilligen.
Ganz anders also als die Optimisten im Süden, die nach errungenem Sieg nach Hause gingen. Dieser geschlagene Mann kam überhaupt nicht auf den Gedanken, daß man den Krieg für beendet halten könne. Horace Greeley, in einem neuen Meinungseinsturz, schrieb ihm zwar in diesen Tagen, »nach sieben schlaflosen Nächten«: er solle einen Waffenstillstand schließen oder einen Nationalkonvent einberufen oder sonst alles tun, um nur auf jeden Fall den Krieg zu beenden. Dergleichen blieb auf Lincoln ohne jede Wirkung.
Eben deshalb konnte einer solchen Entschiedenheit gegenüber der Kongreß gar nicht anders, als dem Präsidenten sein Vertrauen aussprechen — trotz der verlorenen Schlacht. Im Gegenteil scheint sie auf beide Häuser des Kongresses so ernüchternd gewirkt zu haben, daß sie Lincolns Botschaft billigten und erklärten, das Ziel des Kriegs sei nicht »Einmischung in die Rechte und Einrichtungen der Einzelstaaten«, sondern allein, »die Union zu bewahren ohne Schmälerung der Würde, der Gleichheit und des Rechts aller Staaten«. Damit aber war Lincolns Programm zu dem des ganzen kämpfenden Nordens geworden und alle seine Kriegsmaßnahmen nachträglich so vollkommen legalisiert, als ob sie vom Kongreß ordnungsmäßig verabschiedet worden wären. Es geschah nicht ganz ohne Murren und Zögern und kurz erst ehe die Kongreßabgeordneten sich aus der Dampfhitze des Washingtoner August in die Tiefen des Landes zurückzogen.
Lincoln seinerseits wieder fühlte sich dadurch derart bestätigt, daß er kurz danach eine neue Polizeiaktion unternahm, wie sie auch in zeitgenössischen europäischen Monarchien kaum ungesetzlicher hätte sein können. Das Parlament von Maryland,

dieses von jeher widersetzlichen Nachbarstaates Washingtons, sollte am 17. September zusammentreten, und es war anzunehmen, daß es eine mit dem Süden sympathisierende Mehrheit aufbringen, ja, vielleicht sogar den Anschluß an die Konföderation beschließen würde — was ein platonischer Beschluß gewesen wäre, da Maryland von Unionsgebiet völlig umschlossen war. Kurzum jedoch, am 16. September ließ Lincoln alle Parlamentsmitglieder, bei denen südstaatliche Neigungen vermutet wurden, durch Militär im geheimen verhaften, »ein Staatsstreich in jedem wesentlichen Betracht«, schrieb die Londoner »Saturday Review« dazu. Das verbleibende Rumpfparlament Marylands entsprach danach jedoch vollkommen den Wünschen Lincolns; seine Absichten waren erreicht, seine Mittel freilich offenkundig verfassungswidrig geworden.
Immer wieder also zwangen die Tatsachen gerade ihn, den im Grunde Zurückhaltenden und Rücksichtsvollen, den Freund der Gerechtigkeit und aller Menschen, zum Bruch der gleichen Verfassung, um deren Bewahrung er seinen heilig ernstgemeinten Kampf führte, machte sie praktisch einen Diktator aus ihm. Wieder einmal hebt die gewaltige Ironie der Geschichte für einen Augenblick den Schleier von ihrem Dämonenantlitz.

# XIV
# Das harte Jahr

Es geschah im August 1861, daß Prinz Jérôme Napoleon, Vetter des Kaisers, im Weißen Haus empfangen werden mußte, und daß Feinschmecker der Bosheit in Washington auf Taktfehler Lincolns hofften. Doch sie kamen nicht auf ihre Kosten. Niemand konnte etwas daran aussetzen, wie etwa das Präsidentenpaar auf einem Balkon den Prinzen flankierte, dessen Brust von Orden strahlte, während Lincoln, ganz in Schwarz, mit dürrem, aus weißem Kragen ragendem Hals sehr ernst, fast düster dreinschaute, Mary hingegen in seidener Krinolinenpracht festlich schimmerte. Der Prinz, der als militärischer Fachmann die beiden kämpfenden Armeen in Amerika besuchte — tatsächlich freilich einem peinlichen Duell mit dem Duc d'Aumale, einem Sohn des entthronten Louis Philippe, ausweichen sollte — und der eine frappante Ähnlichkeit mit dem ersten Napoleon aufwies, schien in bester Laune, gab sich fortschrittlich und liberal, gestand gern zu, Paris sei »nicht die ganze Welt« und sagte, als das Marineorchester die Marseillaise anstimmte: »Aber natürlich, hier bin ich Republikaner.« Die Festlichkeiten verliefen so störungslos, daß General Scott erklären konnte, er habe bei allen Präsidenten seit Jefferson diniert; aber Lincoln bedeute den Gipfel.

Man kann trotzdem sicher sein, daß diese Tage des Spätsommers, des Herbstes und namentlich des folgenden Winters zu den aufwühlendsten Zeiten im Leben Lincolns gehörten. Sicherlich weiß man keineswegs alles, was er in der Verschwiegenheit des Selbst damals erlebte, in der feuchtwarmen Luft Washingtons — er, der an den frischen Wind gewöhnt war, der über die Prärie von Illinois kam und die Ähren der riesigen Kornfelder beugte. Kaum ahnen läßt sich, ob und welche Visionen ihn heimsuchten, die er sorgsam geheimhielt, um nicht den ohnehin geringen Respekt einzubüßen, den er besaß.

Er verlor in diesem Jahr mehr als vierzig Pfund Körpergewicht, fror viel an Füßen und Händen und ähnelte schon gar nicht mehr dem Phantasieporträt des rüstigen Farmers, das die Wahlpropaganda vor wenigen Monaten noch von ihm gezeichnet hatte. Er machte den Eindruck eines Mannes, der über schwankenden und gurgelnden Wiesengrund sumpfiger Flußufer zu wandern hat — unsicher, unselbständig und mit Gefahr von allen Seiten rechnend. Er war zum Nachgeben und Entgegenkommen bereit, sofern es Einzelheiten betraf. Wenn es aber um große Prinzipien ging, hielt er unabänderlich die Linie ein, die er sich gesetzt hatte, wich er keinen Zoll zurück — auch nicht, als er durch ein Zugeständnis in der Sklavenfrage eine sehr vermehrte Popularität hätte gewinnen können.

Es handelte sich darum, daß General John C. Frémont, republikanischer Präsidentschaftskandidat von 1856, seit kurzem Kommandant des »Department of the West« in St. Louis, eine Kundgebung erließ, durch die jeder Zivilist, der die Konföderation unterstützte, mit Konfiskation seiner Besitztümer und insbesondere seiner Sklaven bedroht wurde; Frémont plante einen Vorstoß nach New Orleans und wollte sich dabei den Rücken sichern. Ehrgeiziger Politiker und unruhiger Geist von jeher, mit glattem Porzellangesicht und seelenvollem Augenaufschlag, war Frémont eine Art amerikanischer Lord Byron geworden, der sich dem Volke gern mit wehendem Haar und gezogenem Degen darstellte. Daß er jetzt zusammen mit Kriegssekretär Cameron betrügerische Heereslieferungen begünstigte[1], änderte daran nichts.

Mit ihm nicht eines Sinnes zu sein war daher gefährlich; eben deshalb erschreckte seine Proklamation Lincoln tief. Denn Konfiszierung, also Befreiung irgendwelcher Sklaven zu verfügen, verdarb sein ganzes Konzept, das ja darauf beruhte, daß Sklavenstaaten und Sklavenbesitzer nichts von ihm zu fürchten hätten, solange sie nur der Union die Treue hielten.

Ohne Zögern erklärte Lincoln daher die Proklamation Frémonts für null und nichtig, obwohl er damit nicht nur dessen mächtigen Anhang gegen sich aufbrachte, sondern den Abolitionismus der ganzen Welt. Die Proteste des Generals beantwortete er nicht, und als die schöne Frau Frémont bei ihm erschien, um ihm eine nächtliche Szene zu machen, empfing er sie auf eine bei ihm ganz ungewöhnliche, unhöfliche, fast grobe Weise. Er forderte die von dreitägiger Eisenbahnfahrt Erschöpfte nicht einmal zum Sitzen auf, sondern erklärte ihr, die Union allein sei die große nationale Idee, für die der Krieg geführt werde; den Neger in sie hineinzumischen, habe Frémont kein Recht. Am 2. November wurde der General seines Kommandos enthoben, das er nur hundert Tage lang geführt hatte. Sie hatten genügt, um ihn in den Augen der Abolitionisten zum Helden zu machen, Lincoln aber zum »Pharao«. In nicht wenigen Häusern verschwand sein Bild von der Wand.

Seine dringlichste Aufgabe sah Lincoln freilich darin, eine neue, bessere Armee zu schaffen. Den Generälen, die ihn mit Ratschlägen umdrängten, diesem bärbeißigen, sporenklirrenden Volk mit den Vollbärten und schweren Pallaschen mißtraute er jetzt noch mehr als zuvor. Doch das Schicksal fügte es, daß wenige Tage nach Bull Run ein Offizier in Washington angelangt war, der sich deutlich von jenen unterschied, George Brinton McClellan, erst vierunddreißig Jahre alt, eine kleine breitschultrige Figur, ein hübsches, trotziges Gesicht mit keckem napoleonischem Knebelbärtchen, das Käppi auch nach französischer Sitte schief auf reichem, dunklem Haar. Als Sohn eines wohlhabenden Arztes im kultivierten Philadelphia geboren, hatte er West Point absolviert, war dann, zum Studium fremder Armeen nach Europa entsendet, mit der britischen im Krimkrieg gewesen und hatte, heimgekehrt, einige Bücher über seine Erfahrungen veröffentlicht, »Die Armeen Europas«, fünfhundert Seiten stark, und ein »Handbuch des Bajonettfechtens«.[2] Später war er, ein begabter Techniker und Organisator, Direktor der Illinois Central Eisenbahn geworden, zu deren Rechtsbeiständen auch Lincoln gehörte. Sie kannten beide einander schon, was dazu beigetragen haben mag, daß er es war, dem Lincoln die bei Bull Run geschlagene Armee, inzwischen Potomac-Armee benannt, anvertraute.

Die Idee Scotts, der das Oberkommando der gesamten Armee behielt, die Konföderation tödlich zu umklammern, wurde von McClellan nicht geradezu verworfen. Doch beabsichtigte er, wie er seiner Frau schrieb, den Krieg »en grand« zu führen und »die Rebellen in einem einzigen Feldzug zu vernichten«. Größer jedoch als die äußerliche Verwegenheit seines Auftretens war die sorgsame Umsicht, mit der er die Armee reorganisierte. Wirklich gelang ihm im Lauf der Monate etwas wie Zauberei: aus den zerbrochenen Massen demoralisierter Truppen, die von Bull Run zurückgekehrt waren, ein fügsam funktionierendes Kriegsinstrument zu machen. Es gab viel Drill, aber auch Paraden und mancherlei Pomp, wie er Soldaten aller Nationen gefällt. Gern ritt der General mit großer Suite in scharfer Gangart durch die Stadt, wenn auch Zivilisten dabei mit Schlamm bespritzt oder in Staubwolken gehüllt wurden. Diensteifrige Zeitungen verglichen ihn mit dem jungen Bonaparte. Ein großes gesellschaftliches Leben entwickelte sich um sein Hauptquartier; Lincoln wurde von ihm unabänderlich mit »Exzellenz« angeredet. Dem Präsidenten gefiel das und manches andere wenig. Doch ließ er fürs erste nichts davon erkennen, sondern sagte: »Ich will McClellans Pferd halten, wenn er mir nur Siege bringt.« Freilich, McClellan verstand mit dem Vertrauenskredit, der ihm so eingeräumt wurde, nicht zu wirtschaften. In Lincolns nachgiebiger Zurückhaltung sah er die Unterlegenheit eines Emporkömmlings und verlor an Respekt vor dem Präsidenten, bis er schließlich eines Abends, als Lincoln ihn in seinem Quartier zu einer Besprechung erwartete, einfach an dem Raum vorüberging, in dem der Präsident sich aufhielt. Und als Lincoln ihm eine halbe Stunde später nochmals sagen ließ, er warte auf ihn, kam die kühle Antwort, der General sei zu Bett gegangen.[3]
Aber die Truppen und mit ihnen die großen Massen nannten McClellan »kleiner Mac« und schrien sich heiser nach ihm. Dies allein war für Lincoln die entscheidende Tatsache. Er beugte sich schließlich auch dem General, als dieser die Verabschiedung Scotts, seines einzigen Vorgesetzten, verlangte, den sein

Elan immer mehr schon in den Hintergrund gedrängt hatte, so daß der Alte, wie der Kriegskorrespondent Russell berichtete, kaum noch auf der Straße von den Offizieren gegrüßt werde; »hart ist das Schicksal derjenigen, die Republiken dienen«, setzte er hinzu. Die Verabschiedung Scotts, am 18. Oktober beschlossen, wurde ein feierlicher Akt, zu dem sich Lincoln mit dem ganzen Kabinett in dem kleinen Zimmer des Generals einfand, der in Galauniform auf dem Sofa saß. Eines Novembermorgens dann, bei Stockdunkelheit noch und stürzendem Regen, wurde der alte Mann von McClellan selbst und einer Schwadron Kavallerie zeremoniös zum Bahnhof geleitet. An die Stelle Scotts rückte McClellan, der nun also den Oberbefehl des Heeres mit dem der Potomac-Armee verband.

Arbeitsam, nüchtern, völlig selbstlos — so war Lincolns Alltag in diesem ersten Jahr seiner Präsidentschaft. Er blieb der bäuerliche Frühaufsteher, der unaufmerksame und daher anspruchslose Esser, der Nichtraucher. Sein Frühstück bestand aus einer Tasse Kaffee, einem Ei, etwas Brot, sein Lunch aus einem Glas Milch, Biskuit und einem Teller Obst; auch sein Dinner war stets nur leicht. Selten trank er Wein. Abends wurde er immer wieder vom Kriegsministerium magisch angezogen, einem kleinen Ziegelbau in der 17. Straße, in unmittelbarer Nachbarschaft, wo unablässig der elektrische Telegraph tickte, der einzige in seiner Nähe. Auf Stantons Chaiselongue liegend, wartete der Präsident oft Stunden hindurch auf die Nachrichten, die die Apparatur von sich gab. Seine schwarzen Röcke waren jetzt von feinerem Tuch und besserem Schnitt als in Illinois; aber er schenkte ihnen nicht mehr Beachtung als damals; sie wurden so lange getragen und so selten gebügelt, daß seine Körperformen sich plastisch in ihnen nachbildeten; auch machte es ihm nichts aus, Besuchern in Pantoffeln entgegenzuschlürfen, zuweilen solchen aus schwarzem Sammet, auf die Mary sorgsam in Goldfäden »A. L.« gestickt hatte.
Die Last der Arbeit schien ihm nie schwer genug. Er, der einst ein Bummler genannt wurde, nahm sie fast fanatisch auf sich,

wie ein Büßer die Kasteiung. Doch konnte man auch annehmen, er wolle quälerischen Gedanken eine andere Richtung geben. Mindeste Fragen, unscheinbare Schicksale armseliger und bedrückter kleiner Leute studierte er, wenn sie erst einmal den Weg auf seinen Schreibtisch gefunden hatten, wie Staatsaffären. Nichts war zu winzig für seine Aufmerksamkeit; er kümmerte sich um Schießpulver und Wundsalben, um die Passierscheine der Lieferanten und die Urlaubsscheine für gemeine Soldaten. Angstvoll durchsuchte er die Akten der Kriegsgerichte nach Begnadigungsmöglichkeiten. Das einfach Menschliche, mag sein: das Vulgäre, das Kleinliche, das Allergewöhnlichste, es war ja von jeher sein Anliegen, wie es das Thema seiner Anekdoten gewesen war. Freilich, das Menschliche im unfreundlicheren Sinne des Wortes — wie oft mußte er auch dies resignierend hinnehmen, mußte er menschliche Gebrechlichkeiten übersehen, um nicht auch die Kräfte zu verlieren, die den gleichen Menschen innewohnten. Denn natürlich auch waren in seiner Umgebung die Klugen und Brauchbaren, die zugleich makellos gewesen wären, von größter Seltenheit. Er hatte Eitlen zu schmeicheln, Schwächlinge aufzurichten, Intriganten so zu leiten, daß ihre Intrigenlust nicht ihren, sondern seinen Zielen diente.
Sehr viel Zeit wurde ihm von unwichtigen Besuchern weggenommen. Aber er fühlte, daß alle ein Recht auf ihn hatten, er aber keines, sie abzuweisen. Unmassen von Briefen erreichten ihn, vor allem vom Lande, und es spiegelte sich in ihnen oft tiefe, altväterlich-religiöse Gewissensbedrängnis, in die der Krieg die weiten einsamen Farmerdistrikte hineingeworfen hatte. Zahlreich waren die Briefe von Geistesgestörten, etwa von einem, der täglich schrieb und als Erzengel Gabriel unterzeichnete, angeblich mit Blut.
In der Amtspraxis unbewandert, verstand Lincoln anfangs nicht, die reine Routinearbeit einzuschränken, das »Holzsägen«, wie er das Unterzeichnen von Bestallungsurkunden nannte. Er kam mit seiner Zeit nie aus und mußte die Nächte zu Hilfe nehmen. Ja, gerade aus den Nächten wird berichtet,

wie er in ihnen Inspiration und Entscheidungen fand, die dünnen langen Papierstreifen des Telegraphen in der Hand, auf Pantoffeln die Korridore durchwandernd, hin und her, her und hin.

In dieser Zeit, in der die Reorganisierung der Armee die Kriegführung zu Lande einschlafen ließ, wurde sie zu Wasser lebhafter. Die Blockadeflotte der Nordstaaten wuchs; aus ihren Schiffsschornsteinen stiegen überall Rauchsäulen vor den Häfen der Konföderation empor; es waren kleine, langsame Fahrzeuge, notdürftig hergerichtet — Panzerschiffe wie England und Frankreich sie besaßen, waren in Amerika unbekannt — und oft unter Kommandanten, die noch nie zur See gefahren waren, auf deren Rücksichtslosigkeit aber, auch gegen Neutrale, Verlaß war. Der Süden antwortete durch einen kühnen Kaperkrieg gegen die nordstaatliche Handelsschiffahrt, und zwar so erfolgreich, daß schließlich ein großer Teil ihrer Fahrzeuge in britischen Besitz überging.
Aus der Erbitterung des Seekriegs ergab sich für Lincoln der erste internationale Zwischenfall. Am 8. November hatte die nordstaatliche Dampffregatte »San Jacinto« in der Enge des Bahama Channel den britischen Postdampfer »Trent« angehalten, da er die für London und Paris bestimmten diplomatischen Vertreter der Konföderation, Mason und Slidell, an Bord hatte. Trotz heftiger Proteste des Kapitäns und nur unter Hinweis auf die amerikanischen Kanonen wurden beide verhaftet, nach Boston gebracht und gefangengesetzt. Der Grundsatz der Freiheit der Meere für die Neutralen, der bislang amerikanische Tradition gewesen war, war damit offenkundig verletzt. Nichtsdestoweniger war der Applaus im Norden gewaltig; Kapitän Wilkes der »San Jacinto« wurde mit Beifallskundgebungen überschüttet, ja, weit schlimmer noch, auch der Kongreß und Marinesekretär Welles schickten ihm Glückwünsche.
Dem entsprach die Empörung in London, als man dort am 27. November, also fast drei Wochen erst nach dem Zwischen-

fall, von ihm erfuhr — das transatlantische Kabel existierte ja noch nicht. An der Börse stürzten alle Kurse; nur der Preis des Salpeters zur Pulverherstellung stieg. Die Kanalflotte wurde mobilisiert, 8000 Mann nach Kanada expediert. Die Südstaaten begannen voreiliges Jubilieren: Kapitän Wilkes habe der Union ein zweites Bull Run beigebracht. Das liberale Kabinett Palmerston-Russel-Gladstone mußte im Hinblick auf die wachsame Opposition der Tories barsche Töne anschlagen. Am 30. November billigte es eine Note Palmerstons an Washington, worin sofortige Entschuldigung und Entlassung der Gefangenen gefordert wurde, widrigenfalls der britische Botschafter Lord Lyons abreisen werde — was damals fast unfehlbar das Vorspiel eines Krieges war.
Lincoln fiel dem aufbrausenden Kriegsfieber des Landes nicht zum Opfer. Die schlichte Gescheitheit einer langen Lebenspraxis ließ ihn erkennen, daß er das einwandfreie Recht nicht auf seiner Seite hatte, so daß äußerste Zurückhaltung geboten war. »Nur immer einen Krieg auf einmal« war die vielleicht banale, doch treffende Parole, die er ausgab. Es schwebte ihm vor, die Affäre in Stille zu behandeln, sie in die Länge zu ziehen und sie schließlich, wenn die Aufregung ihr natürliches Ende fände, mit ihr zusammen entschlafen zu lassen. Als der Kongreß am 3. Dezember zusammentrat und eine Botschaft Lincolns an ihn fällig wurde, kam in ihr das Wort »Trent« überhaupt nicht vor.
Doch in seinem Kabinett sah er sich einem wilden Ausbruch antibritischen Chauvinismus gegenüber; anscheinend wollte jedermann hier es auf eine Gewaltlösung ankommen lassen. Lincoln stand ganz allein, nur die Blairs wußte er auf seiner Seite. Noten der Kaiser von Frankreich und von Österreich, der Könige von Preußen und von Italien trafen ein, die die Entlassung der Verhafteten dringend anrieten; Dokumente, die Lincoln nicht unwillkommen kamen, da er sie dem Auswärtigen Ausschuß des Senats überweisen und ihn somit beschäftigen konnte, während er die kritischen Verhandlungen mit London sich selbst und dem Kabinett vorbehielt. Es war,

alles in allem, eine Situation voller Gefahr und berechtigter Angst.
Ein Zufall brachte die Rettung, indem der Entwurf der britischen Note nach Washington dem damals schon totkranken Prinzgemahl Albert in die Hände geriet. Und in der Morgenfrühe des 1. Dezember, mit schon schwankenden Schriftzügen, arbeitete er ein Gegenmemorandum für Königin Victoria aus, das diese ohne Besinnen unterschrieb: sie würde gern sehen, so hieß es darin, wenn die Note Palmerstons die Hoffnung ausdrückte, Kapitän Wilkes sei ohne Order seiner Regierung vorgegangen; ebenso, daß sie nicht glauben wolle, die Regierung der Vereinigten Staaten könne anders handeln als spontane Wiedergutmachung anzubieten. So ging eine sehr viel konziliantere Note ab, als erwartet worden war; es wurde an »die alte Freundschaft« beider Nationen erinnert und die Hoffnung geäußert, das von der »San Jacinto« begangene Unrecht sei von der amerikanischen Regierung nicht gewollt worden. Am 25. Dezember trat Lincolns Kabinett zur Beratung der Antwort zusammen. Saure und blasse Gesichter sah dieser Weihnachtstag rings um den Beratungstisch. Alle, auch der Präsident, würgten bitter an der Entscheidung, die nun einmal nicht anders getroffen werden konnte, als die Gefangenen bedingungslos freizugeben — eine Zustimmung, die Chase in seinem Tagebuch »Galle und Wermut« nannte.[4]
Prinz Alberts Memorandum war die letzte der nicht wenigen großen politischen Aktionen dieses für die Geschichte des 19. Jahrhunderts so bedeutsamen Thüringerfürsten. Als bald nach Weihnachten Mason und Slidell möglichst geräuschlos aus der Haft entlassen wurden, war Albert schon seit Wochen tot. Seine Witwe, Königin Victoria, verlieh Lord Lyons in Dankbarkeit den Bath-Orden.
Ehe aber noch die außenpolitischen Sorgen Lincolns sich derart erleichterten, waren die innenpolitischen aufs neue angewachsen: der Kongreß hatte ein siebenköpfiges Komitee eingesetzt, »Joint Committee on the Conduct of the War«, das unbeschränkte Vollmacht hatte, in die Kriegsführung kontrollie-

rend einzugreifen und dessen Schwergewicht bei den Radikalen der Republikanischen Partei lag. Den Vorsitz führte Benjamin F. Wade aus Ohio, ein kleiner korpulenter Puritaner; zu den rührigsten Mitgliedern gehörten Zachariah Chandler aus Michigan, Lyman Trumbull aus Illinois, Andrew Johnson aus Tennessee, alles selbstbewußte Männer aus dem Westen, an rauhe Umgangssitten gewöhnt und an direkte Gewaltanwendung glaubend, die am liebsten unerbittlich wie Inquisitionsrichter die Brandfackel an den ganzen Süden gelegt hätten. Sie sahen nicht, wie Lincoln, in der Erhaltung der bestehenden Verfassung ihr Ziel, sondern in der Abschaffung derjenigen ihrer Bestimmungen, die das Eigentum an Sklaven schützten; der Krieg hatte ihrer Meinung nach nur als Ausrottungskrieg gegen die Sklavenbesitzer einen Sinn. Derart stark war ihr Fanatismus, daß sie lieber noch den Krieg verloren als ein Überleben der Sklaverei zugelassen hätten.

Das Komitee entwickelte sofort höchsten Eifer. Im Erdgeschoß des Kapitols, wo es tagte, vernahm es Zeugen auf Zeugen, die dabei sehr leicht in die Position von Angeklagten gerieten. Kein Mitglied des Komitees hatte militärische Kenntnisse. Es leistete nützliche Arbeit, indem es einige Lieferungsskandale aufdeckte, wog damit aber nicht die Schäden auf, die es anrichtete, indem es überall Unruhe schuf — namentlich in der sich reorganisierenden Armee — und fähige und gutwillige Menschen ruinierte, vornehmlich Offiziere, bei denen es Sympathien für die Demokratische Partei vermutete und grundsätzlich alle Absolventen West Points; zu seinen Günstlingen gehörten Blender wie Frémont oder der Besiegte von Bull Run, McDowell. Lincoln begriff selbstverständlich, daß hier ein Nest des Widerstandes gegen ihn entstand, voll von Vorurteilen, Scheelsucht, Neid und Gier und voll des brutalen Wunsches nach Macht um der Macht willen. Er konnte voraussehen, daß das Komitee — mit seinem unbegrenzten Recht zur Kontrolle und Untersuchung, Bestätigung und Geldbewilligung — Ungemach, Wirrnis und Unheil über ihn bringen würde und hat sicherlich auch erfahren, daß es in nicht öffent-

Berühmte Zeitgenossen Präsident Lincolns:
Richter Taney und Senator Browning (oben von links),
Zeitungsherausgeber Greely und Senator Sumner
*Photographien von Mathew B. Brady um 1862*

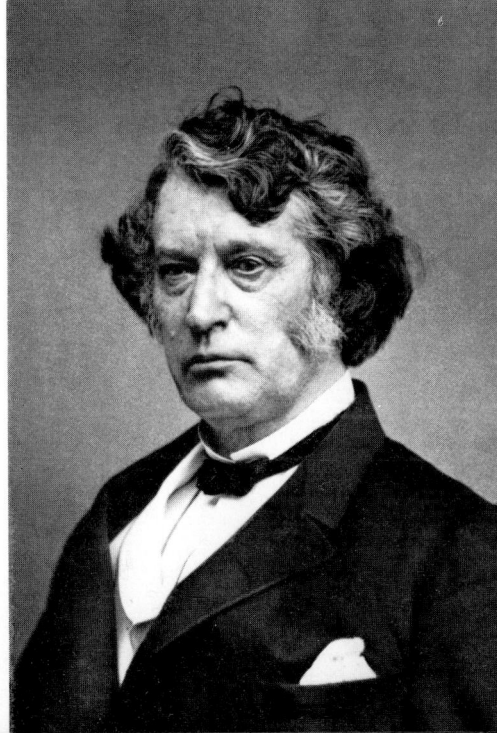

licher Sitzung über eine Militärdiktatur Frémont sprach. Er konnte sich nur immer wieder auf seine Selbstbeherrschung verlassen und auf seine unerschöpfliche Geduld, ein wenig vielleicht auch auf seinen Sinn für Humor. So strebte er danach, möglichst in Frieden mit dem Komitee zu leben, zu Kompromissen bereit zu sein und alles zu vermeiden, was die wilden Instinkte seiner Mitglieder reizen konnte.

Im ganzen wird er nicht eben überrascht gewesen sein: er selbst hatte als junger Kongreßabgeordneter aus dem Westen nicht anders gehandelt, sondern den Präsidenten Polk bekämpft, weil dieser den Krieg mit Mexiko verfassungswidrig begonnen habe; er hatte damals an Herndon geschrieben, der Präsident dürfe nicht nach Belieben Krieg anfangen, eben also das, was auch Lincoln getan hatte, sobald er Präsident geworden war. Es war nur ein neuer Akt im Machtkampf zwischen Präsident und Kongreß, der ebenso alt ist wie die Vereinigten Staaten selbst. Es ist das Ringen, das sich aus der sehr allgemein und nicht zwingend eindeutig festgelegten Gewaltenteilung der amerikanischen Verfassung immer wieder ergibt, eine Vieldeutigkeit, die vielleicht sogar von den Vätern der Verfassung gewollt wurde, um Spielraum zu schaffen, innerhalb dessen sich das System der »Checks and Balances«, der Kontrollen und Gleichgewichte, voll auswirken konnte. Die Kongreßmehrheit, von der das Kriegskomitee eingesetzt worden war, hatte von diesem Spielraum ebenso Gebrauch gemacht, wie Lincoln das zu Beginn des Krieges durch alle jene Aktionen getan hatte, die von der Verfassung nicht mehr gedeckt waren.[5] Höchstens, daß die Motive unterschiedliche waren, daß dort ein einsamer Mensch gestanden hatte, der keinen andern Weg sah, um seiner Verantwortung gerecht zu werden, hier eine Gruppe Mächtiger, die noch größere Macht erstrebten.[6]

In den ersten Tagen des neuen Jahres stellte sich heraus, daß Cameron, der sich seinen Weg ins Kabinett und in den Sessel des Kriegssekretärs erzwungen hatte, in ihm nicht länger zu halten war. Die Korruption in seinem Amtsbezirk war selbst

General Robert E. Lee, Oberbefehlshaber der Armee
der südstaatlichen Konföderation
*Photographie von Mathew B. Brady*

für die übliche sehr weitherzige Beurteilung unerträglich geworden.[7] Andererseits freilich hatte Lincoln die Rache des skrupellosen Mannes, des parteipolitisch sehr mächtigen »Boß« von Pennsylvanien, zu fürchten. Es war sein Glück, daß der Petersburger Botschafterposten frei wurde und daß die zaristische Regierung entgegenkommend genug war, Cameron ihr Agrément nicht zu verweigern. Nur so gelang es, ihn zu einem Rücktritt zu bewegen, der sich zur Not freiwillig nennen ließ. Am 20. Januar ernannte Lincoln seinen Nachfolger, den Rechtsanwalt Edwin M. Stanton, und damit trat eine der seltsamsten Figuren dieser Epoche in den Vordergrund. Stanton hatte unter Buchanan der Demokratischen Partei angehört und war Generalstaatsanwalt gewesen, war jetzt aber radikaler Republikaner, ein Freund der Wade und Chandler; eben deshalb wählte ihn Lincoln, weil er glaubte, dann auch mit diesen beiden Gewaltigen besser auszukommen.

Stanton war ein untersetzter, etwas gnomenhafter Mann, dessen kalte, graue Augen sich hinter dicken, runden Brillengläsern verbargen; sein Kinn endete derart in einem gewaltigen, parfümierten Vollbart, daß man an den Futterbeutel eines Pferdes denken mußte. Stanton war von unsicherer Gesundheit, daher düster, reizbar, unhöflich, vielleicht der gehaßteste Mann in Washington. Seine Sprache klang wie von einer schnell laufenden Maschine hervorgebracht. Er hatte sich vom Buchhandlungslehrling emporgearbeitet und wurde nun — da er ein erklärter Feind der Korruption war — ein guter Kriegsminister: wurden ihm Kontrakte vorgelegt, die ihm zweifelhaft schienen, zerriß er sie und warf sie den Lieferanten ins Gesicht. Beschwerten sich Kongreßabgeordnete bei ihm über Verhaftungen durch das Militär, so erwiderte er etwa: »Das ist Krieg und Krieg ist Gewalt. Wenn ich diese Glocke berühre, kann ich Sie an einen Ort schicken, wo Sie niemals mehr einen Hund bellen hören und — beim Himmel! — ich tue es, wenn Sie noch ein einziges Wort sagen.« Die Austilgung von Korruption, Mißwirtschaft und Verschwendung in der Armee gelang ihm trotzdem nur unvollkommen. Und im eigentlich Militärischen

nun gar, taktischen und strategischen Fragen gegenüber, blieb er immer ein Dilettant, der viel Unheil anrichtete. Er war furcht- und bedenkenlos, von betonter diktatorischer Männlichkeit, gleichzeitig jedoch von einer eigentümlichen Undurchsichtigkeit, Schlüpfrigkeit und Wendigkeit, ein geborener Intrigant. Nur wenige vertrauten ihm; doch jeder traute ihm alles zu.
Als Rechtsanwalt war er in dem berühmten Prozeß McCormick gegen Manny der Gegner Lincolns gewesen und hatte den armen Prärieadvokaten mit verächtlicher Herablassung behandelt. Auch jetzt war seine Loyalität dem Präsidenten gegenüber zweifelhaft. Zwar hatte er bei seinem Amtsantritt einem Freunde gesagt, nunmehr werde er Abraham Lincoln zum Präsidenten der Vereinigten Staaten machen; tatsächlich aber suchte er sich vor allem mit den oppositionellen Radikalen gut zu stellen; er sprach oft verächtlich über Lincoln und komplottierte derart gegen ihn, daß er schließlich in den Verdacht geraten konnte, an der Verschwörung, die dem Präsidenten das Leben kostete, beteiligt zu sein. Lincoln seinerseits hatte eine sachliche Bewunderung für Stantons Energie und Arbeitsbesessenheit — es hieß, der Kriegssekretär habe Uhr und Geld abgeschafft, um nicht abgelenkt zu werden —, und gab sich den Anschein, ihm zu vertrauen; immer hielt er es ja für klüger, einen Feind in einer Stellung zu haben, in der er ihn notfalls abschütteln konnte, als ihn kampfbereit draußen zu wissen.
Doch in diesem Januar 1862 kamen Tage, in denen auch Lincoln nicht mehr weiter wußte. McClellan war an einem typhösen Fieber erkrankt und hatte keinen Vertreter. Der Aufbau der neuen Armee war daher ebenso gelähmt wie ihre taktische Beweglichkeit. Eine feindliche Offensive in diesen Tagen wäre verhängnisvoll gewesen. So berichtet der Generalquartiermeister Meigs, am 10. Januar sei Lincoln in sein Bureau gekommen, offenkundig verzweifelt. »Was soll ich tun?« habe er gesagt, »das Volk ist ungeduldig. Chase hat kein Geld mehr und sagt, er kann keins mehr aufbringen. Der Oberkomman-

dierende hat Typhus. Der Boden ist aus dem Faß. Was soll ich tun?«

Freilich, da die große Strategie des Südens defensiv war, blieb der Angriff aus. Doch erklärt sich wohl nur aus dieser Ratlosigkeit, daß Lincoln in eben diesen Tagen plötzlich einen fast grotesken Schritt tat, indem er sich entschloß, die militärische Führung selbst in die Hand zu nehmen. Es war das sowohl die Frucht seiner seit Monaten betriebenen militärwissenschaftlichen Lektüre — wie er dem Senator Browning zwei Tage nach seinem Besuch bei Meigs gestand — das rührende Zutrauen also des Autodidakten zum Buch als Allheilmittel, es war aber auch das Ergebnis unablässigen Drängens der Politiker, die die Million Dollar, die der Krieg täglich kostete, vor ihren Wählern zu rechtfertigen hatten und daher einen Winterfeldzug mit Trains und schwerer Artillerie im Schlamm, vielleicht auch Schnee von Virginia verlangten. Vom 27. Januar datiert ein Dokument, überschrieben »President's General War Order No. 1«, worin Lincoln eine Angriffsbewegung zu Land und Wasser für den 22. Februar befahl; die Details waren stark ausgearbeitet, und alle Offiziere wurden für »prompte Ausführung« verantwortlich gemacht; die Bezeichnung der Order als »No. 1« ließ vermuten, daß weitere ihr folgen würden. Tatsächlich gab Lincoln vier Tage später »President's Special War Order No. 1« aus, die als Ziel der Landoffensive einen bestimmten Eisenbahnknotenpunkt, Manassas Junction, festlegte.

Noch seltsamer als diese Orders freilich — und bezeichnend für die Unfertigkeit und Unzuverlässigkeit, worin Lincolns ganzes Regime sich befand — ist der Umstand, daß niemand eigentlich daran dachte, sie auszuführen. McClellan fragte zwar bei Lincoln an, ob es ihm erlaubt sei, seine Bedenken gegen die Orders vorzutragen. Die Frage wurde bejaht, aber nichts weiter erfolgte. Ebensowenig aber wurden die Orders zurückgezogen.

Zum ersten Male brachte dieser Winter auch die Verpflichtung zu großer amtlicher Geselligkeit. Der Krieg hatte sie vermindert, doch keineswegs aufgehoben. Nun erwies sich als Glück, daß Frau Lincoln aus großem Hause stammte. Der Präsident brauchte nicht einen einzigen Gedanken für den Apparat der Förmlichkeiten zu verschwenden, die nach Ansicht der Zeit benötigt wurden. Mary hatte im Lauf des Jahres 1861 die Gesellschaftsräume des Weißen Hauses modernisieren lassen, allerdings die Beträge, die der Kongreß dafür bewilligt hatte, unbedenklich überschritten; etwa 20 000 Dollars hatte Lincoln aus eigener Tasche nachzuzahlen.[8] Die feindselige Stimmung gegen Mary in Washington verminderte sich trotzdem nicht. Die Damen hatten sie von Anfang an fühlen lassen, daß, wenn auch gegen ihre Familie nichts einzuwenden sei, sie selbst sich durch ihre Heirat degradiert habe, mochte auch ihr Mann inzwischen Präsident geworden sein. Und ihr schroffes, selbstbetontes Wesen, ihr unberechenbarer Stolz und ihre unvorsichtige Zunge schufen ihr noch zusätzliche Schwierigkeiten. Nirgends machte sie sich Freunde. Weitaus gefährlicher aber noch wurde für sie die Tatsache, daß sie aus dem Sklavenstaat Kentucky stammte und daß angeblich in einem einzigen südstaatlichen Regiment, den Carolina-Dragonern, nicht weniger als elf ihrer Vettern dienten; wie viele ihrer Verwandten auf der Seite des Nordens kämpften, erwähnte niemand.

Hiervon abgesehen aber schien sie nun in ihrem Element, trotz Krieges und persönlichen Ungemachs und obwohl sie, in Halbtrauer um den britischen Prinzgemahl, weiße Roben mit schwarzen Spitzen oder Schleifen zu tragen hatte. Die Haltung der Dame zu bewahren, fiel ihr leicht und machte ihr Freude. Bis zu einem gewissen Grade war sie glücklich.

Den Gipfel der Wintersaison bildete im Februar eine Soirée im Weißen Haus, bei der eine Bowle aufgetragen wurde, die zehn Gallonen Champagnerpunsch enthielt. Doch stand der Abend unter einem Unstern, da zwei der Lincolnschen Kinder krank waren, so daß Vater und Mutter abwechselnd sich an die Betten der Fiebernden schleichen mußten. Wenige Tage später starb einer der beiden Söhne, der elfjährige Willie.

Er hatte ein Pony zum Geschenk erhalten und war derart entzückt von ihm, daß er mit ihm in einen Regenguß geraten war und sich schwer erkältet hatte. Es war ein Verlust, den Lincoln nie völlig verwand. Immer wieder sprach er von Willie, bis zum Ende seines eigenen Lebens; nie eigentlich hat er sich von diesem kleinen Toten getrennt — wie sonderbar das auch bei einem Manne scheinen mag, der im Begriff stand, den Tod Tausender von Erwachsener für die Erreichung politischer Ziele zu riskieren. Für Mary beendete der Tod Willies mit einem Schlage ihren gesellschaftlichen Ehrgeiz. Sie nahm von nun an nur noch an Festlichkeiten teil, die unvermeidbar waren. Ja, es läßt sich sagen, hier habe der große zerstörende Schock ihres Daseins sie getroffen.

Das Begräbnis Willies und die Trauer um ihn machten es nötig, Festlichkeiten abzusagen, die, wie alljährlich, zu George Washingtons Geburtstag am 22. Februar geplant waren, mit denen es 1862 aber eine besondere Bewandtnis hatte. Auf dem westlichen Kriegsschauplatz nämlich waren Mitte Februar zum ersten Male Siege erkämpft worden, und sie hatte man am Washington-Tag zu feiern gedacht.
Mitten in der Winterkälte also war der äußerste Nordflügel der Westfront in Bewegung geraten. General Halleck, Nachfolger Frémonts als Oberbefehlshaber im Westen, begann, gleichsam einen Keil in den Block der Konföderation hineinzutreiben, in südlicher Richtung und etwa auf der Linie des Mississippilaufes; glückte das Unternehmen, so waren die westlich des Stromes gelegenen Südstaaten Texas, Louisiana und Arkansas isoliert und von der Konföderation abgespalten. Es war eine amphibische Kriegsführung, in denen die Armee mit Flußkanonenbooten zusammenwirkte, die Welles in großer Zahl hatte bauen lassen, schwarze, schildkrötenförmige, rauch- und feuerspeiende Teufel mit hohen Zwillingsschornsteinen. Sie waren, von Truppentransportschiffen gefolgt, die Flüsse Cumberland und Tennessee, zwei parallel fließende Nebengewässer des Mississippisystems, abwärts fahrend, in die Kon-

föderation eingedrungen. Zwei Grenzforts, Henry und Donelson, wurden zur Kapitulation gezwungen, die Verteidigungslinie der Konföderierten durchstoßen, ganz Kentucky und das mittlere Tennessee gewonnen.

Die Ausführungen der Operation hatte Halleck einem General anvertraut, dessen Name damit zum erstenmal in der Geschichte auftritt, um lange nicht mehr aus ihr zu verschwinden, Ulysses S. Grant. Er war ein Mann sehr einfacher Herkunft — ähnlich derjenigen Lincolns — und verleugnete sie nie. Er war in West Point als Berufsoffizier ausgebildet, aber bald nach dem Mexikanischen Krieg aus der Armee entfernt worden, da er, was offenes Geheimnis war, den Lockungen des Whiskys allzu schwer widerstehen konnte. Dann hatte er Jahre hindurch ein recht elendes Leben geführt und auch beim Ausbruch des Krieges Mühe gehabt, zum Dienst wieder zugelassen zu werden. Als er endlich das Kommando eines Freiwilligenregiments erhielt, ritt er in dessen Lager ähnlich ein, wie einst Lincoln in Springfield: sein ganzer irdischer Besitz bestand in einer Handvoll starker Zigarren und einem alten weißen Pferd, Methusalem. Demgemäß begrüßte ihn der Sergeant am Lagertor herzlich mit: »Wie geht's, Oberst?«

Allmählich rückte er dennoch bis zum Brigadegeneral auf, und als solcher führte er die Expedition gegen die Forts Henry und Donelson. Als er dieses zu Wasser und zu Lande umschlossen und die Außenwerke eingenommen hatte, ließ der Kommandant Buckner ihn nach den Kapitulationsbedingungen fragen, worauf Grant um drei Uhr in stürmischer Winternacht bei Fackellicht die Antwort schrieb: »Keine Bedingungen außer bedingungsloser Übergabe. Ich beabsichtige, sofort gegen Ihre Werke vorzugehen.« Buckner mußte sich fügen[9], und damit fiel eine Festung, 120 Fuß hoch beherrschend über dem Strombett gelegen, mit 60 Kanonen und 15 000 Mann in die Hand der Union. Die Formel »Bedingungslose Übergabe« — »Unconditional Surrender« —, die Grant sicherlich ohne viel Überlegung niederschrieb, hob ihn im Norden, der nach Erfolgen lechzte, auf den Gipfel der Popularität.[10] Die Initialen seines

Vornamens U. S., zugleich die der USA, wurden in »Unconditional Surrender« umgedeutet, von nun an ein Bestandteil der amerikanischen Geschichtslegende. Lincoln beförderte ihn zum Generalleutnant.

Nicht lange danach freilich, am 8. März, einem Sonntag, hatten er und ganz Washington einen lähmenden Schreck durchzumachen: die Unions-Fregatte »Merrimac«, die vor Monaten schon in die Hände der Konföderierten gefallen war, war auf eine seltsame Weise umgebaut worden: auf dem bis zur Wasserlinie abgetragenen Rumpf war ein niedriges Dach errichtet und mit Eisenplatten gepanzert worden; das Fahrzeug, in »Virginia« umgetauft, glich einem schwimmenden Sargdeckel, führte jedoch einen Rammsporn und zehn Kanonen. Die hölzernen Schiffe der Blockadeflotte vor Hampton Roads waren ihm gegenüber wehrlos, und schon am ersten Tag ihres Erscheinens schoß die »Virginia« fünf von ihnen in Stücke oder zwang sie, auf Grund zu laufen. Abends wurde die Nachricht in Washington bekannt; nachts hieß es, das Untier sei in den Potomac eingelaufen und auf dem Weg nach der Bundeshauptstadt. Um sechs Uhr früh bereits trat Lincolns Kabinett zusammen, und wieder wird von Augenzeugen die vollkommene Ruhe geschildert, die der Präsident bewahrte. Höchstens, daß er eine gewisse Neugier zeigte und, sobald es hell wurde, wie jedermann sonst im Raum, verstohlen zum Potomac hinüberäugte, dessen weißgraue Flut zwischen entlaubten Bäumen erkennbar wurde: ob der ominöse Sargdeckel dort schon herankomme. Gegenmaßnahmen wurden erwogen, doch Kriegssekretär Stanton lachte verächtlich. »Es ist nicht unmöglich«, sagte er, »daß wir eine Kanonenkugel in diesem Zimmer haben, ehe wir es verlassen. Der Krieg ist verloren. Nur ein Wunder kann uns retten.« Gleichwohl ordnete er an, sechzig Kähne mit Steinen im Potomac zu versenken — was Lincoln verbot, solange nicht die »Virginia« tatsächlich sich nähere.
Da das Kabinett jedoch im übrigen zu nichts gelangte, als zu vagem Hin und Her, und Sonntag war, ging man zur Kirche.

Lincoln fuhr zur Admiralität, wo man wenig Trost für ihn wußte, und dann zu Welles. Hier aber war es, daß er erfuhr, das neueste Kriegsschiff der Union, »Monitor«, sei von New York, wo es gebaut worden war, nachts vor Hampton Roads angelangt und habe neben dem Rest der Schiffe geankert, die die »Virginia« für weitere Zerstörung übriggelassen hatte.
Stanton hatte recht, ein Wunder war zur Rettung nötig. Doch das Wunder war unterwegs. Ein Schwede namens Ericsson, ein verträumter Mensch, der für leise verrückt galt, hatte von Welles die Erlaubnis erhalten, ein Kriegsschiff eigener Konstruktion zu bauen. Die französische Marine hatte es abgelehnt und auch Welles hatte nur der geringen Kosten wegen den Auftrag erteilt. Nun entsann sich Lincoln, daß er im Anfang seiner Präsidentschaft Ericsson besucht hatte. In seiner Werkstatt, einem alten Schuppen, auf einer Kiste sitzend und an einem Stecken herumschnitzend, hatte er für das Modell des Schiffes eine seiner ländlichen Redensarten gebraucht: »Es scheint etwas drin zu sein, wie das Mädchen sagte, als es mit dem Bein in den Strumpf fuhr.« Die »Monitor« war ein Panzerturm mit zwei schweren Geschützen, der auf einer Art Floß montiert, sich so rasch drehte, daß es unmöglich war, durch die Geschützlücken in ihn hineinzuschießen. Jetzt, als Lincoln erfuhr, die »Monitor« sei angekommen, sagte er sehr ruhig, seinem Gefühl nach sei das eben das Fahrzeug, das man brauche.
Und wirklich, als am gleichen Sonntagmorgen, an dem sich dies in Washington begab, die »Virginia« auf neue vor der Küste erschien, um ihr Vernichtungswerk an der Blockadeflotte fortzusetzen, kam ihr die »Monitor« entgegen. Zuerst lachte man auf der »Virginia« über die »schwimmende Käseschachtel«, über der die Unionsflagge wehte, dann eröffnete man das Feuer auf sie, wurde nun aber plötzlich ernst, als man gewahren mußte, daß die Kugeln einfach unter einem Funkenregen von ihr absprangen. Am Abend meldete der Telegraph in Washington, die »Monitor« habe die »Virginia« zum Rückzug in den Hafen genötigt. Einen Monat später wurde sie hier

gesprengt. Es war eine Seeschlacht gewesen, in der kein Schiff versenkt wurde, kaum ein Mann zu Schaden kam und die dennoch — da sie die Fortdauer der Blockade sicherte — entscheidend für den Verlauf des Krieges wurde.

Zur gleichen Zeit allerdings kamen von der Westfront Nachrichten, die das neu aufgegangene Gestirn Grants schon wieder verdunkelten. Am 6. April war der General, der die Aufklärung vernachlässigt hatte, am Ufer des Tennessee bei Shiloh in höchst ungünstiger Position von feindlichen Kräften überraschend angegriffen worden. Entgegen allen taktischen Regeln hatte er sich nicht zurückgezogen, sondern Widerstand geleistet, bis Verstärkungen anlangten; und da überdies der General der Konföderierten fiel, endete am Montag die Schlacht mit einem halben Sieg für Grant — freilich um den Preis sehr hoher Verluste, 13 000 von 63 000 Mann. Und wie sehr man ihn auch kurz zuvor noch gefeiert hatte, diese Ziffern brachten die öffentliche Meinung derart gegen ihn auf, daß Lincoln von allen Seiten bestürmt wurde, Grant zu entlassen. Ein übriges taten, bei der großen Macht puritanischer Einflüsse, die bekanntgewordenen Trinkgewohnheiten des Generals.
Hier nun aber war Lincoln an einer jener Stellen seines Lebens angelangt, an dem sein Ahnungsvermögen ihn wissen ließ, Wesentlichstes stehe auf dem Spiel. So stark man ihm auch zusetzte, Grant ins Dunkel zurückfallen zu lassen, er blieb völlig unzugänglich. Gerade der Mut Grants zu eigenem, undoktrinärem Entschluß und die Bulldoggen-Energie, mit der er ihn durchführte — das war es, was die Sympathien Lincolns für einen Menschen gewann, den er nie gesehen hatte. »Ich kann den Mann nicht entbehren«, sagte er, »er kämpft.«
Eine Freudennachricht kam zwei Wochen später. An der Südfront war das Unionsgeschwader unter Admiral Farragut in die Mississippimündung eingedrungen; wiederum hatte eine amphibische Schlacht zwischen Kriegsschiffen und Landbefestigungen sich entwickelt, sieben Tage lang, mit aller davon untrennbaren Brutalität, platzenden Dampfkesseln, Rammstößen

in zerprasselnde Schiffskörper, aufwirbelnden Feuerwänden; zu Krüppeln geschossene Schiffe trieben davon und versackten rasch in der Tiefe. Doch der Erfolg war, daß New Orleans genommen wurde, die große, üppige Hafenstadt, das Südtor der Konföderation. Der Traum, aus dem Golf von Mexiko ein neues Mittelmeer zu machen, das von den sieben Hügeln Richmonds regiert worden wäre, wie einst das alte von denen Roms, war beendet, die hohe Wirtschaftsblüte New Orleans' aber auch zerstört. Die Londoner »Times« bewerteten von ihrem Standpunkt aus das Ereignis richtig, indem sie mit Trauerrand erschienen.

Doch auch Lincoln wurde es alsbald verleidet. Ben Butler, als Kommandant der Unionsbesatzung, in goldglänzender Milizuniform und mit der Sprache eines Theatergenerals, verwaltete die südliche Metropole nicht, sondern züchtigte sie. Und da er bei ihren heißblütigen Bewohnern auf Widerstand stieß, erließ er schließlich eine Order, wonach jedes weibliche Wesen, das durch Worte oder Bewegungen Mißachtung der Besatzungsmacht ausdrücke, als Kokotte bei der Berufsausübung (»a woman of the town playing her advocation«) zu behandeln sei. In einer Zeit, die noch an der zivilisierten Anschauung festhielt, Krieg könne nur gegen Soldaten geführt werden, keinesfalls aber gegen Frauen, war der Unwillenssturm, der sich gegen Butler erhob, überwältigend. Der Beiname »Beast Butler« — »Tier Butler« — haftete von nun an wie Pech an ihm. Der französische Botschafter protestierte formell in Washington, und im Londoner Unterhaus sagte Palmerston, die Order Butlers könne nicht ins Englische übersetzt werden. Es blieb Lincoln nichts übrig, als den General abzuberufen, was militärisch keinen großen Verlust bedeutete.

Schließlich aber konnten doch alle solche Ereignisse fern im Westen und Süden an der fundamentalen Tatsache nichts ändern, daß die Hauptheere der Konföderation immer noch unmittelbar vor der Schwelle der Bundeskapitale Washington standen, trotzig den Weg versperrend zu der kaum hundert Meilen entfernten »Rebellenstadt« Richmond, über der nach wie vor die Flagge des neuen Staates wehte, auf rotem Grund zwei gekreuzte blaue Balken, in denen Sterne die einzelnen Südstaaten bedeuteten.

Diese Herausforderung zu beenden, hatte McClellan einen umfassenden Plan ausgearbeitet: nicht mehr, wie man bislang stets gedacht hatte, sollte ein direkter Marsch von Washington auf Richmond angetreten werden, wobei zwei durch Sumpfland, Marschen, Wälder ziehende große Ströme zu überschreiten waren, der York und der Rappahanock, samt zahlreichen Nebengewässern. Vielmehr sollte die Armee zu Schiff an die Atlantikküste der Konföderation gebracht werden, dorthin, wo die Mündungen der Flüsse York und James eine Halbinsel aus ihr herausschnitten, von der man wie von einer Landungsbrücke westwärts auf Richmond zustoßen konnte. Der Plan berücksichtigte also die vorhandenen geographischen Schwierigkeiten, indem er die nordsüdliche Angriffsrichtung aufgab, die fortwährendes Überqueren eines westöstlich gerichteten, verwickelten Stromsystems bedeutet hätte, und statt dessen einen Marsch von Osten nach Westen, also parallel mit jenen Wasserläufen, vorsah. Doch war der Plan so unkonventionell, daß er allenthalben auf wilden Widerstand traf. Im Kriegsrat sprachen sich acht Generäle für ihn und vier gegen ihn aus, so daß er angenommen wurde — auch von Lincoln, obwohl mit offenkundiger Halbherzigkeit. Das Projekt mißfiel ihm vor allem deshalb, weil er fürchtete, Washington werde nicht mehr hinreichend geschützt sein, wenn die Armee südwärts verschifft werde. Für McClellans militärisches Denken mochte Washington nur eine Stadt sein wie jede andere, die notfalls zurückerobert werden konnte. Lincolns Sinn für das Imponderable aber erkannte, daß, wenn die Bundeshauptstadt verlorengehe, alles verloren sei.

Es wurde überhaupt ein immer schwierigeres Auskommen zwischen General und Präsident. McClellan, der Typ des kultivierten und intellektualisierten Soldaten, wie das 19. Jahrhundert ihn in Europa mehrfach hervorgebracht hat, war für Lincoln eine ganz neue Erfahrung, und daher viel weniger durchschaubar als die einfache egozentrische Seelenkonstruktion der Politiker seines täglichen Umgangs, obwohl der General in seinen politischen Prinzipien mit denen Lincolns übereinstimmte, ebenfalls die Sklavenbefreiung nicht als Kriegsziel proklamieren wollte und deshalb von den Abolitionisten wüst angegriffen wurde. Diese waren offenbar entschlossen, einen raschen Sieg McClellans schon deshalb zu verhindern, weil sie fürchteten, bei einem baldigen Frieden und einer Neuvereinigung von Norden und Süden könne die Sklaverei beibehalten werden, abgesehen natürlich noch von dem üblichen Argwohn der Berufspolitiker, ein Berufssoldat könne ihnen ihre Popularität stehlen — ein Argwohn, der im Lauf der Geschichte schon nicht wenige Generäle und Feldzüge ruiniert hat. Umgekehrt freilich fand auch der sensitive und nervöse General keinen Zugang zur Einfachheit und Tiefe Lincolns. Etwa seit dem Jahreswechsel, also mit der Erkrankung McClellans und dem Amtsantritt Stantons und wohl durch beides mit verursacht, scheint Lincolns Vertrauen zu dem General einen entscheidenden Stoß erlitten zu haben. Von diesem Zeitpunkt an zeigte er sich bereit, den Gegnern McClellans Zugeständnisse zu machen. Obwohl es zugleich auch seine Gegner waren, waren sie ihm — da sie Politiker des gleichen Schlages waren wie er selbst — schließlich doch weniger fremd als der General, mit dessen Weltgewandtheit Lincoln nichts anzufangen wußte; er schien ihm raffiniert, spitzfindig und europäisiert im Sinne fast von verderbt. Schwerlich beispielsweise wird er je begriffen haben, welches Vergnügen McClellan an seiner Sammlung deutscher und österreichischer Porzellane finden konnte. Und überdies: nachdem er die Spaltung der Union nicht zu vermeiden vermocht hatte, sollte er nun auch noch McClellans wegen eine Spaltung seiner Partei riskieren? So kam es, daß er den Rücksichten auf die Politiker vor denen auf den General immer mehr den Vorzug gab.

Ein Akt des Entgegenkommens an die Radikalen war es bereits, daß er Anfang 1862 Nathaniel Gordon, einen Schiffskapitän, der wegen des Imports von Sklaven aus Afrika rechtskräftig zum Tode verurteilt worden war, tatsächlich hängen ließ. Bisher waren in solchen Fällen die Verurteilten stets begnadigt worden; aber zum ersten und einzigen Mal bestand Lincoln, trotz zahlreicher Gnadengesuche, auf der Vollstrekkung des Urteils — eine Demonstration, um zu zeigen, daß Präsident Lincoln die Sklaverei noch ebenso verabscheute, wie er das als Privatmann getan hatte.

Bezeichnend ist auch die Stellung, die er etwa zur gleichen Zeit zum Fall des Generals Stone einnahm. Es handelte sich darum, daß in einem an sich unbedeutenden Gefecht, das für die Unionstruppen verlorenging, ein Oberst Baker fiel, der zugleich Senator war, ein hinreißender Redner, einflußstarker Politiker und intimer Freund Lincolns — der ihm zu Ehren einem seiner Söhne die Vornamen Edward Baker gegeben hatte. Bakers dilettantischer Übereifer allein hatte die Niederlage verschuldet, doch als Sündenbock für den mächtigen Politiker wurde General Stone ausersehen, verhaftet, vom Kriegskomitee endlos verhört, ohne daß sich etwas gegen ihn ergab, was eine Anklage hätte rechtfertigen können und hundertneunundachtzig Tage gefangengehalten — eine flagrante Verletzung der Verfassung und der Militärgesetze. Auch späterhin wurde Stone derart diffamiert, daß er in ägyptische Dienste trat.[11] Während dieser Monate aber ist nichts davon bekanntgeworden, daß Lincoln versucht hätte, in die Affäre, die man, wenn auch stark übertreibend, einen amerikanischen Fall Dreyfus genannt hat, für den offenkundig zu Unrecht verfolgten Offizier und damit gegen das Kriegskomitee einzugreifen. Es ist nur bekannt, daß er zu Stanton nach Stones Verhaftung verdrießlich gesagt hat: »Ich hoffe, Sie haben gute Gründe dafür.« Später hat er zugegeben, von dem Fall sehr wenig gewußt zu haben. Hat sein Rechtsgefühl, das sonst so scharfe und feine, hier geschwiegen? Oder aber hat er es zum Schweigen gebracht? Noch unzweideutiger aber nahm Lincoln gegen die Militärs und für das Kriegskomitee Partei, als er nach zahlreichen Besprechungen mit diesem am 8. März verfügte, die Potomac-Armee in fünf Armeekorps aufzuteilen, von denen vier Befehlshaber erhielten, die als Gegner McClellans bekannt waren. Schlimmer aber noch, daß die Korpskommandeure aufgefordert wurden, einzeln und unmittelbar an den Kriegssekretär zu rapportieren — ein öffentliches Mißtrauensvotum gegen McClellan, einen Oberkommandierenden, der im Begriff war, seinen ersten Feldzug zu eröffnen. Ein übriges noch tat Stanton, indem er im gleichen Moment, in dem die Operationen begannen, die neuen Bedarf an Mannschaften erwarten ließen, die Rekrutierung einstellte.

Nun, je mehr das Jahr vorrückte und sich dem Frühling näherte, und während aus dem Westen und Süden Siege gemeldet wurden, entfesselte das Stilliegen der Potomac-Armee bei den Einfältigen ein wildes Geschrei nach »Aktion«, bei den leicht Verschreckten aber das schon in den Republiken des Altertums übliche Getuschel, die Generäle seien »Verräter«. Sogar Lincoln selbst vergaß sich in einer der erregten Auseinandersetzungen mit McClellan so weit, dem General ins Gesicht das schmähliche Wort zu äußern — eins der wenigen bekannten Beispiele dafür, daß ein Übermaß der Gedankenqual auch seinen gelassenen Verstand augenblicksweise überwältigen konnte. McClellan brauste natürlich auf und verlangte, daß der Präsident sein Wort zurücknehme. Worauf Lincoln antwortete: er habe nicht einen eigenen Gedanken geäußert, sondern nur das, was andere sagten, daß nämlich die Wegnahme der Armee von Washington auf verräterische Absichten deute. Worauf der kleine General warnend bemerkte, Lincoln solle mit seinen Worten vorsichtig sein und dieser sich aufs neue entschuldigte. Damit war der Zwischenfall äußerlich beigelegt; daß die beiden Beteiligten ihn rasch vergessen hätten, ist kaum anzunehmen.

Von vornherein also war es eine unglückliche Schicksalsfügung, die Lincoln und McClellan zusammengebracht hatte. Anfangs war Lincoln wahrscheinlich allzu nachgiebig gewesen, später allzu mißtrauisch. In diesem zweiten Stadium ist mehr als die Geduld Lincolns diejenige McClellans erstaunlich, mit der er etwa die Aufspaltung seiner Kommandogewalt auf fünf Korpskommandeure hinnahm; wahrscheinlich war er bereits so sehr von seiner Aufgabe besessen, daß er zu einem Abschiedsgesuch, das vielleicht für alle Beteiligten wohltätig die Lage geklärt hätte, nicht mehr imstande war.

Von nun an ist kein Stadium in den Beziehungen Lincolns zu McClellan mehr zu entdecken, in dem sie nicht durch das Mißtrauen des Präsidenten gegen den General mehr oder weniger belastet gewesen wären. Nur fand er noch keinen Weg um McClellan herum, den er guten Gewissens hätte gehen können. Daß alles dies auf die Unternehmungs- und Verantwortungslust des Generals lähmend zurückwirkte, ist mehr als selbstverständlich. In der Lage eines Mannes, dem es offenbar nur erlaubt ist, ein einziges Mal zu würfeln, um sein ganzes Schicksal zu entscheiden — ist es da ein Wunder, daß McClellan, den Würfelbecher in erhobener Hand, zögerte? Beide, General und Präsident, atmeten sicherlich auf, als McClellan den Laufsteg des Dampfers »Commodore« überschritt, um zur Front zu gehen.

Es war nun schon April, und unversehens jährte sich bereits Lincolns Amtsübernahme, die Kanonade von Sumter, die Unabhängigkeitserklärung der Konföderation. Was alles hatten ihm diese zwölf Monate gebracht? Gewiß, der Oberlauf des Mississippi und die Mündung des Stroms waren dem Gegner entrissen worden, aber davon abgesehen: die Konföderation hatte sich gefestigt, die Sklaverei war tiefer verwurzelt denn je, die Schlacht von Bull Run war verloren und nun eine neue militärische Unternehmung im Gang, scheinbar überkompliziert und unter einem General, zu dem er kein echtes, sondern höchstens ein erzwungenes Vertrauen hatte; überdies hatte er nun zu Hause eine vergrämte Frau und eines seiner Kinder auf dem Friedhof.

So endete Lincolns erstes Jahr im Amt.

# XV
# Wer bin ich?

Anfang April fielen im Sumpfgebiet zwischen den Mündungen des York und des James die ersten Schüsse. McClellans großartiges Projekt, den Krieg mit einem Schlag zu entscheiden, kam ins Rollen. Allerdings, gegen die mächtige und fähige Verteidigung des Südens konnte es nur dann Erfolg haben, wenn es wirklich mit der Präzision einer scharfsinnig durchkonstruierten Maschine arbeitete, bei der auf jeden Einzelteil Verlaß ist. Doch hieran fehlte es von vornherein. Kaum vielmehr hatte der General Washington verlassen, als Eifersucht und Argwohn gegen ihn überhandnahmen: mit aller Wucht lagen seine Gegner nun Lincoln in den Ohren; ja Stanton schreckte vor der Behauptung nicht zurück, McClellan gehöre dem Geheimbund des Goldenen Zirkels an, der immer deutlicher Frieden um jeden Preis forderte und, eines Umsturzes gewärtig, seine Mitglieder bereits militärisch schulte.
So kam es, daß Lincoln der Armee McClellans zuerst die Division Blenker entzog, die der General besonders schätzte und sie westwärts detachierte, gleich darauf auch das Korps McDowell zum Schutze Washingtons zurückhielt. Daß ein ernster Angriff auf die Bundeshauptstadt unmöglich war, solange das Gros der feindlichen Armee durch McClellan auf der Halbinsel festgehalten war, Washington also am besten in Virginia verteidigt wurde, sah er erst später ein. McClellans Proteste hatten nur unerquickliches Hin- und Herziehen dieser Truppen zur Folge; tatsächlich erreichten sie ihn nie und bedeuteten für ihn einen Verlust von 60—70000 Mann, die das befestigte Yorktown, das seine rechte Flanke bedrohte, vom Rücken her hätte nehmen sollen; nun wurde eine Belagerung nötig, die den Vormarsch um drei Wochen verzögerte. Auch die Unterstützung durch Flußkanonenboote, die sich im Westen so gut bewährt hatten, blieb McClellan anfangs ver-

sagt, und sogar seine Landungsbasis, Fort Monroe, wurde durch Order des Präsidenten seiner Kommandogewalt entzogen. Kaum also, daß McClellans Kriegsmaschine in Gang war, als sie schon zu stöhnen und zu krachen begann, da ihre Leitung nur zum Teil in seinem Lager, zum andern aber in Washington und damit faktisch bei Lincoln lag.

Eben aber um diese Schwierigkeiten noch zu steigern, entsandte das konföderierte Oberkommando den General Jackson (sein unerschütterlicher Widerstand bei Bull Run hatte ihm den Beinamen »Stonewall« — »Steinmauer« — eingetragen) ins Shenandoahtal, das große Ausfallstor des Südens zum Potomac und nach Washington. Jackson, siebenunddreißig Jahre alt, bislang Professor für Philosophie und Artilleriewissenschaft an der virginischen Militärakademie, einst ein wilder Lebemann, war jetzt ein frommer Asket von ebenso wilder Tapferkeit, der stets eine Bibel und einen Band Maximen Napoleons mit sich führte, »nach dem neuen Testament lebte und nach dem alten kämpfte«[1], und keine Zeitungen las, um nicht überheblich zu werden. Ein Soldat vom genial improvisierenden Typ mit einem unheimlichen Talent zur Mystifizierung, zersprengte er die Bundestruppen, wo er sie traf, und hielt sie, obwohl ihnen weit unterlegen, ständig in Atem. Für Lincoln wurde das ein fürchterlicher Monat, Wirrnis und Ungemach überstürzten sich, der Strom der Widerwärtigkeiten wuchs und wuchs. Mit Jackson bald hier bald dort auftauchend, alles bedrohend, alles in Frage stellend, sah er den Fall Washingtons und den der Union in nächster Nähe. So weit ging seine Verzweiflung, daß er den Generalen in der Shenandoahgegend eigene taktische Anweisungen gab, die zur Einkreisung Jacksons führen sollten — Befehle, die lückenhaft oder gar nicht ausgeführt oder mit taktvollem Schweigen übergangen wurden. Durch Tage und Nächte von Ängsten gejagt, machtlos und doch für alles verantwortlich, in der lähmenden Sommerhitze Washingtons, dazu dem abschätzigen Gerede über McClellan ständig ausgesetzt, verlor er derart seinen Realitätssinn, daß er dem General allen Ernstes ankündigte, der Halb-

inselfeldzug, in dem mehr als 100 000 Mann eingesetzt waren, müsse abgebrochen werden, um die 15 000—16 000 Mann Jacksons zu vertreiben — genau also das, wozu das südstaatliche Oberkommando ihn verleiten wollte. Bis Anfang Juni trieb Jackson im Shenandoahtal sein Wesen, überschritt aber niemals den Potomac, sondern verschwand plötzlich, gerade noch zur rechten Zeit, um auf der Halbinsel einzutreffen, als McClellan dort seinen Hauptangriff begann.
Er entwickelte sich anfangs nicht schlecht, trotz regenweichen Bodens und Sumpffiebers unter den Truppen. Sein Gegner, Josef Johnston, der kleine, säbelbeinige Kahlkopf, der bei Bull Run die Entscheidung gebracht hatte, zog sich zähe, doch stetig zurück. Erst knapp vor Richmond, angesichts der Kirchtürme der Hauptstadt der Konföderation, faßte er Fuß. Bei den Kämpfen, die folgten, wurde er schwer verwundet. Lee trat an seine Stelle, und ihm gelang es, die Offensive der Unionstruppen zu Boden zu drücken. Ende Juni begann sein eigener Angriff, woraus in Sumpfgelände, wildem Wald und tropischen Regengüssen eine Reihe erbitterter Kämpfe entstand, die den Namen Siebentage-Schlacht erhielten. Lee machte äußerste Anstrengungen, McClellan zu umfassen und ihn von der Halbinsel zu vertreiben. Er konnte ihn aber nur zur Verlegung seiner Basis nach Harrisons Landing am Jamesfluß nötigen. Hier, in einer festen Stellung, die der träge dahinschleichende Fluß Chickahominy deckte, deren Flanken Kanonenboote sicherten und in deren Verteidigung Genauigkeit und Konzentration der nordstaatlichen Artillerie sich bewährte — und damit auch die Rasse der Mechaniker, die in den Fabriken der Yankees herangewachsen war —, war McClellan für Lee unantastbar. Gewiß war es kein Sieg McClellans, ebensowenig aber eine Niederlage. Er hatte Richmond nicht genommen, doch die Vernichtung seiner Armee vermieden und, was vor allem zählte, Lee zur Opferung von 20 000 Mann seiner 85 000 gezwungen, während er selbst von 117 000 Mann nur 16 000 verloren hatte; eine Fortsetzung dieser Offensive also hätte der Süden nicht lange ertragen.

In den Schlußkämpfen der Sieben Tage, nachts, als alles auf Messers Schneide stand, die mögliche Katastrophe der Armee und das eigene Lebensende vor Augen, richtete McClellan an Stanton und damit an Lincoln ein Telegramm, wie es vielleicht ohnegleichen in der Kriegsgeschichte ist: Die Situation sei zu ernst, als daß er verschweigen könne, daß die Regierung ihn unzulänglich unterstützt habe. »Wenn ich die Armee rette, so sage ich Ihnen offen, daß ich dafür weder Ihnen noch sonst jemandem in Washington Dank schulde. Sie taten Ihr Bestes, um sie hinzuopfern.« Mit »sonst jemandem« konnte niemand anders als Lincoln gemeint sein. Nie ist bekanntgeworden, ob und wie er diese Telegramme beantwortete. Man hat sein Schweigen als Schuldbewußtsein gedeutet. Doch besteht auch die Behauptung, Oberst Sanford, der Chef des Telegraphenwesens, habe auf eigene Verantwortung die bitteren Schlußsätze des Telegramms gestrichen, so daß Lincoln sie nie kennenlernte.[2]

Für den Präsidenten waren diese Wochen vielleicht der Tiefpunkt seiner an Abgründen so reichen Lebensbahn. Jackson war nun zwar verschwunden; aber was hinderte seine Rückkehr, nun, nachdem die Armee McClellan in Sumpf und Sommerhitze unbeweglich festlag? Seine aufgeregte Phantasie, von den Feinden McClellans immer neu gestachelt, konnte sich die feste Stellung von Harrisons Landing nicht anders vorstellen, als daß in ihr die schönen Truppen, auf denen die Hoffnung der Union beruhte, hinmoderten und verfaulten. McClellan hatte nicht ganz unrecht, wenn er später schrieb: »Ein wenig von den Nerven, die Rom während des Feldzuges gegen Hannibal zeigte, in Washington — und das Schicksal Richmonds wäre in sehr wenigen Wochen besiegelt gewesen.«
Doch keineswegs allein aus dem militärischen Bereich kamen die Sorgen Lincolns. Auch um ihn her, im Hinterland, sah es nicht gut aus. Wie in allen menschlichen Verrichtungen war auch im Regierungsapparat der Union ein gewisser Anteil von Niedrigkeit und Unsauberkeit nicht zu vermeiden. Korruption

blühte, beispielsweise, wenn immer neue Regimenter geschaffen wurden und von den alten nur Gerippe stehenblieben, um möglichst viele Günstlinge in Offiziersstellen unterbringen und rasch befördern zu können. Das Bestreben, die Soldaten möglichst gut zu verpflegen, ließ überall Verschwendung einreißen. Die Preise kletterten, weniger noch durch die Fabrikanten in die Höhe getrieben als durch den Zwischenhandel. Die Redensart entstand: »You can sell anything to the government at almost any price you got the guts to ask« — »Du kannst der Regierung alles verkaufen, zu beinahe jedem Preis, den du unverschämt genug bist zu fordern.« Für die Transporte nach der virginischen Halbinsel wurden älteste, halb vermoderte Holzschiffe und rostzerfressene Dampfer angekauft; längst bankerotten Eisenbahnen ermöglichten Militärtransporte glänzende Geschäfte. Der Krieg kostete nun nahezu schon zwei Millionen täglich, denen die Regierung nur eine Tageseinnahme von etwa 600 000 Dollar gegenübersetzen konnte. Man gab im Februar 1862 zum erstenmal Papiergeld aus — 150 Millionen —, um den Gebrauch von Gold einzuschränken und für 500 Millionen Anleihen, um es in die Regierungskassen zu locken.
Lange schon nicht mehr war Washington die etwas schläfrige, halb südliche Landstadt. Seine Doppeleigenschaft als Kopf der kämpfenden Nordstaaten und als Hauptetappenplatz erfüllte es mit fieberhafter Betriebsamkeit. Behörden belegten und beengten die Häuser. Kirchen und Schulen waren überfüllte Lazarette. Es wimmelte von zweifelhaften Geschäftsleuten, von machtvollen Kriegslieferanten wie vom kleinen Volk der Hausierer, Jahrmarktkünstler, Amuletthändler, Tätowierer und Kartenleger. Obwohl Alkoholverkauf an Soldaten verboten war, entstanden Unmengen von Kneipen, düstere Läden darunter, in denen Whisky aus angeketteten Blechgefäßen getrunken wurde, Konzerthallen und Burlesken-Theater, Spielhöllen von höchster Eleganz und Bordelle, deren Flitterglanz vornehmlich schlecht bezahlte Arbeiterinnen der Industriegebiete heranlockte. Außerdem waren alle diese Plätze natürlich reiche Jagdgründe der feindlichen Spionage; zahllose harm-

lose junge Soldaten gerieten in ihre Netze und damit ins Elend. Doch da unter den Nutznießern und Kunden solcher Unternehmungen machtvolle Politiker waren, deren gute Laune für die Fortsetzung des Krieges unentbehrlich war, sah die Regierung ihre Hände gebunden.

Unmöglich, daß Lincoln dies alles verborgen blieb. Aber er mußte lernen, nicht gehört zu haben, was nicht gehört werden durfte und den Blick nicht auf das zu richten, was er besser nicht gewahrte. Er kannte vollkommen die Männer, die aus der humanen Parole der Sklavenbefreiung einen Beruf gemacht hatten, der sie nicht nur ernährte, sondern, darüber hinaus, ihnen große praktisch-politische Macht versprach; denn wenn erst die Negersklaven freie Bürger waren, war es nicht schwer, sie als Wähler für ihre Befreier zu gewinnen und diesen damit eine immerwährende Mehrheit im Kongreß zu sichern. Und wenn Lincoln einen von ihnen in seiner Nähe duldete, zog das mit unerbittlicher Logik die gleiche Duldung für alle andern nach sich.

Dabei — so seltsam verschränkte sich seine Situation — stand' seinem eigenen Herzen die große Sache der Sklavenbefreiung wahrscheinlich unvergleichlich viel näher als jenen, wenn auch die Amtspflicht ihm gebot, sie möglichst im Hintergrund zu halten, wollte er nicht den freiwilligen Beistand derjenigen Nordstaatler verlieren, die zwar für die Erhaltung der Union alles opfern wollten, nichts aber für Negersklaven.

Ebensowenig durfte er verlauten lassen, was für seinen Verstand taghell war: daß die Sezession der Südstaaten und ihr Streben nach Unabhängigkeit kein Verbrechen war, so daß die moralische Entrüstung, in der sich der Norden gegen sie erging, ihm sicherlich peinlich falsch in den Ohren klang. Denn ob statt einer Nation deren zwei nebeneinander bestanden, war gewiß keine Frage der Moral, insbesondere nicht für ein Staatswesen, das selbst durch Sezession von einem andern entstanden war — durch den Abfall der dreizehn nordamerikanischen Kolonien von England —, und das das Andenken daran als Heiligtum bewahrte. Darum auch, als im Laufe des Jahres 1862 die westlichen Teile des abgefallenen Staates Virginia aus diesem ausschieden, um zur Union zurückzukehren, erkannte Lincoln ihr Recht zur Sezession mit Freuden an, und ermöglichte ihnen, sich 1863 als neuer Staat, West Virginia, zu konstituieren — in der gleichen Inkonsequenz, mit der er seinerzeit die Separation des Staates Texas von Mexiko begrüßt hatte und mit der etwa auch die zeitgenössischen deutschen Zentralisten Schillers »Wilhelm Tell« bejubelten.

Es mag sein, daß er alle diese Halbheiten, Fragwürdigkeiten, gekrümmten Wege mit Widerwillen und Grausen ansah, stets aber half ihm darüber der Gedanke hinweg, daß sie nötig seien, um die Fortexistenz der Vereinigten Staaten, die Einheit der Nation zu sichern. Hier ist ein umhegter Bezirk im Bewußtsein des sonst so Skeptischen, in den anscheinend kein Zweifel Eingang fand. Bei dem Gedanken, aus dem Banner der Union könnten die Sterne verschwinden, die die Südstaaten symbolisierten, erbleichte er, und die drohende Verstümmelung des Staatswesens ließ ihn zittern, als ob sie dem eigenen Körper widerfahren sollte.

Wie aber die Idee des nationalen Einheitsstaates, die damals in Europa ihre letzten Schritte zur Allmacht tat, sich des weltfernen Autodidakten in Illinois mit derartiger Gewalt hat bemächtigen können, weiß niemand. Auf den unerforschlichen Wegen, die der Geist auf seiner Reise durch die Welt einschlägt, hatte nun einmal die Gefühlsmacht Hegelscher Ideen, geboren einst in den zwingburghaften Mauern der preußischen Universität Berlin, bis in die fast noch unberührte amerikanische Präriewildnis sich hindurchgeschlagen.

Doch ebenso wie Lincoln an der Aufgabe, die ihm gestellt war, keinen Zweifel hatte, so viele Zweifel hatte er an seiner Eignung für sie. Er wußte sehr gut, was seine Zeitgenossen von ihm hielten, und war viel zu einsichtig, um nicht stets aufs neue zu erwägen, ob sie nicht recht hätten. Weithin in der öffentlichen Meinung war er immer noch der vulgäre Zufallspräsident, Männern wie Seward, Chase, Stanton intellektuell weit unterlegen. Sein Generalstaatsanwalt Bates hatte am letzten Silvesterabend seinem Tagebuch anvertraut: »Der Präsident ist ein ausgezeichneter Mann, aber es fehlt ihm an Willen und Zweckbewußtsein und ich zweifle sehr, ob er imstande ist, zu kommandieren.« Auch sein sonst so getreuer Herndon hatte inzwischen die Geduld mit ihm verloren und schrieb in einem Brief an einen Freund, Lincoln wolle den Krieg mit einer Knallbüchse, gefüllt mit Rosenwasser, gewinnen; er solle lieber jemanden aufhängen lassen und sich so als entschiedener Charakter einen Namen machen. Der englische Botschafter Lyons teilte seiner Regierung mit, Lincoln habe keine natürlichen Talente, die seine Ignoranz in allem, was nicht Politik des Staates Illinois sei, aufwiegen könnten. Und nicht viel anders als der Lord bemerkte damals Karl Marx in seinen Londoner Berichten für die Wiener »Presse«, Lincoln verdanke seine Wahl, wie die meisten seiner Vorgänger, seiner persönlichen Unbedeutendheit.

Sicherlich hat Lincoln selbst diese Ansichten nicht selten geteilt, viel zu klug, um irgendwann in Selbstvergötzung zu verfallen, wie oft sie auch Begleiterscheinung hoher Ämter ist. Seine eigenen Mißgriffe brachten ihm seine Unzulänglichkeit immer wieder zum Bewußtsein. Daß er beispielsweise durch seine Blockadeerklärung gegen die Konföderation diese implizite als kriegführende Macht anerkannt hatte — gerade also das, was er mit allen Kräften zu vermeiden strebte —, gestand er offen zu. »Wir treiben kein Völkerrecht in unsern westlichen Gerichtshöfen«, sagte er zur Entschuldigung, »ich dachte, Seward wüßte Bescheid und deshalb überließ ich ihm alles.«

Wer war er schon, ernstlich und genau betrachtet? Ein immer noch ziemlich rüder Holzhacker aus der Wildnis, dem es gelungen war, in dem primitiven Gemeinwesen Springfield provinzielle Juristerei zu treiben, der darauf die Vermessenheit gehabt hatte, das ungeheure Amt des Präsidenten der Vereinigten Staaten auf sich zu nehmen und dabei, ganz unerwarteter Weise, auch die Verantwortung für einen Krieg von unermeßbaren, molochhaften Dimensionen. Bereute er, was er getan hatte? War er nicht doch nur ein Stümper? Schien es ihm nicht zuweilen, als sei der Krieg vermeidbar gewesen und nur durch sein Ungeschick entfesselt? War er also der Aufgabe nicht gewachsen, die ihm vom Schicksal gestellt war, oder vielleicht, wenn er sich zu ganz klarem Sehen zwang, gar nicht vom Schicksal, sondern vom törichten Ehrgeiz des Advokaten Abraham Lincoln selbst und dem seiner Frau? Ein Parteipolitiker von mittelmäßigem Rang war er gewesen, ein ländlicher Redner und Sprüchemacher, ein unpraktischer Theoretiker, oder, wenn man will, Träumer unterm vielsternigen Prärichimmel, der gern trödelte und lange überlegte. Nun aber hatte er tagtäglich in atemraubender Hast praktische Entscheidungen zu treffen, die nur ein Ja oder Nein kannten. War es da nicht erklärlich, daß er oft fehlgriff? Er, der an den immer gleichen Wind der Prärie gewöhnt war, an das unabänderliche Fließen der großen Ströme im Westen, fühlte er sich nicht zuweilen verloren, inmitten eines Menschengewimmels, eines Auf und Ab, in dem heute schon nicht mehr galt, was gestern noch angesehen gewesen war und morgen schon derjenige eine Macht sein konnte, den heute alle verachteten. Wir wissen nichts darüber und sind auf Vermutungen angewiesen. Wir kennen nur die seiner Worte, denen er gestattete, in die Welt hinauszutreten. Wie viele aber behielt er bei sich, im Gewahrsam seiner Selbstbeherrschung! Wie selten, daß ein unbewachter Moment ein Wort aus den Tiefen seiner Persönlichkeit entkommen ließ! Eben weil er seinem Amte unbedenklich alles Persönliche geopfert hatte, ist in den zahllosen Dokumenten, die er hinterließ, so wenig von ihm selbst zu finden. Neben der Klarheit der Akten steht der Mensch Lincoln im halben Dunkel.

Eins immerhin hatte er seiner hauptstädtischen Umgebung voraus: daß er das Leben in seinen urtümlichsten und gefährlichsten Formen kennengelernt hatte und damit seine ungeheure Vielfalt und Unberechenbarkeit. Vor den exakten und daher unelastischen Programmen der Politiker scheute er immer instinktiv zurück. Andererseits aber auch, weil er die Ausgleichskräfte in der Natur kannte, erschrak er weniger leicht als jene an Mißerfolgen. Eben deshalb auch hatte er einen gesunden Unglauben an die Macht der Phraseologie, der parlamentarischen Silbenstecherei der Worte, die an den Tatsachen so wenig zu ändern vermag. In seiner Anwaltszeit fragte er einen hartnäckigen Gegner, wieviel Beine eine Kuh habe. »Vier«, antwortete dieser, worauf Lincoln fortfuhr: »Gut, nun nehmen wir an, wir nennen den Schwanz der Kuh ›Bein‹; wieviel Beine hat die Kuh dann?« »Fünf, natürlich«, sagte der andere. »Hier eben sind Sie im Unrecht«, erwiderte Lincoln, »einfach den Schwanz einer Kuh ›Bein‹ zu nennen, macht kein Bein aus ihm.« Wenn die Notwendigkeit es forderte, waren ihm nicht einmal die Worte der Verfassung sakrosankt. Als Chase 1862 fürchtete, die Ausgabe von Papiergeld könne eine Verfassungsverletzung darstellen, ließ Lincoln ihm sagen, »das geheiligte Instrument der Verfassung habe er hier im Weißen Haus und bewache es mit großer Sorgfalt«.

Immer noch also hielt er sich einen Ausweg ins Scherzhafte offen, war er bereit, mit einem: »Das erinnert mich an...« eine drollige Anekdote zu beginnen, vom Thema des Augenblicks abzulenken, die Situation zu erleichtern. Als ihm ein Kongreßabgeordneter bei solcher Gelegenheit sagte: »Herr Präsident, ich kam nicht hierher, um Geschichten zu horen«, antwortete Lincoln: »Sie können gar nicht mehr Angst haben, als ich habe, schon seit dem Anfang des Krieges; aber ich sage Ihnen, daß ich sterben würde, wenn ich mir nicht auf diese Weise gelegentlich Luft schaffte.«

In diesem Sommer erst, in der lauen, feucht pressenden Hitze Washingtons, von Moskitos umschwirrt, erblickte er unmittelbar den Krieg, sah er die blauen Kolonnen junger Rekruten, fröhliche Kindergesichter, singend marschieren und erlebte danach, wie sie zurückkehrten, hager, entstellt, mit unnatürlich gewordenen Stimmen, flackrigem Gelächter, Staub und Pulvergeruch in den durchlöcherten Uniformen; er hörte das Rumpeln der Ambulanzen, die allnächtlich mit trüben Laternen vom Potomac kamen, wo die Lazarettschiffe landeten, und er hörte die gedämpften Trommeln der Militärbegräbnisse.

Sein Äußeres veränderte sich rasch und erschreckend. Oft schien er nur noch ein erschöpfter und ausgebrannter Mann mit dem Gesicht einer Mumie und tief in den Knochenhöhlen versunkenen Augen. Nathaniel Hawthorne, der ihn damals sah, beschrieb ihn für eine Monatsschrift; doch die Herausgeber wagten nicht, den Bericht zu drucken, in dem es hieß: »Er war in einen langen, abgetragenen Schoßrock gekleidet, der ebenso wie die Hosen nicht gebürstet war. An den Füßen hatte er schäbige Pantoffeln. Sein Haar war schwarz, noch nicht mit Grau gemischt, starr, etwas buschig und anscheinend an diesem Morgen weder von Kamm noch Bürste berührt. Seine Hautfarbe ist dunkel gelblich — ein Anzeichen, fürchte ich, der ungesunden Luft um das Weiße Haus.«
Die Frage, die ihn am Abend seiner Wahl überfallen hatte, die Frage »Wer bin ich?« verstummte nie. Damals hatte das Bild im Spiegel, das ihn selbst mit zwei Köpfen zeigte, auf eine halb magische Weise darauf geantwortet. Der eine Kopf, der in den Farben des Lebens, das war der Lincoln, der nun die tägliche Routine des Präsidentenamtes erlernte und mit allen Kräften seines Wesens einen großen Krieg zu gewinnen suchte, der, wie man feststellte, in seinen amtlichen Schriftstücken nicht mehr schrieb: »I think« — »ich denke«, sondern »I decided« — »Ich habe entschieden«. Der andere aber, das blasse Gesicht im Spiegel, der leidende Lincoln, der zu allem andern eher geboren schien als zum Kriegführen, schüttelte er nicht traurig staunend den Kopf über jenen?
Bei einer rationalen Zusammenrechnung seiner Eigenschaften in diesem Sommer 1862 sah er also nicht allzuviel herauskommen. Fand er im Irrationalen einen Ausgleich? Denn es gibt ja vielleicht keine Figur in der Geschichte Amerikas, an der das Irrationale, das Metaphysische, so viel Anteil hätte wie an ihm.

Lincolns Beziehung zum Religiösen freilich, das ihm immer nur in den Formen des angelsächsischen Protestantismus begegnete, war sehr schwankend, und ob es ihm in den Nöten des

Lebens irgendwelche Zuflucht gewährte, steht dahin. Das Ekstatische, in dem seine kleine Mutter Trost gefunden hatte, jene Sektenversammlungen, bei denen es zu tränenüberströmten, doch unendlich wohltuenden Sündenbekenntnissen kam, dieses Wimmern um Gnade, das die süße Lust öffentlicher Selbstdemütigung in sich schloß — es lag seiner beherrschten Natur ganz fern. Ebensowenig aber paßte ihr seelischer Reichtum in das enge und unnachgiebige Rahmenwerk der mancherlei Kirchen, die er kennenlernte. Als sein Vater und seine Schwester in Pidgeon Greek der Baptistengemeinde beitraten, war der junge Abraham ihnen nicht gefolgt. In Springfield waren seine Frau und Kinder Kirchenmitglieder, er selbst aber nicht, obwohl er sie oft in den Sonntagsgottesdienst begleitete — nichts Ungewöhnliches freilich in jener Zeit. Von jeher stießen Dogmen ihn ab. Er sagte: »Wenn die Kirche einfach nur der Substanz des Gesetzes zustimmte ›Du sollst lieben Gott, deinen Herrn, von ganzem Herzen, von ganzer Seele und von ganzem Gemüt und deinen Nächsten wie dich selbst‹, einer solchen Kirche würde ich mit Freuden beitreten.«

Auf einem andern Blatt steht, daß er sein Leben nach christlichen Sittengesetzen zu führen strebte. Sein Widerwille gegen die Sklaverei, die im ganzen vorchristlichen Zeitraum überhaupt kein Problem war, ist anders als aus dem Christentum nicht begründbar. Andrerseits jedoch: die Bindung an das Christliche war nicht immer selbstverständlich; wenn es mit seinen Amtspflichten zusammenstieß, erhielt es nicht immer vor diesen den Vorrang. Sosehr der Mensch Lincoln zuweilen etwas wie die Demut der ersten Christen zeigte — der Staatsmann, der verpflichtet war, der unvollkommenen Welt des Diesseits seine Erfolge abzuringen, konnte Forderungen, die das Jenseitige erhob, nicht immer erfüllen, wenn er damit die politischen Aufgaben, die ein riesiges Gemeinwesen ihm anvertraut hatte, gefährdet hätte.

Am richtigsten vielleicht hat Mary nach dem Tode ihres Mannes mit wenigen Worten ausgesprochen, wie er sich zum Religiösen verhielt: er hatte »weder Glauben noch Hoffnung in die übliche Auffassung dieser Worte. Er trat niemals einer Kirche bei; aber ich glaube immer noch, er war von Natur ein religiöser Mensch... Doch war es eine Art Poesie, und im technischen Sinn war er niemals ein Christ.« Er mag in Augenblicken großer Bedrängnis gebetet haben, doch kaum jemals anders, als in der leise experimentierenden Art des Zweiflers, abwartend, ob ein Erfolg sich einstellt. Sicherlich hatte er den Wunsch, glauben zu können, doch noch nicht auch jenen Willen zum Glauben, dessen absolute Festigkeit zu Demütigung und Demut befähigt. Dazu war er allzusehr Kind seiner liberalen, traditionsauflösenden Zeit. Vor dem äußersten Ernst des Christentums, dort, wo es sich von der Welt trennt und sie verneint, im Glauben an die Erlösung der Welt von sich selbst durch Christus, nein, dort schrak Lincoln zurück. Er wünschte nicht, von der Welt erlöst, also aus der Welt herausgelöst zu werden. Damit hätte er ja sein Wirken in ihr entwertet; dazu hing er doch viel zu fest im Netz des Zeitalters, seiner Interessenkämpfe, Wunschträume, Patriotismen, seinem Mangel an Ergebung, seinem Überfluß an Selbstgewißheit. Nein, er war nicht zum Propheten geboren, sondern zum Kind der Welt. Was er an Glauben besaß, war ebenso schwankend wie seine ungläubige Skepsis. Und die zeitgenössische Philosophie, die schon auf dem besten Wege war, im Geist nichts weiter zu sehen als ein Produkt menschlicher Drüsentätigkeit, bot ihm keinen Ausweg. Frühe schon sagte er: »Wahrscheinlich ist es mein Los, im Zwielicht zu wandern und durch Gefühl und Vernunft meinen Lebensweg ausfindig zu machen.«

Die metaphysische Provinz in Lincoln war trotzdem viel größer und tiefer, als das der nüchterne Pragmatismus angelsächsischer Theologie sie je hätte durchdringen können. Er hatte einen starken und richtigen Sinn für die Dimensionen der Ewigkeit und einen ungefähren Begriff auch von den Mächten, die außerhalb des rational Erfaßbaren auf den Menschen einwirken. Sehr wohl wußte er, daß unserer Erfahrung immer nur ein Bruchteil der Wirklichkeit zugänglich sein wird. Gillespie, der ihn schon im Parlament von Illinois kennenlernte, sagt, er habe

»einen leichten Anflug von Fatalismus« bei ihm gefunden; er habe »an das Schicksal geglaubt« und sein Vertrauen mehr in die göttliche Macht gesetzt als in menschliche Hilfsmittel. Niemand freilich wird sagen können, er wisse auch nur im entferntesten um alle Gedanken Lincolns Bescheid, sicher nämlich nicht um die, die er dachte, wenn er allein war. Am ehesten noch äußerte er sich zu Mary. Aber sie war der Außenwelt gegenüber ebenso schweigsam wie ihr Mann. Beide, obwohl sie ungern davon sprachen, glaubten an die offenbarende Kraft von Träumen. Als man Lincoln geradeaus deswegen befragte, erwiderte er, einigermaßen verlegen: er könne das nicht sagen; doch wolle er an die Bibel erinnern; wenn man an sie glaube, müsse man auch glauben, daß Gott durch Träume zu den Menschen spreche.

Er war unter Menschen aufgewachsen, die sich, als arme Bauern, jeden Augenblick ihrer Abhängigkeit von den Naturkräften ringsum bewußt blieben und, um sich ihnen genehm zu machen, uralte Regeln und Rezepte einander vererbten: niemals etwa ein wichtiges Werk am Freitag zu beginnen, niemals anders als bei Mondlicht Zäune zu setzen, Obstbäume zu pflanzen oder Seife zu kochen. Wenn ein Vogel sich in einem offenen Fenster niederließ, bedeutete das baldigen Tod eines der Hausbewohner; wenn man mit silberner Kugel das Bild einer Hexe durchschoß, konnte man sie für immer unschädlich machen.

Lincoln hat sich aus diesem Zwischenreich halbdeutlicher Schemen, in das er schon durch seine Mutter geraten war, nie ganz gelöst. Von hier kommt das spukhafte Element in seinem Wesen, wenn sich also plötzlich sein Auge trübte und sich vor der Welt verschloß, während er in Träumerei versank, einen Traum, in dem er sich selbst träumte und der selten wohl ein schöner Traum war. Weit eher wohl war es das Entsetzliche seiner inneren Gesichte, was ihn verstummen und erstarrt dasitzen ließ. Nach kurzem freilich gelang es ihm, ihre Macht abzuschütteln; dann schien er wieder der, der er zuvor gewesen war. Um das Verborgene, das Nächtliche in der menschlichen

Natur hat er gleichwohl viel mehr gewußt, als je über seine Lippen kam, und ebenso über das unabänderlich Sündhfte in ihr. Alle Ängste des Puritanerenkels, der er trotz allem blieb, hat er vor ihm empfunden.

Ein Privatleben gab es schon lange nicht mehr für ihn. Aus allem, was wie Freude aussah, verbannte er sich selbst. Eine Spazierfahrt, ein Ritt im Freien vor der Stadt, ein Theaterbesuch — das war alles, was er sich noch gönnte. Über Beziehungen zu Frauen wird nichts mehr berichtet. Er verstand im Grund ja auch wenig von ihnen, trotz des ungefügen Dranges zu ihnen in seinen Jugendjahren, wie ihm das Mary Owens damals schon bescheinigt hatte. Übrigens hatte er auch gegen Blumen eine ähnliche, scheue Abneigung; er liebte nicht, sie im Zimmer stehen zu sehen; er habe, sagte er, »weder natürlichen noch erworbenen Geschmack an solchen Dingen«.

Auch in seinem Haus wurde es zunehmend drückender und düsterer. Schatten aus dem politischen Bereich fielen mitten in seine Familie. Die Verdächtigungen gegen Mary wegen ihrer Herkunft aus dem Süden — die natürlich auch ihn treffen sollten — waren nicht zum Schweigen zu bringen. Mary suchte sich zu sichern, indem sie keinen ihrer Briefe mehr öffnete, sondern den Sekretär Stoddard damit beauftragte. In alter Resolutheit besuchte sie die Verwundeten in den Hospitälern, doch — stolz wie sie war — immer allein, um möglichst wenig darüber bekannt werden zu lassen.

Niemals vergaß sie Willies Tod. In ihrem Schlafzimmer, das den Potomac übersah, gewahrte sie das Kind manchmal am Fuß ihres Bettes stehen. Seit Ende 1862 besuchte sie eine Spiritistin, Frau Laurin, in der Vorstadt Georgetown. Sie geriet in einen Zustand ständiger Gespanntheit und wurde blaß, wenn eine Klingel läutete oder ein Buch zu Boden fiel.

Ihre Verschwendungssucht wurde immer sinnloser; vielleicht war das die Betäubung, nach der ihre Nerven verlangten; innerhalb von vier Monaten kaufte sie dreihundert Paar Handschuhe; drei Jahre nach Willies Tod hatte sie 27 000 Dollar Schulden.

Eine Mulattin, Frau Keckley, die als Schneiderin ins Weiße Haus gekommen war, verstand nicht nur Marys etwas massige Figur günstig zu kleiden, sondern auch ihr taktvoll zuzureden und sie zu beruhigen; mit der Zeit wurde sie eine Art Zofe, Krankenschwester, Vertraute Marys, die schließlich keine bessere Freundin hatte als sie.

Ihre Bilder zeigten kaum noch etwas vom Charme der jungen Frau. Sie wurde korpulenter, was sie kurzhalsig und breitschultrig erscheinen ließ; im Gesicht, in dem Nase und Mund einander allzu nahe zu rücken schienen, entstand ein verkniffener, unliebenswerter Ausdruck.

Im Verhältnis Lincolns zu ihr änderte sich nichts. Nach der Sitte des Volkes nannte er sie einfach »Mutter«. Er sah ihr mit äußerster Duldsamkeit zu, und wenn sie mit einer überlangen Schleppe erschien, meinte er nur: »Unsre Katze hat heute einen langen Schwanz.« Sie hat später gesagt, ihr Mann habe großes Vertrauen in ihre Menschenkenntnis gesetzt, von der er selbst nicht allzuviel besaß. Sie mag damit recht gehabt haben. Sicherlich war ihre naive, durchweg praktisch gerichtete Klugheit oft ein wohltätiges Korrektiv seiner träumerischen Verlorenheit. Mary stärkte sein gewiß nicht unberechtigtes Mißtrauen gegen die Mitglieder seines Kabinetts und riet auch zur Vorsicht vor McClellan, wobei freilich immer ihre stürmische Eifersucht beteiligt gewesen sein mag.

Darüber hinaus bestand zwischen beiden eine Vertrautheit, die über das Eheliche hinausging, die man freilich nur ahnen kann und die aus dem Metaphysischen stammte; vielleicht wurde sie nie ausgesprochen, vielleicht auch brauchte sie gar nicht ausgesprochen zu werden. Sie mag zuweilen Konflikte hervorgerufen haben, aber sie verhinderte auch, daß Konflikte zerstörend wurden. Zweifellos hat Lincoln niemandem so viel von den Geheimnissen seines Innern anvertraut wie Mary; zweifellos aber auch, daß es bei niemandem fester und unverzüglicher verwahrt lag als bei ihr.

Nun aber ist seltsam, wie gerade aus diesen Sommertagen 1862,

Tagen äußerster Heimsuchung, ein neuer Lincoln hervorzugehen scheint. Es ist kein plötzlicher Wechsel — paulinische Erleuchtungen kommen ja in Wirklichkeit selten vor —, es ist vielmehr ein allmähliches Durchtränktwerden des Menschen Lincoln mit neuen Einsichten. Offenbar im Schweigen vieler schlafloser Sommernächte, in denen er Korridore und Zimmer des Weißen Hauses einsam durchwanderte, Genosse nur der Nachtschmetterlinge, die durch offene Fenster taumelten, hatte die Wirklichkeit der irdischen Existenz ihn großäugig angestarrt und ihren kalten Atem in sein Gesicht geblasen.
Er begriff nun: ihr gegenüber war es sinnlos, zu fragen, warum gerade auf ihn dies alles gekommen war. Es gab keine Antwort, als die sehr allgemeine, daß jemand da sein mußte, um die Last zu tragen, einfach weil auch die Last da war. Und eben deshalb, weil er nun einmal dergestalt ausgewählt war, konnte er, sofern es richtige Entscheidungen überhaupt gab, sie einzig in sich selbst finden, in den Tiefen, in denen nur die eigene Stimme noch vernehmbar ist. Viel zu viel hatte er bisher von außen, vom Beistand der Mitmenschen, der anscheinend so gescheiten und gewandten, erwartet. Sein Dasein aber als Präsident der Vereinigten Staaten Amerikas war so völlig einzigartig in der Welt, daß er niemanden daran teilhaben lassen durfte. Auch die Verfassung — richtig verstanden — hatte ja den amerikanischen Präsidenten in absolute Einsamkeit versetzt, unabhängig vom Parlament sowohl wie vom Kabinett, völlig allein in die Verantwortung verbannt. So begann nun Lincoln allein zu handeln, verzichtete er immer häufiger darauf, andere gewinnen oder überzeugen zu wollen. Er stellte einfach Tatsachen her und seine Mitmenschen vor diese. So gewann er allmählich sich selbst und seine innere Freiheit. Und um so weniger konnte die Welt ihm noch anhaben.
Die Rückschau zeigt klar: irgendwo an einem Tiefpunkt hat er ein großes Zutrauen zu sich selbst gewonnen. Ein unveränderliches Selbstgefühl war in diesem Sommer 1862 seinem Schiffe wie ein neuer stählerner Kiel eingebaut worden ...

Er hat immer Shakespeare geliebt, und manchmal ist es, als ob er selbst mit dessen prachtvollen Dichteraugen in das Weltgebäude geblickt hätte, in alle seine Kammern und Säle, Gänge und Treppen, froh an seiner Buntheit und Vielfalt, in der alles seinen Platz und Rang hat, das Erhabene wie das Rührende, das Simple wie das Unflätige, wenn es auch alles letzten Endes, von der Ewigkeit her gesehen, ohne Sinn ist — es sei denn, man suche ihn außerhalb der Welt, wie das die christliche Einschätzung ist. Lincoln teilte Shakespeares Lust an der Kapriole, aber auch am unerbittlichen Gang des Tragischen, am schwermütigen Spiel der Vorbedeutungen, an seinen Spuk- und Nebelgestalten, an Elfen, Dämonen, Hexen, die »zwischen Himmel und Erde« angesiedelt und so viel mehr sind, als »unsere Schulweisheit sich träumen läßt«. Shakespeare gab ihm Formulierung und Rechtfertigung des eigenen Ich — weshalb er ihn so liebte —, nicht also in einem literarischen, sondern im lebenspraktischen Sinn.

Damit geriet Lincoln auf den Weg in die Einsamkeit — doch in jene Einsamkeit, die Voraussetzung, ja gleichbedeutend mit Ausübung der materiellen politischen Macht ist, jener Macht, die nicht mehr auf von vornherein stockfleckigen Kompromissen mit Zeitgenossen beruht, sondern einer großen und geklärten Persönlichkeit unmittelbar entströmt und die natürliche Autorität heißt.

Keineswegs sei damit gesagt, daß Lincoln von nun an ein erfolgreicher Staatsmann gewesen wäre. Sogar sein Selbstgefühl blieb lange noch unfest. Ein Traum, den er noch 1863 hatte und über den sein Sekretär Hay berichtet, zeigt das: er sah sich in einer Ansammlung gewöhnlichen Volkes und als bekannt wurde, wer er sei, hörte er sie Bemerkungen über sein Äußeres machen; einer sagte: »Er sieht sehr gewöhnlich aus«, worauf der Präsident im Traum erwiderte: »Gewöhnlich aussehende Leute sind die besten in der Welt; deshalb machte ja auch Gott so viele von ihnen.« Der gleiche Hay sagt aber auch, Lincoln sei sich seiner großen und vielseitigen Gaben völlig bewußt gewesen und spricht von seiner »intellektuellen Arroganz«. Trotzdem: wenn Lincoln nun Fehler beging, so waren es seine eigenen, nicht mehr, wie bisher, die, zu denen andere ihn überredet oder gestoßen hatten und für die er dennoch verantwortlich war.

Die Siebentageschlacht erschütterte Lincolns Vertrauen zu McClellan anscheinend endgültig, obwohl, objektiv gesehen, die militärische Lage gar nicht schlecht war. Lincolns Briefe an ihn waren nach wie vor geduldig, eingehend, freundlich, fast väterlich. Im Gespräch mit andern freilich wurde seine wachsende Abneigung gegen den General immer deutlicher. Wenn McClellan etwa über Regenwetter klagte, sagte Lincoln, er scheine, im Gegensatz zur Heiligen Schrift, zu glauben, der Regen treffe nur die Gerechten und nicht die Ungerechten. Und zu seinen Bitten um Verstärkungen bemerkte er, wenn man ihm alle Truppen schickte, die er verlangte, würden sie keinen Platz mehr finden, um sich hinzulegen, sondern würden stehend schlafen müssen.

In dieser Krisis nun war es, daß Lincoln zum erstenmal eigene militärische Entschlüsse faßte und sie rasch und selbständig ausführte: am 26. Juni, während die Siebentageschlacht noch im Gange war, erließ er eine Order, durch die alle zum Schutze Washingtons bestimmten Truppen zu einer »Virginia-Armee« zusammengefaßt und dem General Pope unterstellt wurden, der sich im Westen ausgezeichnet hatte. Sie waren damit McClellan entzogen, der von Lincolns Entschluß ebensowenig verständigt worden war wie das Kabinett.

Pope, aus Kentucky gebürtig, mit Pausbacken und einer gestülpten Nase, machte einen sehr jugendlichen Eindruck, dem er dadurch zu begegnen suchte, daß er am Kinn einen rechteckig geschnittenen, steifen Assyrerbart trug. Er war ein Liebling der Radikalen in der Republikanischen Partei. Sein Vater, ein Jurist, war Lincoln schon lange bekannt. Montgomery Blair warnte ihn: Pope sei ein Windbeutel und Lügner, wie auch sein Vater ein Schmeichler, Betrüger und Lügner gewesen sei; alle Popes seien so. Lincoln erwiderte jedoch: auch ein Lügner könne tapfer und ein geschickter Offizier sein. Pope selbst zeigte sich über seine Ernennung nicht eben erfreut. Es dauerte Wochen, ehe er eine Proklamation an seine Armee erließ, wobei er sich allerdings im Ton arg vergriff — er datierte sie aus »Hauptquartier im Sattel« und teilte mit, er komme vom westlichen Kriegsschauplatz, wo man »die Feinde immer nur vom Rücken sehe«. In beiden Heeren, im Norden wie im Süden, erregte er damit viel Heiterkeit.

Vier Tage nach der Ernennung Popes, am 1. Juli, machte Lincoln wiederum ohne alle Umstände die von Stanton vor drei Monaten verfügte Einstellung der Rekrutierung rückgängig und erließ einen Aufruf an Freiwillige, 300 000 an der Zahl, die sich für drei Jahre verpflichten sollten. Am gleichen 1. Juli unterschrieb er übrigens auch die Pacific Railway Bill, durch die die erste Eisenbahn von Ozean zu Ozean gesichert wurde.

Dann unternahm er eine sehr eilige und geheimgehaltene Reise zu General Scott, der in der romantischen Landschaft der Militärakademie West Point, von der er einst ausgegangen war, sein Leben beschließen wollte. Hier, in einem kleinen Hotel, lebte der Greis, nahezu bewegungslos geworden und asthmagequält; auch sein Augenlicht begann nachzulassen. Für Lincoln war er gerade deshalb jemand, der nichts mehr erwartete, der uneigennützige Ratgeber, der einzige vielleicht, den er kannte. Der Inhalt ihrer Gespräche ist nie bekannt geworden. Man darf aber unbesorgt alles, was Lincoln unmittelbar nach diesem Besuch tat, als dessen Auswirkung ansehen.

Zunächst einmal, am 8. Juli, begab er sich zu McClellan ins Lager. Hier nun, im Zelt in lähmender Hitze und im üblen Geruch der Sumpfgewässer, saß der lange, dürre Mann mit dem unvermeidlichen Zylinder dem kleinen breitschultrigen, elegant uniformierten General gegenüber, beide gleichermaßen höflich, nervös und beherrscht. Der Präsident befragte McClellan und danach ebenso alle höheren Offiziere nach der Stärke ihrer Truppenteile, den sanitären Verhältnissen, dem Verhalten des Feindes und richtete an alle die Frage: »Wenn es wünschenswert wäre, die Armee von hier zu verlegen, könnte es

mit Sicherheit getan werden?« Nur zwei bejahten die Frage. Alle andern verneinten sie: man bereite soeben eine neue Offensive vor; ein Rückzug bedeute Ruin des ganzen Feldzugs. Lincoln nahm es steinern kalt zur Kenntnis.
Nicht viel anders erging das einer Denkschrift, die McClellan für den Präsidenten vorbereitet hatte und die dieser sofort, vor den Augen des Generals, las; die Sache der Union sei die der Selbstregierung, hieß es darin, und dürfe nie verlassen werden; der Krieg müsse daher nach den »höchsten Prinzipien« geführt werden und nicht als Unterjochungskrieg, stets nur gegen die feindliche Armee, nie gegen die Bevölkerung. Keine Eigentumskonfiskationen dürften stattfinden, also auch keine zwangsweise Abschaffung der Sklaverei, keine Hinrichtungen aus politischen Gründen, keine Herabdrückung von Staaten zu Territorien. Werde der Krieg zur Durchführung von Rachewünschen benutzt, so fürchte er, daß das Zersetzung der Armee bedeuten würde. Er spreche diese Ansicht aus Liebe zum Lande aus und in Aufrichtigkeit gegen den Präsidenten und sei bereit, ihm auf jeden Posten, den er ihm zuweise, treu zu dienen.
Es ließ sich gegen das Schriftstück in der Tat wenig einwenden, ebensowenig dagegen, daß ein Bürger der Vereinigten Staaten, der überdies Oberkommandierender einer Armee war, sein Gewissen erleichterte, indem er den Präsidenten auf die Gefahren aufmerksam machte, die für die Disziplin dieser Armee entstehen konnten. Im übrigen waren ja die Ideen McClellans fast identisch mit denen Lincolns. Daß dieser trotzdem das Memorandum so kühl aufnahm, es nämlich, nachdem er es gelesen hatte, mit kurzem Dank einsteckte, ist wohl nur dadurch zu erklären, daß er sehr deutlich die Spitze fühlte, die es gegen die Radikalen richtete, die zwar auch seine Feinde waren, wie diejenigen McClellans, denen er aber bereits so weit entgegengekommen war, daß er vor dem General nicht mehr von ihnen abrücken konnte.
Am späten Nachmittag nahm der Präsident eine Parade ab, in schnellem Trab die Regimenter entlangreitend. Augenzeu-

gen berichten, daß, während McClellan sich »steif wie ein Dragoner« hielt, die langen Beine des Präsidenten stets in Gefahr schienen, sich mit denen seines Pferdes zu verwickeln. Die Truppen sahen ihn gern, da sie auf seinem Gesicht nicht nur »ein gütiges Lächeln«, sondern auch »Zeichen von Sorge und Angst« gewahrten. Am Ende stieg er auf einen Zaun und hielt eine kleine Ermutigungsansprache. So schien der Besuch friedlich und planmäßig abzulaufen. Höchstens daß die Schweigsamkeit Lincolns auffiel, seine Gefaßtheit und Verschlossenheit.
Abends jedoch im Zelt, in dem er übernachtete, las er bei dürftigem Kerzenlicht Shakespeare, nach seiner Gewohnheit laut vor sich hin, und geriet an jene Verse in »König Johann«, in denen die Herzogin Konstanze den Kardinallegaten fragt:
»Ich hört' Euch sagen, Vater Kardinal,
   Wir seh'n und kennen unsre Freund' im Himmel.
   Ist das, so seh' ich meinen Knaben wieder . . .«[3]
Hier plötzlich überwältigte den Präsidenten die nie schwindende Erinnerung an Willie, den eigenen toten Sohn. Er schlug die Hände vor das Gesicht, und Tränen erschienen zwischen den großen Fingern. Durch die Schale der so mühsam erworbenen, tagsüber bewahrten Festigkeit brach der Mensch in seiner schlichten Pein hindurch . . .
Am nächsten Morgen reiste er ab, und McClellan schrieb an seine Frau: »Lincoln fand die Armee nicht im mindesten entmutigt oder demoralisiert. Ich weiß nicht, wie weit er von diesem Besuch profitiert hat. Ich fürchte, nicht sehr.«

# XVI
## Die Geburt der Legende

Sofort nach seiner Rückkehr aus dem Lager McClellans berief Lincoln den General Halleck, bisher Oberbefehlshaber an der Westfront, nach Washington. Er wurde, als »General-in-Chief«, sowohl McClellan wie Pope übergeordnet, offenbar auch dies auf Anraten Scotts, der stets viel von Halleck gehalten hatte, McClellan hingegen, verständlicher Weise, nicht in gutem Andenken hatte.
Die Persönlichkeit Hallecks schien für eine solche Stellung geeignet. Siebenundvierzig Jahre alt, ein dicklicher Mann mit kolossaler Stirn, hervorstehenden, runden Augen und milden Umgangsformen glich er mehr einem Gelehrten als einem Soldaten; sein Spitzname war »Old Brains«, »altes Hirn«[1], und in der Tat galt er allgemein als großer Kriegswissenschaftler, dessen 1846 erschienenes Buch »Elements of Military Art and Science« viele Offiziere ins Feld begleitete. Als Truppenführer hatte er im Westen einige Erfolge gehabt, allerdings gegen einen Feind, dem er doppelt überlegen war und dem er sich trotzdem immer nur mit Schaufel und Hacke des Pionierkriegs genähert hatte. Von 1851 bis 1861 war er Bergwerksdirektor, Eisenbahnpräsident und Rechtsanwalt gewesen und hatte, als Mitglied der größten Anwaltsfirma San Franciscos, einen Prozeß gegen Stanton verloren, der ihn daraufhin stets einige Verachtung fühlen ließ. Ebensowenig wie McClellan war er Republikaner; ja, in der ersten Kabinettssitzung bereits erklärte er: »Ich gestehe, vom Neger halte ich nicht viel.«
Einen Tage ehe Halleck das Kommando übernahm, am 22. Juli 1862, traf Lincoln seine vielleicht schicksalsschwerste Entscheidung: er kündigte im Kabinett an, er habe sich entschlossen, die Sklavenbefreiung zu beginnen. Die Form, in der er das tat, charakterisiert wiederum seinen neuen Ton: er habe die Kabinettsmitglieder nicht etwa berufen, um ihren Rat zu hö-

ren, sagte er, sondern damit sie den Text der Befreiungs-Proklamation kennenlernten und, falls sie das für nötig hielten, Änderungen vorschlügen. Er las den Text vor: in den abgefallenen Südstaaten sollten die Sklaven vom 1. Januar 1863 an frei sein, vorausgesetzt, daß diese Staaten bis dahin nicht die Waffen niedergelegt hätten. Die nicht abgefallenen Sklavenstaaten des oberen Südens sollten die Sklaven ihren Eigentümern abkaufen und aus Bundesmitteln dafür entschädigt werden.
Nur Seward antwortete: gegen die Maßnahme wende er nichts ein, schlage aber vor, sie zu verschieben, bis die militärische Lage sich wenigstens etwas gebessert habe; sonst würde es aussehen wie der letzte Verzweiflungsschritt eines sterbenden Systems; »die Regierung würde ihre Hände nach Äthiopien ausstrecken, statt daß Äthiopien seine Hände nach uns ausstreckt«. Lincoln sah das ein und zog die Proklamation fürs erste zurück.
Es war ein langer Weg gewesen, der ihn bis zu ihr geführt hatte. Stets hatte er bisher ja daran festgehalten, daß der Krieg nicht gegen die Sklaverei geführt werde; und wie ernst es ihm damit war, bewies sein Einschreiten gegen die Sklavenbefreiung, die Frémont und später, im Mai 1862, General Hunter in den von ihm besetzten Küstenstrichen von South Carolina unternommen hatte. Als Präsident hatte Lincoln die Verfassung beschworen, die Eigentum jeder Art, auch das an Sklaven, unter seinen Schutz stellte, und seinem juristischen Sinn war klar, daß diese Schutzverpflichtung nur durch eine Gesetzesänderung — an die nicht zu denken war — oder aber durch Gesetzesbruch beseitigt werden konnte. Gar nichts machte es dabei aus, daß der Mensch Lincoln seiner ganzen Natur nach die Sklaverei als Schmach empfand. Die ungeheure Menge von Leid und Qual, die sie über menschliche Wesen verhängte — mochte der einzelne Sklavenbesitzer noch so human sein —, riß gleichsam ständig an seinem Herzen, und der Wunsch, die Sklaverei aus der Welt zu schaffen, verließ ihn nie. Immer war er daher bemüht gewesen, wenigstens Teillösungen zu erreichen, insbe-

sondere mit öffentlichen Geldern möglichst viele Sklaven ihren Besitzern abzukaufen, worin er immer noch eine bessere Kapitalanlage sah als im Krieg. Immer allerdings auch war ihm klar, daß man nur allmählich vorgehen konnte, mit gütlicher Überredung, nie mit Drohung. Beizeiten auch erkannte er den ganzen Umfang des Problems, das sich in seiner wirklichen Kompliziertheit erst nach der Befreiung stellen würde, wenn es darum gehen würde, die bisher auf der Rechtsbasis nützlicher Haustiere behandelten Neger zu Menschen zu machen. Sie sofort als stimmberechtigte Bürger anzuerkennen, hielt er nur bei einigen besonders weitentwickelten Individuen für möglich. Es läßt sich sagen, daß er an Einbeziehung des ganzen Negervolkes in das Gemeinwesen der Weißen nie wirklich geglaubt hat. Die Fremdheit der Rasse und ihre gegenseitige Abneigung war für ihn naturgegeben und daher unüberwindlich[2], weshalb ihm Auswanderung und Neuansiedlung der Neger in einem geeigneten Klima die weitaus richtigere Lösung schien. Seit dem Herbst 1862 ließ er bei den mittelamerikanischen Republiken ständig anfragen, ob sie bereit seien, Neger aufzunehmen. Wenn er sich, trotz alledem, nun plötzlich zu einer gewaltsamen Befreiung der Neger entschloß, so hieß das also gewiß nicht, daß sein Gefühl auf einmal die Oberhand über seine Urteilskraft gewonnen hätte. Seinem alten Freund Speed, dem gleichen, der einst dem armen Neuankömmling in Springfield das eigene Schlafzimmer angeboten hatte, schrieb er zwar, er »glaube, seine tiefsten Hoffnungen in dieser Proklamation verwirklicht« zu haben, aber sofort setzte er hinzu, er sei »ängstlich bemüht gewesen, sie zu vermeiden«, und »nur Notwendigkeit« habe ihn zu ihr gebracht. In diesem krisenschweren Sommer war er dazu gekommen, Vorteile und Nachteile der Sklavenbefreiung neu einzuschätzen. Gewiß setzte er mit ihr den bisherigen Beistand der sklavenfreundlichen Demokratischen Partei in den Nordstaaten aufs Spiel. Auf der andern Seite aber, so meinte er, ließ sich mancherlei erkennen, was diesen Verlust aufwog: ein populärer Stimmungsumschwung im Norden, eine Versöhnung mit den Radikalen der eigenen Partei,

ein gewaltiger Sympathiegewinn im Ausland und damit das Ende der Interventionsgefahr, die immer größer wurde, je weniger das Schlachtenglück den Norden begünstigte; er hielt die militärische Lage für viel schlechter, als sie tatsächlich war. Vor allem aber, er selbst hat es später gestanden: es mußte der Welt einfach irgend etwas ganz Neues geboten werden. »Wir mußten unsre Taktik ändern oder das Spiel verlieren. Es mußte etwas geschehen, um den Krieg auf eine völlig neue Ebene zu stellen, ihn gleichsam von neuem und mit neuen Impulsen zu beginnen.«
Wochen hindurch hatte ihn der Entwurf der Proklamation beschäftigt. Um sich Aufzeichnungen über ihr Für und Wider zu machen, hatte er schon kurz nach der Schlacht der Sieben Tage begonnen, sich im Chiffrierraum des Kriegsministeriums niederzulassen, wo er ungestört war. Die wenigen Zeilen, die er hier täglich schrieb, hatte der Chef des Militärtelegraphen, Major Eckert, aufs sorgsamste zu verschließen. Am 4. Juli noch äußerte Lincoln seine Unschlüssigkeit: könnte eine Sklavenbefreiung nicht die Hälfte der Offiziere veranlassen, die Waffen niederzulegen und drei weitere Staaten zum Abfall bringen? Am 13. Juli erst, neun Tage ehe er dem Gesamtkabinett seinen Entschluß mitteilte, auf einer Wagenfahrt mit Stanton und Welles, ließ er sich zum erstenmal wenigstens vor diesen nächsten Mitarbeitern über seine Pläne aus und bat sie, ernsthaft über sie nachzudenken.
Im ganzen war die Lincolnsche Sklavenbefreiung also ein Ergebnis drängender Not und dürrer Berechnung: eine Tat von zweifelhafter Rechtmäßigkeit, eine Zwielichtangelegenheit; daher hatte auch Lincoln niemals ein ganz gutes Gewissen ihr gegenüber. Es war ihm klar, daß er die Verfassung dabei nicht für sich hatte, die entschädigungslose Wegnahme von Eigentum ebenso strikt ausschloß, wie sie die Regelung des Sklavenwesens den Einzelstaaten vorbehielt, und daß der Kongreß daher die Befreiung der Sklaven nie sanktionieren würde.[3] Eben deshalb nahm Lincoln sie unter die breiten Fittiche der Kriegsvollmachten — »ich denke«, sagte er, »die Verfassung

betraue den Commander-in-Chief in Kriegszeiten mit dem Kriegsgesetz«.
Vorläufig aber war das verhängnisvolle Dokument wieder ins Dunkel seines Schreibtisches versenkt. Erst der Spruch der Kanonen sollte ihm den Weg nach außen öffnen. Einen Tag später schon übernahm Halleck das Kommando. Auch er besuchte das Lager McClellans, verweigerte ihm wiederum Verstärkungen und befahl ihm vielmehr am 3. August, den Halbinselfeldzug zu beenden und die Armee nach Aquia Creek, südlich Bull Run, unweit Washington, zurückzunehmen. McClellans Bitte, die Order nachzuprüfen, wurde abgeschlagen. Vielmehr wurden seine Truppen, wie sie nun in Aquia Creek eintrafen, Einheit nach Einheit, der Armee Popes einverleibt.
Lincoln hatte — das ist kaum übertrieben — aus Motiven, die an sich berechtigt und ehrenwert waren, den Halbinselfeldzug McClellans ruiniert, indem er ihn durch Halleck aus einer durchaus nicht aussichtslosen Position und aus der Vorbereitung einer neuen Offensive herausnötigen ließ.[4] Viele tausend Menschenleben und Millionen Dollar waren vergeblich geopfert. Zwei Jahre sollte es dauern, bis McClellans Idee des direkten Angriffs gegen Richmond wieder aufgegriffen wurde und — nunmehr durch General Grant unbehindert durchgeführt — den Krieg beendete, ein schlagendes Beispiel dafür, was es bedeuten kann, wenn der Grundsatz der Unterordnung der militärischen Gewalt unter die zivilistische übertrieben wird.
Doch mitten in diesen Tagen, in denen Erwägungen von größter Reichweite Lincoln in Anspruch nehmen mußten, in denen es im Becher des militärischen Würfelspiels aufs neue erregend zu rasseln begann und der lange ersehnte Treffer wieder einmal möglich schien, konnte es geschehen, daß aus dem überbeschäftigten Präsidenten der schlichte und redliche Mensch hervortrat, der er immer blieb und dem unmittelbare Berührung mit dem Menschlichen noch nicht verlorengegangen war. Noch war seine Verzweiflung nicht so stark, daß sie die Fähigkeit des Mitleidens hatte ersticken können. Und so geschah es jetzt, daß ein Offizier sich an ihn wendete, dessen Frau bei einem

Schiffszusammenstoß ertrunken war und der Stanton um Urlaub gebeten hatte, um die Leiche suchen und bestatten zu lassen. Der Kriegssekretär jedoch hatte ihn abgewiesen, da große Schlachten bevorständen. Und auch Lincoln sagte ihm nun: ob er denn nicht wisse, daß man mitten in einem großen Krieg stehe; Leiden und Tod drücke auf alle; Werke der menschlichen Liebe müßten heute geächtet sein. Nur e i n e Menschenpflicht gebe es, unablässig Krieg führen, um den Frieden zu erkämpfen. Der Besucher solle ihn nicht mit Familiensachen behelligen; jede Familie im Land sei von Sorgen gebrochen; trotzdem dürften sie nicht alle zu ihm um Hilfe kommen.
Nicht imstande, dem Präsidenten unrecht zu geben, ging der Offizier in sein Hotel zurück. Doch sehr früh am folgenden Morgen klopfte Lincoln an seine Zimmertür. »Ich war gestern brutal zu Ihnen«, begann er sofort; »ich habe keine Entschuldigung dafür, nur daß ich erschöpft war bis zur letzten Möglichkeit. Trotzdem habe ich kein Recht, einen Mann rüde zu behandeln, der sein Leben für das Land eingesetzt hatte und nun in großer Trauer zu mir kam. Ich habe eine reuevolle Nacht gehabt und komme nun, um Sie um Entschuldigung zu bitten.« Er hatte bereits mit Stanton die Beurlaubung des Offiziers vereinbart, brachte ihn in seinem Wagen zum Dampfer und wünschte ihm Lebewohl.
In diesen Tagen geschah es allerdings auch, daß Lincoln auf handgreifliche Weise darüber aufgeklärt wurde, wie es um seine Popularität stand. Eines Morgens nämlich erzählte er seinen Sekretären beiläufig, als ob es sich um einen mäßigen Scherz handle, am Abend zuvor, als er zu Pferde von Soldiers Home zurückkehrte, einem von der Armee verwalteten Erholungsheim vor der Stadt, sei aus einem Gebüsch auf ihn geschossen worden; sein Pferd habe einen gewaltigen Sprung getan, so daß sein Hut davonflog, und sei mit halsbrecherischer Geschwindigkeit dahingerast, wobei er selbst gezweifelt habe, ob es ein besserer Tod sei, von einem durchgehenden Bundespferd abgeworfen oder von illoyalen Bürgern erschossen zu werden. Von nun an begleitete ihn eine Zeitlang Kavallerie.

Zwei Armeen hatten nun in Virginia ihre Quartiere aufgeschlagen, diejenige Popes, die ständig wuchs und die McClellans, die immer kleiner wurde. Pope machte zunächst dadurch von sich reden, daß er zu einer in Amerika bisher ungewohnten Kriegführung überging: er versuchte, alle Bürger in seinem Operationsgebiet zu Loyalitätseiden zu zwingen; wer den Eid brach, sollte erschossen werden, wer ihn verweigerte, vertrieben; jedes Haus, aus dem ein Schuß falle, solle zerstört werden. Einer seiner Unterführer, General von Steinwehr, verhaftete sogar fünf Einwohner der Städtchens Luray und kündigte an, für jeden seiner Soldaten, der von Guerillas getötet werde, würde eine dieser Geiseln erschossen werden. Im ganzen jedoch wurden Popes Orders nur selten oder fast gar nicht ausgeführt. Lincoln sah in ihnen rein militärische Maßnahmen und widersprach ihnen deshalb nicht.
Inzwischen näherte sich Lee, dem der Abzug McClellans wieder volle Bewegungsfreiheit gegeben hatte, in allgemeiner Richtung auf Baltimore, Philadelphia, Washington. Vom 26. August an wurde die telegraphische Verbindung zwischen Pope und Washington ominös unsicher; was an Nachrichten anlangte, lautete jedoch günstig. Am 30. August, einem schwülen Samstag, war Lincoln zum Dinner bei Stanton, dann mit ihm in Hallecks Hauptquartier. Der General schien ruhig und zufrieden. Jeder Mann sei ins Feld geschickt, sagte er mit träumerischem Professorenblick, die größte Schlacht des Jahrhunderts könne beginnen. So war auch Lincoln zuversichtlicher Laune. Am nächsten Morgen aber schon trat er ins Zimmer seines Sekretärs Hay ein, der gerade beim Anziehen war, und sagte: »Well, John, wir sind wieder einmal verhauen worden, fürchte ich.«
In der Tat war Pope fast an der gleichen Stelle, an der die Schlacht von Bull Run gekämpft worden war, von Lee angegriffen, von »Stonewall« Jackson umgangen und von beiden schwer geschlagen worden. Aufs neue füllten sich vor Lincolns Augen die Straßen Washingtons mit Flüchtlingen. Die Ministerien formierten ihre Beamten und Schreiber zu Kompa-

nien, und schickten ihr Gold nach New York, und die Banken taten es ihnen nach. Im Potomac lag ein Kanonenboot ständig unter Dampf, bereit, Lincoln aufzunehmen.

Der militärische Erfolg, von dem der Präsident die Sklavenemanzipation abhängig gemacht hatte, schien also entfernter denn je. Immerhin blieb die Armee dieses Mal von wirklicher Panik verschont, ihre Organisation als solche unerschüttert. McClellans Drill hatte Zinsen getragen. Dem General selbst hatte der Wind den Kanonendonner der Schlacht bis in sein Zelt hinübergeweht. Doch da inzwischen fast alle seine Truppen Pope unterstellt worden waren, konnte er ihm nicht beistehen.

Wieder faßte Lincoln ganz allein einen unerwarteten Entschluß. Am 2. September, kurz nach sieben Uhr morgens, als McClellan beim Frühstück saß, wurde ihm der Präsident gemeldet. Nur von Halleck begleitet, trat er ein. Der Zustand der Armee, sagte er, sei schlimmer als erwartet; 30 000 Versprengte allein erfüllten die Straßen; er und ebenso Halleck hielten Washington für verloren; ob McClellan trotzdem das Kommando der zum Schutz der Stadt bestimmten Truppen übernehmen wolle und sein Bestes tun, ihm, Lincoln zuliebe? Seine Augen waren tränenfeucht.

Und so stark war die Magie Lincolns, daß der General die Mißhandlungen vergaß, die ihm durch seine beiden Besucher widerfahren waren und das Kommando annahm; er sei überzeugt, erklärte er, daß Washington gerettet werden könne. Lincoln ging unter bewegten Dankbezeigungen.

Am gleichen Tag freilich noch hatte er infolgedessen Sturmszenen in seinem Kabinett zu überstehen. Keiner seiner militärischen und zivilen Berater wollte die Verantwortung für die Wiederbeauftragung McClellans mit ihm teilen. Stanton zitterte vor Wut. Chase prophezeite feierlich ein nationales Unglück. Lincoln, sehr erschöpft, hielt trotzdem daran fest, daß McClellan mehr als jeder andere Offizier das Vertrauen der Armee besäße. Und wirklich, sobald McClellan begann, die

zurückströmenden Truppen neu zu ordnen und sie ihn erkannten, gab es wilde Freudenausbrüche. »George, verlaß uns nicht wieder«, riefen sie ihm zu. Die Bevölkerung überhäufte ihn mit Blumen.
Lee ließ ihm nicht lange Ruhe; er überschritt den Potomac, drang in Maryland, also ins Territorium der Union ein und bedrohte Washington. Dennoch hatte McClellan — und das ist bezeichnend für das immer noch sehr Ungefähre und Improvisierte des Regierungsapparats — keine Bestallung als Oberbefehlshaber, sondern nur den mündlichen Auftrag des Präsidenten, Washington zu verteidigen. Er wartete lange auf ein formelles Dokument. Schließlich aber hinterließ er einfach seine Karte mit der Abschiedsformel P. P. C. bei Lincoln, Seward und Stanton, ging zur Front und warf die vor zwei Wochen erst besiegte Armee als gewaltige Sperre zwischen Lee und Washington.
Am 14. September, gegen halb drei Uhr nachts, erhielt Lincoln ein Telegramm McClellans. Und vielleicht griff er bebend nach einem Halt, als er las, welchen Trumpf das Schicksal ihm endlich in die Hand gespielt zu haben schien: in dem Städtchen Frederick, das soeben von südstaatlichen Truppen geräumt worden war, hatte ein Soldat des 27. Infanterieregiments aus Indiana drei Zigarren gefunden, die in die Kopie eines Spezialbefehls Lees gewickelt, also offenbar einem Offizier aus der Tasche gerutscht waren; aus ihm aber ließen sich sämtliche Dispositionen Lees für die nächste Woche ersehen. Allerdings soll Lee durch einen Maryländer rechtzeitig noch gewarnt worden sein, der zufällig hörte, daß McClellan ausrief: »Jetzt weiß ich, was ich zu tun habe.« Trotzdem war Lee kühn genug, seine Pläne nicht zu ändern, sondern glaubte ganz im Gegenteil, nun um so besser alle folgenden Bewegungen McClellans deuten zu können.
Bei herrlichem Septemberwetter entwickelte sich die Schlacht am Antietam, einem Bach, der in den Potomac mündet. Vierzehn Stunden hindurch wütete sie um ein Kornfeld, eine kleine Kirche, eine steinerne Brücke, das blutigste Gemetzel, das der

Kontinent je sah. Auf beiden Seiten blieben 23 000 Tote und Verwundete liegen. Sie endete mit einem Rückzug der Konföderierten, befreite also den Boden der Union von ihnen, rettete Washington und war insofern ein defensiver Sieg des Nordens.
McClellan hatte ihn gewonnen, als General einer Armee, die er eigentlich ohne Ermächtigung und gegen den Willen von Ministerium und Oberkommando befehligte, also, wie er selbst das ausdrückte, »mit einem Strick um den Hals«. Und in der Tat, hätte er verloren, wäre er reif für ein Kriegsgericht gewesen. Nun aber hatte der einsame, abrupte Entschluß Lincolns, sich wiederum an McClellan zu wenden, hatte diese Tat, zu der jedermann in Washington in Opposition gestanden hatte, sehr weitreichende Folgen. Denn damit war ja jene glückliche Wendung auf dem Kriegsschauplatz eingetreten, die Lincoln zur Vorbedingung der Sklavenbefreiung gemacht hatte.
Jetzt gestattete er sich kein Zögern mehr. Zur Vorbereitung der Öffentlichkeit hatte er einige Wochen zuvor schon einen Offenen Brief an Horace Greely, den Herausgeber der »New York Tribune«, gerichtet, eine aufs sorgsamste formulierte Zusammenfassung seiner Beweggründe: »Mein alles beherrschendes Ziel in diesem Krieg ist: die Union zu retten, nicht, die Sklaverei zu retten oder zu zerstören. Wenn ich die Union retten könnte, ohne einen Sklaven zu befreien, würde ich es tun; und wenn ich sie retten könnte, indem ich alle Sklaven befreite, würde ich es tun; und wenn ich sie retten könnte, indem ich einige Sklaven befreite und andere nicht, so würde ich auch das tun ... Ich habe hiermit meine Ansichten hinsichtlich meiner Amtspflichten ausgesprochen. Eine Änderung meines persönlichen Wunsches, daß alle Menschen überall frei sein sollten, beabsichtige ich nicht.«
Die Kabinettssitzung des 22. September leitete er damit ein, daß er eine Geschichte des damals sehr bekannten Humoristen Artemus Ward vorlas, die er ungewöhnlich lustig fand. Er lachte beim Vorlesen noch einmal so, daß seine Wangen sich feuchteten, während die Kabinettsmitglieder, obwohl sie dergleichen gewöhnt waren, einigermaßen betreten um ihn herum-

saßen. Dann aber wurde er urplötzlich tief ernst. »Jedoch der Grund«, sagte er, »aus dem ich die gegenwärtige Sitzung einberufen habe, ist, Ihnen eine Proklamation vorzulegen: nach ihr sollen nach dem 1. Januar nächsten Jahres in den abgefallenen Südstaaten alle Sklaven frei sein.«
Getreu seinem Prinzip, in der Sklavenbefreiung mit äußerster Behutsamkeit vorzugehen, wollte er also heute nur eine Warnung aussprechen. Zur Tat werden sollte sie erst ein Vierteljahr später. Überdies bezog sie sich nur auf Sklaven, die in der Konföderation, also praktisch außerhalb seines Machtbereichs, lebten. Die Sklavenstaaten des Oberen Südens, Kentucky, Maryland, Delaware, Missouri, standen nicht im Krieg, weshalb gegen sie Kriegsmaßnahmen nicht anwendbar waren; hier wurde an der Sklaverei also nicht gerüttelt. Logischerweise sollten auch alle Sezessionsstaaten, die bis zum 1. Januar in die Union zurückkehrten, berechtigt sein, die Sklaverei aufrechtzuerhalten.
Die Reichweite der Emanzipation war also ebenso begrenzt, wie ihre Rechtmäßigkeit zweifelhaft war. Und auch ihr unmittelbarer Erfolg blieb unbefriedigend. Gewaltig hatte Chase sich getäuscht, der geglaubt hatte, er würde, »magisch« sein. Ebenso wollten die Rekrutierungsziffern sich kaum heben, obwohl die Rekruten sangen:
»We are coming, Father Abraham,
Three hundred thousand men.«

Anfang November waren verfassungsmäßig die Wahlen abgehalten worden, mitten im Krieg, für europäische Begriffe ein verwegenes Experiment. Die Wahlparole der Demokraten gegen Lincoln war Waffenstillstand und Zusammenkunft aller Staaten zur Bildung einer völlig neuen Union; außerdem erhoben sie Anklage gegen die Willkürmaßnahmen des Präsidenten und der Militärbehörden. Sie gewannen damit beinahe eine Verdoppelung ihrer Sitze im Kongreß. Staat um Staat, in denen er 1860 gewählt worden war, verließ nun Lincoln: Pennsylvanien, Indiana, Ohio, New Jersey; sogar seinen Heimatkreis Sagamon County in Illinois verlor er. Kein Zweifel, er hatte einen starken Vertrauensverlust erlitten. Ja, ein Kongreßabgeordneter, Moorhead aus Pittsburgh, berichtete ihm ohne Umschweife, seine Freunde würden nichts dagegen haben, wenn eines Morgens Lincoln an einer Laterne vor dem Weißen Hause hängen würde ...

Inzwischen bereitete sich in den immer schwankenden Beziehungen zwischen Lincoln und McClellan eine neue Wendung vor. Lincoln hatte vorausgesetzt, daß der General den langen und schönen amerikanischen Herbst ausnützen, den Potomac überschreiten und die zurückgehende Armee Lees verfolgen würde. Doch nichts dergleichen geschah. Alle Aufforderungen Lincolns, die ihn zur Eile trieben, beantwortete er damit, die Armee sei nicht aktionsbereit, es fehle ihr an Pferden, Kleidung, Zelten. Lincolns Nachforschungen stießen bei Stanton und Halleck ins Leere, bis er durch einen Oberst Scott im Kriegsministerium erfuhr, daß Eisenbahnwagen mit Ausrüstung für McClellan auf Nebengeleise des Bahnhofs in Washington abgeschoben worden waren.[5]

Wieder besuchte der Präsident McClellan im Lager, anscheinend in zufriedenster Stimmung und bereit, ihm angenehmste Dinge zu sagen, etwa: er sei der einzige General, der eine große Armee organisieren und führen könne; er, Lincoln, werde bei ihm stehen, was auch komme. Ihr Abschied war sehr herzlich. Aber sie sahen einander danach niemals wieder.

Vielmehr wurde McClellan am 5. Oktober bereits die Division Cox entzogen, 5000 Mann, und am 7. erhielt er die Order, sofort vorzurücken, solange die Straßen noch trocken seien. Auf Lincolns Worte vertrauend, ließ er sich nicht aus der Ruhe bringen. Erst am 26. überschritt er den Potomac und konzentrierte bei Warrenton die Armee; sie war in guter Stimmung, vollkommen in seiner Hand, bereit, nach jeder Richtung vorzugehen.

Doch als er am 7. November gegen Mitternacht im Zelt saß, an seine Frau schreibend — draußen tobte ein vorzeitiger Schneesturm —, klopfte jemand an einen Zeltpfahl, und die

Generäle Burnside und Buckingham traten ein. Sie überbrachten ihm eine Order Lincolns, wonach er abgesetzt sei und das Kommando Burnside zu übergeben habe.

Die Motive, die Lincoln dazu brachten, sich so rasch zum zweitenmal von McClellan zu trennen — auf eine Weise, die an Aufrichtigkeit zu wünschen übrigläßt —, sind mancherlei. Die Langsamkeit, mit der der General sich bewegte, mag für Lincolns überreizte Nerven eine Qual gewesen sein. Vor allem aber mißtraute er McClellans gutem Willen. Später erst ist bekanntgeworden, daß er während seines Besuchs im Lager nicht schlafen konnte, sondern im Morgengrauen mit einem alten Freund aus Illinois, Ozias M. Hatch, die Zeltgassen durchwanderte und ihn plötzlich mit wispernder Stimme fragte: »Was ist das hier eigentlich?« Befremdet antwortete Hatch: »Die Potomac-Armee.« »Nein«, erwiderte Lincoln, »McClellans Leibgarde« — worauf kein Wort mehr gesprochen wurde.

Der Argwohn Lincolns war insofern gerechtfertigt, als McClellan, der auch seinerseits dem Frieden nicht mehr traute, bereits bei seinem reichen demokratischen Parteifreund William H. Aspinwall wegen einer zivilen Anstellung sondiert hatte; vor kurzem hatte er überdies Führer der Demokratischen Partei in seinem Lager empfangen, darunter Lincolns besonderen Feind, Fernando Wood, den Bürgermeister von New York, und ihren Vorschlag, bei der nächsten Präsidentenwahl ihr Kandidat zu sein, hatte er nicht mehr abgelehnt.

Lincoln vermutete dergleichen seit langem. Schon die Denkschrift McClellans, die ihm dieser bei seinem Besuch in Harrisons Landing überreicht hatte, hatte er, nach Washington zurückgekehrt, alsbald Blair gezeigt mit den Worten: »Lies das. Hier ist ein Kandidat für die Präsidentschaft.« Und seinem Sekretär Hay — der freilich als Quelle nicht immer einwandfrei ist — hat er erklärt: er habe zu fürchten begonnen, daß McClellan falsches Spiel treibe, daß er tatsächlich nicht beabsichtige, den Feind ernsthaft zu treffen. »Ich sah, daß er den Feind auf seinem Weg nach Richmond angreifen konnte und beschloß, dies zur Probe zu machen: wenn er ihn entkommen

ließ, wollte ich ihn absetzen. Er tat es und wurde abgesetzt.«
Als McClellan sich von den Truppen verabschiedete, kam es
fast zum Aufruhr. Die Regimenter durchbrachen die Reihen;
eine irische Brigade warf ihre Fahnen vor die Hufe seines Pferdes. Jahre hindurch noch verlangten die Soldaten seine Rückkehr. Es kann kein schlechter General gewesen sein, dem so
viel unzerstörbare Zuneigung der Truppen galt. Auch Lee
antwortete später auf die Frage, wer in den Nordstaaten der
fähigste General gewesen sei und welchen er am meisten
gefürchtet habe, ohne Besinnen: McClellan.
Hat Lincoln also sich selbst und die Union eines fähigen
Generals beraubt, der vielleicht den Krieg viel eher hätte
beenden können, als es danach wirklich geschah? Es ist eine
Frage, die sich immer wieder aufdrängt, nie eine Antwort
findet und ewige Existenz haben wird. Ein seltsames Spiel aus
Anziehung und Abstoßung jedenfalls hat sich zwischen diesen
beiden Männern Jahre hindurch vollzogen, zwischen dem
Präsidenten und dem General, den er allem Widerstand zum
Trotz ernannte und wenige Wochen später dennoch wieder
verwarf. Oft ist man versucht, an eine Art Haßliebe Lincolns
zu glauben, gegen den gerichtet, der von vornherein alles das
besaß, was Lincoln fehlte und was sich nie ersetzen ließ: gute
Familie, sozialer Stand, geregelte Erziehung, kultivierte Form.
Was weiß man schon viel von Lincolns immer gut beherrschten
und verdeckten Leidenschaften, die hier vielleicht einmal einen
verräterischen Ausdruck fanden?
Die Generäle, die Lincoln zu Nachfolgern McClellans machte,
Pope, Burnside, später Hooker, standen — ein unbewußter
Protest vielleicht — weit unter McClellans Niveau, sowohl als
Persönlichkeiten wie als Militärs. Dafür aber waren sie auch
nicht mehr schwer durchschaubare Intelligenzen wie jener,
sondern einfache Draufgänger, fast könnte man sagen Kommißfiguren. Burnside insbesondere, neununddreißig Jahre alt, gelernter Schneider, dann Kadett von West Point, Erfinder eines
Hinterladergewehrs, danach Besitzer einer kleinen Waffenfabrik, mit der er Bankrott machte, endlich Kassierer der

Illinois Central Eisenbahn unter McClellan, hatte Selbsterkenntnis genug, um zweimal das Oberkommando abzulehnen. Nun, beim drittenmal, ließ Lincoln ihm bedeuten, es handle sich um einen Befehl. Auch aus politischen Gründen lag ihm an diesem General, weil er, gleich Pope, ein Günstling der Radikalen in der Republikanischen Partei war: ein ansehnlicher Mann mit leuchtenden, dunklen Augen; Kinn- und Schnurrbart vereinten sich zu einem kühn geschwungenen Ornament und ließen ihn einem Sergeanten Kaiser Franz Josefs ähneln. Im übrigen war er ein redlich gesinnter Mann bescheiden gewinnenden Wesens.

Drei Tage noch blieb McClellan bei der Armee, um Burnside in seine Aufgaben einzuweihen, doch umsonst. Als vielmehr Burnside am 14. Dezember Lees Stellungen bei Fredericksburg angriff, über den breiten Fluß Rappahannock hinweg, mit 113 000 Mann gegen 72 000, die auf beinahe vertikal ansteigenden Höhe verschanzt waren, genügte ein kurzer, nebliger Wintertag, um seine mutigen Regimenter total zu zerschlagen. Die Verluste waren furchtbar, obwohl Lee aus unbekannten Gründen seine starke, frische Kavallerie nicht zur Verfolgung ansetzte. Als Burnside, besinnungslos vor Schmerz, kurz danach den Angriff erneuern wollte, verweigerten seine Generäle ihm den Gehorsam.

Der erste Zeuge der Niederlage, der in Washington eintraf, war der Journalist Villard von der »New York Tribune«. Lincoln schickte nach ihm, spät am Abend, und fragte ihn eine halbe Stunde lang aus. Er hörte ihn ohne Wimperzucken an — es war ein Bericht, den die »Tribune« später nicht zu drucken wagte — und wußte schließlich nichts zu äußern als: »Hoffentlich ist es nicht ganz so schlimm.« Doch gleich darauf traf der Gouverneur von Pennsylvanien, Andrew G. Curtin, ebenfalls aus der Schlacht ein; und er zeichnet ein anderes Bild: er fand Lincoln »gebrochenen Herzens und in einem Zustand nervöser Aufregung, der ans Krankhafte grenzte«. Um ihn zu beruhigen, sagte er, vielleicht sei seine Schilderung von den Greueln des Schlachtfeldes gefärbt, die er habe mit ansehen müssen. Und tatsächlich hellte Lincolns Gesicht sich nun wieder ein wenig auf.

Doch als ob das Maß der Kümmernisse gänzlich angefüllt werden müßte, hatte Lincoln in der zweiten Dezemberhälfte auch noch einer Kabinettskrise zu begegnen; ihre Urheber waren die Radikalen der eigenen Partei, die ihn veranlassen wollten, sich von Seward zu trennen. Hätte er ihnen nachgegeben, so hätte das ein Eindringen des parlamentarischen Regierungssystems nach europäischem Muster bedeutet, eine Abweichung von der amerikanischen Verfassung also, die die amtliche Existenz der Kabinettsmitglieder allein vom Vertrauen des Präsidenten, nicht von dem des Kongresses abhängig macht. Hinter diesem Manöver steckten freilich — es kann heute kaum mehr zweifelhaft sein — Mitglieder des Kabinetts selbst, Stanton, der kleine gewalttätige Mensch mit den weiblichen Hüften und dem großen Vollbart, und Chase, der nach außen so makellos würdige Marmorgott. Sie wollten Seward entfernen, der im Lauf der Zeit, und nicht mit Unrecht, den weitaus größten Einfluß auf Lincoln gewonnen hatte. Schon hatten Seward und sein Sohn Frederick, der sein assistierender Staatssekretär war, ihre Resignation überreicht und ihre privaten Papiere zusammengepackt, als es Lincoln gelang, in einer Konfrontierung des Kabinetts mit den unzufriedenen Senatoren eine Solidaritätserklärung des ganzen Kabinetts, einschließlich also Chases und Stantons, zu erzwingen und so die Krise zu lösen. Erstaunlich ist die kühle Geschicklichkeit, mit der er ihrer Herr wurde, wenige Tage erst nach der Fredericksburger Katastrophe. Innerlich nahm sie ihn sehr mit. Sein Freund Browning schildert ihn Ende Dezember als »so hager und bekümmert wie nie zuvor«. Er dachte jetzt mitunter an Rücktritt und sagte ihm: »Sie wollen mich loswerden, und manchmal bin ich schon bereit, ihnen den Willen zu tun.«
Auch ihm wurden wohl jetzt die Grundrisse des großen Planes erkennbar, den die Fraktion der radikalen »Jakobiner«, im Bunde mit Chase und Stanton, verfolgte: den Krieg nicht zu

Ende kommen zu lassen, ehe die Sklaverei tatsächlich aufgehoben war, daher auch die Gegnerschaft gegen McClellan, der vielleicht imstande gewesen wäre, den Krieg mit einem Schlag abzuschließen und die Union wiederherzustellen, ohne daß die Sklavenfrage gelöst worden wäre. Ihr Wunsch war, den Süden vollkommen zu erobern, seine Weißen nach Möglichkeit des Stimmrechts zu berauben und mit den Wählerstimmen der dankbaren Neger ein Einparteiensystem von fürs erste unbeschränkter Dauer aufzurichten.

Wiederum waren Weihnachten und Neujahr böse Tage für den Norden. Die Desertionen häuften sich. Kaum noch wurde ein Hehl daraus gemacht, wenn man den Soldaten Zivilkleider ins Feld schickte, um ihr Entweichen zu erleichtern.
Nichtsdestoweniger trat am 1. Januar 1863, ankündigungsgemäß, die Befreiung der Negersklaven in Kraft. Der Tag war frisch und klar. Einer ungeheuren Prozession von Gratulanten — um vor ihnen die Teppiche des Weißen Hauses zu schützen, waren sie mit Leinen bedeckt — hatte Lincoln die Hand zu schütteln. Er tat es sehr abwesenden Gesichts. Als der Nachmittag kam, an dem er die Emanzipationsurkunde zu unterschreiben hatte, war alles Gefühl in seinem überanstrengten Arm erstorben. Er hoffe, sagte er vor dem knappen Dutzend Anwesender, seine Unterschrift werde nicht zitterig ausfallen. In der Tat, die gewohnte, nicht große, gut ausgewogene, ein wenig zierliche Buchstabenfolge seines Namens stand am Schluß des Dokuments.
Die Folgen daraus waren allerdings kaum die, die er erwartet hatte. Sogar die Neger machten nur dort von der Proklamation Gebrauch, wo nordstaatliche Truppen nahe waren, und liefen kindlich vertrauend zu ihnen über. Die Massen der Sklaven in den Südstaaten aber dachten nicht an Erhebung, sondern fühlten sich mit ihren Herren solidarisch und glaubten fernerhin, wie man sie gelehrt hatte, die Yankees hätten Hörner. Ja, die Konföderation konnte sich gerade deshalb so lange halten, weil die Sklaven fast überall bei ihren Besitzern blie-

ben und meistens unter der Aufsicht der Frauen ihre Arbeit fortsetzten, etwa drei und eine halbe Million an der Zahl.
Der praktische Erfolg der Sklavenbefreiung war also gering. Militärisch brachte sie, solange nicht größere Teile der Sklavenstaaten erobert waren, keine Entlastung. Politisch wurde sie heftig umstritten. Die Abolitionisten wüteten gegen sie, da sie nicht weit genug ginge. Auf der andern Seite die Demokraten, durch ihren Erfolg bei den Wahlen ermutigt, sprachen offen von Verfassungsbruch. Niemand war völlig mit ihr einverstanden — vielleicht ein Beweis dafür, daß Lincoln einen Mittelweg gefunden hatte, Pfuscherwerk vielleicht, Stückwerk gewiß —, doch immer noch die gerechteste Lösung, die einer schwachen menschlichen Vernunft erreichbar war.
Und trotzdem: dies ist ein Augenblick, in dem, wie in einem romantischen Theaterstück, ein Fremder die Verkleidung abwirft und als der dasteht, der er immer schon war und den man schon lange in ihm vermutete. Denn für eine kurze Zeitspanne war die künstliche Trennung zwischen Lincoln, dem Menschen und Lincoln, dem Präsidenten aufgehoben, durfte der Präsident den Herzenswunsch des Menschen erfüllen, den dieser seit einem halben Jahrhundert mit sich trug: einen Teil der Sklaverei mindestens zum Verschwinden zu bringen. Sicherlich war ihm, einige Augenblicke hindurch, ein leichteres Atmen möglich, Augenblicke, in denen er in das Eigentliche, in die Wahrheit seines Wesens eingehen durfte.
Dann freilich mußte er umkehren, fiel die Tür wieder zu und das trübe Zwielicht des politischen Alltags umgab ihn aufs neue.
Unvergleichlich stärker war die Wirkung der Emanzipation nach außen. Um die Einmischungsgelüste des Auslandes abzuwehren, erwies sich die Sklavenbefreiung tatsächlich als wertvolles Instrument. Im Maulwurfskrieg, den namentlich in London und Paris die Vertreter des Nordens und des Südens gegeneinander führten, war zwar auch bisher schon die nordstaatliche Diplomatie nicht müßig gewesen. Botschafter Adams in London war die nüchterne Ruhe selbst, dabei unbeugsam

und durch nichts zu erschrecken. William H. Aspinwall, New Yorker Eisenbahn- und Dampfschiffsmagnat und damals vermutlich reichster Mann Amerikas, Geldgeber der Demokratischen Partei, suchte mit britischen Tories in Geschäftsverbindungen zu kommen und sie so der Sache des Südens zu entfremden, der sie stimmungsmäßig zuneigten. Eine Legion von Finanziers und Propagandarednern, »Fixer« und »Lecturer« genannt, arbeitete in Westeuropa für den Norden, entlaufene Sklaven, die ihre Leidensgeschichte zu erzählen hatten, aber auch berufsmäßige Verschwörer und einfache Schwindler, die Gelegenheit zu faulen Geschäften suchten.
Trotzdem aber war die Abneigung der Europäer gegen die Nordstaaten immer noch sehr stark. Immer noch bildete der Londoner »Punch« Lincoln mit Hörnern und Schwanz des Teufels ab. Immer noch spielten die Militärkapellen, wenn britische Truppen nach Kanada abgingen, »Dixie«, eine muntere, tapfere Volksweise, die als Nationalhymne des Südens galt. Immer noch vollbrachten die Agenten des Südens wahre Wunder, vor allem im Ankauf von Blockadebrechern für die südstaatliche Flotte in England und Frankreich. Proteste Washingtons, von den größten Völkerrechtsjuristen formuliert, doch darunter leidend, daß eine Reihe Präzedenzfälle zuungunsten Amerikas sprachen, bewirkten nichts, sondern brachten die Beziehungen zwischen London und Washington nur bis nahe zum Abbruch. Staunenswert verstand es der achtundzwanzigjährige Schweizer Henry Hotze, die englische Presse im Interesse der Südstaaten zu beeinflussen. Dabei war 1862 die Zahl der Arbeitslosen in den englischen Baumwollfabriken auf eine halbe Million gestiegen, der Preis der Rohbaumwolle, die mit Blockadebrechern hereinkam, in Liverpool auf 50 Cents das Pfund, während er in Amerika 8 Cents betrug. Immer also noch schien es wahr: Baumwolle ist König. Immer dunkler sah es um die Aussichten des Nordens aus.
Am 17. September schrieb Russell an Palmerston: »Ich stimme mit Ihnen darin überein, daß es Zeit wird, der Regierung der Vereinigten Staaten eine Vermittlung anzubieten, mit dem

Ziel, die Unabhängigkeit der Konföderierten anzuerkennen. Ich stimme Ihnen fernerhin zu, daß, falls dies fehlschlägt, wir selbst die Südstaaten als unabhängiges Staatswesen anerkennen sollten.« Anfang Oktober sagte demgemäß Gladstone im Parlament: »Jefferson Davis hat eine Nation geschaffen«, und kurz danach beantragte Russell im Kabinett tatsächlich eine Intervention zugunsten des Südens; er wurde allerdings noch einmal überstimmt, doch daß er sie durchsetzen würde, schien nur eine Frage der Zeit. Was Frankreich betraf, so war dessen Haltung noch feindseliger als die Englands; daß Napoleon nur auf einen interventionistischen Schritt Londons wartete, um sich ihm sofort anzuschließen, wußte jedermann. Nur Rußland, dem die Narben des Krimkriegs noch Schmerzen machten und das allerdings auch keine notleidende Baumwollindustrie besaß, hielt zu Lincoln. Ende 1862 ließ ihm Gortschakoff mitteilen: »Rußland wird fortfahren, an Ihrer Seite zu stehen. Es werden ihm Vorschläge gemacht werden, sich an irgendeinem Interventionsplan zu beteiligen; aber es wird jede Einladung dieser Art ablehnen. Sie können sich darauf verlassen. Rußland wird sich nicht ändern.«

Gerade aber, als die Intervention der Außenwelt zugunsten des Südens so nahe schien, ging die Möglichkeit zu ihr, wie sich zeigen sollte, für immer verloren, indem eben jetzt Lincolns Befreiungsproklamation erlassen wurde. Ihre innere Brüchigkeit zwar wurde auch in den europäischen Kabinetten durchschaut; Lord Russell etwa konstatierte vor dem amerikanischen Botschafter, eiskalt und nicht mit Unrecht, die Proklamation mache die Sklaverei zugleich illegal und legal; sie sei nicht erfolgt, um eine Forderung der Humanität zu erfüllen, sondern um eine Strafe zu verhängen. Nichtsdestoweniger standen für die Massen Europas nunmehr Norden und Süden einander gegenüber wie ein strahlender Kreuzritter einem finsteren Menschenräuber. Das hatte Lincoln erreicht: den Süden derart als Vorkämpfer der Sklaverei abzustempeln, daß er für keine westeuropäische Regierung, die alle ja mehr oder weniger vom Wählerurteil abhingen, mehr bündnisfähig war. Die Interven-

tionisten in Frankreich wie in England waren damit zwar noch nicht abgeschlagen, aber ihr Arbeiten wurde ungeheuer erschwert; allmählich schrumpften sie zu Minderheiten zusammen. Die breiten Massen hingegen wurden überall, sogar im konservativen Spanien, erbitterte Feinde der Intervention. Insofern also erwies sich Lincolns Rechnung als richtig. Aus aller Welt erreichten ihn Sympathiekundgebungen, aus Birmingham etwa eine ungeheure Rolle Papier mit mindestens zehntausend Unterschriften. In Manchester richtete in der Silvesternacht eine Versammlung, an der hauptsächlich Arbeiter teilnahmen, eine Adresse an ihn, auf die er antwortet: er bedaure tief die Leiden, denen die Arbeiter von Manchester und ganz Europa infolge des Kriegs in Amerika ausgesetzt seien; in ihren Äußerungen sehe er daher »höchsten christlichen Heroismus«.
Eine seltsam gemischte Notgemeinschaft vereinte sich also auf seiner Seite: das zaristische Rußland, die antinapoleonischen Bourbonenprinzen und in ganz Westeuropa die Industriearbeiterschaft und die bürgerliche Linke bis weit in die Mitte hinein.
Die Aufhebung der Sklaverei, ein Akt, der in andern Ländern, Frankreich, England, ja Rußland, schon früher und ohne Bürgerkrieg vollzogen worden war, ein Unternehmen, das für Lincoln selbst anfangs nur ein zeitbedingtes, rechtlich zweifelhaftes Mittel gewesen war[6] — es stellte ihn plötzlich auf das Piedestal des »Sklavenbefreiers« schlechthin. Es entstand die schöne Illusion, daß ein Machtwort des amerikanischen Präsidenten alle Sklavenketten in seinem Riesenland plötzlich habe klirrend niederfallen lassen. Es woben sich um seine hagere, farblose Gestalt die schimmernden Schleier der Legende, einer Legende, die vor allem es war, die seinen Namen in der ganzen Welt lebendig erhalten, ja, ihn vielleicht unsterblich gemacht hat. Es ist eine der seltsamen Launen, mit denen die Weltgeschichte ihre Betrachter zu verblüffen liebt: ein Mann in großer Not ertastet sich ein Werkzeug von zweifelhafter Legitimität und Wirksamkeit, er schafft sich damit ein sehr riskantes Brückenwerk, in mühsamer Konstruktion, zur Flucht nach vor-

wärts, und die Welt glaubt, darin allein seinen Daseinsinhalt zu sehen; sie ersinnt um ihn her eine Legende, die schon zu Lebzeiten aus ihm ein schönes Denkmal macht.

Doch noch eine Episode gehört ins Bild dieses Jahreswechsels. Seit dem 4. Dezember 1862 stand in Washington der General Fitz John Porter vor einem Kriegsgericht. Aus einer Familie von Seeleuten stammend, galt er als einer der tüchtigsten und unternehmungslustigsten Generäle, die die Armee besaß. Die Anklage gegen ihn lautete auf Ungehorsam und erhob den Vorwurf, er habe in der zweiten Schlacht von Bull Run gewisse Befehle des ihm unsympathischen Oberkommandierenden Pope absichtlich nicht ausgeführt und damit dessen Niederlage verschuldet. Am Schluß der Beweisaufnahme ging die allgemeine Meinung dahin, daß er freigesprochen werden würde[7], da die Ursache der Niederlage offenbar in verworrenen Orders Popes und seiner allgemeinen falschen Beurteilung der Situation lagen. Allerdings hatte sich auch mit verhängnisvoller Klarheit ergeben, daß das Kriegskomitee des Senats, gemeinsam mit Stanton, für die Mißerfolge ihres Günstlings Pope einen Sündenbock suchte und ihn in Porter, der das Unglück hatte, Demokrat und ein guter Freund McClellans zu sein, gefunden hatten. Der Gerichtshof war deshalb mit sorgfältig ausgesuchten Generälen besetzt worden, wobei von vornherein bemerkt wurde, andere seien nicht freizumachen, ohne die Kriegführung zu schädigen, so daß die Verteidigung um ihr Recht gebracht wurde, sie als befangen abzulehnen. Auch war schon im September der zuständige Militär-Staatsanwalt, John F. Lee, der sein Amt seit 1849 versah, entlassen und durch einen Zivilisten, den Rechtsanwalt Joseph Holt, ersetzt worden. Während der Verhandlung hatten sich auffällige Dinge ereignet: beispielsweise waren Briefe der Verteidigung an Entlastungszeugen nicht angekommen, die verwendeten Landkarten erwiesen sich als ungenau und einer der militärischen Richter durfte gleichzeitig auch als Zeuge auftreten. Porters besonderes Mißgeschick aber wollte es, daß private Depeschen von ihm

verlesen werden konnten, aus denen die geringe Meinung hervorging, die er von Popes militärischen Fähigkeiten hatte.
Das Gericht fand Porter schuldig; er wurde als Offizier kassiert und für unfähig erklärt, jemals wieder ein Vertrauensamt in den Vereinigten Staaten zu bekleiden; und am 21. Januar bestätigte Lincoln das Urteil durch seine Unterschrift.
Wie konnte es dazu kommen? Zunächst steht fest, daß Lincoln die Protokolle des Prozesses nie gelesen hat. Vielmehr beauftragte er Holt, also den Vertreter der Anklage, ihm einen Bericht anzufertigen, in dem alle juristischen Fragen, die der Prozeß ergeben habe, erörtert würden. Eine Äußerung der Verteidigung forderte er nicht an. Holt brauchte sechs Tage, um seinen Bericht abzufassen, Lincoln nur zwei, um ihn zu studieren und das Urteil zu bestätigen. Wie ist ein solches Verhalten mit seiner großen juristischen Erfahrung, wie nun gar mit seinem sonst so wachen Rechtsgefühl in Einklang zu bringen?
Lincolns Beziehungen zu Porter waren von ähnlich zaudernder, zweideutiger Natur wie die zu McClellan. Schon am 5. September hatte Lincoln eine Untersuchung der von Pope gegen Porter erhobenen Anklagen angeordnet, nichtsdestoweniger aber keine Einwendungen dagegen gehabt, daß Porter Mitte September noch mit seinem Armeekorps in die Schlacht am Antietam zog. Als Lincoln am 1. Oktober McClellans Lager besuchte, hatte er in Porters Zelt Lunch gehabt, die Hand des Generals ergriffen und gesagt: er könne ihm nicht genug danken für seine Selbstlosigkeit und Pflichterfüllung; er sei immer Porters Freund gewesen und auch in Zukunft könne er sich auf ihn verlassen. Nach dem jähen Sturz McClellans, kaum einen Monat später, fühlte freilich auch Porter sich nicht mehr sicher; er schrieb an seine Frau, man könne nur nicht allzu viele Köpfe auf einmal fallen lassen; auch der seinige warte auf das Schwert. Tatsächlich wurde er zehn Tage nach McClellan abgesetzt; am 17. November wurde ihm verboten, die Stadt Washington zu verlassen. Wo nun liegen die Gründe für Lincolns Verhalten? Wie konnte es möglich sein, daß die Hand des Präsidenten, der soeben erst das große Freiheitsdokument der

Negersklaven unterzeichnet hatte, sich nun erhob, um das Urteil in einem kaum geprüften, offenkundig sehr fragwürdigen Gerichtsverfahren rechtswirksam zu machen? War es allein der Zeitmangel, der ihn nur den Bericht des Anklägers und auch diesen noch oberflächlich studieren ließ? Oder fürchtete er, die Krise vom Dezember, als es um Seward ging, könne sich Porters wegen wiederholen; und fühlte er sich einer neuen Auseinandersetzung mit den »Jakobinern« des Senats und dem rücksichtslosen Kampfhahn Stanton nicht mehr gewachsen? Oder waren, wie der den Dingen sehr nahe stehende Montgomery Blair viele Jahre später andeutete, Lincolns alte und besonders enge Beziehungen zur Familie Pope im Spiel? 1879 nämlich schrieb Blair an Porter, ohne dessen Privatdepeschen über Popes Unfähigkeit, auf die Lincoln »ein ungebührliches Gewicht« gelegt habe, hätte er das Urteil nicht bestätigt; aber er habe die Popes so hoch eingeschätzt, daß die Mißachtung, die sich in Porters Depeschen aussprach, für ihn nur durch Illoyalität erklärbar gewesen seien.

Eine dritte Erklärung des Falles Porter, der, wie man ihn auch ansieht, auf Lincolns Lebensweg einen trüben Schatten wirft, ist die, daß er glaubte, einen Menschen hinopfern zu müssen, um das seelische Gleichgewicht des Landes nicht noch weiter zu erschüttern, das nach den zwei niederschmetternden Niederlagen von Bull Run und von Fredericksburg in schwerer Gefahr schien — ein Leben also zu zerstören, um das der Union zu retten? Konnte er annehmen, er habe, um dieses großen Zieles willen, das Recht, einen General auf dem Altar einer politisierten Militärjustiz zu opfern? So wie ihm ja niemand das Recht bestritt, Tausende von jungen Soldaten um der gleichen Sache willen in den Tod auf den Schlachtfeldern zu schicken? So wie er ja auch seine eigenen Gefühle und Überzeugungen, kurzum: sein besseres Selbst unzählige Male schon der gleichen großen Sache der Union zum Opfer gebracht hatte?

Sein Gewissen allerdings scheint seine Unterschrift unter dem Urteil gegen Porter nie vergessen zu haben. Fast zwei Jahre später sagte er zu dem früheren Gouverneur von New Jersey,

William A. Newell, er habe der Sache Porter nicht jene persönliche Aufmerksamkeit widmen können, die sie verdient habe; er habe die Ansicht des Militär-Staatsanwalts und des Kriegsministeriums zur Grundlage seiner Aktion genommen; könnten irgendwelche neuen Beweise beigebracht werden, um Porter zu entlasten, so würde er sehr froh sein, ihm Gelegenheit zu geben, sie vorzulegen; er habe eine hohe Achtung vor General Porter, als Mensch und als Soldat, und er hoffe, er werde imstande sein, sich zu rechtfertigen.

Porter selbst war stets überzeugt, daß Lincoln nach Beendigung des Krieges die Revision des Verfahrens gegen ihn veranlassen würde. Tatsächlich aber, da Lincoln ja den Krieg nicht überlebte, hat Porter bis zum Jahre 1886, also fast ein Vierteljahrhundert, um seine Rehabilitierung zu kämpfen gehabt. Erst nach Überwindung unendlicher Hindernisse, die der Kongreß erhob, wurde sie ihm, dank dem redlichen Sinn des Präsidenten Grant und Cleveland, zuteil; 1901 ist er, mehr als achtzig Jahre alt, gestorben.

# XVII
## Der Weg nach Gettysburg

Sehr zögernd wich der stürmische, schneereiche Winter. Dann trat der Frost aus der Erde, hing feucht an den Bäumen, und das Frühjahr 1863 begann. Sobald die Straßen trockneten, konnten die Armeen des Nordens und des Südens ihre winterlichen Barackenlager verlassen und aufs neue marschieren, unverdrossen, wenn auch selten guter Laune. Die Infanterie schlürfte dahin, tabakkauend, Witze reißend, in einer Wolke aus Schweiß- und Ledergeruch; aber sie marschierte, bis die Füße brannten, die Knie vorwärtshingen und die bepackten Rücken sich tief herniederbogen. Die Kavallerie kam im Klimpern der Pallasche und Steigbügel daher, von Insektenschwärmen begleitet, die die Pferde fast verzehrten. Nahte sich die wild rasselnde Artillerie, so blieb die menschliche Stimme kaum noch vernehmbar. Und die ungeheuren Bagagen, sechs geduldige Maultiere vor jedem ihrer Planwagen, verstopften überall die Straßen; ihre Kutscher waren sowohl Ziel wie Meister wütenden Schimpfens und ständig Anlaß zu Prügeleien.

Für diese meistens noch sehr jungen Soldaten, die sich freilich große Bärte stehen ließen und von deren Trommlern einige erst zehn Jahre alt waren, bedeutete Lincoln kaum mehr als der grämliche Schulmeister zu Hause, der strenge Prinzipal in der Fabrik, der harte Vater auf der Farm, dem viele eben durch Eintritt in die Armee zu entlaufen gedacht hatten. Ihre Gefühle machten sich auch dadurch Luft, daß einer ihrer beliebtesten Marschgesänge, eine Art Choral, der Verherrlichung eben jenes John Brown galt, von dem Lincoln gesagt hatte, er sei rechtens gehängt worden; in langgezogenen Plärrtönen sangen sie:

»John Browns Leiche liegt
Verwesend im Grab.
Sein Geist geht vor uns her.«

Das bißchen Vergangenheit, das sie in die Armee mitgebracht hatten, hatten sie vergessen. Die Wirklichkeit bestand für sie einzig noch aus dem Krieg — aus ihm und dem Feind —, wenngleich dieser zuweilen doch auch wieder Vetter, ja Bruder werden konnte. Wenn etwa Soldaten des Nordens und des Südens an einem Fluß aneinander gegenüberlagen, so war stillschweigend vereinbart, daß man einander beim Angeln nicht störte, oder auch daß man auf kleinen Flößen, die man der Strömung anvertraute, den Kaffee des Nordens gegen den Tabak des Südens tauschte.

Disziplin und Tapferkeit in der Schlacht litten darunter nicht, sondern waren zur Gewohnheit geworden. Gerade weil beide Parteien keine militärische Tradition hatten und der Dilettantismus ihrer Offiziere die Gefahren einfach nicht gewahrte, in die sie ihre Truppen führten, sind im amerikanischen Bürgerkrieg Unternehmungen geglückt, die ein europäischer Berufssoldat von vornherein als aussichtslos abgelehnt hätte. Fast immer marschierten diese Soldaten unbedenklich in den Pulverdampf hinein, der so zähe und dick war, daß er den Nebenmann dem Blick entzog, obwohl alle wußten, was ihnen bevorstand, falls die Kugel sie traf: ein langes geduldiges Daliegen in wildem Gelände, wo man schwer zu finden war, wenn man nicht mehr auf sich aufmerksam machen konnte, von verdächtigen, grün schillernden Fliegen umspielt. Hatte man Glück, so erreichte man das Lazarett, wo erschöpfte Ärzte bei Fackellicht arbeiteten, in das Trunkenbolde und Faulenzer sich als Krankenwärter gemeldet hatten, von wo durchdringendes Qualgeschrei kam und vor dem Haufen amputierter Arme und Beine lagen, unter denen das Blut, nun wieder aus Süden und Norden vereint, hervorsickerte.

Kein großes Wunder daher, daß die Rekrutierung schwach blieb, auch nach der Sklavenbefreiung. Die Industrien blühten ja und wurden von den Männern zwischen zwanzig und fünfundvierzig Jahren dem Heeresdienst bei weitem vorgezogen. So blieb nichts übrig als ein Aushebungsgesetz. Am 3. März wurde es von Lincoln unterschrieben. Freilich, der Ausgehobene konnte sich immer noch loskaufen, indem er entweder dreihundert Dollar als Handgeld für einen Ersatzmann zahlte oder selbst einen solchen stellte. Erfolgreiche Kriegslieferanten konnten sich also aufs leichteste vom Dienst befreien, wenn sie aus den Riesensummen, die sie vom Staat für fragwürdige Waren erhielten, einen Bagatellbetrag an den gleichen Staat zurückzahlten.

Im Januar bereits war Burnsides Oberkommando nach nur achtzig Tagen beendet. Sein Nachfolger wurde Joseph Hooker, neunundvierzig Jahre alt, der äußerlich einem allerdings etwas vulgären Kriegsgott glich, ein imposant gewachsener, hellblonder Mann auf milchweißem Pferd. Er war ein guter Korpskommandeur und Drillmeister, ein Freund der Radikalen und Chases, wie auch Burnside das gewesen war, und deshalb wohl von Lincoln gewählt. Was Burnside an Selbstbewußtsein gefehlt hatte, besaß Hooker in hohem Maße, wenn es auch mehr eine Unlust zur Selbstkritik war, die sich in ein träges Vertrauen umsetzte.

Die Wochen dieses mühsam sich zum Licht kämpfenden Frühlings schienen für Lincoln manchmal unerträglich schwer. Er mußte erfahren, was es heißt, der Unerbittlichkeit der Geschichte ausgeliefert zu sein, Kräften des Abgrunds, von denen er vorher nichts ahnen konnte. Selten nur beklagte er sich: etwa, daß er zwischen zwei Feuern zu leben habe, dem an der Front und dem in seinem Rücken, das von der Eifersucht der Militärs und von dem Übelwollen des Kongresses genährt sei; jede Unterstützung versage er ihm, die er vernünftiger Weise erwarten dürfe.

Die Ausdrucksweise des Präsidenten war milde für das, was tatsächlich in Washington vorging. Cameron, sein ehemaliger Kriegssekretär und späterer Botschafter in Rußland, hat viele Jahre später berichtet, es habe damals eine Bewegung bestanden, in Gang gesetzt vom unermüdlichen Haß der Radikalen in der Republikanischen Partei, um gegen Lincoln die öffentliche Anklage zu erheben, das in der Verfassung vorgesehene »Im-

peachment«, die einzige Möglichkeit, einen Präsidenten seines Amtes zu entsetzen. Begründet werden sollte die Anklage mit Lincolns Mangel an Energie in der Kriegführung.
Doch gerade auch in dieser Zeit raffte er sich immer wieder auf. Ein starrer Stolz kam über den mißhandelten, verhärmten Menschen und trug ihn wieder eine Strecke seines Weges. Er konnte dann sagen, sich zu seiner vollen Höhe aufreckend: »Dieser Zustand der Dinge soll nicht länger dauern. Ich werde denen am andern Ende der Avenue[1] zeigen, ob ich Präsident bin oder nicht«, um dann die Attacke nicht mehr an sich herankommen zu lassen, sondern rasch zuzugreifen, ehe sie sich entwickeln konnte.
So geschah es in diesen Tagen, daß das Kriegskomitee, ebenso unersättlich in seiner Feindschaft wie ermutigt durch die Erfolge, die es mit der öffentlichen Demütigung Lincolns im Fall der Generäle McClellan und Porter erzielt hatte, zu einem neuen Schlag von äußerster Kühnheit ausholte: es setzte eine Geheimsitzung an, um den Gerüchten nachzugehen, die wissen wollten, daß Mary Lincoln eine Spionin des Südens sei. Doch kaum hatten die Senatoren Platz genommen, als der Türhüter erschreckt und verlegen eintrat und gleich hinter ihm Lincoln selbst, schwarz, hager, den Zylinder in der Hand. Vor Überraschung brachte niemand ein Wort hervor, niemand hatte geahnt, daß der Präsident überhaupt von der Sitzung wußte. Endlich sagte er selbst, langsam, formelmäßig, unendlich traurig: »Ich, Abraham Lincoln, Präsident der Vereinigten Staaten, erscheine aus eigenem Willen vor diesem Senatskomitee, um zu sagen, daß ich aus eigener Kenntnis weiß: es ist unwahr, daß irgend jemand in meiner Familie eine verräterische Verbindung mit dem Feinde unterhält.«
Ebenso schweigsam und einsam wie er gekommen war, ging er wieder. Das Komitee war einige Minuten lang sprachlos. Dann hob es schweigend die Sitzung auf. Der Name Mary Lincoln wurde in ihm nicht mehr erwähnt.

Anfang April meldete Hooker, er habe nun »eine lebendige

Armee«, die größte und bestens ausgerüstete, die je auf amerikanischem Boden gestanden habe, und erbat den Besuch des Präsidenten. Und tatsächlich auch verbrachte Lincoln zusammen mit Mary und seinem kleinen Sohn Ted fast eine Woche im Lager, wo er mit der Familie ein Lazarettzelt bewohnte. Er besuchte Verwundete und nahm Paraden ab; sechs Infanteriekorps defilierten, darunter das 11., in dem vornehmlich Deutsche standen und in dem Carl Schurz eine Division kommandierte, ein Kavalleriekorps und eine ungeheure Artilleriereserve.[2] Hooker verstand es, eine prächtige Schaustellung zu liefern: im Winter war die ganze Armee zum ersten Male einheitlich uniformiert worden, und mit der malerischen Vielfalt der einzelstaatlichen Milizen und der privaten Freikorps war es vorbei. Am ehesten ähnelte die Armee der französischen Napoleons III., von der sie auch die Zuaventruppen übernommen hatte. Im allgemeinen wurden dunkelblaue Röcke, lichtblaue Hosen und flache Käppis mit rundem Deckel getragen, zuweilen auch weiche Filzhüte. Die Wolle der Uniformen sah solide aus und das Lederzeug der wohlgenährten, lebhaften Pferde glänzte zuverlässig. Der kalte Wind des Spätwinters fing sich in den goldbordierten Fahnen und den weiten, roten Hosen der Zuaven. Wenn Lincoln bedachte, daß diese prächtige Armee dem Feind, dessen Ausrüstung immer dürftiger wurde, an Zahl doppelt überlegen war, war dann nicht dieses Mal endlich der Sieg bereits mit Händen zu greifen? Eben deshalb blieb er wohl so lange im Lager, dessen eindeutig optimistisch-männliche Luft nach dem langen Winter inmitten der Zweifler, Unzuverlässigen, Schmeichler und Niederträchtigen Washingtons ihm offenbar sehr wohl tat; er fühlte sich hinzugehörig, so sehr, daß er sich bei einer Parade, zu Pferde und dem Zylinder auf dem Kopf, an die Spitze defilierender Kavallerie setzte. Der im Grunde doch auch harte und kämpferische Mann, der er war, hatte Sinn für Macht und die äußere Bekundung ihrer Kräfte, wie eine Truppenrevue das ist. Auch dieser Zug gehört in sein vieldeutiges Charakterbild, das keineswegs nur franziskanische Einfachheit und Güte ist, obwohl diese zu seinen offenbarsten

Zügen gehören. Das Erbe seiner puritanischen Vorfahren, die Krieger Cromwells gewesen waren, war in ihm noch nicht aufgezehrt, ebensowenig das der herrschenden Gesellschaftsschicht, der seine Familie angehörte, ehe ihr nach Kentucky abgewanderter Zweig sich zum Welken neigte.

Hooker versprach aller Welt den Sieg; ja, schließlich geriet er derart in bramarbasierendes Geschwätz, daß er vernehmen ließ, das Land und die Armee werde am besten fahren unter einer Diktatur — ein Gesprächsthema allerdings, das nach Fredericksburg besonders beliebt geworden war, wie wohl in allen Feldlagern der Weltgeschichte nach Mißerfolgen. Schon als McClellan sich von den Truppen verabschiedete, hatten sie ihm zugerufen, er solle bleiben und »das Wort sprechen«. Hooker aber hatte sich derart laut und ungeschickt geäußert, daß Lincoln nicht umhin konnte, ihm einen Brief zu schreiben, der ein Muster gleichzeitig von Würde und Selbstbescheidung ist: »Nur Generäle, die Erfolg haben, können Diktatoren einsetzen. Was ich von Ihnen verlange, ist militärischer Erfolg, dann will ich auch die Diktatur riskieren ... Sehr fürchte ich, daß der Geist, den Sie in die Armee eingeführt haben, nämlich Ihren Kommandeur zu kritisieren und ihm Ihr Vertrauen vorzuenthalten, sich gegen Sie selbst richten wird. Ich werde Ihnen helfen, diesen Geist niederzuwerfen, sosehr ich nur kann. Weder Sie noch Napoleon, wenn er noch lebte, könnten etwas Gutes aus einer Armee herausholen, solange ein solcher Geist in ihr herrscht. Nehmen Sie sich vor Selbstüberschätzung in acht. Aber gehen Sie energisch und unermüdlich voran und geben Sie uns Siege.«

Im April überschritt Hooker den Rappahannok. Der nahen Schlacht wegen hatte er, der wenig Alkohol vertrug, drei Tage lang keinen Tropfen getrunken und daher erst recht die Kontrolle über sich verloren. So kündigte er nun an: »Der Feind ist in meiner Gewalt, und nicht der Allmächtige Gott kann mich seiner berauben.«

Tatsächlich besaß Lee die Kühnheit, seine Armee, die nur 60 000 Mann stark war, gegenüber Hookers 130 000, noch einmal zu halbieren, indem er 30 000 Mann unter »Stonewall« Jackson gegen Hookers rechten Flügel schickte, den dieser auf eine unverständliche Weise ungeschützt in wildes Waldgelände hatte hineinragen lassen; auf ihn traf abends in der Glut des Sonnenunterganges Jacksons Angriff und zersprengte ihn völlig, zumal er die Unionstruppen beim Abkochen überraschte.

Es war die Schlacht bei Chancellorsville. Tief drang Jackson im Rücken Hookers voran, den Lee gleichzeitig in der Front festhielt und den nur die Nacht rettete. Freilich war es die Nacht, in der Hookers Truppen ein reiterloses Pferd einfingen, das rasch als General Jacksons »Little Sorrel« — »kleiner Fuchs« — erkannt wurde. Der ebenso fromme wie wilde Soldat war bei einem Erkundungsritt in der Abenddämmerung von eigenen Truppen irrtümlich angeschossen worden und starb bald darauf — für den Süden ein Verlust, der nie wieder auszugleichen war.

Lincoln hatte seit dem 4. Mai keine sicheren Nachrichten mehr von Hooker: er war, wie Augenzeugen berichten, höchst nervös, über alle Beschreibung besorgt und eigentlich schon sicher, daß die Schlacht wieder verloren sei. Am Nachmittag des 5. Mai erhielt er das Telegramm, das Hookers Rückzug mitteilte. Sein sonst gelbliches Gesicht wurde aschgrau wie die Tapete seines Schlafzimmers, in dem er sich gerade befand. Die Hände auf dem Rücken, unablässig auf und ab gehend wiederholte er: »Mein Gott, mein Gott, was wird das Land sagen?«

In der Tat: war dies nun die äußerste Tiefe, unter der nichts mehr übrigblieb außer dem Nichts? Diese größte Niederlage von allen und die unverzeihlichste, weil sie von den Händen einer Streitmacht erlitten war, die weniger als halb so stark wie die eigene war? Was für ein Hohn, was für eine Demütigung vor der Welt! Zum erstenmal schien seine Selbstbeherrschung am Versagen. Niemand auch wußte noch ein Wort des Trostes für ihn. Schweigen herrschte im Weißen Haus, als wenn ein Toter darin läge.

Der Sekretär Stoddard berichtet über die Nacht danach. Gegen

neun Uhr abends waren Stanton, Seward und Halleck langsam und stumm aus Lincolns Zimmer gekommen. Der Präsident blieb allein. Durch die nur angelehnte Tür hörte der Sekretär den regelmäßigen Laut der Schritte, mit denen er immer noch im Zimmer auf und ab ging, wie von einem Uhrwerk getrieben, bis weit nach Mitternacht. Manchmal verlangsamte sich sein Schritt, beschleunigte sich dann wieder und war um drei Uhr, als Stoddard das Weiße Haus verließ, immer noch vernehmbar.
Am frühen Morgen aber, als er zurückkehrte, im prachtvollen Licht der Maisonne, war die Tür Lincolns weit offen. Stoddard sah hinein und erblickte ihn, der am Ende des großen Konferenztisches saß, sein Frühstück vor sich. »Guten Morgen, Stod«, sagte er freundlich, als ob nichts geschehen wäre.
Neben seiner Kaffeetasse lag ein Bogen Papier, mit seinen Schriftzügen frisch bedeckt, offenkundig das Ergebnis der ruhelosen Nacht. Es war die Order an Hooker, die Armee zu sammeln, Mut zu fassen und bei der ersten Gelegenheit aufs neue zu kämpfen.

Die Niederlage von Chancellorsville, die auf keine Weise zu beschönigen war, sondern die Überlegenheit der konföderierten Armee über die des Nordens unwiderleglich bewies, ließ die Gefahr ausländischer Intervention aufs neue wachsen. Ende Juni wurde im englischen Unterhaus der Antrag eingebracht, die Konföderation als souveränes Staatswesen anzuerkennen. Wäre er nicht vertagt, sondern angenommen worden, so wären wahrscheinlich an Stelle der Vereinigten Staaten, also eines Großstaates, zwei Mittelstaaten in Amerika entstanden, und nicht wenige patriotische Engländer, die die Gefahr der amerikanischen Wirtschaftsrivalität voraussahen, hätten eine solche Aufteilung gern gesehen. Frankreich und Spanien erwarteten von einer Niederlage der Union das Ende der Monroe-Doktrin und damit sowohl Wiederherstellung des spanischen Kolonialreichs wie Konsolidierung der französischen Mexikounternehmung, die sich gerade damals ungünstig anließ: etwa gleichzeitig mit Popes Niederlage durch Lee war auch das kleine französische Expeditionskorps in Mexiko geschlagen worden, so daß Napoleon nun gezwungen war, ansehnliche Verstärkungen unter Marschall Bazaine zu entsenden und das Abenteuer zum Krieg zu erweitern, der aber nie zu gewinnen war, wenn im Norden die Union siegte.

Die Sklavenbefreiung, das ist wahr, hatte dem Norden nach außen hin einige Luft verschafft. Doch unverdrossen arbeitete die offene und versteckte Diplomatie des Südens weiter mit erstaunlichster Hartnäckigkeit und nicht ohne Glück. Ohne Gold und Silber, ohne Kredit und nennenswerten Außenhandel, mußte die Konföderation buchstäblich vom Lande leben, indem sie auf alle Farmprodukte eine Steuer von 10 Prozent erhob. Trotzdem brachte ihr Gesandter in Paris, Slidell, gerade jetzt mit dem Bankhaus Erlanger & Co. — dessen Mitinhaber Emile Erlanger 1860 Richard Wagner angeboten hatte, ihm ein eigenes Theater in Paris zu finanzieren — eine Verbindung zustande, die sehr wertvoll aussah und übrigens auch zur Heirat einer Tochter Slidells mit einem der Erlangers führte: das Bankhaus machte sich anheischig, der Konföderation eine Anleihe von 15 Millionen Dollar zur Verfügung zu stellen, für die künftige Baumwollernten als Sicherheit dienen sollten. Im März 1863 aufgelegt, wurde die Anleihe zumeist in England verkauft und in zwei Tagen dreifach überzeichnet; zu 90 Prozent ausgegeben, stieg sie auf 95 Prozent, begann aber dann zu fallen. Um ihre Unterminierung bemühte sich einer der geschicktesten Finanzagenten Lincolns, Robert J. Walker, der mit Recht den Beinamen »Währungshaifisch« trug; immer wieder mußten durch die Erlangers Stützungskäufe ihrer eigenen Anleihe vorgenommen werden, die ihren Ertrag schmälerten[3]; tatsächlich dürfte die Konföderation von ihm nicht mehr als drei Millionen erhalten haben. Gleichzeitig arbeiteten englische Werften an Schiffen für die Südstaaten, Nachfolger der berühmten »Alabama« und »Florida«, die, in England gebaut und unbewaffnet in See gegangen, draußen aber Geschütze empfangen hatten und dann der Schrecken der nordstaatlichen

Handelschiffahrt geworden waren — ein Verfahren, das sowohl britischer wie amerikanischer Gesetzgebung entsprach.
Allerdings lag auf der Hand, daß endloser Widerstand der bisherigen Art für den Süden nicht möglich sein würde. Von seinen 6 Millionen Weißen standen 700 000 in aktivem Kriegsdienst. Die Wirtschaft stockte allenthalben; Baumwolle, Tabak, Reis waren nur in geringen Mengen ausführbar, Fertigwaren nicht zu importieren. Die Landleute kehrten daher zu Hausindustrien zurück und verweigerten die Annahme des entwerteten Geldes. Die Eisenbahnen waren nur schwer noch auszubessern, weshalb die Ernten stockend befördert wurden und in den Städten Hungersnot und Brotunruhen ausbrachen. In der Armee führte die mangelhafte Verpflegung zu Krankheiten bei Menschen und Pferden. Die Regierung suchte alle Vorräte an Wolle in ihre Hand zu bekommen; dennoch sah man sich immer wieder genötigt, die Gefallenen zu entkleiden, so daß nach Zusammenstößen weiße Körper allenthalben aus der Landschaft leuchteten. Für den Sanitätsdienst wurde an Alkohol aufgekauft, was sich nur finden ließ; statt Chinin wurde Weidenrinde gegeben, Opium durch Schierling, Laudanum durch Hopfen ersetzt, Federmesser zu Skalpellen umgearbeitet.
So entschloß die Konföderation sich jetzt zu einer radikalen Umstellung ihrer Strategie: bisher hatte man allein die Verteidigung des eigenen Gebietes beabsichtigt; jetzt wollte man, vertrauensvoll geworden durch die unerwartet großen Erfolge der Armee, gewaltsam eine baldige Entscheidung herbeiführen. Man hatte gesehen, daß Lincolns Generalplan der Abschnürung und Erdrosselung, an sich schon schwächlich ins Werk gesetzt, durch Lees rasches Zupacken immer wieder zunichte gemacht worden war. Warum sollte man also nicht umgekehrt eine Invasion des Nordens unternehmen? Wie viel ließe sich damit gewinnen, namentlich in der gespannten Situation, in der man war: die Ablenkung des Feindes von Virginia und Richmond, die Ernährung der eigenen Armee auf Kosten des Nordens, die Stärkung der Friedensgelüste in der Union, vielleicht doch noch volle Anerkennung im Ausland, wenn nicht

gar seine Intervention, und damit eine Beendigung des Krieges, die dem Süden die ungestörte selbständige Existenz gestattet hätte, die sein Kriegsziel war?
Am 21. Juni, einem Sonntag, vernahm Lincoln aufs neue, nun schon zum dritten Male, Kanonendonner aus der verhängnisvollen Gegend von Bull Run. Hooker, martialisch blond, doch blaß und betreten, erschien im Weißen Haus, und als er es verließ, sah Lincoln so sorgenvoll aus wie nur je: wieder, wie im vorigen September, hatte Lee den Potomac überschritten, unter rauschender Militärmusik, umdrängt von jubelnden Truppen einer neu gekräftigten Armee, Veteranen, die in einem Jahr vier Union-Armeen besiegt und drei Union-Oberbefehlshaber erledigt hatten. Überall in Maryland wurde er gut aufgenommen; jedermann fast nannte sich nun einen »Rebellen«, und die jungen Damen insbesondere begehrten Lee zu sehen. Eine Frau nur sang ihm das »Star Spangled Banner« ins Gesicht; er lüftete den Hut vor der Hymne der Union und ritt weiter. Seine Armeen marschierten anscheinend ungehindert, in allgemeiner Nordostrichtung, also schließlich auf Washington zu; die Spitze seines Degens schien wenige Zoll nur noch vom Nervenzentrum der Union entfernt. Dieser furchtbare alte Kavalier, der eine Armee Lincolns nach der anderen zerschlug, war er wirklich unbesiegbar?
Hooker machte sich an einen gleichfalls nordwärts gerichteten Parallelmarsch; seine Vorschläge an den Präsidenten aber beschränkten sich darauf, Verstärkungen zu verlangen; noch dazu vergriff er sich im Ton. »Ich muß mehr Leute haben«, schrieb er am 27. Juni, »andernfalls bedeutet dieser Brief mein Rücktrittsgesuch«, eine Äußerung, die Lincoln, nun wieder einmal der gewitzte Prärieanwalt, sofort ausbeutete, um sich des Oberkommandierenden zu entledigen, dem er selbst schon lange nicht mehr vertraute, den er aber aus parteitaktischen Erwägungen bislang noch nicht hatte entfernen können. Er bewilligte Hookers Rücktritt sofort und erhob zu seinem Nachfolger General George Meade, der bisher unter diesem kommandiert hatte, doch in jeder Hinsicht ein Gegensatz des blonden Kriegsgotts

war: ein dünner, nüchterner Pennsylvanier, ein graubärtiges, durcharbeitetes Gesicht auf schmächtiger Gestalt, vorsichtig, systematisch, fast schulmeisterlich, vom Soldatenwitz »glotzäugige Snapping-Turtle« genannt, eine Schildkrötenart, die ihre Beute schnappend erjagt. Meade hatte einen Tag zuvor heftigen Streit mit Hooker gehabt, so daß er nun, als man ihn nachts aus dem Bett holte und er, halb wach erst, im Nachthemd in das Gewimmel von Uniformen blinzelte, fragte: »Bin ich verhaftet?« — »Nein«, erwiderte Lincolns Adjutant, Oberst Hardie, »Sie sind zum Oberkommandierenden der Potomac-Armee ernannt.« Worauf Meade umständlich seine Brille auf die lange, dünne Nase setzte, um die Order zu lesen.

Er zeigte, daß er seinen Ruf verdiente. Mit der unerschütterlichen Ruhe des Pedanten gruppierte er die Armee um, so daß als sich bei Gettysburg, einem roten Ziegelstädtchen mit 3000 Einwohnern, eine Zufallsschlacht entwickelte, inmitten von Obstgärten und reif wogenden Kornfeldern, die Unionstruppen imstande waren, sich zwei Tage lang sehr langsam und zähe zurückzuziehen, ohne sich unterwegs irgendwo durchbrechen zu lassen. Am dritten Tag hatten sie sich auf einem steinigen Hügelrücken festgesetzt, auf dem der Friedhof des Städtchens lag. Hier nun gegen drei Uhr nachmittags, in glühender Hitze, setzte Lee den entscheidenden Angriff an, zuversichtlich, daß Chancellorsville und Fredericksburg sich wiederholen würden. Nach zweistündiger Kanonade aus zweihundertfünfzig Geschützen ließ er 18 000 Mann seiner Elitetruppen unter General Longstreet zum Angriff antreten, in der Mitte die virginische »Kampfhahn«-Division General Pickets. Wie es in den Kriegsspielen europäischer Militärschulen gelehrt wurde, gingen Plänkler in lockerer Ordnung voran, dann folgte in langen, ausgerichteten Reihen die Infanterie. Unaufhaltsam zwischen den Pulverdampffetzen der Kanonade bewegte sich die schimmernde Reihe der Bajonette über Hügel und Tal, Kornfelder, Gärten, Steinmauern, von den roten, blau durchkreuzten Fahnen der Konföderation überweht und von den blauen Virginias. General Picket mit der Hakennase und dem

fliegenden, pechschwarzen Haar eines Indianers wies vom Pferd herunter mit gezücktem Degen den Weg. Aus den Sätteln riefen die Offiziere einander zu: »Auf Wiedersehen in Washington!«
Die Stadt Washington lag unterdessen unter dem Druck furchtbarer Ungewißheit. Die immer wieder zerbrechenden Telegraphendrähte brachten nur spärliche Nachrichten. Ruhelos, Selbstgespräche murmelnd, durchwanderte Lincoln das Weiße Haus, immer wieder an der Wandkarte mit farbigen Nadeln Positionen absteckend, von denen niemand wußte, wie weit sie mit den realen noch übereinstimmten. Es war der 3. Juli, Vorabend des Nationalfestes der Union. Durfte man noch wagen, es zu feiern? Schüchtern nur wurde in den Abendstunden einiges Feuerwerk abgebrannt, während jedermann wußte, daß unter ganz anderen Detonationen siebzig Meilen nur entfernt die Schlacht im Gange war.
Am Morgen des Feiertages erst erhielt Lincoln die ersten sicheren Nachrichten: wie auf der Parade ohne Schwanken war Longstreets Angriff vor sich gegangen; bis auf zweihundert Yards hatte die Infanterie der Union ihn herankommen lassen und dann erst ihr Feuer eröffnet, das verheerend wirkte. Dennoch überfluteten die Feinde ihre Stellungen. Ein wüstes Handgemenge entstand; immer wieder erschienen über ihm wie Flammen die roten Fahnen, versanken aber auch immer wieder zwischen den Grabsteinen des Friedhofs. Am Ende stellte sich heraus, daß der Anmarsch die Südstaatler allzusehr erschöpft hatte; die Hälfte derer, die angetreten waren, waren unterwegs gefallen. Zu schwach geworden, um sich zu halten, mußten sie zurückweichen, und die Union blieb im Besitz des Hügelrückens. Dennoch ist »Picket's Charge« ein Ruhmesblatt in der Geschichte der amerikanischen Armee geworden.
Selten wurde ein 4. Juli in Washington so gefeiert wie dieser. Bei Gettysburg hatte Lee die zurückgekehrten Reste der Brigaden Longstreets mit Erschütterung gemustert. »Es ist alles mein Fehler«, stöhnte er.[4] Den ganzen 4. Juli hindurch wartete er auf den nachstoßenden Gegenangriff Meades. Doch hatte auch diesen der Abwehrsieg aufs stärkste mitgenommen. Seine

Verluste waren immer noch höher als die Lees und so blieb er bewegungslos.

In der Nacht vom 4. zum 5. Juli trat Lee den Rückzug an. An dem geschwollenen Potomac mußte er einige Tage warten, ehe er ihn überschreiten konnte. Ein angriffslustigerer Verfolger als Meade hätte ihm, der einen unpassierbaren Strom im Rükken hatte, eine Katastrophe bereiten können. Doch Meade war nicht der Mann dazu und regte sich nicht.

Aus dem Abstand von heute gesehen, hat sich bei Gettysburg, zwischen Obstgärten, Viehweiden und Weizenfeldern, der Krieg entschieden. Von nun an war eine Offensive großen Stils für die Konföderation nicht mehr möglich und nur eine solche hätte ihr den Sieg geben können. Auch die, die bei Gettysburg zu Ende ging, war zu spät gekommen und noch spätere konnten nur noch unwirksamer sein. Es stand der Konföderation des Südens jetzt nur noch ein freilich sehr langsames Zusammenbrechen bevor, wie das eines ausgehöhlten Baumstammes, der noch Jahre hindurch sich in trügerisches, immer frisches, volles Laubwerk hüllt.

Das alles konnte Lincoln noch nicht wissen. Er sah nur, daß Lee mit einem zerrütteten Heer und einem geschwollenen Strom im Rücken geschlagen worden wäre, wenn Meade ihn angegriffen hätte. Daß das nicht geschah, war eine grausame Enttäuschung für Lincoln; sein Sohn behauptet, ihn, den Kopf in den Armen auf dem Tisch, gefunden zu haben, in leidenschaftlichem Schmerze weinend.

An diesem gleichen 4. Juli aber hatte auch fern an der Westfront General Grant die Stadt Vicksburg eingenommen; am 7. erreichte diese zweite Glücksnachricht Washington. Auf zweihundert Fuß hohen Klippen in einer gewaltigen Haarnadelkurve des Mississippi gelegen, war Vicksburg zur Festung ausgebaut worden, den sanft gelben Fluß weithin beherrschend; Jefferson Davis hatte befohlen, sie um jeden Preis zu halten. Im Mai bereits hatte Grant vergebens versucht, sie zu stürmen; danach hatte er kühn und störrisch einen eigenen Feldzug gegen sie geführt und schließlich in einsam geleisteter Bergmanns-

arbeit ihre Kapitulation erzwungen. Als er in sie einzog, ließ er, ein Zeichen seines Respekts für den Besiegten, die Militärmärsche beider Armeen abwechselnd spielen. Über 30 000 Gefangene waren in seine Hand gefallen, fünfundsiebzig Regimentsfahnen, 172 Geschütze.
Der Besitz von Vicksburg gab den ganzen Mississippi in die Hand der Union und damit den Zugang zum gesamten Gebiet der Föderation, soweit es westlich des Flusses lag, und von dem vor allem ihre Versorgung mit Schlachtvieh und Armeepferden abhing.[5] Wenige Tage, nachdem Grant Vicksburg eingenommen hatte, fuhr der Dampfer »Imperial« unter der Unionsflagge unbewaffnet den ganzen Mississippi hinab von St. Louis bis New Orleans. »Der Vater der Gewässer«, sagte Lincoln, »fließt nun wieder unbehelligt zur See.«

Trotz allem: je länger der Krieg sich hinzog, um so deutlicher wurden doch auch die Risse im Bau der Union erkennbar. Der seelische Aufschwung, den der Kriegsbeginn und danach die Sklavenbefreiung für die Nordstaaten bedeutet hatte, war verbraucht. Die allgemeine Stimmung war härter geworden und zugleich zynischer: wenn der Krieg, wie es schien, weder zu gewinnen noch zu beendigen war, so wollte man wenigstens möglichst viel von den Vorteilen einheimsen, die er dem Geschickten gewährte. Eine fessellose Unternehmungslust brach aus, vor allem in den Rüstungsindustrien — die Feuerwaffen-Fabrik Colt in Hartford etwa zahlte 1862 nicht weniger als 30 Prozent Dividende —, im Kohlen-, Holz- und Petroleumhandel. Die Farmer bebauten Millionen Acres neuen Bodens, und da ihre jüngeren Söhne im Krieg waren, wurden landwirtschaftliche Maschinen in ungeahnten Mengen gebraucht und angeschafft. Viele der berühmtesten Vermögen entstanden damals, das John D. Rockefellers und seines Bruders William, Marshall Fields, I. P. Morgans, Jay Goulds, P. D. Armours, der Familie Vanderbilt. Ihre Gründer verstanden es ebensogut, sich persönlich vom Kriegsdienst fernzuhalten — nur ein Vanderbilt, George, Sohn eines vielfachen Millionärs, fand als fünfundzwanzigjähriger Leutnant den Tod im Feld —, wie auch die vielen günstigen Gelegenheiten auf dem Grundstücksmarkt, an der Börse und bei Heereslieferungen auszunützen. Die Regierung war auf sie angewiesen und konnte sich kaum dagegen wehren, wenn sie ihr etwa Bajonette verkauften, die sich wie Blei verbogen, oder Schiffe, in deren morschem Holz kein Nagel mehr hielt. Vor dem Kriege hatte es kaum eine Handvoll Millionäre in den Vereinigten Staaten gegeben; am Ende des Krieges waren es etwa hundert, während das Vermögen Cornelius Vanderbilts sich der zwanzigsten Million näherte. Da derart riesige Gewinne ihrer Natur nach auf raschen Umsatz in möglichst hemmungsloser Lustbarkeit zu drängen pflegen, machten die Vergnügungsindustrien ausgezeichnete Geschäfte, ebenso aber auch Begräbnisunternehmer, die den Truppen aufs Schlachtfeld folgten, um die Gefallenen sofort einzubalsamieren und nach Hause zu schicken; für einen Soldaten berechneten sie 25 Dollar, für einen Offizier mindestens 50, für Generäle bedeutend mehr; beim Eintreffen in der Heimat pflegten die Einbalsamierten »wie schlafend« auszusehen und viel Rührung zu verbreiten. Wenn freilich auf der Straße Verwundete daherhumpelten, wendeten sich immer häufiger die Blicke von ihnen ab. Sie standen im Schatten und mit ihnen alle die, deren Einnahmen sich dem sinkenden Wert des Dollars und den steigenden Preisen nicht anpassen konnten: Arbeiter, Schreiber, Rentner, kleine Angestellte, Heimarbeiterinnen. Eine Entwertung des Dollars war natürlich nicht zu vermeiden gewesen, obwohl es Chase gelang, sie auf dem üblichen Wege durch Steuern und Anleihen[6] in erträglichen Grenzen zu halten, weshalb auch Lincoln sich in das Finanzressort kaum je einmischte. Seit 1862 wurde eine Einkommensteuer erhoben — auch sie eine unzweifelhafte Verfassungsverletzung[7], die jedoch erst 1872, sieben Jahre nach Lincolns Tod, wieder abgeschafft wurde. Dennoch hoben die Löhne sich bis 1864 nur um etwa 25 Prozent, während die Preise sich nahezu verdoppelten. Das bittere Wort lief um »A rich man's war and a poor man's fight« — »eines reichen Mannes Krieg und eines armen Mannes Kampf«. Es zielte auf

das Aushebungsgesetz, das im Sommer 1863 in Kraft trat. Der Westen, Farmergelände, das er war, erfüllte seine Rekrutierungsquote. Der Osten, die jungen Industriegebiete hingegen blieben weit hinter ihrem Soll zurück. Denn da das Gesetz zuließ, daß der, auf den das Los fiel, einen Ersatzmann stellte, wirkte es sich zuungunsten der zahlungsschwachen Bevölkerung aus. Auch kamen alsbald Beschwerden, wonach vor allem Demokraten, Katholiken und Iren ausgehoben würden. Die großen Städte, die anfangs am leidenschaftlichsten den Krieg gewollt hatten, stellten nur sehr zaudernd ihre Mannschaften. Unverblümt sagte Lincoln einer Deputation aus Chicago, die ihn um Kürzung der Aushebungsquote bat: »Nächst Boston war es vor allem Chicago, das diesen Krieg über das Land gebracht hat. Ihr seid es, die in großem Maße dafür verantwortlich seid, daß Blut fließt, wie es geflossen ist. Ihr verlangtet den Krieg, bis wir ihn hatten. Ihr verlangtet nach Sklavenbefreiung, und ich gab sie euch. Was immer ihr verlangt habt, habt ihr gehabt. Jetzt kommt ihr hierher, um die Rekrutierung der Mannschaften loszuwerden, die ich angeordnet habe, um den Krieg zu führen, den ihr verlangt habt. Ihr solltet euch schämen. Geht nach Hause und hebt eure 6000 Mann aus.«
In Milwaukee, zu zwei Dritteln von Deutschen bewohnt, die dem preußischen Militärsystem hatten entgehen wollen, war die Opposition infolgedessen besonders bitter. In ländlichen Bezirken wurden die Aushebungsbeamten von den Frauen mit Eiern beworfen, in Indiana zwei ermordet. Überall mußte die Polizei junge Flüchtlinge von Eisenbahnen und Schiffen herunterholen. Die Entkommenen, »Moosbacks« — »Elche« genannt, verbargen sich, zu kleinen Banden zusammengeschlossen, in Sümpfen und Einöden.
Seit Mitte Juli kam es zu offener Empörung, in Philadelphia, wo fünf Regimenter erforderlich waren, um die Ordnung wiederherzustellen und besonders in New York, wo sie möglicherweise von dem inzwischen zurückgetretenen Bürgermeister Fernando Wood angestiftet waren: Barrikaden wurden gebaut, die Rekrutierungsstellen in Brand gesteckt, die dazugehörigen

Lincolns Treffen mit General McClellan
im Hauptquartier der Unionsarmee in Antietam
*Photographie aus dem Jahre 1862*

Panzerschiffe und Kanonenboote auf dem Mississippi
*Zeitgenössische Darstellung*

Unionsgeneral Ulysses S. Grant bei Cold Harbor
*Photographie von Mathew B. Brady*

Lotterieräder zerschmettert, ein Arsenal vom Mob eingenommen, die Miliz zurückgeschlagen; Polizisten wurden zertrampelt, Neger wie Tiere gehetzt und gehängt. Man sang: »Wir hängen Abe Lincoln an einen Sauerapfelbaum.« Vier Tage lang gab es kein Gesetz mehr in der Stadt. Es war ein antikapitalistischer Aufruhr, der sich mit Rassenkampfinstinkten vermengte. Der bittere Vers wurde noch bitterer; er hieß jetzt: »The poor man's blood and the rich man's money« — »des Armen Blut und des Reichen Geld«. Vom Schlachtfeld von Gettysburg mußte Meade 15 000 Mann absenden, um die Stadt zu beruhigen. Trotzdem lehnte Lincoln standhaft ab, die Aushebung aufzuheben und zum Freiwilligensystem zurückzukehren. Er erkannte die Ungerechtigkeit des Systems, wußte aber von keinem andern Weg, um den Krieg zu gewinnen.
Die Desertionen nahmen überhand. Die Todesstrafe, die den Deserteur bedrohte, wurde in den ersten zwei Jahren selten vollstreckt; nun wurde man strenger, und Erschießungen bei Sonnenaufgang nahmen zu. Geheimgesellschaften, wie die Ritter des Goldenen Zirkels, unterstützten die Desertionen; sie legten viel Wert darauf, daß die Deserteure ihre Ausrüstung mitbrachten und zahlten ihnen zuweilen auch eine Art Handgeld. Allein im Staat Illinois wurden 1863 ungefähr 2000 Deserteure verhaftet.
Der Mannschaftsmangel wurde so arg, daß die Werbungen im Ausland verstärkt werden mußten, vornehmlich in Irland, England, Deutschland; den Angeworbenen wurde Handgeld bis zu 700 Dollar gezahlt, und das State Department versprach ihnen, wenn auch in verschleierter Sprache, für spätere Zeiten gute Arbeit und Land. Der Rekrutierungskommissar des Nordens, John Bigelow, hat die angeworbenen Ausländer für den entscheidenden Faktor des ganzen Krieges erklärt. Im Süden wurde geradezu behauptet, die Armeen des Nordens beständen fast nur aus irischen und deutschen Söldnern.
Eben deshalb blieb die Kriegführung Meades zögernd. Und auch der Kriegsrat seiner Generäle erklärte sich fast einhellig gegen einen weiteren Vormarsch. Möglich auch, daß gerade

sein großer Erfolg von Gettysburg, verbunden mit der Erinnerung an frühere Niederlagen, einen Menschen seines Temperaments zu doppelter Vorsicht veranlaßte.

Nichtsdestoweniger war es sein Sieg, der Sieg des glanzlosen, kleinen Mannes gewesen, der nun auch in der Außenpolitik die endgültig entscheidende Wendung herbeiführte. Gleich nach der Schlacht fielen die Erlanger-Bonds des Südens auf 65, um am Jahresende bei 37 anzulangen. Der im Juni im britischen Unterhaus vertagte gefährliche Antrag, die Konföderation als souveränen Staat anzuerkennen, schien nun außerhalb der Realität zu stehen. Jetzt auch fanden die Diplomaten des Nordens eine neue Sprache — so als im September die in England für die Konföderierten gebauten Kriegsschiffe »Shenandoah«, »Nashville«, »Sumter« fertig geworden waren und auslaufen sollten, und Botschafter Adams Lord Russell erklärte: »Es würde überflüssig für mich sein, Ew. Lordschaft zu erklären, daß das Krieg bedeuten würde.« Tatsächlich hatte Russell drei Tage vorher schon die Schiffe beschlagnahmen lassen, »as a matter of policy not of strict law« — »als politische Maßnahme, nicht in strikter Anwendung des Gesetzes«. Sie blieben im Hafen und gelangten nie in den Besitz ihrer Besteller.

Mit Napoleon III. gestattete man sich in Washington eine solche Sprache allerdings nicht, da seine Truppen ja schon auf dem amerikanischen Kontinent, in Mexiko, standen und damit in gefährlicher Nachbarschaft der Konföderation. Die auch auf französischen Werften für sie im Bau befindliche Schiffe verstanden Seward und Lincoln geschickt zu ignorieren. Als das Repräsentantenhaus, hierdurch verärgert, ein Tadelsvotum gegen Lincoln annahm und der amerikanische Botschafter darauf einen Besuch im Pariser Außenministerium machte, wurde er mit der Frage empfangen: »Bringen Sie Krieg oder Frieden?« Seine Antwort war: »Aktionen des Repräsentantenhauses sind nicht solche des Präsidenten. Wenn dieser seine Politik zu ändern beabsichtigt, wird die kaiserliche Regierung gebührend benachrichtigt werden.« Tatsächlich versprach auch Napoleon, im Herbst 1863, die südstaatlichen Schiffsbauten in Frankreich zu beschlagnahmen, zögerte damit aber bis in den Frühsommer 1864. Niemand konnte ja damals schon ahnen, daß fast am gleichen Tag, an dem Lincoln die Emanzipation ankündigte, der König von Preußen eine ähnlich schicksalsträchtige Entscheidung getroffen hatte, indem er Bismarck zum Ministerpräsidenten ernannte, dem es binnen kurzem bestimmt war, das ganze bedrohliche napoleonische Machtgebäude zu Boden zu werfen.

Ende Oktober leuchtete aufs neue im Westen der Name General Grants empor. In der Stadt Chattanooga am mächtigen Tennessee-Strom, einem trübseligen Nest inmitten höhlenreicher lehmgelber Berge, die jedoch die große Heerespforte für den mittleren Westen war, hatte der Unionsgeneral Rosecrans sich einschließen lassen; einer der besten Soldaten des Nordens, hatte er jetzt einen psychischen Zusammenbruch erlitten und sich mit 40 000 Mann dem Verhungern ausgesetzt. Grant aber war es gelungen, auf halsbrecherischen Pfaden die Stellung der Belagerer zu stürmen, ihren Ring zu durchbrechen und Rosecrans zu retten. »Gott segne euch alle«, telegraphierte Lincoln glückstrahlend an Grant.

In Washington begann inzwischen die Wintersaison — beruhigter und daher weiträumiger als je seit Beginn des Krieges. Kate Chase, die Tochter des mächtigen Schatzsekretärs und Anwärters auf die Präsidentschaft, heiratete den Senator Sprague vom Staat Rhode Island, einen millionenreichen Textilfabrikanten, ein Ereignis, das mit solcher Pracht gefeiert wurde, daß es die leichteren Herzen der Bundeshauptstadt wochenlang beschäftigte. Der Verlobungsring allein kostete 4000 Dollar. Doch auch Lincoln konnte nicht umhin, als Ehrengast zu erscheinen, ohne Mary, die noch in Trauer war, in Frack und weißer Krawatte und in den großen, weiß behandschuhten Händen einen zierlichen Spitzenfächer als Hochzeitsgeschenk.

Wenige Tage später aber machte er sich zu einer sehr andersartigen Feier auf, nach Gettysburg, wo ein Friedhof für die Gefallenen der Julischlacht eingeweiht wurde. Der Rede des greisen Edward Everett, einst Senator, Botschafter und Gouverneur, sollte der Präsident einige abschließende Worte anfügen.

Es war ein trüber Novembermorgen, als die Prozession sich über das Schlachtfeld bewegte, Offiziere, Soldaten, Beamte, Kongreßabgeordnete, Bauern, deren Felder in der Schlacht zertrampelt worden waren, Bürger von Gettysburg, deren Friedhof zerschossen worden war, an der Spitze Lincoln zu Pferde, das, wie immer, zu klein für seine Riesengestalt aussah, in langschößigem Rock, Zylinder, hellen Stulpenhandschuhen. Die Obstgärten, die im Sommer schon voller Früchte gehangen hatten, streckten ihre von Kugeln verstümmelten Zweige entlaubt in den nebelfeuchten Himmel. Nur oberflächlich waren die Gefallenen begraben worden, so daß sich sehr wohl erraten ließ, wovon die zahlreichen Geier lebten, die sich jetzt vor der nahenden Menschenmenge in langsamen Kreisen erhoben. Fünfzehn Minuten etwa dauerte der Marsch; jede Minute dröhnte ein Kanonenschuß als Trauersalut.

Everett sprach zwei Stunden lang, Lincoln nur zwei Minuten, in klarem, scharfem Diskant, das Manuskript in seiner Hand kaum beachtend. Viele Zuhörer fühlten sich enttäuscht. Seward sagte: »Es war ein Mißerfolg. Die Rede war unter seinem Niveau.« Und Everett: »Es ist nicht das, was ich von ihm erwartete.« Den Zeitgenossen also, an voluminösere Rhetorik gewöhnt, war die Hoheit dieser wenigen, ineinander verspannten und gefestigten Sätze noch schwer zugänglich.

Es mag sein, daß Lincolns starke Phantasie ihn das herbstliche Schlachtfeld, auf dem er stand, für Augenblicke so sehen ließ, wie es im Juli ausgesehen hatte: auf den heute leeren Äckern wogte damals das Getreide und allenthalben dort, wo es niedergetrampelt war, lagen Gefallene, die Augen starr zum Licht gekehrt, doch blind, die Münder aufgerissen, doch stumm. Packte den Präsidenten hier ein elementarer Drang zur Rechtfertigung? Ließ ein ungeheurer moralischer Impuls ihn hier seine Worte finden? Er machte keinen Unterschied mehr zwischen den Toten beider Armeen; für ihn gehörten sie alle dem einen Amerika an, dessen Größe und Geeintheit für ihn Evangelium war.

»Wir haben uns«, sagte er, »auf einem großen Schlachtfeld dieses Krieges versammelt. Ein Teil davon soll eine letzte Ruhestätte für die werden, die ihr Leben hingegeben haben, auf daß diese Nation lebe. Es ist recht und billig, daß wir so handeln. Aber in einem weiteren Sinne gesehen, sind wir nicht imstande, diesen Boden zu weihen und zu heiligen. Denn die tapferen Männer, die Lebenden und die Toten, die hier gekämpft haben, haben ihn bereits geheiligt, und es ginge weit über unsre arme Kraft, etwas hinzuzufügen oder wegzunehmen. Die Welt wird sich wenig um das kümmern, was wir hier sagen, und wird sich nicht lange daran erinnern. Doch was jene hier taten, kann sie nie vergessen. Für uns, die Lebenden, hingegen ziemt es sich, uns dem unvollendeten Werk zu widmen, das die, die kämpften, so weit gefördert haben. Es ziemt sich für uns, uns der großen Aufgabe hinzugeben, die vor uns liegt, und von diesen ehrwürdigen Toten eine noch größere Hingabe zu lernen an die Sache, für die sie ihr Äußerstes und Letztes opferten. Wir müssen fest entschlossen sein, daß diese Toten nicht umsonst gestorben sind, damit unsre Nation, mit Hilfe des Allmächtigen, eine neue Geburt der Freiheit erlebe und die Regierung des Volkes durch das Volk und für das Volk nicht vergehe von der Erde.«

Gettysburg, der Name einer kleinen ziegelroten Siedlung in Pennsylvanien, wurde der Wendepunkt des Bürgerkriegs. Doch auch in Lincolns Leben bedeutet er ein neues Stadium. In jeder Faser seines Wesens unterschied sich der Lincoln von Gettysburg von dem, der 1861 zagend sein Amt angetreten hatte. Lange schon vergessen war der unsichere Ton, mit dem er etwa mit McClellan verhandelt hatte, ihn umworben, ihn zu überzeugen versucht und dann wieder schroff abgestoßen hatte. In den wenigen starken, schlichten Sätzen der Adresse von Gettysburg bat Lincoln niemanden mehr, suchte niemanden mehr zu überzeugen, sondern stellte fest: dies sind unsre Aufgaben und wir haben sie auszuführen, wenn wir leben wollen, noch nicht eben Befehle, aber ein strenges Verlangen, das Widerspruch kaum noch zuließ.

Dieses nun vergehende Jahr 1863 mit seinem Auf und Ab, dem verfrühten Optimismus in Hookers Kriegslager, der Enttäuschung von Chancellorsville, der furchtbarsten von allen, und dann ebenso unerwartet der große Erfolg von Gettysburg, dessen erlösende Bedeutung sich erst allmählich offenbarte — dieses Jahr der wechselnden Hitzen und Kälten hatte ihn endgültig zurechtgeschmiedet.

Aus dem August 1863 schon hat sein Sekretär Hay berichtet, er habe Lincoln niemals mehr in heiterer Ruhe gesehen; der Krieg, die Aushebung, die außenpolitischen Auseinandersetzungen und vor allem auch schon die Pläne für den Neuaufbau der Union nach dem Kriege, alles das konzentriere sich in ihm. Man habe ihm geraten, sagt Hay, die Finger wenigstens aus dem Militär-Kuchen herauszulassen. Aber die Wahrheit sei, daß, wenn er das täte, dieser Kuchen eine traurige Manscherei (»mess«) werden würde. Jetzt erst zeige sich, mit welcher »tyrannischen Autorität« er das Kabinett beherrsche. Die wichtigsten Dinge entscheide er allein; es gebe keine Krittelei mehr daran. Niemand lebe im ganzen Lande, der so weise, so ruhig und freundlich und dabei so fest sei. »Der Alte sitzt hier und handhabt — ein Hinterwäldler-Jupiter — die Donnerkeile des Krieges und die Maschinerie der Regierung mit ebenso stetiger wie sicherer Hand.«

Lincoln bestand darauf, daß trotz der schwierigen Zeiten der Bau des Kapitols fortgesetzt wurde. »Wenn die Menschen sehen«, sagte er, »daß es mit dem Kapitol vorwärts geht, so wird es ihnen ein Zeichen dafür sein, daß es auch mit der Union vorwärts geht.« Und als die Figur des »Bewaffneten Friedens« zur Krönung der nunmehr geschlossenen Kuppel aufgestellt wurde, ließ Lincoln sie mit einem Salut von fünfunddreißig Kanonenschüssen begrüßen ...

Sein Gesicht wurde immer magerer und die Unterlippe schob sich immer mehr voran, was ihm einen leise verächtlichen Zug verlieh. Die Brille mit den stählernen Bügeln und den dunkel

schattierten Gläsern kam selten mehr aus seinem Gesicht und gab ihm das Ansehen einer alten klugen Eule. Freilich — es war ein verrunzeltes, vergilbendes, verwelkendes Gesicht, in dem nur die großen Pferdezähne und die tiefliegenden, schimmernden Augen so blieben, wie sie von jeher gewesen waren.
Je schwerer die Angriffe, je phantastischer die Anklagen gegen ihn wurden — etwa, daß er selbst Neger unter seinen Vorfahren habe oder daß sein ältester Sohn, ein Student in Harvard, mit Regierungsaufträgen eine halbe Million verdient habe — es schien ihn immer weniger zu bekümmern. Er sagte jetzt, wenn er alles, was gegen ihn geäußert werde, auch nur lesen wollte, geschweige denn es beantworten, würde er »seinen Laden für jedes andere Geschäft zumachen« müssen; er tue sein Bestes und sei entschlossen, es bis zum Ende zu tun. Wenn das Ende ihm recht gebe, werde alles, was gegen ihn gesagt werde, nichts bedeuten; wenn das Ende ihm aber unrecht gebe, so könnten auch zehn Engel, die beschwören würden, er habe recht gehabt, nichts daran ändern. Endlich also hatte er jene glückliche Gleichgültigkeit erworben, die das gute Gewissen gibt.
Der langlippige Mund, der früher so leicht einen Scherz hinsprach, konnte jetzt ebenso leicht Sätze voll Strenge und Kälte äußern, kühle, knappe Fragen tun. Seine Körperbewegungen gewannen an Gelöstheit und unbefangener Sicherheit. Gern saß er mit einem Bein über der Armlehne eines Stuhls, selbst vor fremden Besuchern. Auch mit ihnen verstand er jetzt gleichgültigste Gespräche so zu führen, daß sie sich dennoch geschmeichelt fühlten. Andrerseits ließ er es sich niemals nehmen, nach Eisenbahnfahrten dem Heizer und dem Lokomotivführer die rußschwarzen Hände zu schütteln. Am besten vielleicht charakterisierte ihn damals der englische Journalist Edward Dicey, der schreibt, man könne nicht sagen, er sei ein Gentleman, noch viel weniger aber, er sei keiner.
Am Ende des Jahres 1863 geschah es, daß ein Geschwader der russischen Flotte die amerikanischen Häfen besuchte, eine Geste, die sich anscheinend gegen die Westmächte und ihre Interventionsgelüste richtete[8] und demgemäß überall festlich aufgenom-

men wurde. Als die Fregatten im unteren Potomac ankerten, erfüllten bärtige Matrosen mit kyrillischen Buchstaben an den Mützen die Straßen Washingtons. Ihren Offizieren wurden allenthalben Gesellschaften gegeben.

Lincoln aber empfing sie erst am Vorabend ihrer Abreise. Diese kühle Aufnahme wurde damit erklärt, daß seine Frau in Trauer und er selbst krank sei. In der Tat hatte sofort nach der Gettysburger Rede seine Gesundheit merklich nachgelassen. Auf dem Rückweg nach Washington schon hatte er auf dem Sofa seines Salonwagens gelegen, im schwachen Licht der Petroleumlampen, und mit feuchten Handtüchern Stirn und Augen gekühlt. Zuerst glaubte man an ein Leberleiden, dann an eine milde Form der damals grassierenden Pocken. In Wirklichkeit war es vielleicht nur die beginnende Auszehrung durch Überarbeitung.

Vielleicht aber auch, daß die Seeleute der fremden halbasiatischen Zarenmacht ihm in einem so tiefen Sinne fremd und unsympathisch waren, daß er diplomatische Erwägungen in den Hintergrund drängte. In jedem Falle standen sie ihm weit ferner als die Bürger der Südstaaten, gegen die er Krieg führte, ohne je aufzuhören, seine Landsleute in ihnen zu sehen.

# XVIII
## Der Krieg in vollem Ernst

Der Sieg von Chattanooga hatte den Ruf Grants derart sichergestellt, daß alles, was danach folgte, sich fast automatisch vollzog.
Grant wurde nach Washington berufen, das er nie zuvor gesehen hatte und wo niemand ihn kannte. Er langte an, nur von seinem vierzehnjährigen Sohn Fred und seinem Stabschef Rawlins begleitet.[1] Mitten unter einer größeren Zahl Besuchern trat er Lincoln zum erstenmal entgegen — ein untersetzter, breitschultriger, sonnenverbrannter Mann mit hellblondem Vollbart; er hielt den Kopf gern vorwärts gesenkt, und der Blick seiner klarblauen Augen kam still prüfend von unten her. Die Uniform trug er lässig wie einen Zivilrock, kaum je bis oben zugeknöpft; die Generalssterne auf den Schultern blinkten matt und vernachlässigt. Besser als über der Uniform hätte man sich diesen Kopf über einer blauen Arbeiterbluse denken können. In der Tat stammte Grant aus untersten Gesellschaftsschichten. Sein Vater, ein kleiner Farmer, der später Gerber wurde, hatte ihn durch einen befreundeten Kongreßabgeordneten in der Militärakademie West Point nur deshalb untergebracht, weil die Erziehung dort kostenlos war. Im Mexikanischen Krieg hatte Grant sich das einsame Trinken angewöhnt, das er später in der Öde des Garnisondienstes derart fortsetzte, daß er als Hauptmann aus der Armee entfernt wurde. Es folgten Jahre sehr mißlicher Lebensfristung; schließlich landete er, das »Schwarze Schaf« der Familie, auf einem Posten im Lederladen seiner Brüder.
Als die Freiwilligentruppe, die er beim Kriegsausbruch in Galena in Illinois gedrillt hatte, ins Feld rückte, mußte er zurückbleiben. Sein Gesuch um ein Oberstenpatent wurde in Washington nie beantwortet. Schließlich machte der Staat Illinois ihn zum Kommandeur eines meuterisch gesinnten Freiwil-

ligenregiments, das er jedoch rasch bändigte. Ein Patent als Brigadegeneral war darauf gefolgt und dann, ganz überraschend, sein Schlag gegen Fort Donelson, der seinen Namen im ganzen Land bekannt machte. Gleich darauf allerdings hätte die gerade nur mit knapper Not gewonnene Schlacht von Shiloh seine neue Laufbahn beinahe schon wieder beendet.
In Grants erster persönlicher Begegnung mit Lincoln im überfüllten Audienzraum des Weißen Hauses scheint die Ähnlichkeit ihrer Herkunft, ihres von unendlichen Widrigkeiten gehemmten Aufstiegs, ihre geringe Achtung für äußere Formen eine Verständigung auf den ersten Blick leichtgemacht zu haben. Grant erhielt den eigens für ihn vom Kongreß neu geschaffenen Rang eines Generalleutnants, den seit George Washington niemand mehr besessen hatte, und das Oberkommando aller Armeen der Union. Eine Dankrede, die er vor dem Kabinett halten sollte, bestand in einigen Sätzen, die er mit Bleistift auf einen Zettel gekritzelt hatte und die er stammelnd ablas; man sah ihm an, wie widerwärtig es ihm war. Doch zeigte er eigenen Willen, indem er von Komplimenten an die Potomac-Armee, wie Lincoln sie angeregt hatte, nichts erwähnte.
Der Präsident schien das nicht zu bemerken. Ließ er dem neuen Mann bereits so weit freie Hand? Es sieht so aus. Denn es läßt sich auch feststellen, daß seine unmittelbaren Eingriffe in die Kriegführung von nun an aufhörten. Hatte Grant das verlangt? Man weiß es nicht. Jedenfalls aber war Grant von Halleck und Stanton wiederholt gewarnt worden, daß Lincoln militärische Pläne nicht immer diskret behandle; so betrieb er die seinigen von vornherein möglichst geheim.
Vielleicht jedoch auch, daß Lincoln selbst eingesehen hatte, daß man Armee und Kriegführung am besten den Berufssoldaten, den Spezialisten überlasse — sobald man nur einen fähigen gefunden habe —, wie er ja auch in die Geschäfte des Schatzsekretärs Chase sich nicht einmischte und gut dabei fuhr. Jedenfalls war die Begegnung mit Grant eines seiner entscheidenden Erlebnisse: er fand einen Mann seines eigenen volkstümlich-direkten Wesens, dem zu vertrauen leicht war, der ihn der mili-

tärischen Verantwortung enthob und damit von vielen Ängsten befreite. In seiner ersten Unterredung mit Grant gestand Lincoln bereits freimütig zu, daß alle seine militärischen Verordnungen, die er als »Commander-in-Chief« erlassen habe, falsch gewesen sein könnten; einige seien es ganz bestimmt. Was Grant jetzt zu tun beabsichtige, wolle er gar nicht wissen. In dieser Unterredung schon erhob Grant Beschwerde gegen das Kavalleriekorps der Potomac-Armee, dessen Leistungen er unbefriedigend fand, worauf Lincoln sofort bereit war, das Kommando des Korps dem dreiunddreißigjährigen Iren Sheridan anzuvertrauen, einem General, der von jeher Grants Liebling war, ein kleiner, teuflisch lebendiger Mann mit kurzen Beinen und sehr breiten Schultern.

Grants Strategie war die einer Bulldogge, die, aus noch so vielen Wunden blutend, den Zugriff der Zähne nicht lockert. Er hatte eine fast abergläubische Angst vor jedem Schritt rückwärts und kämpfte daher wie eine Maschine, die den, der in ihr Getriebe gerät, gnadenlos vernichtet. Es war die Natur-Strategie der Hinterwäldler, bei denen alles davon abhing, wer die stärkere Fähigkeit hatte, Schläge hinzunehmen, ohne zusammenzubrechen. Ebendeshalb sagte Grants Kampfstil auch Lincoln weit mehr zu als die Geheimwissenschaft der an europäischen Vorbildern geschulten Generalität, mit der er bisher zu tun gehabt hatte. In Grant hatte er den amerikanischen Mars in Person getroffen, den harten, grimmigen Menschentyp der Siedler, Goldgräber, Pelzjäger und Eisenbahnbauarbeiter, die damals gerade gemeinsam dabei waren, die Eroberung Amerikas bis zum Stillen Ozean zu vollenden, den Menschentyp, für den der Krieg nichts von Mathematik und Schachspiel hatte, sondern die einfache Entscheidung zwischen Lebenskraft und Sterbenmüssen war.

Grants Plan, Lincoln nur in Umrissen bekanntgegeben, war, mit der Potomac-Armee Lee derart gewaltig anzugreifen, daß dieser sich nicht mehr regen könnte und zu seinen bisher so erfolgreichen ablenkenden Flankierungsmanövern keinen Raum mehr hätte. Gleichzeitig sollte die Armee des Westens, die Grant

bisher befehligt hatte, in Lees Rücken hinein losgelassen werden; sie wurde General Sherman unterstellt, einem nervösen, rothaarigen Menschen, der, von dämonischem Glauben an sich selbst erfüllt, sich immer erst dann wohl zu fühlen schien, wenn alle Brücken hinter ihm abgebrochen waren. Lincoln äußerte zu diesem Kriegsplan: »Sie wollen also das Bein Lees festhalten, während Sherman die Haut abzieht?« »Ungefähr so ist es«, war Grants Antwort. Und auch Sherman sollte recht haben, als er bemerkte, jetzt erst beginne der Krieg berufsmäßig geführt zu werden.
Grant, dessen gesunden Instinkten die intrigenträchtige Luft Washingtons von vornherein mißfiel, verließ es bereits am dritten Tag, um sich von der Westarmee zu verabschieden. Auch in der Folge schlug er sein Hauptquartier nicht in der Bundeshauptstadt auf, wie man vorausgesetzt hatte, sondern bei der Potomac-Armee, wodurch Meade, immer noch ihr Kommandierender, in eine schwierige Position geriet; doch fügte er sich, der stille, noble Mann, indem er sagte, wohin er gestellt werde, werde er nach besten Kräften dienen. Alle Detailarbeiten überließ Grant klugerweise Halleck, dessen Ehrgeiz als Chef des zentralen Generalstabs in Washington damit hinreichend geschmeichelt wurde.

Es war die Zeit, in der der außenpolitische Druck auf die Union nachließ, besonders auch deshalb, weil die Aufmerksamkeit der europäischen Mächte immer mehr vom eigenen Kontinent in Anspruch genommen wurde. Noch ehe Grant seinen Feldzug eröffnen konnte, sprachen auch in Nordeuropa die Kanonen: der erste Akt in Bismarcks deutscher Staatsgründung, die Invasion Dänemarks, begann. Ins Mittelmeer hinaus baute sich inzwischen zusehends fester der neue Einheitsstaat Italien; Florenz wurde seine Hauptstadt, und der Augenblick rückte sichtbar heran, in dem es sich auch des päpstlichen Rom bemächtigen würde. Die gleichen Kräfte waren hier am Werke, die auf den amerikanischen Schlachtfeldern tobten. Hier wie dort ging es um Verwirklichung der großen Parole der nationalen Einheit; nur waltete in Europa die robuste Überzeugung, daß der Krieg das natürliche Instrument sei, um politische Wunschbilder zu verwirklichen, und niemand schien dort etwas von dem skrupulösen Schwanken Lincolns, von seinen, trotz aller äußeren Beherrschtheit, nie zur Ruhe kommenden Gewissensbedenken zu spüren. Eben aber dieser Entwicklungen wegen konnte Napoleon III. sein mexikanisches Abenteuer nur noch mit geteilter Kraft betreiben, schwand sein Traum eines mittelamerikanischen Kolonialreichs dahin; wachsende Besorgnis vor den Anschlägen Preußens, Rußlands, Österreichs und neues Mißtrauen gegen England machten eine französische Intervention in Amerika immer unwahrscheinlicher. Gerade deshalb suchten die Südstaaten ihn nun, im Frühjahr 1864, zu einer Entscheidung zu drängen: ihr Vertreter Slidell hatte ihm zu erklären, der Erfolg seiner Mexiko-Politik hänge nicht nur von der Unabhängigkeit der Konföderation ab, sondern auch von ihrer Freundschaft, einer Freundschaft freilich, die ihren Preis koste, nämlich französisches Einschreiten zugunsten des Südens. Andernfalls werde der Süden, sobald er seine Unabhängigkeit erkämpft habe, eine Allianz mit dem Norden schließen, um mit ihm gemeinsam die Monroe-Doktrin wiederherzustellen, also die Fremdherrschaft in Mexiko zu beseitigen. Napoleon lehnte ab, da er von seinen europäischen Sorgen schon allzusehr in Anspruch genommen wurde. Eben deshalb aber konnten die Nordstaaten es sich nun leisten, ihrerseits die Neutralen um so rücksichtsloser zu behandeln, so etwa, als sie, um den südstaatlichen Blockadebrecher »Florida« im Hafen von Bahia zu vernichten, die Neutralität Brasiliens flagrant verletzten.

Im Mai 1864 eröffnete Grant seine Offensive, und zwar in einen Teil Virginias hinein, der »the Wilderness« — »die Wildnis« hieß; ein Gebiet kleiner Hügel und Waldrücken, dicht bewaldet, zumeist mit alten Zwergeichen, Zwergtannen, Weißdorn und Schlehe bestanden, ein Gewirr von Unterholz, eine in sich selbst verkrampfte Vegetation, die, von sumpfigen Bä-

chen erweicht, für undurchdringlich galt. Die Regimenter konnten nur mühselig auf Fußpfaden eindringen und mit dem Kompaß sich einigermaßen zurechtfinden. Das Blut der Fallenden mischte sich mit den vielen roten und braunen Blättern, die seit Jahren den Grund bedeckten. Stellenweise fing der Wald Feuer und wurde zur Hölle mit züngelnden Flammen, zähe treibendem, beizendem Rauch; Harz tropfte aus den Stämmen, ehe sie verkohlten. Verwundete verbrannten, wo sie lagen.
Die ersten Depeschen Grants wurden in Washington am 7. Mai angeschlagen, einem Samstag; sie waren nichtssagend, ebenso die am 8. und 9. Mai. Sommerhitze zitterte schon über der Stadt, und gegen Abend empfand man es wie eine wohltätige Brise, daß wenigstens kein neuer Rückzug angekündigt wurde.
Lincoln erhielt seine ersten Informationen durch einen Journalisten, Henry E. Wing, einen unbedeutenden jungen Menschen, der ihm indes berichten konnte, Grant habe gesagt, es gebe keine Umkehr. Am 9. Mai brachte das Orchester eines durchmarschierenden Ohio-Regiments dem Präsidenten eine Serenade, wobei er eine kurze Ansprache hielt; jedermann gewahrte die breiten, dunklen Ringe unter seinen Augen. Er schlief kaum noch. Nachts wanderte er den großen Korridor im zweiten Stock des Weißen Hauses ruhelos auf und ab, in langem Schlafrock und Pantoffeln, den Kopf auf der Brust. Der Maler Carpenter, der ihn damals zu porträtieren hatte, berichtet, es seien Tage gewesen, »an denen ich ihn kaum ansehen konnte, ohne zu weinen«.
Nach einer Woche endlich brachten schwere Wolkenbrüche die Kämpfe in der Wildnis zum Stehen. Nach Verlusten, die jede andere Armee aus dem Gleichgewicht gebracht hätten, ging Grant zurück. Der gewaltige Hammer, den dieser General für Lincoln bedeutet hatte, sollte nun auch er, vom wirbelnden Fechterdegen Lees getroffen, aus seiner Hand fliegen? Nein — Grant hielt an einem Kreuzweg still, wo die Straße zu den Flüssen Rappahannock und Potomac, also zur Sicherheit, abzweigte, untersetzt, breitschultrig, geduckt, im Regen auf braunrotem, nassem Pferd, eine große, pechschwarze Zigarre im

Mundwinkel, und wendete mit stummer Handbewegung die Spitzen der Regimenter nicht nach links, sondern nach rechts, wo es aufs neue in die Wildnis ging. Er nahm keine Kenntnis davon, daß Lee ihn abgeschlagen hatte, sondern machte sich unverweilt daran, ihn in der Flanke zu umgehen. Schnell, ohne seine Zeilen noch einmal zu lesen, hatte er an Stanton gekritzelt: »Wir haben jetzt den sechsten Tag sehr schwerer Kämpfe hinter uns. Das Ergebnis sieht bis jetzt günstig für uns aus. Aber die Verluste waren schwer, ebenso wie die des Feindes. Ich beabsichtige, es auf dieser Linie auszufechten, und wenn es den ganzen Sommer dauert.«

Lincoln las die Depesche einer vor dem Weißen Hause begeistert tobenden Menge vor und setzte hinzu: »Wir werden es auf dieser Linie ausfechten, und wenn es noch drei Jahre dauert.« Viel gehörte für ihn sicherlich dazu, seinem Herzen solche zugleich leichtfertigen und harten Ermutigungsworte abzunötigen. Tatsächlich sollte es viel länger dauern, als diesen Sommer hindurch, und auch die Linie, auf der Grant kämpfte, war auf die Dauer nicht zu halten.

Inzwischen begann der General, kalt wie ein Eisblock, seinen neuen Angriff. Durch keinen Mißerfolg abzuschrecken, kannte er nur das eine Ziel, Lee niemals mehr zur Ruhe kommen zu lassen — ein ganz neues Erlebnis für diesen, der gewöhnt war, daß die Unionsarmeen nach jeder Niederlage weit zurückwichen. Wieder waren die Kämpfe von unbeschreiblicher Erbitterung, gerade weil beide Heere des Krieges von Grund aus überdrüssig waren und ihn zu Ende bringen wollten, was es auch koste. Als es in der Schlacht um eine Stellung ging, die »Blutiger Winkel« hieß, ritt Lee selbst in die vorderste Linie, auf seinem Rotschimmel »Traveller« majestätisch den Säbel hebend. Schreckensbleich schrie jeder, der ihn sah: »Zurück, General!« Der »Blutige Winkel« müsse genommen werden, antwortete er. »Wir nehmen ihn für Lee«, brüllte es von allen Seiten. Man griff von neuem an, nahm den »Blutigen Winkel« und hielt ihn bis zum Abend. Dann wurden die Truppen in eine neue Stellung zurückgeführt.

Die Verluste waren kaum auszudenken. Im ersten Monat allein verlor Grant 50 000 Mann. In Washington glitten die weißen Lazarettschiffe in Scharen an die Quais des Potomac und entluden Verwundete in solchen Mengen, daß es selbst der kriegsverhärteten Hauptstadt an die Nerven griff; sie wurde ein einziges Lazarett. Endlos schien der Zug der Ambulanzen. Immer wieder fuhr Lincoln an ihnen entlang, im Schritt, die Gestalt in den Wagenpolstern zusammengesunken, das Gesicht verkrampft. »Ich kann es nicht ertragen«, hörte man ihn zuweilen tonlos sagen.
Doch Grants eiserner Arm hielt Lee fest und beraubte ihn seiner größten Stärke, mit der er seine zahlenmäßige Schwäche bisher immer noch ausgeglichen hatte, seiner Beweglichkeit. Er verlor hier mehr als ein Drittel seiner Generäle, wonach er seinen Kommandoapparat niemals wieder voll aufzubauen vermochte.
Nun kamen auch erste Berichte von Shermans Offensive im Westen. Der sehr geschickte General Johnston, den die Konföderation ihm entgegenstellte, machte ihm durch kluges Zurückweichen mehr Schwierigkeiten, als wenn er sich zur Schlacht gestellt hätte — nach dem Vorbild etwa der russischen Strategen, die sich 1812 Napoleons zu erwehren hatten. Sehr langsam nur, durch immer neue Flankierung, ließ Johnston sich von Sherman gegen Atlanta zurücktreiben, das große Industriezentrum des Südens. Diese Stadt im Rücken, die, auf hohem Plateau gelegen, von zwei Flüssen gedeckt und stark verschanzt war, ließ Johnston sich endlich nieder und blockierte Shermans Weitermarsch, anscheinend endgültig; denn dessen Armee war nicht stark genug, um ganz Atlanta einzuschließen, es sei denn, daß er seine Linie so verdünnte, daß sie überall unschwer hätten durchbrochen werden können. Es sah nicht allzu günstig bei ihm aus.
Auch Grants Kriegführung erweckte Lincolns Besorgnisse. Zwar, ein Zurückweichen schien es bei diesem General nicht zu geben. Doch, wo er sich auch regte, immer lag vor ihm Lee, virtuos auf der inneren Linie operierend. In der regnerischen

Empfang des Präsidenten am 4. April 1865
in Richmond, der Hauptstadt der Südstaaten
*Zeichnung von Joseph Becker*

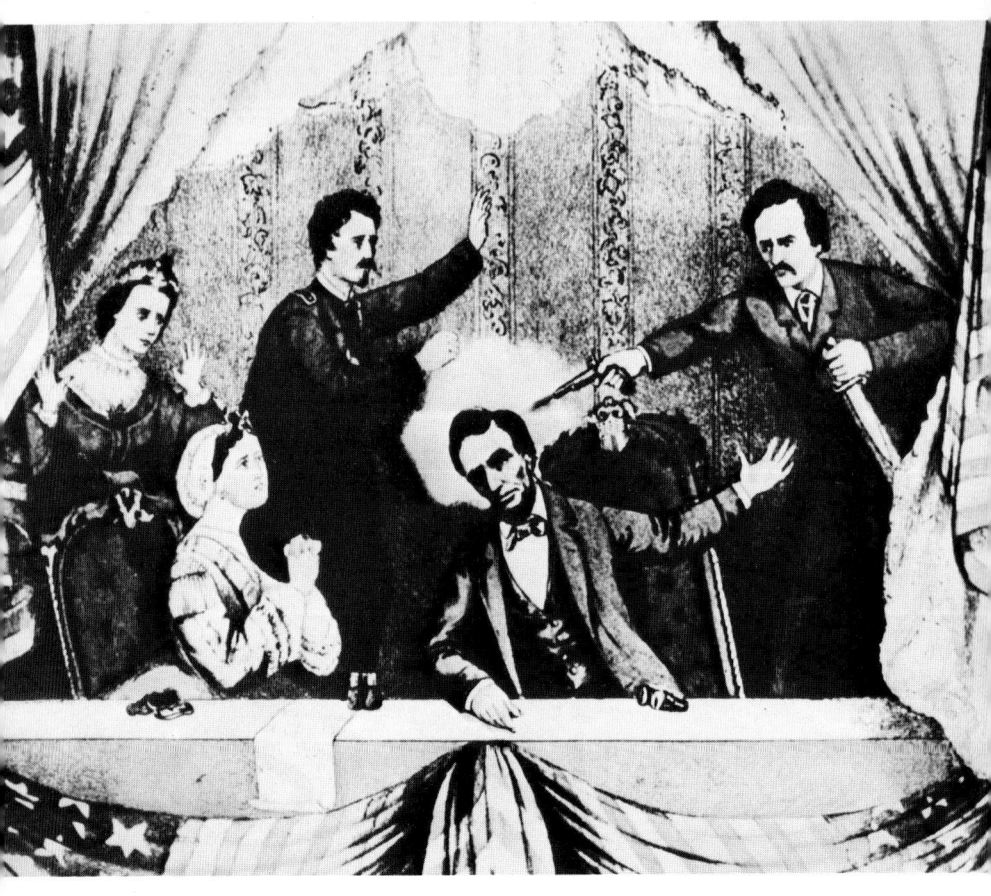

Ermordung Lincolns durch den Schauspieler John Wilkes Booth am 14. April 1865
*Zeitgenössische Darstellung*

Morgendämmerung des 3. Juni versuchte Grant es mit einem Frontalangriff bei Cold Harbor — es war der einzige Angriffsbefehl, den er je bedauerte: in wenigen Minuten verlor er an fünftausend Mann. Er sah ein, daß er seine bisherige Taktik unablässiger Niederhämmerung Lees aufgeben mußte. Um die Monatsmitte bewegte er sich daher in raschem, sorgsam geheimgehaltenem Marsch südwärts, überschritt den Jamesfluß und richtete seinen Angriff nun nicht mehr von Norden, sondern von Süden gegen Richmond, doch auch hier ohne sichtbaren Erfolg. Immer mehr wurde der Krieg zur zermürbenden Belagerungsschlacht, in deren Zentrum das Städtchen Petersburg lag.
Drei Tage lang besuchte hier Lincoln den General. Auf einem Dampfer war er den Potomac abwärts und den Jamesfluß hinaufgefahren. Er wollte insbesondere die neu aufgestellten Negertruppen des 18. Korps kennenlernen.[2] Der Dichter Longfellow hatte sie in Boston marschieren gesehen: »ein imposanter Anblick, mit etwas Wildem und Absonderlichem an sich, wie ein Traum«. Als Lincoln die Front der dunklen Gesichter entlangritt, die ihn mit inbrünstigem, fast religiösem Jubel begrüßten, nahm er den Hut ab und seine Augen schimmerten feucht. Bei der ersten Kabinettssitzung nach seiner Rückkehr fand man ihn merklich gebesserter Laune. Die Dampferreise und die frische Luft des Lagers hatten ihm wohlgetan; sein Vertrauen auf Grant war neu befestigt.
Doch wenige Tage später schon waren neue Sorgen da, die ihn um so mächtiger bedrängten. Noch einmal nämlich war es Lee gelungen, eine rasch bewegliche Truppe unter General Jubal Early, einem wildbärtigen, alten Krieger, durch das Shenandoahtal über den Potomac ins Gebiet der Union hineinzuwerfen; Grant sollte so genötigt werden, sich durch Entsendung von Hilfstruppen vor Petersburg zu schwächen.
Am 5. Juli hatte Early den Potomac überschritten, am 9. trat ihm am Monocacyfluß der Kommandant von Baltimore, General Wallace — der spätere Verfasser von »Ben Hur« — mit kleiner Streitmacht entgegen. Er wurde geschlagen, aber verzögerte die Invasion sehr, vielleicht entscheidend. Am 11. Juli

sah Early die Kuppel des Kapitols in Washington am Horizont auftauchen.

Die Stadt lag in gewohnter Sommerruhe. Viele Familien waren verreist, die Hotels leer. Die Einwohner nahmen die neue Bedrohung unerregt hin; mehr als drei Jahre an der Grenze des Kampfgebiets hatten sie gleichmütig gemacht. Nun, da der Feind sich von Nordwesten näherte und die Landstraßen sich mit Flüchtlingen füllten, begegneten diese zu ihrer Überraschung zahlreichen Bürgern Washingtons, die in der schönen Sommernacht hinauszogen, um den Krieg in der Nähe zu sehen, der fast schon die Endstationen der Pferdebahn erreicht hatte; Eisverkäufer machten bei ihnen gute Geschäfte.

Lincoln wußte, daß eine Verteidigung Washingtons aussichtslos war. Von den Arlington-Höhen, am andern Ufer, wo General Lees Haus immer noch weiß herüberleuchtete, war die Beschießung der tiefliegenden Stadt leicht möglich; der viel zu weite Gürtel des Forts, der sie umgab, konnte nur aufs spärlichste bemannt werden; man mußte Leichtverwundete aus den Lazaretten bewaffnen, Angestellte der Behörden, abgesessene Kavallerie, weshalb es an Aufklärung fehlte und man über die Stärke des Feindes im unklaren blieb.

Allerdings bestand kein Zweifel, daß Early nicht hoffen konnte, die Stadt dauernd zu halten, sobald Grant Verstärkungen schickte. Aber schon der Gedanke, die Hauptstadt der Union, wenn auch nur vorübergehend, vom Feind besetzt, geplündert, gedemütigt zu sehen, war für Lincoln umstürzend. Er, dem der Krieg bisher körperlich nicht nahe gekommen war, sah sich nun plötzlich mitten in ihm. An Flucht dachte er nicht. Vielmehr suchte er die Regierungsgebäude zum Verteidigungszentrum auszubauen und wartete in äußerlicher Ruhe darauf, die feierlichen, weißen Gemäuer mit Blut bespritzt und schließlich in Schutt und Asche zu erblicken.

Am frühen Morgen des 11. Juli, als die ersten südstaatlichen Plänkler vor den Nordforts sichtbar wurden, brachten Dampfer auf dem Potomac auch die ersten von Grant geschickten Verstärkungen. Lincoln erwartete sie, von Mary begleitet, im

Wagen und begleitete ihren Weitermarsch durch die Stadt bis zum Fort Stevens, wo man mittags anlangte, gerade als die Kanonen des Forts die ersten Schüsse abgaben. Doch da der Feind noch keine Artillerie nach vorn gebracht hatte, blieb es bei Infanteriescharmützeln. Zum erstenmal also erlebte Lincoln in allem Ernst den Krieg, für dessen Entstehung er einen so großen Teil der Verantwortung trug. Er hörte das Wispern von Geschossen in der Luft, sah hinsinkende Gestalten der Getroffenen und den Feuerschein brennender Farmen am Horizont. Zur gleichen Stunde bot man an der illegalen Goldbörse, wo junge Spekulanten wie Pierpont Morgan und Jay Gould ihre ersten Gewinne machten und an der die Kurse um so höher stiegen, je schlechter die Kriegslage aussah, 258 Papierdollar für 100 Golddollar.

Am frühen Nachmittag des folgenden Tages erst langten neue Verstärkungen an, und nun fühlte man sich immerhin schon imstande, feindliche Scharfschützen aus zwei Farmen zu vertreiben, wo sie sich sehr lästig machten. Eine schwache Brigade wurde gegen sie entsendet.

Während sie ins freie Gelände trat, sah Lincoln zum erstenmal Truppen im Kampf, über eine Brustwehr von Fort Stevens weit hinausgereckt, blind und taub für alles, was um ihn her vorging. Die lange, hagere Figur mit dem hohen Hut in der hellen, hitzigen Sommerluft, fast zur Hälfte über die Brustwehr ragend, bot ein ideales Ziel. Um ihn her brachen Leute zusammen, ein Arzt etwa, kaum drei Fuß entfernt.

Der kommandierende General, Wright, befahl, die Brustwehren zu räumen; Lincoln überhörte ihn — bis plötzlich eine Stimme sich vernehmen ließ, jung und hell und voll Ärger und Angst: »Get down, you fool« — »Bück dich, du Narr«. Es war die Stimme eines Adjutanten des Generals, Holmes mit Namen, der später einer der berühmtesten Chefs des Supreme Court werden sollte. Jetzt zuckte Lincoln einen Moment zusammen; dann aber besann er sich. »Hauptmann«, sagte er zu Holmes, »ich freue mich, daß Sie verstehen, mit einem Zivilisten zu sprechen«, und verließ alsbald die Brustwehr.

Nach langem Kampf und erst nach Unterstützung durch die Artillerie der Forts erreichte die Brigade ihr Ziel; doch hatte sie von tausend Mann fast dreihundert verloren. Sie grub sich ein und erwartete, wie die ganze Front, einen Nachtangriff. Doch alles blieb still, und am nächsten Morgen war Early mit seiner Armee verschwunden.

Die Ängste, die Lincoln in diesen Tagen ausgestanden hatte, hatten freilich auch seine Kraft duldsamen Ertragens überschritten. Als Grant wenige Tage später in Washington erschien, fand er den Präsidenten in einem seiner seltenen, doch gerade darum um so erschreckenderen Zornanfälle. Er forderte von Grant schlechthin, daß der Angriff Earlys durch das Shenandoahtal für alle Zeit der letzte gewesen sein müsse. Das hieß — und Präsident und General verstanden einander darin vollkommen —, das Tal sei derart zu verwüsten, daß keine marschierende Truppe mehr sich aus ihm verpflegen könne. Grant beauftragte Sheridan mit dieser Aufgabe.

Dieser Entschluß Lincolns zur Härte wurde freilich dadurch verstärkt, daß Early auf seinem Rückzug das pennsylvanische Städtchen Chambersburg niedergebrannt hatte, teils weil es eine Kontribution von 5 Millionen Dollar nicht bezahlen konnte, teils auch als Vergeltung von Verwustungen, die die Unions-Generäle Hunter und Sigel früher schon im Shenandoahtal angerichtet hatten. Damit begann der Krieg auf beiden Seiten vom Vernichtungswillen beherrscht zu werden.

Allerdings war das wohl nur ein Einzelsymptom einer viel umfassenderen Erscheinung des immer weiteren Absinkens der ohnehin schwankenden Moral, namentlich im Norden: der Krieg, so glaubte man zu sehen, sei nicht zu gewinnen, vielleicht nicht einmal zu beenden. Zog er sich nicht schon drei Jahre hin, ohne daß sich Wesentliches geändert zu haben schien? Auch Grant, trotz allen gewaltigen Zuschlagens, stand er nicht dort vor Richmond, wo 1862 McClellan gestanden hatte und daher auf die gleiche Taktik angewiesen, die jener bereits ergebnislos versucht hatte? Allmählich wurde auch ihm das Piedestal öffentlicher Huld entzogen, wurde er ein »militärwissenschaftlicher Gote« genannt, ein »Alarich« oder schlechthin der »Metzger«, etwa von Mary Lincoln, deren Eifersucht er erregt hatte, wie jeder, der ihrem Mann nahe kam. Im August ließ Grant vor Petersburg eine große Mine sprengen, die aber anscheinend der eigenen Armee verderblicher wurde als der feindlichen. Der Angriff Earlys auf Washington, gewiß, war noch einmal glimpflich abgelaufen; ohne Wallaces Widerstand freilich, glaubte man, wäre der Feind in die Hauptstadt eingedrungen. Hatte sich damit nicht die Unzulänglichkeit der obersten Verteidigungsbehörden vor aller Welt enthüllt? Wie konnte man da noch auf Sieg hoffen? Immer populärer wurden sehnsüchtig-traurige Lieder wie: »When this cruel war is over . . .«, und die Freiwilligenmeldungen versiegten fast ganz.

Es blieb daher nichts übrig, als das Aushebungsgesetz zu verschärfen; es wurde insofern abgeändert, als der Ausgehobene sich nicht mehr durch Bezahlung von 300 Dollar vom Dienst befreien konnte; doch blieb es ihm immer noch erlaubt, einen Ersatzmann zu stellen, weshalb die Preise für diese fragwürdigen Freiwilligen rasch in die Höhe gingen: in Zeitungsinseraten wurden ihnen alsbald 800 bis 900 Dollar geboten und Iren, Engländer, Schotten, Deutsche und Franzosen bevorzugt; im August war der Preis bereits auf 1200 bis 1500 Dollar gestiegen. Auch bei diesem Menschenhandel war Lincoln nicht wohl zumute — doch wie wäre er zu vermeiden gewesen? Er sah sehr wohl, daß es eine Wehrpflicht nur der Armen und nicht der Reichen war und daß sie die im Herbst kommenden Präsidentenwahlen unweigerlich gegen ihn beeinflussen würde. Doch als man ihm vorschlug, die Aushebungen bis nach den Wahlen zurückzustellen, antwortete er: »Daß ich gewählt werde, ist nicht notwendig. Aber ich muß eine Rebellion niederschlagen und muß 500 000 Mann mehr haben. Was wäre die Präsidentschaft wert, wenn ich kein Land mehr hätte?«

Es ergab sich damit von selbst, daß immer wieder Aushebungsunruhen ausbrachen und daß die Zahl der Desertionen, die nie klein gewesen war, zunahm. In der Schlacht am Antietam schon standen auf den Stammrollen der Potomac-Armee

170 000 Mann, an der Schlacht beteiligt waren nur 83 000. Und jetzt, 1864, kamen beispielsweise von 625 Rekruten für ein New Hampshire-Regiment nur 370 an der Front an. Infolgedessen wurden auch die Kriegsgesetze gegen Deserteure immer strenger angewendet; allein im Jahr 1864 hatte die Armee 30 000 Gerichtsfälle zu behandeln. Wenn auf Todesstrafe erkannt war, mußte Lincoln die Urteile bestätigen; und immer wieder suchte und fand er Auswege, auf denen er sich dieser traurigen Aufgabe entziehen konnte. Einfühlungsgabe und Ehrlichkeit in ihm waren groß genug, um ihn sagen zu lassen, er könne einen Mann schon verstehen, wenn ihn eine körperliche Furcht überkomme, die größer sei als sein Wille. Eines Sommernachmittags wurde durch das Fenster seines Zimmers Gewehrfeuer in Virginia vernehmbar. Er sah lange hinaus, und als er sich zurückwandte, gewahrte man Tränen auf seinen Wangen: das sei der Tag, sagte er, an dem »sie« Deserteure zu erschießen pflegten.

Es war einer jener Haltepunkte in der Geschichte erreicht, die freilich meist erst nachträglich als solche erkennbar werden, an denen alles noch einmal in der Schwebe gehangen hat und eine Geringfügigkeit genügt hätte, dem ganzen ferneren Verlauf eine andere Wendung zu geben als die, die er tatsächlich genommen hat. Mit aller Vorsicht läßt sich sagen, daß in diesem schwülen Sommer 1864 ein Verständigungsfriede in Amerika möglich gewesen wäre: unbeweglich wie Grant vor Richmond standen auch vor Atlanta die Heere Shermans und Johnstons einander gegenüber; zwischen ihren Stellungen verbrannten allnächtlich mit Terpentin getränkte Baumwollballen, um den Scharfschützen ihre Ziele zu beleuchten; es wurde gekämpft, geblutet, gestorben, aber nichts entschied sich. Doch hier nun beging Jefferson Davis, Präsident der Konföderation, einen Irrtum von unermeßlicher Schwere. Unzufrieden mit Johnstons hinhaltender Taktik, die gleichwohl Atlanta schützte, berief er ihn ab und ersetzte ihn durch John B. Hood. Nun jubilierte Sherman: »Den kenne ich von West Point; er ist nicht verständig genug, um nicht zu fechten.« Und in der Tat griff Hood sofort an, wurde prompt geschlagen und Atlanta, das so lange umkämpfte, unersetzliche Industriezentrum gehörte Sherman. Ein ungeheurer Stimmungsumschwung überflutete den Norden. Wäre er jedoch ausgeblieben, so wäre der Krieg vielleicht zum Stillstand gekommen, indem bei den Wahlen im kommenden November die Demokratische Partei mit ihrer Parole baldigen Friedensschlusses gesiegt hätte.

Denn dies kam in diesem Sommer ja auch noch auf Lincoln: in einem Volk, dessen Vertrauen ihm sichtbar entglitt, seine Wiederwahl zu betreiben, da im nächsten Jahr seine Amtszeit ablief. Er selbst schätzte seine Aussichten sehr niedrig ein und täuschte sich nicht. Zwar hatte die Republikanische Partei ihn bereits im Juni in Baltimore aufs neue als ihren Kandidaten aufgestellt; ihr Programm umfaßte: kein Friedensschluß vor bedingungsloser Kapitulation, Abschaffung der Sklaverei durch Verfassungszusatz, Begünstigung der Einwanderung, Regierungshilfe für transkontinentale Eisenbahnen, Rückkauf der nationalen Schuld. Um auch Demokraten anzulocken, hatte man vor längerer Zeit schon die Partei umgetauft; man nannte sie nun Unions-Partei, da ja auch die Demokraten der Nordstaaten für Erhaltung der Union eintraten und nur Lincolns Methoden, insbesondere seine Kriegführung, mißbilligten. Zum gleichen Zweck wurde als Kandidat für die Vizepräsidentschaft ein früherer Demokrat aufgestellt, Andrew Johnson, ein Schneider aus Tennessee, ein »armer Weißer« also aus dem Süden, eine urwüchsige staatsmännische Begabung, unerschrocken und unverbraucht, der den Revolver immer in der rechten Hüftentasche trug, doch allzuoft vom Stolz des Proletariers, der es zu etwas gebracht hat, behindert wurde. Sein Haß galt noch weniger den Sklavenhaltern als den »Aristokraten« auf der Gegenseite. Lincoln sah die Nominierung Johnsons nicht gern, nahm sie aber stumm hin.
Als Präsidentschaftskandidat der Demokraten tauchte General McClellan wieder auf. Es war kein schlechter Einfall, ihn aufzustellen. Denn der »kleine Napoleon« verstand, sich mit wür-

diger, wenn auch zuweilen etwas pathetischer Sicherheit zu bewegen und um sich alle die zu sammeln, die zwar die Sezession der Südstaaten ablehnten — »no peace can be permanent without Union« —, ebenso aber auch Lincolns Zentralismus, seine Wehrpflichtgesetze, die hohen Steuern, die Zensur und die vielen Willkürakte seiner Verwaltung. Die Einzelbestimmungen der Verfassung, so sagten sie, seien unter Lincoln so oft verletzt worden, daß sein Kampf um die Erhaltung dieser Verfassung des Sinns entbehre. Überdies seien, trotz vierjährigen Kriegs, Verfassung und Union keineswegs gesichert, Lincolns Methoden also offenkundig falsch; vier weitere Jahre seiner Verwaltung aber würden die bürgerlichen Freiheiten gänzlich vernichten. Unverweilt müsse man sich daher daranmachen, die Feindseligkeiten zu beenden.

Lincoln erkannte sehr gut, wie gefährlich diese Gegnerschaft war, wie sehr nahe sie stellenweise der Wahrheit kam. Jedermann gewahrte den fortdauernden Vertrauensverlust, den er erlitt. In der Partei war bereits die Rede davon, ihn wie den Propheten Jonas aus dem Schiff zu werfen, um dieses zu retten. Es war die Zeit, in der der südstaatliche Dollar — zum erstenmal seit zwei Jahren — nicht mehr fiel, sondern zwei Punkte gewann. Im August hielt Lincoln seine Wahlniederlage für so gewiß, daß er — nach dem Bericht seiner Sekretäre — McClellan zu sich berufen wollte, um ihm zu sagen: »Jetzt wollen wir uns zusammensetzen, Sie mit Ihrem Einfluß und ich mit der ganzen Macht der Regierung, und versuchen, das Land zu retten.« Es war der 23. August, der gleiche Tag, an dem dem alten Admiral Farragut der Angriff auf die Forts von Mobile Bay am Golf von Mexiko und die Schließung dieses Hafens gelang, eines der letzten, die dem Süden noch offen standen. Damit schon begann die Stimmung im Norden sich wieder zu heben, und wenige Tage später stieg sie steil und endgültig, als man erfuhr, daß am 2. September Sherman in Atlanta eingezogen war.

Eben die Eroberung Atlantas aber zeigte wiederum, wie schon die des Shenandoahtals, wie sehr der Krieg im Lauf der Zeit seinen Charakter verändert hatte: immer mehr wurde er absichtlich auf die nichtkämpfende Bevölkerung und ihr Eigentum ausgedehnt gegen alle bisher geltenden Regeln zivilisierter Kriegführung, eine schwache Vorform also dessen, was später »totaler Krieg« heißen sollte. Er hätte auch gegen ein fremdes Volk nicht grausamer geführt werden können, als gegen diese ehemaligen Landsleute, die man für eine Wiedervereinigung gewinnen wollte. Begonnen hatte der Kampf gegen die Nichtkämpfer im Grunde ja schon, als über den Süden die Blockade verhängt wurde, die sich nicht nur auf Nahrungsmittel, sondern auch auf Medikamente erstreckte. Um die Ernährungsnöte des Südens möglichst noch zu steigern, verweigerte der Norden auch den Gefangenenaustausch; die Folge war Unterernährung und mangelhafte ärztliche Behandlung der nordstaatlichen Gefangenen, was wiederum den Norden zu Repressalien reizte. Das Shenandoahtal hatte Sheridan unterdessen derart verwüstet, daß er Grant melden konnte: »Wenn eine Krähe über das Land fliegt, wird sie ihren Proviant mit sich führen müssen.« Kurzum, die innere und äußere Verwahrlosung, die wohl jeder längere Krieg im Gefolge hat, hatte begonnen. Er nahm einen trüben, massenmörderischen Charakter an, und die kalkulierte Vernichtung von Nichtkämpfern wurde zum Mittel, das der Zweck rechtfertigen sollte. Wie immer auch suchten beide Gegner die eigene Unmenschlichkeit mit der des andern zu rechtfertigen.

Am 12. April eroberten die Konföderierten Fort Pillow am Mississippi, massakrierten die Negersoldaten der Garnison und drohten, ihre weißen Offiziere aufzuhängen, da nach den Staatsgesetzen des Südens weiße Anführer aufrührerischer Sklaven der Todesstrafe verfielen. Lincoln wurde aufgefordert, zur Vergeltung südstaatliche Gefangene erschießen zu lassen. Doch in einer Unterredung mit Frederick Douglas, einem Neger, der Repressalien zum Schutz seiner Rasse erbat, anwortete er, wenn man mit solchen Maßnahmen begänne, wisse er nicht, wo sie aufhören würden; er könne nicht kalten Blutes Menschen für das erschießen lassen, was andere getan hätten. Tatsächlich wurde die Frage der Vergeltung nie entschieden, sondern geriet während der großen Schlachten in der Wildnis in Vergessenheit.

Doch ob er wollte oder nicht, unter dem Druck der Ereignisse mußte Lincoln schließlich einsehen, daß der Krieg vielleicht nur noch zu gewinnen sei, wenn man die Moral der feindlichen Armeen erschütterte, indem man sie um Gut und Leben der Familien zu Hause zittern ließ. Sherman drückte dies einige Wochen später in einem Brief an Lincoln folgendermaßen aus: »Wir bekämpfen nicht nur Armeen, sondern ein feindliches Volk und müssen alt und jung, arm und reich die harte Hand des Krieges ebenso fühlen lassen, wie ihre organisierten Armeen.«

Wieder muß es für Lincoln ein furchtbarer Entschluß gewesen sein, um den es ging. Ebenso wie bei der Sklavenbefreiung, ja noch viel unzweifelhafter wurde hier Verletzung bestehender Rechtsverhältnisse von ihm gefordert, und doch mußte er sie schließlich zulassen im Interesse der Gesamtheit, so wie er es sah. Der sehnsüchtige Wunsch, möglichst bald imstande zu sein, eine neue vereinte Union mit vorsichtig heilender Hand wieder aufzubauen, ließ ihn auch grausame Mittel billigen, weil sie allein ein rasches Ende der Kriegsschrecken zu versprechen schienen. Wieder einmal fand er auf seinem Weg das Gute und das Böse so untrennbar miteinander verknüpft und verknäult, daß sich das eine nicht ohne das andere ergreifen ließ. Daß es ihm ein vielleicht niemals ganz zu verwindender Schmerz war, seinem empfindlichen, aller Rachsucht abgeneigten Herzen — wer könnte daran zweifeln? Aber freilich auch und immer wieder, was weiß man schon von diesem ja unendlich scheuen und verschlossenen Menschen, von den nur ihm bekannten Geheimnissen seiner Geschichte?

Die Entscheidungsstunde kam um die Oktobermitte: General Hood, von Sherman vor Atlanta geschlagen, hatte sich westwärts gegen dessen Versorgungsbasis Tennessee gewendet, während, ihn dadurch aus Atlanta wieder herauslocken zu können. Ganz im Gegenteil jedoch schlug Sherman nun Lincoln vor, das nach Hoods Abmarsch schutzlos gewordene Gebiet der Konföderation durch einen Marsch ostwärts quer durch Georgia bis zum Meer in zwei Teile zu spalten und zwischen Virginia mit der kämpfenden Armee Lees und Richmond einerseits und dem unteren Süden andererseits einen breiten Streifen Ödland zu legen.

Lincoln zauderte lange, ebenso Grant. Beide zweifelten am Erfolg. »Ich habe Angst, ja sogar Furcht«, schrieb Lincoln. Vom 13. Oktober endlich datiert seine Zustimmung.

Wenige Wochen nur noch trennten ihn von der Präsidentenwahl. Allem Anschein nach war McClellan mit dem glatten, offenen Soldatengesicht, dem Lincoln nur das zerfurchte Antlitz eines weit vor der Zeit verbrauchten Menschen entgegensetzen konnte, der populärere der beiden Kandidaten; immer noch liebte ihn vor allem das Heer. Überdies unterließ Lincoln jede Wahlkampagne; keine politische Rede kam von seinen Lippen, nicht einmal ein politisch deutbarer Brief von seiner Hand. Nur die Armee kümmerte ihn, nur der Krieg.

Der Wahltag, der 8. November, wurde windig und regnerisch. Der Andrang in den Wahllokalen war trotzdem groß. Viele Soldaten, in denen man Republikaner vermutete, waren zur Wahl in die Heimat beurlaubt worden, so daß Grant nahezu aktionsunfähig war. Nachts wurde der Wind zum Sturm, die Telegraphenlinien wurden vielfach beschädigt, so daß die Wahlergebnisse spät und lückenhaft einliefen. Lincoln saß mit seinen Sekretären im Kriegsministerium; der Telegraphenoberst Eckert ging ab und zu und brachte die Depeschen. Wenn das Schweigen dazwischen allzu drückend wurde, zog Lincoln aus dem Rock ein grünes Heft, Humoresken eines Mannes, der sich Petroleum V. Nasby nannte, und las daraus vor.

Erst kurz vor Mitternacht wurde klar, daß er gewählt war, mit einer nicht großen Urwähler-Mehrheit zwar, 2,2 Millionen gegen 1,8, doch mit 212 Wahlmännern gegen McClellans einundzwanzig. Für ihn waren jetzt auch Staaten wie Tennessee, Louisiana, Arkansas, die ihm 1860 keine einzige Stimme gegeben hatten.

Als sein Sieg gewiß war, sagte er, nachdenklich geröstete Austern löffelnd: »Wenn ich mein Herz kenne, so ist meine Dankbarkeit frei von jedem Flecken persönlichen Triumphes. Es ist kein Vergnügen für mich, über irgend jemanden zu triumphieren.«
Gegen zwei Uhr erst ging er nach Hause. Von der kurzen Rede, die er danach noch an die Menge vor dem Weißen Hause halten mußte, im Licht einer einzigen Kerze, die einer seiner Sekretäre über sein Manuskript hielt, meinte er müde und unwirsch: »Sie war nicht sehr anmutig. Aber ich bin jetzt alt genug, um mir über die Art, in der ich meine Angelegenheiten erledige, nicht mehr viel Sorgen zu machen.«
Eben die Neuwahl gab ihm vollkommenste ruhige Festigkeit. Im vorigen Jahr, in seiner Kongreßbotschaft vom Dezember 1863, hatte es noch geheißen, letzten Endes sei es das Volk, das über die Handlungen des Präsidenten entscheiden müsse. Jetzt aber, im Dezember 1864, erklärte er, falls das Volk etwa von ihm verlangen sollte, die Sklavenbefreiung wieder rückgängig zu machen, »so muß ein anderer, nicht ich, das Instrument dazu sein«. Im übrigen war die Botschaft von fast kristallener Klarheit, aber auch Härte; den Südstaaten gegenüber versuchte sie nun keinerlei gütliche Überredung mehr; vielmehr schrieb der Londoner »Spectator« mit Recht, sie enthalte »genau die Friedensbedingungen, die auch alle europäischen Monarchien von jeher ihren Rebellen angeboten« hätten. Oder als man Lincoln jetzt gelegentlich vorwarf, er habe seine Meinung geändert — schlimmstes Vergehen ja unter Politikern minderen Ranges —, war seine eisige Antwort: »Ja, ich tat es. Und ich halte nicht viel von einem Manne, der heute nicht weiser ist als er gestern war.«
Ein alter Freund, Leonard Swett, besuchte ihn im Sommer 1864, während Grant seine schwersten Schlachten in der Wildnis schlug, und trug ihm vor, was alles seiner Meinung nach getan werden müsse, um den Krieg zu gewinnen. Doch Lincoln trat ans offene Fenster, vor dem ein kleiner Vogel zu zwitschern begann, ahmte ihn nach: »Twiid, twiid, twiid«, und fragte

dann: »Singt er nicht süß?« Dem Besucher war, »als ob seine Beine unter ihm abgeschnitten seien«; er griff nach seinem Hut und wollte gehen: »Ich sehe, daß das Land sicherer ist, als ich dachte«, sagte er. Da jedoch hatte Lincoln plötzlich wieder seine vertraute, herzliche Stimme: »Komm her und setze dich. Aber für einen Menschen in meiner Stellung ist es unmöglich, daß ich nicht alle deine Vorschläge schon längst erwogen hätte; alles, was du vorschlägst, ist vor Wochen schon getan worden.«
Die wachsende Erfahrung hatte ihm eine neue und souveräne Art der Menschenbehandlung gegeben. Aus diesem gleichen Sommer 1864 ist auch durch Augenzeugen eine Szene überliefert, die sich zwischen ihm und Stanton abspielte, dem wegen seiner brutalen Heftigkeit von aller Welt gefürchteten Kriegssekretär. Nachdem Lincoln eine Order erlassen hatte, die Stanton für unausführbar hielt, sei dieser polternd in einen Raum eingebrochen, in dem sich Lincoln mit einer Menge Leute befand, und habe sofort erklärt: »Herr Präsident, diese Order kann ich nicht unterzeichnen. Ich lehne ab, sie auszuführen.«
Lincoln saß sehr steif auf einem Sofa und erwiderte: »Herr Sekretär, ich rechne damit, daß Sie die Order auszuführen haben werden.«
»Herr Präsident«, entgegnete Stanton mit seiner ganzen barschen Härte, »ich kann es nicht tun. Der Befehl ist unrichtig und ich kann ihn nicht ausführen.«
Die allgemeine Unterhaltung war rasch zum Schweigen gekommen, so daß jedermann hörte, was Lincoln hierauf antwortete, Stanton starr ins Auge blickend und jede Silbe betonend: »Herr Sekretär, es wird getan werden müssen.« Worauf Stanton sich plötzlich wortlos daranmachte, die Order auszuführen.
Lincoln wußte zur Genüge, wie es auf den Gipfeln der Welt zugeht, da er nun zu ihren Großen gehörte, deren Zahl das halbe Dutzend kaum je überschreitet, und sein Respekt vor ihnen war nur noch gering. Er entwickelte eine kühle Sachlichkeit, Leichthändigkeit, ja, in gewissem Sinne Rücksichtslosigkeit des Umgangs und der Geschäftsführung — so wenn er etwa ernsteste Staatsangelegenheiten besprach, während er einen mit

einem Pantoffel bekleideten Fuß auf eine Ecke seines Schreibtisches geschwungen hatte. Immer besser verstand er, sich Kleinigkeiten vom Leibe zu halten; wenn Seward ihm etwa Dokumente zur Unterschrift schickte, las er sie nicht mehr, sondern fragte nur, wohin er seinen Namen zu setzen habe. Eben deshalb schärfte und erweiterte sich sein Blick. Seward sagte jetzt von ihm, er habe »eine Gescheitheit, die Genie ist«. Nach seiner Wiederwahl beispielsweise erreichte ihn eine Glückwunschadresse der »International Workingmen's Association« in London: die Arbeiter Europas hätten gefühlt, daß das Sternenbanner das Schicksal ihrer Klasse vertrete, die Konföderation des Südens hingegen einen »Heiligen Krieg« des Eigentums gegen die Arbeit führe; Verfasser der Adresse war Karl Marx. Es läßt sich nicht sagen, ob und was Lincoln damals von Marx wußte, der ja erst der Autor des »Kommunistischen Manifestes«, noch nicht der des »Kapitals« war. Noch unwahrscheinlicher ist, daß Lincoln von der bis dahin ja noch sehr obskuren journalistischen Tätigkeit Marx' Kenntnis hatte, von seiner Parteinahme also etwa für den gefährlichen Phraseur Frémont gegen Lincoln, welch letzterer »seine Wahl nur seiner Unbedeutendheit zu verdanken« habe. Doch wie dem auch sei, in jedem Fall hatte Lincoln Instinkt genug, um in seiner Antwort an Marx den Abstand zu markieren, der ihn von jemandem trennte, der den unter tausend Gewissensnöten geführten Kampf des Präsidenten um die Wiedervereinigung der Nation mit einem Kampf der Klassen gleichzusetzen strebte, der ihre Einheit auf neue zerrissen hätte. Nach hurzen Dankworten antwortete er sehr kühl und selbstbewußt: »Die Regierung der Vereinigten Staaten hat ein reines Gewissen, daß ihre Politik weder reaktionär ist noch sein kann. Aber gleichzeitig verfolgt sie den Kurs weiter, den sie von Anfang an eingeschlagen hat, nämlich sich überall von Propagandismus und ungesetzlichen Eingriffen fernzuhalten. Sie strebt danach, gleichmäßige Gerechtigkeit allen Staaten und allen Menschen zuteil werden zu lassen.«
Aller dieser Verwandlungen, die sich so mit ihm vollzogen,

war es sich in einem hohen Grade bewußt. Zu dem jungen Journalisten Noah Brooks, zu dem er viel Vertrauen hatte, sprach er von einem Prozeß unbewußter »Kristallisation«, den er im Lauf der Zeit durchzumachen gehabt habe.
Trotz alledem hielt sich aber im Kern seiner Persönlichkeit das Volkstümliche, Primitive, selbst Bäuerliche; es verschwand nie ganz, blieb ein unvertilgbarer Bodensatz, von dem her seine Taten und Worte immer wieder gefärbt wurden und ohne den Lincoln niemals Lincoln gewesen wäre. Ein tiefer schauender Beobachter, Richard Henry Dana aus Massachusetts, Jurist, Spezialist des Seerechts und Marineschriftsteller, berichtet aus dem gleichen Jahre 1864, Lincoln sage zuweilen hilflos naive Dinge; sein Leben scheine eine Reihe weiser und gesunder Entschlüsse, die er allerdings langsam nur erreicht und auf eine sonderbare Art erarbeitet habe, und die mit ständigen Mißerfolgen untermischt seien, soweit die Details der Verwaltung und die Behandlung von Mitmenschen in Frage komme. Lincoln selbst kannte seine Mängel durchaus. Ungefähr zur gleichen Zeit sagte er zu Noah Brooks: »Ich bin sicher: wenn ich auch nicht als weiserer Mensch aus der Welt scheiden werde, so doch als ein besserer Mensch; denn ich habe gelernt, was für eine sehr ärmliche Art Mensch ich bin.«
Sehr zeitig begannen Altersbeschwerden, kleine Schmerzen und Behinderungen, von denen er aber sicher war, daß sie niemals mehr aufhören, sondern nur noch wachsen konnten. Stets hatte er viele Pfund Untergewicht; quälende Kopfschmerzen setzten nur selten aus; er lebte in einem Zwischenzustand zwischen Überwachheit und Übermüdung, der ihm den guten Schlaf des Prärieanwalts seit langem schon geraubt hatte.
Zuweilen sagte er, beide Seiten des Körpers mit den Händen pressend: »Die Sprungfedern nutzen sich ab.« Im Sommer 1864 äußerte er einem Bostoner Journalisten gegenüber: »Ich habe ein Vorgefühl, daß ich die Rebellion nicht überleben werde. Wenn sie vorbei ist, wird auch mein Werk getan sein.« Und etwa zur gleichen Zeit, bei einem der öffentlichen Empfänge, die allwöchentlich das Weiße Haus überfluteten, hört eine Frau

ihn plötzlich, wie im Traum, murmeln: »Ich bin ein müder Mann. Ich glaube, ich bin der müdeste Mann auf Erden.«
Deshalb wahrscheinlich zeigte er nun in seinem Hause die Duldsamkeit dessen, der seine Zeit karg bemessen weiß und bei denen, die er liebt, in liebendem Gedächtnis zu bleiben wünscht. Er ließ Mary vollkommen gewähren, sosehr sie auch das Familienleben in Unordnung gebracht hatte und so extravagant und im politischen Sinne schädlich mancherlei war, was sie tat, insbesondere ihre gar nicht mehr vergnügliche, sondern fast erbitterte und offenbar schon krankhafte Verschwendungssucht. An den Staatsgeschäften, die ihn vollkommen beanspruchten, konnte sie naturgemäß keinen Anteil haben; nur an seiner Wiederwahl zeigte sie sich aufs lebhafteste interessiert, weil sie wußte, daß sie andernfalls mit unbezahlten Rechnungen überschwemmt werden würde.[3] Doch die ersten Jahre des Nicht-mehr-jung-Seins, die nun über sie kamen, konnte Lincoln ihr nicht tragen helfen. So geriet sie ins Grübeln und wurde immer einsamer und reizbarer. Wenn sie einen ihrer großen Zornausbrüche hatte und Lincoln gerade in der Nähe war, pflegte er ihr sanft auf die Schulter zu klopfen und sie »child-wife« — »Kind-Weib« — zu nennen. Sie schämte sich dann, gelobte mit feuchten Wimpern Besserung und verfiel doch bald wieder in die gleichen Schwächen. Aber da ja auch ihn, den einst bärenstarken Mann, die Spannungen und Aufregungen des Amtes fast töteten, durfte man von seiner Frau eine größere Widerstandskraft erwarten?
Die beiden noch überlebenden Söhne wurden von den Eltern um die Wette verwöhnt, was ihre an sich nicht große Lebenstüchtigkeit weiter geschmälert haben mag. Der ältere, Robert, machte ihnen durch einen leichten Sprachfehler Sorge. Bei Kriegsausbruch war er achtzehn Jahre alt gewesen, hatte sich aber trotzdem nicht zur Armee gemeldet, vor allem, weil Mary sich dem widersetzte, was hämischen Zeitungskommentaren unerschöpflichen Stoff gab.[4] Er studierte jetzt in Harvard und Lincoln sah ihn selten und immer nur kurz. Der zweite Sohn, Ted, trieb im Weißen Haus gänzlich ungehindert seine wilden

Kinderspiele: auch wenn er mit einem Ziegengespann mitten in eine Damengesellschaft kutschierte, traf er bei den Eltern nur auf mildes Lächeln. »Laßt ihn«, sagte Lincoln, »der hat noch Zeit genug, etwas zu lernen und klein und dumpfig zu werden.« Erzieher hielten niemals lange bei ihm aus.
Das Denken Lincolns wendete sich langsam, soweit es noch ihm persönlich, nicht dem Amte gehörte, mehr und mehr dem Jenseitigen zu. Je reicher sein Geist heranwuchs, je hinfälliger sein Körper wurde, um so empfänglicher war er für Botschaft aus dem Unbewußten. Spiritistische Experimente, auf die er sich einige Monate zuvor eingelassen hatte, hatten ihn rasch ernüchtert. Ein Medium hatte für ihn den Geist Stephen Douglas' und des Generals Knox, der unter Washington gedient hatte, beschworen; beide hatten ihm Ratschläge erteilt, von denen er jedoch trocken bemerkte, es sei ungefähr ebenso gewesen wie in einer Sitzung seines Kabinetts.
Er hatte im Weißen Haus einen Spiegel und ein Sofa derart aufstellen lassen, wie in seinem Hause in Springfield; er lag hier oft, regungslos ausgestreckt, die Hände auf der Brust gefaltet wie ein schon Begrabener und wartete entrückt, ob sich sein Spiegelbild mit den zwei Köpfen wieder einstellen würde. Ob die Vision sich wirklich erneuerte, niemand weiß es. Träumen war ein Teil seines Lebens, nicht weniger wesentlich als die Stunden des Wachens und des wachen Tuns.
Mit dem ererbten Christentum nahm er es allmählich ernster, schon seit dem Tod Willies, der ihn für sein ganzes ferneres Leben erschüttert hatte. Der Krankenschwester, die Willie gepflegt hatte, einer jungen Witwe, sagte er am Begräbnistag: »Ich will versuchen, mit meinem Kummer zu Gott zu gehen«, und als sie ihn ein paar Tage später fragte, ob er sich Gott anvertraut habe: »Ich glaube, ich kann es und will es versuchen. Ich wünschte mir, ich hätte den kindlichen Glauben, von dem Sie sprechen. Ich vertraue darauf, daß Gott ihn mir geben wird.«
Dennoch verliert seine religiöse Haltung nie das Tasten, Zögern und Taumeln seiner vor dem Glauben zurückscheuenden Zeit,

der er nun einmal angehörte. Dem Gottesdienst in einer presbyterianischen Kirche in der New York Avenue in Washington wohnte er jetzt manchmal in der Sakristei bei, deren Tür geöffnet blieb, damit er nicht von der Gemeinde gesehen und gestört werden könnte. »Ich habe mir oft gewünscht«, gestand er Vertretern der Presbyterianischen Synode, »ein frömmerer Mensch zu sein, als ich bin.« Es ist auch kaum zweifelhaft, daß er in sehr viel größere Tiefen gelangte, als sie einer Sonntagspredigt erreichbar sind, daß eine echte Sehnsucht nach dem Glaubenkönnen, die die Grundvoraussetzung des christlichen Menschen ist, ihn allmählich erfüllte. Niemals allerdings tauchte in seinen Erwägungen, soweit er sie äußerte, der christliche Begriff des persönlichen Seelenheils auf. Blieb er ihm fern oder verschwieg er ihn? Herndon, derjenige seiner Zeitgenossen, der ihn, trotz allem, am klarsten durchschaute, warnte davor, Lincoln übereilt zu beurteilen. Er sagte in seiner handfesten Weise: »Diesem Mann gegenüber kannst du dich nur aufs Raten verlegen, auch wenn du ihn seit Jahren kennst. Und ehe du zu raten beginnst, denke lang und scharf nach oder du machst einen Esel aus dir selbst.«

Eine Woche nach der Neuwahl Lincolns begann Shermans Marsch durch Georgia. Aus dem Kern seiner Veteranen stellte er eine Armee von 60 000 Mann zusammen, schickte den Rest zurück, legte etwa fünftausend Häuser Atlantas in Asche — während die Militärorchester »John Browns Leichnam« spielten — und schien dann samt seiner Streitmacht aus der Welt verschwunden, wie ein Maulwurf, der sich blitzschnell in die Erde gräbt. Weder Grant noch Lincoln erhielt eine Meldung von ihm, einen ganzen Monat lang. Des öfteren, wenn der Präsident sich gedankenverloren zeigte, entschuldigte er sich damit, er habe an »einen Mann drunten im Süden« gedacht. Nur aus der Presse der Südstaaten tröpfelten zuweilen spärliche Nachrichten; durch sie erfuhr man, daß, da die waffenfähigen Männer fast alle in den Armeen standen, Sherman kaum Widerstand fand. Der Lehmstaub Georgias umgab seine unter

wolkenlosem Herbsthimmel marschierende Armee wie eine rote Wolke und legte sich gleichmäßig wie Rost über Gesichter, Uniformen, Pferde. Wo die Armee vorbeigegangen war, sah das Land aus, als sei es von Hagel, Heuschrecken und Brand gleichzeitig heimgesucht worden. Sherman selbst sagte später, er habe für 100 Millionen Schaden angerichtet, vier Fünftel davon reine Verwüstung. Von den meisten Häusern blieben nur geschwärzte Schornsteine stehen; ins Mehl wurde Petroleum geschüttet, Molasse über Orientteppiche; auf den Konzertflügeln wurde mit den Gewerkolben »musiziert«. Keine Brücke, die nicht in die Luft flog, keine Eisenbahnlinie, auf der nicht meilenlang die Geleise zerstört wurden. Sogar Negerhütten wurden geplündert und auf hübsche Mischlingsmädchen Jagd gemacht. Befreite Sklaven mischten sich unter die Armee, nicht wissend, wohin sonst sie sich wenden sollten, doch freudetrunken von Präsident »Lincum« ein goldenes Zeitalter erwartend. In einigen Fällen ließen sie sich von nordstaatlichen Offizieren dazu bringen, ihre ehemaligen Herren auszupeitschen. Andere aber blieben auch nach der Befreiung bei ihrer arm gewordenen Herrschaft und arbeiteten weiter ohne Lohn, als ob nichts geschehen wäre.
Doch Shermans Ziel wurde erreicht: ein sechzig Meilen breiter Gürtel Ödland begann Norden und Süden der Konföderation voneinander zu trennen. In ihr erkannte man sehr gut, was das bedeutete: daß man dem Ende sehr bald ins Gesicht zu sehen haben würde. Doch man wehrte sich nur mit um so verzweifelteren Griffen, durch Sabotageakte aller Art, durch Verbrennung von Flußdampfern und Speichern, wobei man es besonders auf die Vernichtung von Baumwolle abgesehen hatte. Der Norden erlitt große Verluste, doch am Verlauf des Krieges änderten sie nichts. Am 25. November lieferten die Zerstörer ihr Glanzstück: in New York wurden mit Phosphor und Terpentin gleichzeitig elf Hotels, zwei Theater und Barnums Kuriositätenmuseum in Brand gesteckt. Einige der Saboteure wurden ergriffen, einer wurde gehängt.
Das Jahr näherte sich dem Ende und noch immer hatte Lin-

coln keine direkten Meldungen von Sherman. Weihnachten kam und war fast vorbei, als am Abend des 25. Dezember der Telegraphenoberst Eckert die große Treppe des Weißen Hauses heraufgestolpert kam, an deren Gipfel Lincoln ihn erwartete, im Nachthemd, eine Kerze in der Hand, das Gesicht verstört in Ungeduld.

Das Kanonenboot »Dandelion«, das vor der Hafenstadt Savannah in Georgia Blockadedienst tat, so berichtete Eckert, hatte gemeldet, es habe in der Abenddämmerung das Aufzucken heller Blitze und aufsteigende Rauchsäulen über der Stadt bemerkt. Es sei herangesteuert, habe neben einer alten Mühle am Ufer ein paar Männer gewahrt und durch bunte Signallaternen gefragt: »Wer sind Sie?« »General Sherman« war die Antwort. »Haben Sie Savannah eingenommen?« »Noch nicht, aber wir werden es in einer Minute tun.«

Darauf sei eine Explosion erfolgt, Raketen seien aufgestiegen und danach die folgende Botschaft übermittelt worden: »Melden Sie Präsident Lincoln, daß General Sherman dem amerikanischen Volk die Stadt Savannah mit 150 schweren Geschützen und 25 000 Ballen Baumwolle zu Weihnachten schenkt. Schluß der Meldung.«

# XIX
# Die letzte Phase

Im Dezember 1864 endlich hatte man begonnen, den Polizeischutz für Lincoln zu verstärken, den man bisher unbegreiflich weitherzig gehandhabt hatte. Nach dem Attentat hatte man ihm zwar eine Kavallerieeskorte beigegeben — Walt Whitman beschreibt, wie sie prächtig blau-gelb uniformiert mit gezogenen Pallaschen neben seinem Wagen einherklimperte; doch auch der Präsident fand sie wohl mehr komisch als abschreckend und so wurde sie bald wieder abgeschafft. Doch dann, im August 1864, war erneut auf ihn geschossen worden, wieder auf dem Heimritt von Soldiers Home: wieder hatte er seinen Zylinderhut verloren, der aber dieses Mal mit einem Schußloch aufgefunden worden war. Danach kampierte bei Soldiers Home eine Schwadron Kavallerie, und einer von vier Detektiven in Zivil, die alle acht Stunden einander ablösten, mußte stets in seiner Nähe sein. Besonders im Theater hielt man ihn für gefährdet. Vor kurzem erst, so sagte Ward H. Lamon, der Polizeimarschall Washingtons, habe Lincoln mit dem Senator Sumner und einem ausländischen Diplomaten in einer Loge gesessen, und keiner der drei wäre imstande gewesen, »sich auch nur gegen den Angriff irgendeiner gesunden Frau in Washington zu verteidigen«.
In der Tat — und vielleicht hatte Lamon hiervon eine ungefähre Kenntnis — war in der Kulissenwelt etwas gegen Lincoln im Gange. Im gleichen Dezember, in dem der Schutz des Präsidenten verstärkt wurde, streifte der Schauspieler John Wilkes Booth durch die entlaubte Landschaft um Washington, insbesondere dort, wo die Sklavenbefreiung Vermögensverluste gebracht hatte; er suchte das Gelände zu erkunden, ebenso aber auch die Gesinnungen der Menschen. Denn er trug sich mit nichts Geringerem als mit dem Plan, Lincoln zu entführen...
Booth gehörte einer bekannten Schauspielerfamilie an. Sein

Vater, Junius Brutus Booth, und seine beiden älteren Brüder, Edwin und Junius Brutus junior, waren freilich bedeutendere Künstler als er, der mehr ein Star für die Massenbewunderung war und als solcher die damals sehr beträchtliche Summe von etwa 20 000 Dollar jährlich einnahm. Sechsundzwanzig Jahre alt, sah er romantisch schön aus, mit wehendem, schwarzem Haar, weißer Haut, leuchtenden Augen. Liebenswürdig und eitel, hatte er eine Brieftasche voll von Photographien ihn verehrender Damen. Er war ein muskulöser Athlet, Fechter, Reiter, der es liebte, die Bühne mit einer Art Raubtiersprung zu betreten, für den er berühmt war.

In Maryland geboren, sympathisierte Booth leidenschaftlich mit den Südstaaten, obwohl er sie aus eigener Anschauung kaum kannte. Und eben weil ihre Sache, Ende 1864, immer hoffnungsloser aussah, entwickelte sich in ihm immer lebhafter der Plan, Lincoln gewaltsam auszuschalten, also ihn, vielleicht auf seinem allnächtlichen Weg zwischen Weißem Haus und Kriegsministerium, zu überfallen, zu fesseln und so blitzgeschwind in die Hände der Konföderierten zu bringen, daß jede Verfolgung zu spät kam.

Booth hatte in diesem Winter kein Engagement, und so fiel es nicht auf, daß er im Lande umherreiste, sich nach Straßen, Brücken, Fähren, Poststationen erkundigte und viel von Land- und Pferdekäufen sprach. Es war klar, daß ein so gewagter und anspruchsvoller Plan wie der seinige nicht ohne eine Anzahl eingespielter Helfer auszuführen war, und es gelang ihm wirklich, einige zu gewinnen, einfache Menschen freilich nur, arme Teufel, töricht und unreif, die er aber gerade deshalb leicht beherrschen konnte, so den Sohn einer Pensionsbesitzerin in Washington, Surratt, danach auch dessen Mutter, zwei Deserteure, Arnold und MacLaughlin, endlich einen aus Deutschland stammenden Fährmann Atzeroth. Der Gefährlichste seiner Genossen war Lewis Powell, genannt Paine, ein entlaufener Soldat aus Alabama, riesenhaft gebaut und von gewaltiger Kraft; doch sein Verstand reichte gerade nur aus, den Mechanismus von Befehl und Vollstreckung zu begreifen, weshalb

er in der nichtmilitärischen Welt verloren und dem Schauspieler, der zu befehlen verstand, absolut verfallen war. Ende Januar 1865 freilich hatte Booth sich nach New York zu begeben, und sein Komplott kam für mehr als einen Monat zum Stillstand.
Gleichzeitig fast, am 1. Februar, begann der Krieg aufs neue. Sherman wendete sich nun von Savannah nordwärts mit dem Ziel, den verbliebenen Nord-Torso der Konföderation noch einmal zu zerspalten und sich schließlich bei Richmond mit Grant zu vereinigen. Wieder machte seine Veteranenarmee mit den rotbraun gegerbten Gesichtern aus diesem Marsch durch South und North Carolina einen Vernichtungsfeldzug. Sie traf auf keinerlei ernsthaften Widerstand mehr, da die konföderierte Armee unter Hood, die Sherman in seinem Rücken gelassen hatte, zwar in Tennessee eingerückt, dort aber Ende Dezember 1864 schon von dem Unions-General Thomas vernichtend geschlagen worden war, eins der verhängnisvollsten Resultate der Davisschen Amateurstrategie. Und wie bei jeder Truppe, der kein zu fürchtender Feind mehr gegenübersteht, brach auch in Shermans Armee die Disziplin zusammen.
Halleck hatte ihm vor dem Abmarsch geschrieben, er solle Charleston, von dessen Fort Sumter die Rebellion ausgegangen sei, so verbrennen, wie die Römer Karthago verbrannt hätten, und Salz über die Stätte streuen, worauf Sherman geantwortet hatte: »Ich glaube nicht, daß Salz nötig sein wird. Die Wahrheit ist, daß die ganze Armee darauf brennt, an South Carolina Rache zu nehmen; fast zittere ich, wenn ich an sein Schicksal denke.«
Er hatte nicht übertrieben. Tatsächlich betrug ein großer Teil seiner Armee sich unbeschreiblich. Plünderungskommandos, »Bummers« genannt, unter ihnen viele Offiziere zweifelhafter Herkunft, rühmten sich, innerhalb von dreißig Minuten in einem ganzen Haus das Innere nach außen kehren zu können. Sherman hatte das Niederbrennen bewohnter Häuser zwar verboten; dennoch wurde die Hauptstadt South Carolinas, Columbus, in einer einzigen Nacht eingeäschert.

Am gleichen 1. Februar, an dem Sherman seinen Gewaltmarsch begann, betrat Lincoln am Potomacquai in Washington den Dampfer »River Queen«, der dann vorsichtig durch die neblige Winterluft flußabwärts steuerte. Am nächsten Tag lag er vor der Flottenstation Hampton Roads, dort, wo die Chesapeake Bay in den Ozean übergeht, vor Anker.

Alsbald legte ein Boot an der »River Queen« an, und drei Bevollmächtigte der Südstaaten entstiegen ihm: Stephens, der Vizepräsident der Konföderation, R.M.T. Hunter und J.A. Campbell, alte Bekannte, die alle einst in Washington gelebt hatten. Zunächst einmal wurde ihnen zur Aufwärmung Whisky gereicht, den die Blockade für sie seit langem schon zur Rarität gemacht hatte.

Damit begann der erste ernsthafte Versuch, den Krieg auf dem Verhandlungsweg zu beenden. Eben weil Lincoln des endlichen Sieges sicher war — obschon niemand wissen konnte, wie lange er noch auf sich warten ließ —, wünschte er, weiteres Blutvergießen zu vermeiden. So waren seit Monaten schon, je mehr das Schicksal des Südens ins abendliche Zwielicht rückte, Friedensgespräche in Gang gekommen: im Sommer 1864 war mit Lincolns Zustimmung Horace Greeley in Kanada mit Beauftragten des Südens zusammengetroffen, und gerade erst, im Januar 1865, war Francis Blair, immer einer der einflußreichsten Ratgeber Lincolns, in Richmond von Jefferson Davis selbst empfangen worden; die Möglichkeit gemeinsamen Vorgehens gegen Mexiko und Frankreich scheint dabei eins der Hauptthemen gewesen zu sein. In einem Briefwechsel, der daraus entstand, sprach Jefferson Davis allerdings immer noch davon, daß man »unsern zwei Ländern« Frieden geben müsse, worauf Lincoln bemerkte, warum könne er nicht von »unserm einen gemeinsamen Lande« sprechen? Hier also lag der Kern des Konfliktes auch in diesem Stadium noch, unverändert und unbeweglich. Immerhin schienen Lincoln die Einleitungsverhandlungen weit genug gediehen, um eine Konferenz auf Unionsgebiet, also auf den Planken der »River Queen«, zu wagen.

Es ist gut denkbar, daß die Dampferfahrt flußabwärts, das freundliche Getätschel der Schaufelräder, dann die ungestörte Nacht auf dem Schiff, gewiegt vielleicht von entgegenrollenden Atlantikwogen, ihn entspannte. Jedenfalls, den Abgeordneten des Südens, die etwas unsicher den Salon der »River Queen« betraten, zeigte er die stille Heiterkeit eines innerlich erquickten Menschen, schienen die Sorgenfalten seiner Stirn für kurze Zeit eingeebnet — die Berichte stimmen darin überein —, und die Redlichkeit guten Willens strahlte von ihm aus.
Als der Vizepräsident der Konföderation, Stephens, die knabenhafte Gestalt mit Schwierigkeit aus einem ungeheuren grauen Mantel befreit hatte, schüttelte Lincoln ihm herzlich die Hand. »Niemals sah ich einen so kleinen Kern aus so viel Schale kommen«, sagte er. Miteinander waren sie Kongreßmitglieder gewesen, junge, arme, etwas scheue Menschen, zur gleichen schwermütigen Skepsis geneigt und ähnlichen, über die Möglichkeit der Gerechtigkeit auf Erden grübelnden Temperamentes. Und eben deshalb hatte das Schicksal sie auf verschiedene Seiten geführt, auf deren jeder ja Recht und Unrecht war. Sechzehn Jahre waren vergangen, seit sie einander das letzte Mal gesehen hatten.
Nun, bei der beginnenden Verhandlung war es oft, als spielte sie sich allein zwischen ihnen beiden ab, als spräche Lincoln nur in das blasse Kindergesicht des einstigen Freundes hinein. Zuerst noch unterhielt man sich tastend über gemeinsame Bekannte. Dann aber stellte Stephens die sachliche Einleitungsfrage: »Herr Präsident, gibt es eine Möglichkeit, den gegenwärtigen Schwierigkeiten zwischen verschiedenen Staaten und Teilen des Landes ein Ende zu machen?«
Es war bemerkenswert, daß er nicht mehr, der bisherigen Theorie des Südens gemäß, von »zwei Ländern« sprach, sondern von den »Staaten des Landes«, wenn auch noch nicht, wie Lincoln es gern gehört hätte, von den »Staaten unsres Landes«. Er erwiderte, es gebe nur einen Weg: daß diejenigen, die sich den Gesetzen der Vereinigten Staaten widersetzten, ihren Widerstand aufgäben.

So entwickelte sich das Gespräch, Stunden hindurch. Wieder hing das Schicksal ganz Amerikas in der Waage, leise schwankend und schaukelnd wie das Schiff, das auf winterlich grauem Wasser die Unterhändler trug. Lincoln formulierte seine Worte mit einem Höchstmaß von Rücksicht. Man kam in Einzelfragen einander schon sehr nahe. Die Idee des gemeinsamen Krieges gegen Mexiko tauchte auf, wurde aber als noch allzu irreal wieder fallen gelassen. Doch machte Lincoln keinerlei Hehl daraus, daß es nicht die Sklavenfrage sei, die sie trenne, obwohl allerdings die Sklaverei als solche in Amerika nicht länger mehr möglich sei. Eindringlich sprach er von seiner Lieblingsidee, die Sklaven ihren Eigentümern abzukaufen, also nicht etwa die Besiegten zu enteignen und so eine Art Kriegsentschädigung von ihnen einzutreiben, sondern, ganz im Gegenteil, Millionen von Bundesgeldern in ihr Gebiet hineinzupumpen und damit die Beseitigung der Kriegsverwüstungen zu erleichtern.

Dennoch, und trotz aller Mühen, am Ende blieb die Kernfrage des Konfliktes unlösbar: Lincoln bestand darauf, daß vor dem Beginn von Friedensverhandlungen der Süden sich entwaffne, da kein Staatswesen mit einem bewaffneten Teil seines Selbst verhandeln könne. Seine alte These kam also wieder ans Licht, daß die Konföderation kein selbständiger Staat sei, nicht sein dürfe, sondern ein aufständischer Landesteil, eine Theorie, an die er sich gleichsam festgeklammert hatte, Jahre hindurch, eine Theorie, um die Ströme von Blut vergossen worden waren und von der er sich eben deshalb nicht mehr losmachen konnte. Er konnte sie nicht im vielleicht letzten Moment des Krieges aufgeben, selbst wenn er ihn damit hätte beenden können. Es wäre das Eingeständnis gewesen, daß das Blut unnötigerweise geflossen sei; es hätte bedeutet, die Gefallenen nachträglich im Stiche zu lassen.

So zeigte er im Sachlichen nicht das mindeste Wanken, wenn auch in seinem Innern Konflikte toben mochten: zwischen dem Optimismus allgemeinen guten Willens und dem Pessimismus, zu dem der Staatsmann verpflichtet ist, der ein konkret um-

schriebenes Ziel zu erreichen hat, zwischen den Gefühlen des Mitleids mit der peinvoll hingeopferten Kreatur und dem Zauber mystischer Hoheit, der die Union nun einmal für ihn umgab. Und da auch der Delegation des Südens jede Vereinbarung verboten war, die nicht auf der Zwei-Staaten-Theorie der Konföderation beruhte, trennte man sich schließlich ergebnislos, als es Abend wurde.
Wenn man sie danach gefragt hätte, würden diese Männer, die hier im schwanken Licht der Dämmerung einander gegenübersaßen, während ihre Gesichter immer mehr in der dunklen Täfelung der Wände verschwanden, es wahrscheinlich unverständlich, wenn nicht ruchlos gefunden haben, daß frühere Zeiten um die Auslegung der Worte Christi, mit denen er das Abendmahl einsetzte, blutige Kriege führen konnten. Die Menschenopfer hingegen, die das zeitgenössische Evangelium des Nationalismus forderte, schienen ihnen selbstverständlich...
Schon im Aufbruch wurde von Stephens, dessen durch Leiden verfeinerter Sinn das kommende Unheil wohl am deutlichsten spürte, noch einmal der Plan eines Waffenstillstandes und eines gemeinsamen Feldzugs gegen Mexiko unter dem Oberbefehl Jefferson Davis' in die Debatte geworfen. »Well«, antwortete Lincoln, »ich will es mir noch einmal überlegen, aber ich glaube nicht, daß sich meine Meinung ändern wird.« Und dann, nach kurzem Überlegen, noch einmal: »Well, Stephens, wir haben für unser Land nichts tun können. Aber gibt es etwas, was ich für Sie persönlich tun kann?« »Nichts«, war die Antwort, »höchstens meinen Neffen freilassen, der seit zwanzig Monaten Kriegsgefangener ist.« Da erhellte sich Lincolns Gesicht ein wenig und er notierte sorgsam den Namen des Gefangenen.
Als die Delegierten schon wieder auf ihrem Schiff waren, sahen sie ein Boot von der »River Queen« auf sich zukommen, von einem Neger gerudert; es brachte einen Korb Champagner, seit langem schon in der Konföderation ein unbekanntes Getränk. Und als sie dankbar ihre Taschentücher wehen ließen, hörten sie Sewards Stimme durchs Sprachrohr: »Behaltet den Champagner, aber schickt den Neger zurück.«

Es war, in einem Moment voller Tragik, dennoch ein Abschied zwischen Amerikanern alten Schlages, denen es gegeben war, die brüderlich verbindende Kraft des Humors nie ganz zu vergessen, eine Geste auch nach dem Sinne Lincolns, der mitten aus schwersten Erwägungen heraus plötzlich eine groteske Schnurre erzählen konnte. Gerade weil er wußte, wie voller Finsternis der Untergrund aller irdischen Dinge ist, wußte er auch, daß ein Lächeln, das selbst in schlimmsten Widrigkeiten sich losringt, ihn immer noch am ehesten erträglich macht.

Wenige Tage später, am 5. Februar, legte er dann auch dem Kabinett seinen großen Wiederaufbauplan vor, von dem er auf der »River Queen« vor den Delegierten des Südens gesprochen hatte. Er hatte ihm die Form einer Gesetzesvorlage für den Kongreß gegeben, die besagte: wenn die Südstaaten bis zum 1. April allen Widerstand einstellten, ihre Sezession widerriefen, Abgeordnete in den Kongreß nach Washington schickten und sich verpflichteten, innerhalb der nächsten fünf bis zehn Jahre die Sklaverei abzuschaffen — denn Lincoln sah die Nachteile einer sofortigen und restlosen Sklavenbefreiung sehr wohl voraus —, so würde die Bundesregierung zunächst einmal 400 Millionen Dollar bereitstellen, um die Sklavenbesitzer zu entschädigen.

Doch das Kabinett widersprach ihm wie ein Mann: es sei aussichtslos und unmöglich, dem Kongreß gegenwärtig einen solchen Plan, sei er auch noch so weise, vorzulegen. Lincoln ließ sich nicht erst auf lange Diskussionen ein. »Ihr seid alle gegen mich«, sagte er enttäuscht und faltete seinen Entwurf wieder zusammen.

Doch war er nicht entmutigt. Erst im Dezember sollte ja der Kongreß wieder zusammentreten, falls der Präsident ihn nicht früher berief. Das zu tun, würde Lincoln sich hüten; vielmehr plante er, ebenso wie er 1861 sein Kriegsprogramm ohne den Kongreß durchgeführt hatte, nun auch in den kommenden Monaten das Volk so zu beeinflussen, daß es sich im Dezember für seine Friedenspolitik und gegen den Kongreß entscheiden würde. Bis zum Dezember also mußte Lincoln leben.

Tatsächlich blieb der Entwurf in der Schublade, in der Lincoln ihn verwahrte, und hat den Kongreß nie erreicht.

Am 4. März 1865 wurde Lincoln zum zweitenmal in sein Amt eingeführt. Wieder, wie vor vier Jahren, war der Himmel voll dunkler Regenwolken, die Straßen aufgeweicht, die entlaubten Bäume von sausenden, rauschenden Frühjahrswinden geschüttelt. Eine unübersehbare Menschenmenge hatte sich vor dem Kapitol angesammelt; Kleider waren im Gedränge von oben bis unten zerrissen worden, und der Schlamm der Straße war bis auf Schultern und Hüte gespritzt. Erst gegen Mittag, als der Präsident zur Eidesleistung aus dem Kapitol ins Freie trat, teilten sich die Wolken und ließen die Sonne in breitem Strom hervor.
Lincoln sah besorgt und abgespannt aus. An der Tür hatte er anordnen müssen, den neuen Vizepräsidenten Johnson unbedingt am Sprechen zu hindern, da er kurz zuvor, offenbar angetrunken, im Senat eine verwirrte Rede gehalten hatte, worin er mit drohenden Fäusten und heiserer Stimme seine »plebejische Herkunft« unermüdlich rühmte; der bisherige Vizepräsident Hamlin mußte ihn ebenso stark wie unmerklich stützen; nur vor weiter entfernt stehenden Zuschauern war sein Zustand zu verbergen. Die Szene hatte in Lincoln einen bösen Eindruck hinterlassen.
Nun wühlte er ein wenig in seinen Papieren, setzte die Brille auf und begann: er könne sich heute kürzer fassen als vor vier Jahren, als er an eben dieser Stelle seinen ersten Amtseid leistete. Damals habe völlige Unsicherheit darüber geherrscht, was die nächste Zukunft bringen werde. Heute wisse man es — einen Krieg, der zu einem Umfang herangewachsen sei, wie niemand ihn hätte erwarten können. Aber es wurde nun keineswegs die Rede eines kriegführenden Staatsoberhauptes. Vielmehr sagte Lincoln, vom biblischen Begriff des Ärgernisses ausgehend, Gott habe durch diesen schrecklichen Krieg Amerika bestraft, Norden und Süden gemeinsam, da beide gemeinsam das Ärgernis der Sklaverei in die Welt gebracht hätten. Er sah

also keinen Unterschied mehr zwischen Freund und Feind — eine staatsmännische, kühn der Entwicklung vorgreifende Rede, die alle Bitternis vermied, alles Gewicht auf gegenseitige Duldsamkeit, auf gemeinsame Humanität legte. Demgemäß lautete ihr Schluß: »Mit Übelwollen gegen niemanden, mit Barmherzigkeit gegen alle, fest an das Recht glaubend, das Gott uns als Recht ansehen läßt — so wollen wir versuchen, das Werk zu beenden, das wir begonnen haben.« Wieder einmal waren die Hörer enttäuscht. Sie hatten ein weitläufiges Programm erwartet. Sie fanden die Rede, die in ihrer gedrängten Schlichtheit eine der klassischen Reden Lincolns geworden ist — ebenso wie die von Gettysburg —, nur mittelmäßig oder gar, wie die radikalen Widersacher in der eigenen Partei, einfach schwächlich, furchtsam und verächtlich.

In Wirklichkeit offenbarte sich in ihr der ganze Unterschied zwischen der ersten und der zweiten Amtseinführung Lincolns, alles das also, was er in den letzten vier Jahren erreicht und vollendet hatte. Sie war nicht mehr das tastende, übervorsichtige Werk des unsicheren Mannes aus Illinois. Heute stand hier einer, der seiner Sache gewiß war und der doch offenkundig — und das machte ihn so unangreifbar und gewinnend — nichts an menschlicher Demut eingebüßt hatte. Heute stand hoch auf den Stufen des Kapitols ein Staatschef, der in der Durchführung dessen, was er wollte, eine kühle Meisterschaft erworben hatte, dort, wo vor vier Jahren noch ein zaghafter Beginner sich gezeigt hatte. Heute war die Kavallerie in den Straßen nur noch als Ornament gemeint, die damals Leib und Leben des von allen Seiten angefeindeten, einsamen Mannes allen Ernstes zu schützen gehabt hatte.

Ganz in der Nähe Lincolns hielt sich während der ganzen Feier ein athletisch gebauter, bleicher Mann mit dunklem, im Winde wehenden Haar, der Schauspieler Booth, der sich durch Freunde eine Eintrittskarte zu verschaffen gewußt hatte.

Lincoln war längst schon kein gesunder Mann mehr. Er sah allmählich so hohlwangig und müde aus, daß die Presse Alarm zu schlagen begann. Der Polzeimarschall von Washington, Lamon, seit vielen Jahren sein Freund, wußte sehr gut, warum er sagte, nicht einmal dem Angriff einer gesunden Frau sei Lincoln mehr gewachsen.

Im Winter zuvor hatte Harriet Beecher-Stowe, die Verfasserin von »Onkel Toms Hütte«, Lincoln gefragt, ob er nicht jetzt, da der Krieg sich dem Ende nähere, eine Erleichterung fühle. »Nein«, war die Antwort gewesen, »ich werde den Frieden nicht erleben. Dieser Krieg tötet mich.« Im Februar darauf fand ihn der Journalist Eaten »dünner als je«; er gleiche einem Manne, der Visionen sieht, und sogar die kleinen Anekdoten und Schwänke, an denen er bisher sein stilles Vergnügen gehabt habe, hätten jetzt einen melancholischen Ton angenommen. Und Horace Greeley hatte Anfang März den Eindruck, Lincoln sei »verbraucht bis zu seinen letzten physischen Reserven«; sein Gesicht nennt er »hager vor Sorge, zerfurcht von Nachdenken und Kümmernis, von Stürmen geschüttelt, vom Wetter zerbissen«. Kurz danach, am 14. März, mußte Lincoln zum erstenmal eine Kabinettssitzung an seinem Bett anberaumen.

Dennoch, die milden Frühlingstage 1865, die nun kamen und ein arbeitsames, doch fruchtbares Jahr einzuleiten schienen, sie schufen um eine fast schon gebrechliche Erscheinung einen stillen Glanz aus Fröhlichkeit und gutem Willen. Dann konnte er auch noch langfristige Zukunftspläne machen, wenn er etwa zu Noah Brooks sagte: »Wir zwei alten Leute werden, wenn wir das Weiße Haus verlassen, für uns genug haben. Unsere Söhne müssen für sich selbst sorgen. Ich denke, Mutter wird mit sechs Monaten oder so in Europa zufrieden sein. Danach würde ich gern nach Kalifornien gehen und die pazifische Küste sehen.«

Da er gewiß war, den Krieg zu gewinnen, ließ er sein Denken mehr und mehr von der Gestaltung des kommenden Friedens beherrschen. Auf welche Weise aber ein Friede wieder herzustellen sei, der ja nicht einfach nur im Aufhören des Krieges bestand, sondern in der Wiederherstellung der alten, großen

Union, der Lincoln alles, nicht zum mindesten sich selbst geopfert hatte, das war nun die Frage. Er glaubte, daß Bürgerkriege — gerade weil sie so sehr dazu neigen, Schärfe und Wildheit zu entfesseln — nur durch Milde abgeschlossen werden können, durch eine Methode also, wie sie ein Jahr später auch Bismarck für die richtige hielt, um den deutschen Bürgerkrieg zwischen Österreich und Preußen zu beenden. Von jeher hatte Lincoln gesagt: »Wir dürfen den Krieg nicht durch Hartherzigkeit beflecken.« Was ihm als Friedensregelung vorschwebte, war bekannt, nicht erst seit der Konferenz auf der »River Queen«: Wiedervereinigung, Sklavenbefreiung, Entschädigung der Sklavenbesitzer für ihren Vermögensverlust, möglichst weitgehende Selbstverwaltung der Einzelstaaten, auch der des Südens, keine Strafmaßnahmen und keinerlei Bevorzugung der siegenden Partei.

Darum eben fühlte er sich so notwendig auf seinem Platze, weil für die Radikalen seiner Partei ein derartiges Programm eine Unmöglichkeit bedeutet hätte. Ihm war klar: kamen sie zur Macht, so würden sie den schwer heimgesuchten Süden vollends ruinieren, den Verstand der befreiten Negersklaven aber mit unerfüllbaren Versprechungen verwirren. Und während für Lincoln die Kapitalabfindung der Sklavenbesitzer eine Selbstverständlichkeit war, war er sicher, daß jene Rachsüchtigen zu jedem Raub bereit waren, sofern er sich nur als »Konfiskation« ethisch umkleiden ließ. Darum eben war es ihm so wichtig, noch für längere Zeit dazusein, um die Gesetzentwürfe, an denen er seit Jahren schon arbeitete, schließlich doch so zu formulieren, daß sie durch den Kongreß gebracht werden konnten; es schien ihm, vorausgesetzt immer nur seine körperliche Gegenwart, durchaus erreichbar. Gerade jetzt, während seine Bahn sich dem Ende zuneigte, zeigte er eine Zuversicht, eine fast heitere Souveränität, als wisse er, daß niemand vorhanden war, der ihm an dem Platze, an den das Schicksal ihn gestellt hatte, überlegen gewesen wäre und daß darum das Schicksal ihn an diesem Platz auch halten würde. Von außen betrachtet, kümmerte es ihn daher kaum, wie weit seine körperliche Existenz von Einsturz bedroht war. Drohbriefe, an die er seit seiner Wahl gewöhnt war, sammelte er in einem großen Briefumschlag, auf den er selbst »Assassination« — »Ermordung« geschrieben hatte; bis zum März 1865 waren es ihrer etwa achtzig geworden. Doch war es nicht eigentlich die sachliche Ruhe des Stoikers, die ihn erfüllte; nein, die natürliche Angst jedes Lebewesens vor dem Ende kannte auch er. Es war viel eher die Gelassenheit des Schicksalsgläubigen, der darauf vertraut, nicht eher zur Strecke gebracht zu werden, als ihm bestimmt ist. Der Polizeimarschall Lamon, sein Vertrauter seit langem — keinen außer ihn bat er je, zum Banjo »ein kleines trauriges Lied« zu singen —, berichtet, Lincoln habe sich für einen Mann der Vorsehung wie Napoleon I. gehalten. »Er war durch Vorzeichen, die er für überzeugend hielt, sicher gemacht worden, daß er zu Größe und Macht aufsteigen würde; ebenso aber hatten die gleichen Vorzeichen ihn fest davon überzeugt, daß seine Laufbahn plötzlich abgeschnitten werden würde, wenn sie ihre Höhe erreicht hätte. Er glaubte immer daran, daß er von Mörderhand fallen würde. Und obwohl dieses erschreckende Schicksal sein Leben umwölkte, verließ sein Mut ihn niemals...« Drei Dinge hätten ihn aufrechterhalten: sein Pflichtgefühl gegen das Land, sein Glaube, daß »das Unvermeidliche« eben als solches im Recht sei und sein angeborener unbesiegbarer Humor.

Freilich, den ganzen Umfang der Unfestigkeiten, der plötzlichen Abgründe, des unzuverlässigen Treibsandes im Wesen Lincolns kannte auch Lamon nicht: der Gedanke etwa, das ihm vorbestimmte Ende könne kommen, ehe er noch imstande war, den Krieg zu beenden, geschweige denn, das dem Krieg folgende Elend zu mildern. Denn nicht nur, daß das Sinken seiner körperlichen Lebenskraft sich immer deutlicher verriet, es war inzwischen auch einer der Genossen in Booths Komplott bedenklich geworden und hatte vor der Polizei geschwatzt, die ihn freilich nicht für gefährlich hielt und laufen ließ. Einiges hiervon ist trotzdem wohl Lincoln hinterbracht worden, und die Entdeckung, daß sein Leben nun nicht mehr nur von in-

nen bedroht war, sondern daß die abschließende Gewalttat, die er bisher in fernerer Zukunft gewähnt hatte, bereits unmittelbar bevorstehen könne, mag jetzt sein Bewußtsein durchsetzt haben wie eine lähmende Krankheit die Organe des Körpers. Schatten um Schatten scheint jetzt über ihn zu fallen — Schatten aus der Vergangenheit und aus der Zukunft —, wie wenig auch seine damalige Umgebung davon gewahrte, mit alleiniger Ausnahme des einen Menschen, der ihm am nächsten stand: Mary.
Nach Jahrzehnten ununterbrochenen Zusammenlebens, und demzufolge mit ihm gleichsam durch ein gemeinsames System des Blutkreislaufs verbunden, mußte sie seine Spannungen mit ihm spüren, ohne aber, wie er das konnte, ihre Ursachen zu erkennen und darum weit mehr noch als er im Unbestimmten tappend und um so schwerer verängstigt.
Auf allen Seiten fühlte sie sich von überlegenen Schicksalsmächten umschlichen, vor deren schattenhafter Drohung sie kein Entkommen wußte. Extreme Empfindlichkeit war die Folge, immer wachsende Reizbarkeit und ein Mißtrauen, das in jähe Panik ausbrechen konnte und dann niemanden verschonte; sie wurde beleidigend und nachtragend, auch dort, wo keinerlei Veranlassung dazu bestand. Besonders hatten die Damen Washingtons darunter zu leiden. Frau Grant etwa wurde angefahren: »Wie können Sie sich setzen, ehe ich Sie dazu auffordere«, und die Frau des Kriegssekretärs Stanton weigerte sich schließlich, ihr überhaupt noch einen Besuch zu machen. In jedem weiblichen Wesen sah sie eine mögliche Verfolgerin ihres Mannes. Freilich — auch das ist möglich —, daß sie noch immer nicht vergessen hatte, daß Lincoln einst (in Herndons Worten) »eine starke, um nicht zu sagen schreckliche Leidenschaft für Frauen« hatte und »kaum imstande war, seine Hände von ihnen entfernt zu halten«. Ja, ist es ganz sicher, daß von jenem Lincoln nicht immer noch etwas lebte?
Gerade von damals jedenfalls, aus dem Frühjahr 1865, stammt der Bericht eines helläugigen jungen Franzosen, des Marquis Charles Adolphe Chambrun, eines Diplomaten und Gelehrten,

der Gast Lincolns war und schrieb: »Ich hörte den Präsidenten von einer Frau sprechen, die als schön angesehen wurde, den außergewöhnlichen Charakter ihrer Erscheinung beschreiben, und das, was rühmenswert an ihr war, von dem unterscheiden, was sich kritisieren ließ — alles mit dem Scharfsinn eines Künstlers.«
Von Verfolgungswahn Marys also kann nicht gut die Rede sein, da ja ihre Beängstigungen, wie wir heute wissen, in der Realität nur allzu gut begründet waren. Doch da Mary nicht entdecken konnte, woher die Bedrohungen stammten, die sie spürte, wohin sie also ihre Aufmerksamkeit zu richten hätte, verwirrte ihr derart mißhandelter Geist sich mehr und mehr, für die Skandalsüchtigen Washingtons ein Gegenstand vulgärer Schadenfreude, während für Lincoln die Erkenntnis, Mary in ihrem Elend nicht helfen zu können, eine neue Quelle stumm getragenen Leides wurde.
In eben diesem Zeitabschnitt geschah es, daß der Oberst Theodore Lyman, ein vielseitig gebildeter, viel gereister und vermögender Mann, im Zivilberuf Zoologe, Lincoln zum erstenmal sah; er berichtete darüber an seine Frau, und dieses nicht für die Öffentlichkeit bestimmte Porträt, aus der Perspektive eines kultivierten und zu einem gewissen Grade europäisierten Mannes ist in seiner charakteristischen Mischung aus Abneigung und Respekt, Schrecken und Zuneigung nicht nur das letzte, sondern vielleicht auch eines der besten, die wir von Lincoln besitzen. »Der Präsident ist, glaube ich«, so schreibt Lyman, »der häßlichste Mensch, den meine Augen je sahen. Auch ist in seinem Gesicht ein Ausdruck plebejischer Gewöhnlichkeit, der anstößig wirkt (du erkennst den Erzähler grober Geschichten). Andrerseits sieht er nach Verstand und wunderbarem Scharfsinn aus, während die schweren Augenlider ihm fast einen Zug von Genialität geben. Ich sehe in ihm einen sehr ehrlichen und gütigen Menschen, und trotz seiner Gewöhnlichkeit finde ich keinen Zug niedriger Leidenschaft in seinem Gesicht. Im ganzen ist er eine solche Mischung von Eigenschaften aller Art, wie nur Amerika sie hervorbringt. Er hat so viel von

einem hoch intellektuellen und menschenfreundlichen Satyr, wie man sich nur irgend vorstellen kann. Ich möchte ihn niemals wiedersehen, aber — wie die Menschheit es nun einmal treibt — ich bin sehr zufrieden damit, daß er an der Spitze der öffentlichen Angelegenheiten steht.«

Unaufhaltsam war inzwischen Shermans Marsch nach Norden weitergegangen — trotz der in der Nähe der Küste üblichen unablässigen Spätwinterregen, die alle Gewässer anschwellen und das Land versumpfen ließen. Fünf große, weit über ihre Ufer getretene Ströme hatte Shermans stoppelbärtige, alkoholduftende Armee zu überschreiten; der Boden schmolz unter ihren Füßen flüssig dahin, und Anlage von Knüppelwegen und Brückenbau nahm sie weit mehr in Anspruch als die Kämpfe mit den schwachen feindlichen Abteilungen, auf die sie hier und da noch stieß. Die ganze Infanterie wurde zu Pionieren. »Seit Julius Cäsar hat es eine solche Armee nicht gegeben«, sagte später der konföderierte General Johnston. Dennoch, nach einem Marsch von mehr als vierhundert Meilen, der ihn durch die beiden Carolinas geführt hatte, stand Sherman am 23. März in Goldsboro in North Carolina, an der Grenze Virginias. Damit war Lee, der immer noch Richmond zu verteidigen suchte, nicht nur mehr von Grant, sondern auch von Sherman bedroht. Die Entscheidung rückte immer näher, da er sich der ungeheuren Übermacht nicht mehr lange widersetzen konnte. Man war in der Endphase des Krieges, aber wie lange würde sie dauern? Mit andern Worten: würde es Grant und Sherman gelingen, Lee rasch zu überwältigen, oder würde er westwärts entkommen und in den Weiten des Landes einen Guerillakrieg beginnen, dessen Dauer unabsehbar war? Sicher war jedenfalls, daß er sich bis zur äußersten Grenze der Vernunft und des Möglichen wehren würde. Gerade jetzt, als man sich dem Schluß zu nähern schien, bereitete der alte Kavalier seinen Gegnern die schwersten Sorgen.
Am Mittag des 23. März betrat Lincoln wiederum das Deck der »River Queen«, dieses Mal begleitet von Mary und Ted.

Beschützt von dem kleinen Kriegsschiff »Bat«, glitt die »River Queen« gemächlich den Potomac abwärts in den Ozean, dann in den Jamesfluß hinein und legte am Abend des folgenden Tages in City Point an, dem Etappenzentrum Grants, einer Tag und Nacht lärmenden, von Schiffsmasten und Schloten überragten Zelt- und Barackenstadt, wo der Nachschub von den Flußschiffen auf die Landtransportwege überging. »Ich möchte Sie gern sehen«, hatte drei Tage zuvor Grant an Lincoln geschrieben, »auch denke ich, die Ruhe wird Ihnen gut tun.«

Jetzt kam der General in großer Hast an Bord und teilte mit, Lees Situation sei so schwierig geworden, daß jeden Augenblick mit einem Durchbruchsversuch zu rechnen sei. Tatsächlich kam dieser Angriff wenige Stunden später, im Morgengrauen des 25. März, hatte starke Anfangserfolge, wurde dann aber abgeschlagen.

Am Nachmittag wurde dem Präsidenten gestattet, das Schlachtfeld zu besuchen, das erste, das er je sah. Auf einer rüttelnden Feldbahn fuhr er in den hellen Vorfrühlingstag hinein, bis zu jener Stelle des Eisenbahndammes, um die vor wenigen Stunden am heftigsten gekämpft worden war. Er sah weit ins Gelände: die unbestellten Äcker, über denen Staubschleier spielten und die, auf denen grüne Saat schüchtern keimte, trugen gleichermaßen die niedergebrochenen Körper in den blauen Röcken der Union, den grauen und nußbraunen des Südens. Bahrenträger bewegten sich behutsam auf und ab. Totengräber waren am Werk. Gefangene, dürr, hungrig, abgerissen, wurden vorbeigeführt.

Lincoln zeigte sich nach außen gefaßt und unerregt. Er war ein aufmerksamer und gesammelter Zuhörer für seine Begleitung, doch sprach er selbst wenig. Was er sagte, war ruhig und kühl. Aber für den, der ihm aus der Nähe ins Gesicht blicken konnte, spiegelte sich darin ein stummes, abgrundtiefes Mitgefühl. Aus der Entfernung freilich gesehen, in hohem Zylinder und schwarzem Rock, unbeholfen durch das Fernglas spähend, von der Sonne hell beleuchtet, mitten im düsteren Nachspiel der Schlacht, wirkte der Präsident sonderbar ungehörig; Offiziere, deren Respekt zu wünschen übrig ließ, dachten an den Inhaber eines Beerdigungsinstitutes, der einen Voranschlag macht...

Wenige Tage später brachte ein rasches Schiff, von Süden her die Küste entlangdampfend, Sherman nach City Point. Am 28. März saß er mit Lincoln und Grant in einer Konferenz, deren Thema die kombinierte Offensive beider Generäle war, die Riesenzange, die nun endlich bereit war, Lee und Richmond gleichzeitig zu packen. Auch hier beschäftigten sich Lincolns Gedanken wieder weit mächtiger mit dem kommenden Frieden als mit der bevorstehenden, wie man hoffte, letzten Schlacht. Immer aufs neue nur fragte er, ob sie nicht vermieden werden könne, es sei schon allzu viel Blut vergossen. Die Generäle zuckten stumm die Achseln.

Sherman wollte wissen, was nach der Einnahme Richmonds mit der Armee der Konföderierten und ihren Führern geschehen solle, worauf Lincoln antwortete: er verlange von seinen Generälen nichts weiter, als die feindliche Armee zu besiegen und ihre Soldaten zu veranlassen, nach Hause zu gehen und ihre bürgerliche Arbeit wieder aufzunehmen. Was Jefferson Davis und die übrigen Führer der Rebellion angehe, so sei es am besten, ihnen eine Tür zur Flucht außer Landes offen zu lassen. Sobald es irgend möglich sei, müsse das politische Leben im Süden neu organisiert werden; die Bewohner würden alle Rechte als Bürger der Union zurückerhalten. Im übrigen habe er auf den Planken dieses gleichen Schiffes »River Queen« den Bevollmächtigten des Südens erklärt, wenn sie die Union wieder anerkennen würden, könnten sie im übrigen in den Friedensvertrag schreiben, was immer sie wollten.

Am nächsten Nachmittag verließ Sherman City Point, am 29. März auch Grant; die kombinierte Schlußoffensive beider sollte beginnen. Lincoln begleitete Grant und seinen Stab bis zum Eisenbahnwagen. Mit einer Stimme, die sich vor Erregung überschlug, sagte er: »Gott segne Sie alle. Vergessen Sie nicht: Ihr Erfolg ist mein Erfolg.« Als der Zug sich in Bewegung setzte, nahm man, des großen Momentes eingedenk, stumm die Hüte ab, wie in einer Kirche.

Bald danach, im fahrenden Zug, sagte Grant aus dem Zigarrenrauch heraus, der ihn meistens umwölkte, nachdenklich zu seinen Offizieren: »Der Präsident ist einer der wenigen meiner Besucher, die nicht versuchen, meine Pläne aus mir herauszupressen — obwohl er der einzige ist, der ein Recht dazu hat.«
Und in der Tat, seitdem Lincoln wußte, daß er einen guten und verläßlichen General hatte, vermied er fast mit Ängstlichkeit, ihm gegenüber den Oberbefehlshaber zu spielen, der er dem Buchstaben der Verfassung nach war.

Am Abend setzte Regen ein und hielt die nächsten Tage hindurch an; er trommelte auf das Deck der in City Point ankernden Schiffe, störte den an sich schon unruhigen Schlaf Lincolns, durchweichte das Land und schuf damit sehr ungünstige Voraussetzungen für die Offensive.

Am Nachmittag des 31. März telegraphierte Grant erste schwache Erfolge, am 1. und 2. April wilde Kämpfe und große Verluste, doch am Abend des 2., daß Lees Stellung dreifach durchbrochen sei; seit Monaten zwar schon waren sie mit aller Kunst ausgebaut worden; nun aber hatte es doch an den nötigen Truppen gefehlt, um sie überall halten zu können. Lee mußte sein ganzes Befestigungssystem von Petersburg aufgeben und damit Richmond. Etwa zur gleichen Zeit, in der Lincoln die Depesche Grants las, erhielt Jefferson Davis beim Nachmittagsgottesdienst in der Kirche die Meldung Lees, worin er anriet, Richmond noch vor der Nacht zu räumen. Marmorweiß und stumm verließ Davis das Gotteshaus, ohne daß die Gemeinde es bemerkte. Alsbald jedoch donnerten die Explosionen, mit denen Fabriken, Munitionsvorräte, Brücken und die letzten Kanonenboote gesprengt wurden. Kurz vor Mitternacht verließ das Kabinett der Konföderation mit der Eisenbahn seine Hauptstadt; es entkam nach Danville in North Carolina.

In der Frühe des nächsten Tages, des 3. April, schon zogen Truppen des Unionsgenerals Weitzel in die brennenden Ruinen

Richmonds ein, Negertrommler voran, schwarze, düstere Gesichter unter breitkrempigen Hüten. Fast gleichzeitig kamen in Washington die ersten Telegramme an, die »von Richmond« datiert waren. Die Bundeshauptstadt tobte vor Freude.
Und am gleichen 3. April auch begab Lincoln selbst sich schon nach Richmond. Er fuhr auf der »Malvern«, dem Flaggschiff Admiral Porters, stromaufwärts. Tote Pferde kamen ihm auf dem Wasser entgegengeschwommen, das immer seichter wurde, bis kurz vor Richmond die »Malvern« auf Grund geriet. Der Präsident setzte die Fahrt in einem von zwölf Matrosen geruderten Boot fort, das in der Stadt an einer obskuren Landungsstelle anlegte. Nur ein paar Neger waren da, die Erde umgruben; sie erkannten ihn und küßten ihm Schuhe und Rockschöße. Die zwölf Matrosen allein, Bajonette auf den Karabinern, begleiteten ihn durch die von Mittagssonne und Bränden erhitzte Stadt, zwei Meilen weit. Zur Linken ging ihm Admiral Porter und Kapitän Penrose, zur Rechten sein Sohn Ted an der Hand des Polizeibeamten Crook. Wie immer trug der Präsident schwarzen Schoßrock und Zylinder. Die Menge auf den Straßen wuchs; mehr und mehr Weiße erschienen in ihr; doch alle verhielten sich still, ohne Haß, ohne Willkommen.
Dies also war Lincolns Einzug in die Hauptstadt des endlich besiegten stolzen Feindes, ein Gipfel der Unvorsichtigkeit oder auch — wenn man will — der Ergebung in das Schicksal.
Im Kapitol des Südstaatenbundes, einem zweistöckigen, schlichten Ziegelbau, ließ Lincoln sich erschöpft in einen Sessel sinken, der an einem langen Tisch stand; ob er ein Glas Wasser haben könne, fragte er. Es stellte sich heraus, daß er zufällig in dem Sessel saß, von dem aus Jefferson Davis die Konföderation regiert und so lange und gefährlich gegen Lincoln gekämpft hatte. Dann besuchte er Davis' eigenes bescheidenes Haus — welcher Abstand zur Weiträumigkeit der weißen Präsidenten-Residenz in Washington! — und als jemand ihm hier sagte, Davis müsse gehenkt werden, entgegnete er: »Richtet nicht, auf daß ihr nicht gerichtet werdet!« Schließlich trat er aus der Tür auf die Straße, wo nun größere Menschenmassen sich an-

gesammelt hatten, mit schweißfeuchtem Gesicht, das der Staub der Stadt und der Rauch der Brände geschwärzt hatte, mit dem müden Blick dessen, der in der Niederlage des Feindes die Nichtigkeit menschlicher Anstrengung erkennt, aber auch die des eigenen Ruhmes, und mit dem traurigen Blick des Mitleids mit denen, die noch nichts davon wissen. Auf die »River Queen« zurückgekehrt, träumte er in dieser Nacht, das Weiße Haus stehe in Flammen...
Wieder folgten angstschwere Tage der Ungewißheit. Es war etwas wie die Unruhe derer, die nach sehr langer Seereise sich endlich dem Lande nähern, nun aber glauben, das Warten gar nicht mehr ertragen zu können. Immer noch, bis zum letzten Augenblick, manövrierte Lee kühn und geschickt, an Kräften an sich raffend, was immer ihm blieb. Durchbruch und Abmarsch nach Westen waren ihm geglückt, und niemand konnte wissen, ob er endgültig ins Freie gelangen würde. Grant blieb ihm auf den Fersen und setzte gleichzeitig im Süden Sheridans Armee in einen Parallelmarsch gegen ihn an, der ihn überholen und ihm den Weg abschneiden sollte. Dennoch, alles war noch völlig in der Schwebe. Niemand vermochte zu sagen, ob Lee imstande sein würde, mit Johnstons Truppen vereint, einen Guerillakrieg zu beginnen, nicht anders, als ihn sein Ideal, George Washington, Jahre hindurch geführt und schließlich sogar gewonnen hatte. Jeden Augenblick also konnte der Krieg enden, ebensogut aber auch noch unabsehbar dauern.

Man hat von diesen zwei Wochen im Feldlager von City Point den Eindruck, daß sie Lincoln in besonderer Weise wohltaten. Vielleicht kam der Freiluftmensch, der er im Grunde war, noch einmal zum Vorschein, der sich an Kanzleistaub und Zimmerluft in Washington, an Trug und Tücke der Bundeshauptstadt doch niemals ganz gewöhnen konnte.
Es wird etwa berichtet, daß er nun gern an irgendeinem Lagerfeuer saß, dem emporwirbelnden Rauch nachsah und ihn nur von Zeit zu Zeit verscheuchte, wenn er seinen überarbeiteten Augen allzu nahe kam. Eines Tages, in der Hütte des Tele-

graphenamtes, entdeckte er am Boden drei junge Katzen. Man sagte ihm, ihre Mutter sei tot, worauf er alle drei auf seinen Schoß hob, sie streichelte, mit ihnen sprach und veranlaßte, daß die Offiziersmesse für sie zu sorgen hatte. Bei späteren Besuchen spielte er mit ihnen, wischte ihnen mit dem Taschentuch die Augen aus und lauschte den spinnenden Geräuschen, in denen sie ihr Wohlbefinden bekundeten. Entsann er sich des Anwalts, der einst auf der Prärie seinen besten Anzug gefährdete, indem er ein junges Schwein aus einem Morast befreite, in den es geraten war?
Viele Stunden auch widmete er den Lazarettzelten, die sich wie eine Siedlung für sich in City Point ausbreiteten. Lächelnd »Guten Morgen« wünschend, pflegte er hier zwischen den Betten aufzutauchen und, sich nach allen Seiten leicht verbeugend, die Gänge zu durchschreiten. Als er in einem dieser Zelte einem konföderierten Oberst die Hand reichen wollte, der ganz allein unter nordstaatlichen Offizieren lag, sagte dieser: »Wissen Sie, wem Sie Ihre Hand bieten?« Und als Lincoln verneinte, sagte er: »Einem südstaatlichen Oberst, der vier Jahre lang so hart gegen Sie gekämpft hat, wie er nur irgend konnte.« »Gut«, antwortete Lincoln, »so will ich jetzt nur hoffen, daß der südstaatliche Oberst mir seine Hand nicht verweigert.«
Mehrmals allerdings war der Aufenthalt in City Point durch Marys immer mehr das Gleichgewicht verlierenden Geist gestört worden. Als sie mit Frau Grant zusammen in einem Wagen zu einer Truppenschau fuhr, erwähnte der sie begleitende Sekretär Grants, General Badeau, zufällig, alle Offiziersfrauen seien vor kurzem, wegen der bevorstehenden Schlachten, aus City Point nach Hause geschickt worden, außer der Frau des Generals Griffin, die eine besondere Erlaubnis Lincolns habe. Schon fuhr Mary empor: was er damit sagen wolle? Solle es heißen, Frau Griffin sehe den Präsidenten allein? Ob Badeau nicht wisse, daß sie dem Präsidenten niemals erlaube, Besucherinnen allein zu empfangen? Und als Badeau, voller Verlegenheit, ein begütigendes Lächeln versuchte, hatte er es vollends mit ihr verdorben: »Das ist ein sehr zweideuti-

ges Lächeln, Sir«, stieß sie wütend hervor, »lassen Sie mich sofort aussteigen.« Wirklich brachte sie den Kutscher zum Halten, und nur dem ruhigen Zureden Frau Grants gelang es schließlich, sie zu besänftigen.
Noch schlimmer sah es einige Tage später aus, bei einer zweiten Truppenparade, zu der Mary wiederum mit Frau Grant fuhr, sobald sie nämlich bemerkte, daß unter der Kavalkade, die Lincoln folgte, auch eine Dame zu Pferde war, die Frau des Generals Ord, dessen Division besichtigt wurde. Wieder fuhr Mary zornbebend empor: »Glaubt diese Frau etwa, der Präsident wünscht sie an seiner Seite?« Und wieder versuchte Frau Grant, sie zu begütigen; dieses Mal aber wendete Mary sich auch gegen sie: sicherlich habe sie den Wunsch, nach ihr ins Weiße Haus einzuziehen! Zum Glück nur bemerkte Frau Ord das Erscheinen des Wagens mit Mary und zog sich so rasch wie möglich aus der Suite Lincolns zurück, so daß wenigstens nicht, wie man schon fürchtete, die aufmarschierten Truppen Zeugen einer bösen Szene wurden.
Am Abend, an Bord der »River Queen«, kam es aber noch zu einem zweiten Ausbruch: die Truppen, so beklagte sich Mary bei Lincoln, hätten Frau Ord für die Präsidentin halten müssen, worauf er sehr ruhig erwiderte, er seinerseits habe Frau Ords Anwesenheit überhaupt kaum bemerkt. Mary beharrte darauf, Zeugen herbeizurufen, von denen man einige aus den Betten holen mußte; und da sie nicht vollkommen für Mary Partei ergreifen konnten, ließ sie sie ihre Mißachtung aufs deutlichste spüren. Lincoln sagte nichts zur Verteidigung der Angegriffenen gegen Mary; er wußte: jeder derartige Versuch hätte die Lage nur noch ungeheuer verschlimmert. Doch zeigte er ihnen danach, sobald er mit ihnen allein war, sein Bedauern in Gestalt aller nur erdenklichen Freundlichkeiten.
Am 8. April endlich, einem Samstag, fuhr die »River Queen« nach Washington zurück, um am folgenden Tag — es war der Palmsonntag — in den Potomac einzulaufen. Chambrun berichtet, man habe ein Orchester an Bord gehabt, und Lincoln, wie immer, wenn er unterwegs war, in gehobener Stimmung,

verlangte von ihm »Dixie« zu hören, jenen schwermütig-munteren Minstrelsong, der zur Nationalhymne der Konföderation geworden war:

»I wish I was in the land of cotton,
Old times there are not forgotten,
Look away, look away, Dixie Land!«

»Das Lied ist jetzt Bundeseigentum«, sagte Lincoln. Je näher man Washington kam, um so mehr schien er freudig erregt: »Und wie glücklich werden wir erst in vier Jahren sein, wenn wir nach Springfield zurückkehren können, zu Frieden und Ruhe.«

Mary hingegen sagte, als die ersten Dächer Washingtons sichtbar wurden, düster und furchtsam zu dem jungen Franzosen: »Die Stadt ist voll von unsern Feinden.« Doch Lincoln, der das gehört hatte, machte eine wegwerfende Handbewegung: »Feinde! Wir sollten nie von ihnen sprechen.«

In Washington, am Abend des Sonntags noch, war Lincolns erster Weg zu Seward. Der Staatssekretär war wenige Tage zuvor mit einem Gespann junger Pferde ausgefahren, die durchgegangen waren; beim Sprung aus dem Wagen hatte er Kiefer und Arm gebrochen und lag nun fiebernd und so verschwollen und verfärbt zu Bett, daß Lincoln ihn kaum erkannte — ihn, der bei allem seinem exzentrischen Hochmut doch ein immer verläßlicher Mitarbeiter, ja Freund geworden war. Der Präsident, auf die Ellenbogen gestützt, mit dem Gesicht dicht vor dem Sewards, in dem ein Stahlrahmen die Kiefer zusammenhielt, berichtete ihm sanft flüsternd, was sich in den zwei Wochen in City Point ereignet hatte. »Ich glaube, wir sind nun doch dem Ende nahe«, sagte er. Dann schlief Seward ein, und Lincoln schlüpfte davon, mit der Sorgfalt einer Mutter jeden Laut vermeidend, der den Patienten hätte wecken können.

Beide wußten nichts davon, daß am Nachmittag dieses Palmsonntags, während die »River Queen« sich Washington näherte, das große Drama zwischen Grant und Lee wirklich zu Ende gegangen war. Dem General Sheridan, dem kleinen, teuflisch lebendigen Iren war es gelungen, Lee von Süden zu überholen

und ihm den Weitermarsch zu verlegen. Lees Regimenter waren bis zur letzten Faser ausgelaugt; seit Tagen hatten Menschen und Pferde nur von zerquetschtem Mais gelebt; die Protzkästen der einst so gefürchteten konföderierten Artillerie waren nicht zur Hälfte mehr mit Munition gefüllt, ihre Pferde kaum noch zu zitterndem Trab zu bringen. Kurzum, was die Kriegführung des Nordens seit Jahren systematisch erstrebt hatte, es war jetzt erreicht: die Aushungerung des Südens. Immer noch freilich hielt der Kern seiner Armee zusammen, den gerade die Desertionen der letzten Wochen von allen unzuverlässigen Elementen befreit hatten; was jetzt noch blieb, war bereit, jedem Befehl Lees zu folgen und auch einen neuen Durchbruch zu versuchen, falls er ihn forderte. Doch Lee erkannte, daß Grant, der Mann mit dem Gesicht eines Eisenarbeiters, ihn hier endgültig festgeschmiedet hatte; nur die Kapitulation blieb noch übrig.
Im ländlichen Gerichtsgebäude von Appomatox hatten beide Generäle ihre entscheidende Zusammenkunft. Beide waren verlegen und daher wortkarg. Die Bedingungen der Kapitulation standen im Einklang mit dem altmodischen Anstand ritterlicher Feinde. Nachmittags gegen vier Uhr war alles vorbei.
Gegen neun Uhr erreichte die Nachricht das Kriegsamt in Washington. Von ihm erhielt sie Lincoln. Die Stadt wurde erst am frühen Morgen durch Salutschüsse geweckt; im Nu bedeckte sie sich über und über mit den nationalen Farben.
Lincoln zeigte sich der mächtig heranschwellenden Menge. Er sprach — vom Freudengebrüll der Schiffssirenen auf dem Potomac übertönt, vom Triumphgeheul der Lokomotiven auf dem Bahnhof, vom schrillen Pfeifen der Feuerwehrspritzen — nur wenige Worte; doch kündigte er für den Abend eine größere Rede an.
Als er sie hielt, war es bereits dunkel geworden, so daß Noah Brooks mit einer Kerze das Manuskript beleuchten mußte. Den ganzen Tag hindurch hatte Lincoln aufs sorgsamste an ihm gearbeitet. Die Rede enthielt kein Wort mehr vom Krieg, sondern war ganz dem kommenden Frieden gewidmet. Kein Laut

des Triumphes schlich sich in sie ein, kein noch so verständlicher Ton menschlicher Genugtuung; großzügig und nobel im Ausdruck ähnelte sie doch der nüchternen Eröffnungsbilanz eines neuen Unternehmens. Auf siegestrunkene Menschenmassen mußte sie abkühlend und enttäuschend wirken. Unter ihnen, in der von strahlender Illumination allenthalben durchfunkelten Nebelluft, im Zischen der Raketen, im Hall der Freudenschüsse nah und fern, stand auch der Schauspieler Booth.
Lincoln hatte in einer der letzten Nächte einen sonderbaren Traum gehabt: er war ganz allein durch das Weiße Haus gegangen, hatte alle Räume glänzend erleuchtet, doch ganz leer gefunden, nur überall unterdrücktes Schluchzen gehört; erst im großen East Room sah er einen Katafalk, einen Sarg darauf, einen Toten darin mit verdecktem Gesicht, Soldaten auf Ehrenwache ringsum, und einer von ihnen sagte ihm: »Der Präsident wurde ermordet.« Er wachte dann auf, schlug die Bibel auf und stieß ständig auf Stellen, in denen von Träumen die Rede war.
Am nächsten Tage suchte er sich und seine Umgebung damit zu trösten, daß er ja im Traume vor dem Sarge gestanden habe und nicht in ihm gelegen habe, also nicht gemeint gewesen sein könne. Aber wie weit überzeugten ihn selbst solche Spitzfindigkeiten?
Chambrun berichtete, daß während der Rückreise auf der »River Queen« Lincoln Shakespeare vorgelesen habe, insbesondere »Macbeth«, und daß er die Szene zweimal laut wiederholte, in der der mörderische König sein Opfer Duncan um die Grabesruhe dessen beneidet, der den Tod schon hinter sich gebracht hat:

> »Duncan is in his grave;
> After life's fitful fever, he sleeps well;
> Treason has done his worst: nor steel, nor poison,
> Malice domestic, foreign levy, nothing
> Can touch him further!«

Es ist nicht schwer vorstellbar, wie tief und bedeutsam diese Verse zu Lincoln gesprochen haben, den unablässig die Angst bedrückte, die Dauer seines einmaligen Daseins werde nicht ausreichen, um die Aufgaben zu erfüllen, die er selbst — vielleicht in sträflicher Anmaßung — sich gestellt hatte, jene Angst, die so mächtig war, daß sie zuweilen wohl schon in Sehnsucht nach dem Tod umschlagen konnte.

## XX
# Mord im Frühling

In Washington war es Frühling geworden. Auf dem Rasen vor dem Weißen Haus erhoben Stare ihr schrilles Geschrei. Aus den Vorgärten der noch halb ländlichen Stadt blühte allenthalben Flieder hervor. Und der Optimismus, die Lust am Neubeginn, alle die gewohnten Essenzen des Frühjahrs, schienen 1865 vervielfacht. Denn endlich war der Bürgerkrieg vorbei — so sehr vorbei, daß man ungeduldig wurde, wenn man auch nur noch von ihm hören sollte. In wenigen Tagen stand überdies Ostern bevor, das Fest der Auferstehung. Und dahinter lag dann der neue Friede. Für ihn dachte und plante man.
Die Einwohnerschaft Washingtons schien verdoppelt. Soldaten und Offiziere, von den nahen Fronten herbeigeströmt, feierten hier ihr Wiedersehen mit ihren Familien, um dann gemeinsam mit ihnen in die Weiten des Landes zurückzukehren, aus denen sie gekommen waren. Befreite Negersklaven trotteten durch den dörflichen Schlamm der Avenuen, denn die Freiheit, so glaubten viele einfach, bedeute immerwährenden Feiertag. Allabendlich spiegelte sich in ihren aus schwarzen Gesichtern hervorblickenden Augen das Lichtermeer der festlich illuminierten Stadt. Auch die Kriegsgewinnler erwogen neue Möglichkeiten. Seit langem schon waren in den Zeitungen die Nachrichten von den Kriegsschauplätzen durch Einladungen zur Beteiligung an neuen Petroleum- und Kohlenunternehmungen verdrängt worden; und allmorgendlich warteten vor den Banken die Wagen eleganter Damen, die als erste ihre Geschäfte abzuwickeln wünschten. Schon auch hatte man sich daran gewöhnt, in den Straßen fast mehr graue und braune Uniformen der Südstaaten zu sehen als blaue des Nordens: so groß war die Masse verzweifelter Flüchtlinge geworden, seitdem die Sache des Südens offenkundig verloren war. Niemand aber dachte daran, sie zu behelligen. Sie waren neu versöhnte Brüder.

Selbstverständlich, daß auch Lincoln an diesen nahezu taumeligen Glücksgefühlen teilnahm. Die ungeheure Zerreißprobe der Nation war bestanden, die letzte Schlacht geschlagen — wirklich die letzte. Denn nach der Kapitulation Lees und dem Verschwinden seiner Armee war kein Widerstand der noch im Feld stehenden konföderierten Truppenkörper mehr möglich. Am 14. April erfuhr Washington, daß auch General Johnston vor Sherman kapituliert habe. Auch waren die Kosten an Menschenleben, die die Schlußkämpfe erfordert hatten, sehr viel niedriger gewesen, als die Generäle bei den Konferenzen von City Point sie veranschlagt hatten.

Nun kam ihm alles darauf an, ein großes Vergessen über das Land zu bringen, die Wunden, die er hatte schlagen müssen, so zu heilen, daß keine peinigenden Narben zurückblieben. Welche innere Erleichterung war es nun, das Mehrdeutige, das ethisch immer Unbefriedigende, das dem Krieg anhaftet, und sei er für die gerechteste Sache der Welt, weit dahinten liegen zu lassen, um wieder dem alten, eindeutigen Ideal einer Staatsführung zuzustreben, deren Ziel Gerechtigkeit für alle ist.

Am 13. April, dem Gründonnerstag, war das Ehepaar Grant in Washington angekommen — wie immer sehr in Eile und darauf bedacht, den Aufenthalt im unheimlichen Getriebe der Hauptstadt möglichst abzukürzen. Mary Lincoln lud den General ein, am nächsten Abend mit ihr und ihrem Mann ins Theater zu gehen; Grant nahm anfangs an, sagte dann aber ab, vermutlich, weil seine Frau sich weigerte, mit Mary Lincoln zusammen, deren nervöse Unberechenbarkeit sie ja kannte, einen ganzen Abend lang in einer engen Theaterloge zusammenzusitzen. Nach kaum vierundzwanzig Stunden reisten die Grants schon wieder ab.

In der folgenden Nacht — vom Gründonnerstag zum Karfreitag — hatte Lincoln einen Traum, der sich vorher schon zuweilen vor bedeutenden Ereignissen eingestellt hatte: er sah sich in einem nicht näher zu beschreibenden Schiff, das sich mit großer Eile einer dunklen, unbekannten Küste näherte. Er pflegte in diesem Traum ein gutes Omen für den nächsten Tag zu sehen.

Dieser Tag war Karfreitag, der 14. April 1865. Des Feiertags wurde, nach amerikanischer Sitte, nur in den Kirchen gedacht. Im übrigen war es ein Werktag wie jeder andere, auch für Lincoln, mit Frühstück um acht, Kabinettssitzung um elf Uhr, Lunch, Empfängen, einer Spazierfahrt am Nachmittag, einem Theaterbesuch am Abend.

Außerdem sollte an diesem Tage auf Fort Sumter die Fahne der Union unter feierlichem Kanonensalut aufs neue emporsteigen — vier Jahre und einen Tag nachdem die Truppen South Carolinas sie herabgeschossen und damit den Bürgerkrieg eröffnet hatten. Major Robert Anderson, damals Kommandant des Forts, inzwischen General und als »Bob Anderson, my Beau« Held eines Volksliedes geworden, sollte sie eigenhändig hissen, die gleiche alte, angebrannte Fahne, die er vor vier Jahren in seinem Koffer verborgen hatte.

Sein Frühstück nahm Lincoln an diesem 14. April gemeinsam mit seinem Sohn Robert ein, der Ende Februar endlich in die Armee eingetreten war. Er brachte ein irgendwo aufgefundenes Bild General Lees mit und stellte es zwischen das Frühstücksgeschirr. Lincoln schaute lange und eindringlich in dieses von weißem Haar und Bart umrahmte, doch von sehr dunklen Augen und Augenbrauen belebte Antlitz, das in seiner nahezu olympischen Ausgeglichenheit keiner irdischen Beunruhigung zugänglich schien, in stummem Vergleich vielleicht mit der Gramzerklüftung, die ihm selbst aus dem Spiegel entgegenzustarren pflegte. Endlich wendete er sich von ihm ab und meinte nur: »Es ist ein gutes Gesicht.«

Seine Stimmung war ungewöhnlich gehoben. »Alles ist hell heute morgen«, sagte er zu dem Senator Creswell von Maryland, der ihn besuchte, »der Krieg ist vorbei, alter Bursche, und wir haben ihn überlebt oder doch« — und seine Stimme sank nun allerdings plötzlich ins Dunkle — »einige von uns haben ihn überlebt«.

Am Kabinettsrat dieses Tages nahm auch General Grant teil. Als er gefragt wurde, welche Kapitulationsbedingungen er für die Soldaten der Konföderation festgesetzt habe, erwiderte er:

»Ich ließ sie nach Hause gehen zu ihren Familien und sagte ihnen, sie würden nicht belästigt werden, wenn sie nichts weiter unternähmen.« Lincolns Gesicht sei bei diesen Worten — so berichtet Sewards Sohn, der als Vertreter seines Vaters an der Sitzung teilnahm —, vor Freude aufgeglüht.

Im übrigen verlief die über zwei Stunden ausgedehnte Beratung des Kabinetts in großer Harmonie. Es ging um die Frage, wie weit die Souveränität der Südstaaten, die durch die Waffenstreckung Lees erloschen war, wiederherzustellen sei. Übereinstimmung herrschte darüber, daß die Verfassung der Union möglichst bald auch auf den abgefallenen und nun besiegten Süden wieder zu erstrecken sei; die Bundesbehörden sollten ihre reguläre Tätigkeit wieder aufnehmen, in Zoll und Justiz, Militärwesen und Postverwaltung; doch die Behörden der Staaten sollten daneben in ihren verfassungsmäßigen Obliegenheiten nicht behelligt werden. Den Kongreß werde er nicht vorzeitig einberufen, erklärte Lincoln. »Wenn wir klug und geschickt sind, werden wir die neuen Regierungen in den Südstaaten zum Funktionieren bringen, ehe der Kongreß im Dezember wieder zusammentritt.«

Obwohl ihm niemand widersprach, bestand Lincoln mit größter Eindringlichkeit darauf, daß es unmöglich sei, den Süden etwa wie ein erobertes Gebiet von Washington aus regieren zu wollen: »Damit können wir uns nicht befassen; das müssen die Leute dort selbst tun, obwohl ich vermute, daß sie es anfangs sehr schlecht tun werden.« Keinesfalls dürfe man in den Menschen dort etwas anderes sehen als Mitbürger; keine Racheaktionen dürften unternommen werden. »Keine Verfolgung, keine Blutarbeit nach Beendigung des Krieges.« Niemand solle von ihm erwarten, daß er irgendwelche Feinde hängen lassen werde, nicht einmal die schlimmsten. »Scheucht sie aus dem Lande«, sagte er, die Hände emporhebend wie ein Bauernmädchen, das Gänse vor sich her treibt, »genug Leben sind geopfert worden.«

Die Zuhörer schüttelten leise die Köpfe. Warum diese ungeheure Dringlichkeit, mit der der Präsident die Durchführung

von Plänen forderte, mit denen doch das ganze Kabinett einverstanden war? Warum dieser leidenschaftliche Ton, wie der eines Predigers, eines alttestamentarischen Propheten, ja, eines Sterbenden, der seinen letzten Willen diktiert?
Kurz nach der Sitzung stieß Lincoln auf eine Negerfrau, Nancy Bushroad, die sich in den Korridoren des Weißen Hauses verlaufen hatte, während sie sich bei ihm beklagen wollte, daß sie vom Sold ihres Mannes, der in der Armee diente, keinen Cent erhalte. Lincoln hörte sie an, geduldig wie nur je, und sagte dann: »Ihr Anspruch ist gerechtfertigt, gute Frau. Kommen Sie morgen zur gleichen Zeit wieder hierher und die nötigen Papiere werden vorbereitet sein.«

Zur gleichen Mittagsstunde etwa saß auf den Stufen zu Ford's Theater in Washington, einem anspruchslosen Ziegelbau, der Schauspieler Booth, las einen Brief und lachte zuweilen hell auf — niemand wußte warum und niemand allerdings auch kümmerte sich sehr darum. Später erriet man es. Er lachte keineswegs über den Inhalt des Briefes; doch im Theater, wohin er seine Post zu bestellen pflegte, hatte er zufällig erfahren, daß der Präsident für den Abend eine Loge hatte reservieren lassen. Es war das selbstzufriedene Lachen des Jägers, des Trappers, der aus der Ferne beobachtet, wie das Wild sich der vorbereiteten Falle nähert.
Denn in den letzten Tagen, nachdem die Südstaaten kapituliert hatten und ihr Bund nicht mehr bestand, war Booths ursprüngliche Absicht, Lincoln zu entführen, sinnlos geworden. Wohin hätte man den Entführten bringen sollen? Zu wessen Gunsten seine Gefangenschaft als Erpressungsmittel benutzen? So hatten seine Pläne sich von selbst geändert. Die Bitternis des Untergangs der Konföderation, des schwärmerisch geliebten Gemeinwesens, fand in dem aufgeregten Herzen des einfachen Menschen keinen anderen Ausweg mehr als den zum Mord.
Inzwischen hatte der Frühlingshimmel sich umwölkt. Während der Spazierfahrt, die das Ehepaar Lincoln am Nachmittag allein unternahm, stießen schon einzelne kalte Böen herab. Un-

terwegs sprach der Präsident, was nur selten vorkam, mit Mary über ihre gemeinsame Zukunft: »Wir hatten schwere Zeiten, als wir nach Washington kamen, aber der Krieg ist vorüber und mit Gottes Hilfe können wir noch auf Jahre des Friedens und des Glücks rechnen. Wir werden nach Illinois zurückgehen und den Rest unseres Lebens in Ruhe verbringen. Wir haben ja etwas Geld gespart. Und wenn es nicht genug ist, um davon zu leben, werde ich eine Anwaltskanzlei eröffnen, in Springfield oder in Chicago...«
Er sprach auch von Reisen, von Europa, von Jerusalem, der Stadt, die er immer schon zu sehen wünsche. Kaum je in seinem Leben habe er sich so glücklich gefühlt wie eben jetzt, sagte er schließlich. Mary jedoch, unabwendbar pessimistisch, erwiderte: »Erinnerst du dich nicht, daß du dich genau so fühltest, gerade ehe unser kleiner Junge starb?«
Ins Weiße Haus zurückgekehrt, hatte Lincoln zunächst eine Delegation aus dem heimatlichen Illinois zu empfangen, nahm ein kleines Dinner und ging dann, wie er es jeden Abend tat, zum Kriegsministerium hinüber, wo die Telegraphenstation stand. Wie jeden Abend auch lüftete er vor der salutierenden Schildwache am Haustor ernst den Hut. Nur der Polizeibeamte Crook begleitete ihn als Schutz.
Unterwegs, auf dem für gewöhnlich menschenleeren Rasengelände zwischen Weißem Haus und Ministerium, trieben sich ein paar Betrunkene lärmend umher, und fast wäre es zu einem Zusammenstoß gekommen. Hier fragte Lincoln plötzlich Crook, ob er wisse, daß es Menschen gebe, die ihm nach dem Leben trachteten; leise und halb wie nur zu sich selbst, setzte er hinzu: »Und ich zweifle nicht, sie werden es tun.«
»Warum glauben Sie das, Herr Präsident?« fragte Crook. Im gleichen halblauten Ton erwiderte Lincoln: »Auch andere Leute sind ermordet worden...« Voll Schrecken konnte Crook nur sagen: »Ich hoffe, Sie irren sich.«
Doch da gewann Lincolns Stimme ihren gewöhnlichen Klang zurück: »Ich habe vollkommenes Vertrauen in alle, die mich umgeben, in jeden von euch Männern. Ich weiß, niemand

könnte es tun und lebend davonkommen. Aber wenn es geschehen muß, ist es unmöglich, es zu verhindern.«
Danach, wieder im Weißen Haus, gegen acht Uhr, hatte er noch einige Gespräche mit den Leuten aus Illinois, bis er aufstand, um sich ins Theater zu begeben. Er tat es offenbar unlustig. Der Absage Grants hätte er sich gewiß gern angeschlossen. Auch hatte ihm Stanton — der wohl einige, wenn auch sehr lückenhafte Kenntnis von Booths Komplott hatte —, soeben im Kriegsministerium gesagt, daß sein Leben kaum irgendwo anders so gefährdet sei, wie im Theater. Doch hatte er das von ihm nun schon so oft gehört, daß es ohne Eindruck blieb. Und um Mary nicht zu enttäuschen, die dem Theater sehr zugetan war, und ebensowenig das Publikum, das ihn erwartete, überwand er sich, wie er sich unzählige Male schon, um andere nicht zu verletzen, zu überwinden gehabt hatte: vielleicht etwas zögernden Schrittes trugen ihn seine großen, ungeschlachten, meistens schmerzenden Füße noch einmal lautlos über die geblümten Riesenteppiche des Weißen Hauses, zeigten ihm die Pfeilerspiegel, im Prismengeglitzer der Kronleuchter, noch einmal seine hagere, dunkle Gestalt, sein abgezehrtes, knochiges Gesicht, vielleicht auch etwas von dem kleinen, wie um Verzeihung bittenden Lächeln, das Beobachter zuweilen gewahrt hatten, wenn ihm unbehaglich zumute war — bis er endlich noch einmal die große, marmorverkleidete Treppe hinabstieg. Vor dem Portal stand dann, schwarz und silbern durch die Nacht blinkend, der große Landauer, dessen Schlag der Diener Charles Forbes vor dem Präsidenten geöffnet hielt.

Es wurde eine sonderbar bewegte Nacht. Nebelschwaden trieben vom Potomac herein. Zwischen windzerrissenen Wolken schien der Mond dahinzufliehen; bald senkte er tiefe Schatten über die Stadt, bald wieder warf er grelles Licht in sie hinab.
Gegen neun Uhr schon wurde Washington von Mordnachrichten erschüttert: Seward hatte im unruhigen Schlaf des Wundfiebers gelegen, seine Familie ging auf Zehenspitzen; in allen Zimmern seines verdunkelten Hauses wurde nur geflüstert,

als die Türglocke erklang und ein Fremder Einlaß verlangte, angeblich vom Arzt geschickt, mit einer neuen Medizin, die er dem Patienten persönlich übergeben müsse. Tatsächlich war es Paine, Booths blind ergebenes Werkzeug. Halb mit Gewalt drang der riesige Muskelmensch ins Haus, gelangte, um sich schlagend, ins Krankenzimmer und im entstehenden Höllenlärm, bei fast völliger Dunkelheit, stach er blindlings auf die bandagierte Gestalt im Bett ein; dann, unter Messerstößen nach rechts und links, gelangte er wieder ins Freie zu einem bereitgehaltenen Reitpferd und entkam.[1] Sofort schwollen Gerüchte über die Stadt hin, riesenhaft mit den eilenden Wolkenschatten: ein allgemeines Morden sei im Gang, eine wahre Bartholomäusnacht; Seward sei tot, Grant sei erschossen, Lincoln ... Wer sollte noch sterben?

Lincoln wußte von all dem nichts. Er war im Theater angelangt, ein wenig verspätet; das Spiel auf der Bühne wurde unterbrochen, die Präsidentenhymne »Hail to the Chief« begrüßte ihn; das Publikum erhob sich in fröhlichem Tumult. Dann hatte er sich in der Loge in einem gepolsterten Schaukelstuhl niedergelassen, der ihm gewöhnlich bereitgestellt wurde, durch eine Gardine den Blicken der Indiskreten im Zuschauerraum entzogen.
Das Stück, das er sah, »Our American Cousin«, war eine mäßige und bereits stark abgespielte Komödie, in der englische und amerikanische Lebenssitten einander entgegengestellt wurden. Doch enthielt es eine Glanzrolle für die beliebte Schauspielerin Laura Keene, deren Abschiedsvorstellung es war.
Außer Lincoln und Mary war nur noch ein befreundetes Brautpaar, Miß Harris und Major Rathbone in der Loge. Der Polizeibeamte, der am Beginn der Nacht Crook abgelöst hatte, sollte schwer bewaffnet im Gang vor der Logentür auf einem Stuhl sitzen. Niemand ahnte, daß er, John F. Parker mit Namen, ein Mann von zweifelhafter Vergangenheit und Zuverlässigkeit, sich statt dessen zunächst in den Zuschauerraum begeben hatte und danach in eine Bar. Nichts konnte der Präsident

davon wissen, daß seine Loge eine Falle geworden war, in der er saß, wie einst jene Tiere des Waldes, die der barfüßige Abraham Lincoln befreit hatte, wofür er dann von seinem Vater Prügel bekam. Doch hier kam kein Befreier. Der Jäger vielmehr, der diese Falle gestellt hatte, war schon auf dem Weg: geräuschlos näherte sich Booth durch die ihm wohlbekannten engen Korridore und Treppen des primitiven Theaterbaues und tappte schließlich den halbdunklen Gang entlang, der der einzige Zugang zur Loge Lincolns war.

Plötzlich flog die Tür auf, ein Schuß dröhnte — doch da Booth bis zu einer Stelle des Stückes gewartet hatte, an der gewöhnlich Lachen und Applaus anschwollen, nahm das Publikum nichts davon wahr. Vielmehr war es vollkommen überrascht, als plötzlich aus der Präsidentenloge ein athletisch gebauter Mann auf die Bühne hinuntersprang, schwarzlockig, bleich, einen blutigen Dolch in der Hand; und nicht wenige Theaterliebhaber mochten sich an Booths berühmten Raubtiersprung erinnern, mit dem er die Szene zu betreten liebte. Doch er blieb mit einem Sporn an der blau-weiß-roten Drapierung der Logenbrüstung hängen, strauchelte, fiel auf der Bühne nieder, brach ein Schienbein, raffte sich trotzdem wieder empor. »Sic semper tyrannis!« — »So geschehe es allen Tyrannen«, den Wahlspruch des Staates Virginia, rief er dumpf und kaum verständlich ins Parkett und war auch schon in den Kulissen verschwunden.

Kurz zuvor hatte Mary sich eng an Lincoln angeschmiegt, freilich alsbald auch schon wieder mißtrauisch gefragt: »Was wird Miß Harris denken, wenn ich mich so an dich dränge?« Doch er hatte beruhigend erwidert: »Sie wird gar nichts darüber denken.« Und gerade als der Schuß fiel, hatte ein liebevolles Lächeln zu Mary hinab den letzten Augenblick seines ihm bewußten Lebens erfüllt.

So aber sah Mary nun plötzlich Wirklichkeit geworden, was ihr — niemand weiß, wie oft — ihre Angstträume schon gezeigt hatten: die Augen des geliebten Gesichts von wachsbleichen Kapseln verschlossen, Kopf und Schultern rasch nach vorn

gesackt, die Unterlippe gänzlich herabgesunken. Schwärzlich rote Spritzer von Blut und Hirn zeigten sich ihr hier und dort, auf ihrem Kleid, ihren Händen, den Federn ihres Fächers.
Auf fünf Fuß Entfernung abgefeuert und hinter dem linken Ohr in den Schädel gedrungen, hatte die Kugel das Gehirn durchquert und war hinter dem rechten Auge steckengeblieben. Lincoln war sofort besinnungslos und kam nicht wieder zu sich. Major Rathbone, der sich waffenlos dem Mörder entgegengeworfen hatte, erlitt gewaltige Dolchstiche in die Oberarme.

Man wagte nicht, den verwundeten Präsidenten weiter zu transportieren als bis über die Straße, in eine Fremdenpension geringen Ranges. In einem Hinterzimmer, das ein Kaufmannsgehilfe, William Clark, gemietet hatte, mußte man Lincoln schräg auf das Bett legen, da es für seine lange Gestalt zu kurz war.
Ein dreiundzwanzigjähriger Militärarzt, Dr. Leale, der zufällig im Theater gewesen war, war der erste, der ihm beistand. Schon in der Loge hatte er künstliche Atmung versucht, hatte das Blutgerinnsel von der Einschußstelle entfernt und dem Präsidenten ein wenig Wasser mit Brandy eingeflößt; und tatsächlich verbesserte sich damit Atmung und Puls. Doch von vornherein hatte Leale erklärt: »Die Verwundung ist tödlich.«
Nach und nach stellten weitere Ärzte sich ein; doch alle sahen sofort, daß es keine Rettung gab. Man entkleidete den Verwundeten, hüllte ihn in erwärmte Decken, wendete Senfpflaster an, sondierte den Wundkanal. Dann wurde ein rauher Militärwoilach und eine bunte wollene Bettdecke über ihn gebreitet. Sie hoben und senkten sich mit seinen Atemzügen. Zuweilen auch wurde einer seiner immer noch gewaltigen Holzhackerarme sichtbar. Seine Züge waren ausgeglichen und ruhig. Langsam nur schwoll das rechte Auge an und ein Teil des Gesichts begann sich zu verfärben.
Mary war vollkommen außer Fassung. Ihr viel gequältes Bewußtsein hatte das Ereignis aufgenommen, ohne es aber wirk-

lich begreifen zu können. Immer wieder kniete sie neben dem Leblosen nieder, ihn anflehend, sie nicht allein zu lassen, ein einziges Wort noch zu sprechen, sie mit sich zu nehmen. Dann wieder saß sie wortlos brütend in einem Nebenraum und wurde nur zeitweise noch an das Bett gelassen. Jedesmal, ehe man sie rief, mußte auf das Kopfkissen ein frisches Leintuch gelegt werden, um ihr die roten Flecke zu verbergen, die die ständige Blutung erzeugte.
In einem Hinterzimmer hatte Stanton sich niedergelassen. Klein, breitschultrig, langbärtig, gnomenhafter anzusehen als je, hatte der Kriegssekretär in diesen Stunden, in denen noch niemand wußte, ob es sich nicht um eine gewaltige Verschwörung, ja, um einen neuen Ausbruch des Bürgerkrieges handle, die Regierung der Vereinigten Staaten in die Hand genommen. Den Hut noch auf den Knien, jagte er Telegramm auf Telegramm hinaus, äußerst kühl und klar: Marschorders an die Truppen, Haftbefehle, Alarm für alle Polizei- und Grenzbehörden und Staatsanwaltschaften, eine Anweisung an Grant, sofort zurückzukehren, eine andere an den Vizepräsidenten Johnson, sich zur Vereidigung bereit zu halten und daneben eine fortlaufende Reihe von Bulletins über das Befinden Lincolns. Aus der Ferne horte man gelegentlich die Trommelwirbel, mit denen die Garnison antrat, oder den Galopp der Kavallerie auf den Pflastersteinen. Nach Mitternacht wußten die Ärzte nichts mehr zu tun, als den Puls zu fühlen, die Atmung zu beobachten und immer wieder Blutgerinnsel aus der Wunde zu entfernen.
Von all dem wußte Lincoln nichts mehr. Keiner der vielen Menschen, die sich allmählich eingefunden hatten, Beamte, Senatoren, Ärzte, vermochte mehr, in seinen Bereich einzudringen. Machtlos standen sie umher, die braun und weiß gemusterte Tapete bestarrend und ein sentimentales Bild über dem Bett, das eine Mandoline spielende Italienerin darstellte.
Nichts konnte Lincoln mehr im Sterben stören. So still war es, daß man neben dem Geräusch des Feuers in dem kleinen Eisenofen die Atemzüge des Präsidenten hörte. Sie wurden seltener, beschwerlicher, geräuschvoller, je mehr die Nacht verging.

Dr. Leale, der junge Arzt, der aber doch im Krieg bereits gelernt hatte, daß zuweilen in den allerletzten Augenblicken des Lebens das Bewußtsein noch einmal in heller Flamme aufflakkert, hielt Stunden hindurch Lincolns rechte Hand fest in der seinigen; geschehe das, so solle der Präsident in seiner Blindheit wenigstens spüren, daß er nicht allein, sondern von Freunden umgeben sei.

Lange schon hatte der Aufruhr am Himmel sich gelegt; eine dichte Wolkendecke überzog ihn, und als das Tageslicht sich gegen die Kerzen durchzusetzen begann, die auf dem Sekretär und dem Waschtisch brannten, gewahrte man durch die offenen Fenster, wie auf Höfe und Gärten Regen niederging — ein milder Frühlingsregen, unablässig, in den 15. April, den Ostersamstag, hinein.

Es war zwischen sieben und acht Uhr morgens, als alle Kirchenglocken Washingtons ihre Stimmen erhoben und alle Flaggen auf Halbmast sanken. Lincolns letzter Atemzug war getan.

# XXI
# Die Heimkehr

Unter der Nachricht vom Tod des Präsidenten taumelte das Land wie unter einem Keulenschlag vor die Stirn. Die Massen der Kleinen, Einfachen, Unwissenden insbesondere, die Lincoln anhingen, ohne ihn zu kennen, nur weil sie in ihm ihr eigenes Abbild sahen, das sie »Vater Abe« nannten, sie waren völlig fassungslos.

Es war ihnen zumute — und nicht ganz zu Unrecht —, als rage sein Lebenswerk nun so unvollendet gen Himmel wie die Kuppel des Kapitols damals, als er in Washington sein Amt antrat, der unbekannte, unbewährte Mann, der Hinterwäldler, von dem niemand viel zu erwarten wagte. Nun, nachdem er plötzlich nicht mehr da war, zeigte sich erst, wie sehr man sich allenthalben auf ihn verlassen hatte; nun war man ratlos über die Maßen, und niemand allenthalben wußte wirklich, was zu tun sei.

Die Untersuchung des Mordes freilich wurde jetzt, nachdem es zu spät war, mit größter Energie betrieben. Stanton insbesondere setzte sich das Ziel, die Verschwörer noch vor der Beisetzung Lincolns hängen zu lassen. Tatsächlich gelang es auch, die Komplizen Booths innerhalb weniger Tage zu fassen; sie saßen nun schwer gefesselt auf Kanonenbooten im Potomac[1], während man Booth selbst noch suchte. Erst am 26. April wurde er in Virginia bei Port Roye aufgespürt und im beizenden Qualm einer brennenden Tabakscheune, in der er sich verbarg, erschossen.

In Washington trat an Lincolns Stelle der Vizepräsident Johnson, von den Radikalen der Partei nicht ohne Genugtuung begrüßt. Denn da er ja — anders als Lincoln — dafür bekannt war, eine strenge Bestrafung des besiegten Südens zu wollen, sah es aus, als werde der bisher stets latente Konflikt zwischen dem Präsidenten und dem radikalen Teil seiner Partei nun sein

Ende erreichen. Ben Wade, einer der Mächtigen des Kriegskomitees, sagte auch unverblümt zu Johnson: »Jetzt wird es keine Schwierigkeiten mehr machen, die Regierung zu führen.«
Doch in den ersten Kabinettssitzungen schon erhob sich Streit, vornehmlich durch Stantons Verhalten. Es ging um General Sherman[2], den man anmaßend und gefährlich fand, ja, gern bereits wieder als »Verräter« verdächtigt hätte. Und nun fehlte ganz die Kraft der Milde, mit der Lincoln zur Vernunft zu raten und schließlich immer wieder auszugleichen verstanden hatte. Man spürte: es fehlte die fundamentale Güte, aus der sein großes Verständnis für die Menschen und für alle ihre Schwächen sich ergeben hatte. So geriet man im Kabinett heftig aneinander und trennte sich im Zorn.
Rasch und unaufhaltsam fiel die Hinterlassenschaft Lincolns in die Hand seiner Feinde. Die Radikalen der Republikanischen Partei wurden seine Testamentsvollstrecker oder — besser gesagt — sie verhinderten, daß sein Testament vollstreckt wurde. Profit- und Beutegier, politische Rachsucht und einfacher plebejischer Neid gegenüber der höheren Lebensform des Südens tobten sich aus, um die Staaten der zerfallenen Konföderation vollends zu ruinieren und vom Norden abzustoßen, so weit, daß die Kluft sich bis heute noch nicht völlig geschlossen hat.

Unberührt und unberührbar von diesen sehr irdischen Geschehnissen war das, was von Lincoln übriggeblieben war, am 17. April, dem Ostermontag, durch Washington geführt worden — bei strahlendem Sonnenschein durch ein ungeheures Aufgebot vieler Tausender von Menschen. Vom Wagen, der den Sarg trug, nickten Büschel schwarzer Federn. Lincolns altes Pferd folgte ihm, von zwei Reitknechten geführt, leere Stiefel in den Steigbügeln. Riesige Truppenkarrees begleiteten ihn, an der Spitze das 21. Regiment der Neger-Infanterie. Alle Laute erstickten im Rollen der gedämpften Trommeln, dem dumpfen, langsamen Schritt der Männer, dem hellen Hufgeklapper der Pferde.
Dann stand der Sarg im East Room des Weißen Hauses, ge-

öffnet, genau wie Lincoln es wenige Nächte zuvor geträumt hatte, stumme Ehrenwachen zu Häupten und zu Füßen. Nur daß niemand sie zu fragen brauchte, wer hier aufgebahrt sei, wie Lincoln das im Traum getan hatte. Hier vollzog sich der kirchliche Teil des Abschieds von ihm, ausklingend in der stolzen Großartigkeit des fünfzehnten Kapitels des ersten Korintherbriefes: »Der Tod ist verschlungen in den Sieg. Tod, wo ist dein Stachel? Hölle, wo ist dein Sieg?«
Danach, dem politischen Treiben gleichsam noch einmal zurückgegeben, stand der offene Sarg in der Rotunde des Kapitols, mitten unter der inzwischen fertig geschlossenen Kuppel. Ein unendlicher Strom von Besuchern bewegte sich vorbei, die noch einen Blick in das wohlbekannte Gesicht tun wollten, das nun auf weißem Seidenkissen ruhte, von Einbalsamierern sorgsam hergerichtet.
Am 21. April erst, in aller Frühe, in einem schwarz umflorten Eisenbahnzug von neun Wagen trat Lincoln seine letzte Reise an, die Rückfahrt westwärts in die Prärien. Zu Füßen stand ihm der Kindersarg des kleinen Willie; er sollte nicht allein in Washington zurückbleiben.
Es war eine sonderbare Reise der neun schwarzen Wagen durch das frische Grün der Frühlingslandschaft allenthalben, quer durch die Staaten und ungefähr auf der gleichen Route, auf der Lincoln von Springfield nach Washington gekommen war. Nun war Springfield sein Ziel. Überall dort, wo er damals die Fahrt unterbrochen hatte, ein sorgenbedrückter, unsicherer Mann, hielt auch nun der Zug. In den kleinen Plätzen, wo Lincoln damals vom Eisenbahnwagen herab gesprochen hatte, war der Aufenthalt nur kurz. Doch es mochte Tag oder Nacht sein, immer waren die Geleise belagert von Menschen, die schweigend und trauernd in die geöffnete Tür des schwarz ausgeschlagenen Waggons spähten, in dem undeutlich der Sarg zu erkennen war, um den Zug dann wieder davonrollen zu lassen und ihm nachzuschauen, solange nur etwas von ihm noch zu sehen war, eine Rauchwolke bei Tage, rote Laternen bei Nacht.

In den großen Städten freilich, die den Präsidenten vor vier Jahren feierlich eingeholt hatten, verweilte auch sein Sarg nun länger. Er wurde aus dem Waggon gehoben, in die Stadt gefahren, geöffnet und viele Stunden lang ausgestellt; so geschah es etwa in Baltimore und Philadelphia, in New York und Albany, in Buffalo und Chicago. Fast zwei Wochen dauerte diese Reise. Die Gesichtshaut Lincolns begann zu schrumpfen und sich zu schwärzen, immer wieder mußten die Balsamierungskünstler ihr Werk erneuern. Immer wieder mußte der Reisestaub vom schwarzen Rock des Toten gebürstet werden.
Daß man ihm keine Ruhe gönnen wollte, läßt sich ebenso leicht barbarisch nennen wie rührend. Denn nicht weniger als sieben Millionen Menschen konnten auf diese Weise wenigstens seinen Sarg sehen und anderthalb Millionen einen notgedrungen flüchtigen Blick in Lincolns Gesicht tun: wo immer der Sarg niedergesetzt wurde, erhob sich alsbald das Getrappel der Namenlosen und Kleinen, das Geräusch ihrer demütigen Füße, eintönig wie das Schlürfen des Meeres an sandigem Strand. Vielleicht, daß Lincoln einem oder dem andern von ihnen einmal die Hand geschüttelt hatte, bei einem seiner Massenempfänge, doch so, als habe er schon lange nur auf diesen Besucher gewartet, oder daß einer eine seiner drolligen Geschichten von seinen eigenen Lippen gehört hatte, die nun, überlang und überbreit wie immer, doch verstummt nebeneinander lagen. Sicherlich kamen Eltern, denen er einen unbesonnen Sohn begnadigt und vor dem Erschießungstod gerettet hatte. Es kamen blasse Kriegskrüppel, die einst in Parade vor ihm gestanden haben mochten, als er die Front abritt, stets auf einem Pferd, das für seine lange Gestalt zu klein schien, doch mit gutwilligem Lächeln, das die Herzen gewann — oder die ihn in Wundfieberträumen innerhalb der sonnenglühenden Zeltwände eines Lazaretts gewahrt hatten, als seine klobige Hand ihnen tröstend durchs Haar fuhr. Vielleicht auch, daß in einer Art schamvollen Dankgefühls einige derer sich einstellten, denen der Krieg einen Wohlstand gebracht hatte, an den ohne ihn nicht zu denken gewesen wäre. Und schließlich auch kamen, an der Hand

ihrer Eltern, Kinder, die nicht begriffen, um was es bei all dieser Düsternis ging und bitterlich weinten. Später, als sie zu Jahren gekommen waren, sollte ihnen freilich dieses Erlebnis um so mehr ins Gewaltige hineinwachsen, sollten sie die Erscheinung Lincolns in Übermenschlichkeit und in eine marmorne Makellosigkeit steigern, die er selbst sicherlich milde belacht haben würde.

Was nun erfaßte ein rascher Blick in den geöffneten Sarg? Unter dem schwarzen, drahtigen, kaum mit Grau durchsetzten Haar zeigte sich das Gesicht, dessen aus Tausenden von Bildern bekannte Formen fest wie die einer Steinstatue geworden waren; denn bei der Einbalsamierung hatte man das Blut abgelassen und durch eine rasch verhärtende Chemikalie ersetzt. So blieb alles wohl bewahrt, der große Umriß des bäuerlichen, fast grotesken Kopfes, die beherrschenden Züge ernster Klugheit und menschlichen Verstehens, die bitter scharfen Furchen, die verwüstende Wirkung der geheimen Ängste, die ihn seit Jahren nicht mehr losgelassen hatten; doch in den Augenwinkeln verharrten immer auch noch haarfeine Fältchen des Humors. Die bleierne, ins Gelbliche spielende Gesichtsfarbe, die ja schon die seiner letzten Lebenszeit gewesen war, sah im Widerschein der weißen Seide des Kopfkissens noch kälter aus. Und da die Augen geschlossen waren und ihre warm belebende Kraft fehlte, konnte der Eindruck des Statuarischen, den der Leichnam machte, rasch bedrückend werden. So war es gut, daß niemandem ein längeres Verweilen vor ihm gestattet war.

Für viele derer, die ihn so sahen, war Lincoln der, der die Union vor dem Untergang gerettet hatte, für alle die also, denen die Union ebenfalls ein Begriff war, der ins Mythische reichte und mit Worten allein nie zu umschreiben war. Für andere war er der, der das Land von der Schande der Sklaverei befreit hatte. Andern aber war er der, der die bürgerlichen Freiheiten so unterdrückt hatte, wie kein anderer Präsident es je gewagt hatte, und der das Volk in einen mörderischen Krieg gegen sich selbst verwickelt und ihnen Söhne, Väter, Brüder genommen hatte, um sie irgendwo im Unbekannten vermodern zu lassen. Nicht ganz wenige kamen voll anklagender Gefühle zu dem Toten, mit der Frage, ob er nicht andere, weniger schmerzenreiche Wege hätte finden können, er, der selbst einmal — sein Los überdenkend — gesagt hatte, wie seltsam es sei, daß gerade er, der nicht einem Hühnchen den Kopf abschneiden könne, mitten in dieses Blut hineingewählt, ja auserwählt worden sei.

Aber vor dem verstummten Gesicht Lincolns kamen viele Fragen an ihn zum Schweigen. Man haderte allmählich ebensowenig mehr mit ihm, wie mit dem Schicksal, als dessen Teil man ihn begriff, wie er selbst sich immer als solchen empfunden hatte. Das Schicksal des Landes, zu dem man nun einmal gehörte, hatte es jedermann auferlegt, die Ära Lincoln durchzumachen, ob sie einem gefiel oder nicht. Und wenn nicht alles, was er tat, gut war, so war es doch immer das absolut Beste gewesen, das ihm möglich gewesen war. Konnte man mehr verlangen?

Gewiß, er war ihnen, den Armen und Kleinen, längst entwachsen, in Regionen hinein, in denen die Gegenstände seines Denkens ganz andere sein mußten als die des ihrigen, in dem es eisig kühl zuging und Härte gegen Härte gesetzt werden mußte, weil es sich um die Geschichte ihres Erdteils handelte. Aber sie wußten es nicht, und es war gut, daß dem so war.

In der Tiefe seines Herzens hatte Lincoln sie nie vergessen. Nie verschwieg er, daß er jahrelang »a hired hand«, ein Tagelöhner gewesen war. Er nannte sich »Werkzeug des Volkes« und war überzeugt, es zu sein. Die kleinen Leute, die, wie er sage, Gott besonders liebe, weil er sonst nicht so viele von ihnen gemacht hätte, hat er nie aufgehört, als seinesgleichen anzusehen, samt allen ihren Daseins- und Denkgewohnheiten — also auch ihrer Sprache. Dies ist eins der Geheimnisse seiner Wirkung, daß seine Ausdrucksmittel die gleichen waren, die auch sie benutzten. So verstanden sie die innere Meinung dessen, was er sagte; und auch wenn sie dem Lauf seines Denkens nicht mehr ganz zu folgen vermochten, blieb er immer der, dem ihr Vertrauen gehörte.

An dem Tag, an dem Lincolns Sarg endlich in Springfield anlangte — es war der 3. Mai, neunzehn Tage nach dem Mord —, beschloß das Kabinett in Washington, auf die Köpfer Jefferson Davis' und anderer Führer der Konföderation Preise zu setzen — Davis allein wurde mit 100 000 Dollar bewertet — wegen Mittäterschaft bei der Ermordung Lincolns. Nicht der Schatten eines Beweises war dafür zu erbringen; aber der politische Fanatismus hatte inzwischen bereits derart die Oberhand gewonnen, daß er blind nach Opfern lechzte. Auf diese Weise schlugen die Ereignisse genau den Weg ein, den Lincoln hatte vermeiden wollen. Das Gegenteil alles dessen geschah, was er gewünscht und vorbereitet hatte, und die Folgen waren, viele Jahrzehnte hindurch, die von ihm stets befürchteten: die Verelendung des Südens, der die innere Gesundheit der Vereinigten Staaten ebenso gefährdete wie ein erkranktes Organ die des ganzen Körpers und die nahezu unüberwindlichen Schwierigkeiten, die die Eingliederung von Millionen plötzlich zu Bürgern gewordenen Afrikaner in die weiße Gesellschaft mit sich bringen mußte...

Noch einen Tag hatte der Tote in Springfield zu warten, dann wurde sein Sarg endgültig geschlossen. Eine Begräbnisstelle nahe dem Stadtmittelpunkt war erworben und für ihn hergerichtet worden. Aber Mary widersprach. In aller jammervollen Umnachtung, die ihren Geist nun immer dichter umschließen sollte[3], wußte sie doch noch, daß Lincoln sich sein Grab an einem einsamen, stillen Platz gewünscht hatte. So setzte man ihn in einen neuen Friedhof, »Oak Ridge«, bei, dort, wo der Rand der wachsenden Stadt und die Ebene ineinander übergingen.
Endlich wurde es nun still um Lincoln. Nur das ewige Sausen des Windes von der Prärie herüber erreichte noch sein Grab und — wenn die Dunkelheit kam — die ihm von jeher vertrauten Geräusche der Nacht, Grillengesang und fernes Froschgeschrei, Rascheln der Feldmäuse im Gras und dann und wann das Zirpen eines verirrten Vogels.

# Anmerkungen

## Kapitel II

[1] Dieser Tatsache braucht man nicht allzuviel Gewicht beizulegen. Masters, der sonst einer der kritischsten Beurteiler Lincolns ist, bemerkt hierzu: »Das bedeutet nicht viel, im Hinblick auf die primitive Gesellschaft und die regellosen Gewohnheiten eines Volkes, das fast wie Indianer lebte.« (Masters, 12.)

[2] Wirklich zuverlässig ist Inhalt und Umfang seiner Lektüre nicht mehr feststellbar gewesen; die Angaben differieren sehr stark. Doch ist wichtig wohl vor allem die Tatsache, daß er, wenn auch in wildem Durcheinander, las, was immer ihm erreichbar war.

[3] Viel verbreitete und geglaubte Legenden wollen wissen, daß Lincoln damals bereits, gerührt durch das Schicksal des Mulattenmädchens, den Entschluß gefaßt habe, die Sklaverei zu bekämpfen. Nichts davon ist beweisbar, und die Quellen, die davon berichten, gehören zu den zweifelhafteren. In Wirklichkeit nahm Lincoln die Sklaverei damals wohl noch als deprimierende, doch gegebene Tatsache hin.

## Kapitel III

[1] Es muß ganz allgemein gesagt werden, daß die Berichte über Lincolns Aufenthalt in New Salem mit Zurückhaltung behandelt werden müssen. Aus angeblichen Erinnerungen alter Leute an ihn, die erst in den sechziger Jahren – also dreißig Jahre später – gesammelt wurden, sind in den siebziger und achtziger Jahren Anekdoten und Legenden entstanden – oft einfach im Interesse des Fremdenverkehrs von Illinois –, die jede Nachprüfung ausschließen.

[2] Wenige Jahre später freilich war New Salem bereits wieder von seinen Bewohnern verlassen, und seine ärmlichen Bauten verschwanden rasch. 1840 waren nur noch zwei übriggeblieben. 1880 wurde der Platz Ackerland. Heute ist aus Pietätsgründen New Salem annähernd wieder so aufgebaut worden, wie es zu Lincolns Zeiten war.

[3] Die wesentlichsten Elemente dieser Periode in Lincolns Dasein entziehen sich aus begreiflichen Gründen den an sich schon ebensowenig zahlreichen wie verläßlichen Dokumenten, die darüber vorhanden sind. Die Erzählung ist daher hier zu großer Vorsicht genötigt.

[4] Anders als über die Beziehungen Lincolns zu Ann Ruthledge sind über die zu Mary Owens allzu viele Berichte vorhanden, die einander stark widersprechen, so daß es nicht möglich ist, von Mary Owens Persönlichkeit

ein wirklich zutreffendes Bild zu gewinnen. Auch Lincolns eigene Äußerungen spiegeln die Verlegenheit, in die er hier geraten war und lassen sich daher nicht auf einen gemeinsamen Nenner bringen.

## Kapitel IV

[1] Ein beliebtes Sprichwort in Texas lautete: »Frage nie jemanden, woher er kommt. Kommt er aus Texas, wird er es von selbst sagen. Andernfalls dürfte er verlegen sein.«

[2] Vgl. W. E. Woodward, »A New American History«, S. 418. Nach den Grundsätzen Fouriers wurde 1843 in New Jersey eine Siedlung angelegt, »North American Phalanx«. Sie hat zwölf Jahre lang existiert.

[3] Etwa zwei Drittel des amerikanischen Bankkapitals waren im Nordosten konzentriert. Die Eisengewinnung hatte sich von 54 000 Tonnen im Jahre 1810 auf 165 000 im Jahre 1830 gehoben und sollte in den folgenden zehn Jahren auf 347 000 steigen. (Nach Sandburg, »Abraham Lincoln. The Prairie Years«, I. 116.)

[4] In den Jahren 1831 bis 1841 wanderten 600 000 Menschen ein, viermal mehr als in den vorhergehenden zehn Jahren. (Nach Sandburg, »Abraham Lincoln. The Prairie Years«, I. 115.)

[5] South Carolina hatte bereits eigene Medaillen geprägt und eine eigene Flagge entworfen: sie zeigte eine Fächerpalme, um die sich eine Klapperschlange wand und das Motto »Tritt nicht auf mich«.

[6] Vgl. Arthur Schlesinger, »The Age of Jackson«, S. 425.

[7] Vgl. Sandburg, »Abraham Lincoln. The Prairie Years«, I. 208. John C. Calhoun, der fähigste Verteidiger des Standpunkts der Südstaaten, hatte bereits vorhergesagt: »Wenn wir, die (sklavenhaltenden) Farmer der Südstaaten, erledigt sein werden, wird ein neuer Konflikt da sein, der zwischen Kapitalisten und Arbeitern.«

## Kapitel V

[1] Nach Carl Sandburg, »Abraham Lincoln. The Prairie Years«, I. 334.

[2] Katherine Helm, eine Verwandte der Todds, behauptet, es habe sich an jenem Neujahrstag nichts weiter ereignet, als daß Lincoln nach einer stürmischen Szene das Verlöbnis für aufgelöst erklärt habe. James G. Randall, wahrscheinlich die größte amerikanische Autorität in allen Lincoln betreffenden Fragen, ist der Ansicht, es habe sich nicht um eine Verlobung in aller Form, also auch nicht um eine offizielle Auflösung gehandelt. Andrerseits tauchte im Mai 1950 bei einer Auktion in New York eine blaugoldene Damenuhr auf, die Lincoln für Mary gekauft und mit der Widmung »To Miss Mary Todd from A. L. 1841« hatte versehen lassen. Zwei Wochen nach seinem Zerwürfnis mit Mary schenkte er die Uhr einem Fräulein Mary N. Curtis aus Louisville in Kentucky, die zu einem kurzen Besuch in Springfield war. Also muß er die Aufhebung seiner Verlobung mit Mary Todd

damals als endgültig betrachtet haben. Doch sind alle diese Fragen ja nicht von allzu großer Wichtigkeit.

³ Lincoln selbst hat berichtet, daß er nach der Auflösung des Verlöbnisses ja eigentlich vollkommen glücklich hätte sein müssen; doch immer habe ihn statt dessen der Gedanke begleitet, daß »jemand« unglücklich sei, zu dessen Unglück er beigetragen habe. Nach Carl Sandburg, »Abraham Lincoln. The Prairie Years«, I. 278.

⁴ In mißverstandener Pietät hat man versucht, Herndons Biographie als unzuverlässiges Phantasieprodukt zu diskreditieren, vielleicht nicht ganz mit Unrecht, sobald Zeiten in Betracht kommen, die vor der persönlichen Bekanntschaft Herndons mit Lincoln liegen, für deren Rekonstruierung jener also auf die Erzählungen überlebender Jugendgenossen Lincolns angewiesen war, meistens schon älterer Leute mit nicht mehr zuverlässigem Gedächtnis. Wenn es sich aber um Dinge des alltäglichen Lebens in Springfield handelt, kann ein solcher Einwand gegen Herndons Darstellung nicht erhoben werden.

⁵ Daß Lincolns Ehe unglücklich gewesen sei, ist vor allem von Herndon behauptet worden, an dessen absichtlich nach außen gekehrter Hinterwäldlerrauhheit Mary ebenso Anstoß nahm wie an seiner Neigung zum Alkohol. Obwohl er Kompagnon ihres Mannes war, hat sie ihn in den fast zwanzig Springfielder Jahren nie zu Tisch eingeladen. Die nicht unverständlichen Vorurteile gegen sie, die sich dadurch in ihm entwickelten, haben in seiner Biographie Lincolns Ausdruck gefunden.

⁶ Um 1840 beispielsweise wurde Lincoln zum Duell herausgefordert, und als der Sekundant des Gegners ihm pompös erklärte: »Als Herausgeforderter steht Ihnen die Wahl der Waffen zu. Was wählen Sie?« war Lincolns Antwort: »Wie wäre es mit Kuhdünger auf fünf Schritt Abstand?«

⁷ Schon im Indianer-Krieg hatte Lincoln mit den Freiwilligen von Illinois unter Taylors Kommando gestanden. Als sie sich weigerten, den Grenzfluß ihres Heimatstaates zu überschreiten, sagte ihnen Taylor in einer Rede, sie sollten es sich überlegen: vor ihnen seien die Boote zum Übersetzen, hinter ihnen aber reguläre Infanterie.

## Kapitel VI

¹ Lincolns späterer Ausspruch aus dieser Zeit des Bürgerkriegs: »Diese kleine Frau machte diesen großen Krieg« ist trotzdem gewaltig übertrieben.

² Es handelt sich bei Cyrus McCormick um den Stammvater der heute in Amerika noch überaus mächtigen Zeitungsbesitzerdynastie McCormick-Medill-Patterson. Die Niederlage, die die McCormicks in ihrem Prozeß gegen Manny erlitten, trugen sie Lincoln nicht nach. Im Gegenteil ging ihr Hauptorgan, die »Chicago Tribune«, späterhin mit Lincoln durch dick und dünn.

³ Über Douglas' Auslandsreisen waren phantastische Gerüchte im Um-

lauf: seine Freunde – und auch er selbst – erzählten etwa, Königin Victoria von England habe sich geweigert, ihn in der gewöhnlichen Kleidung eines Senators von Illinois zu empfangen, worauf er auf den Besuch überhaupt verzichtete. Um so besser sei er in Rußland aufgenommen worden, wo der Zar ihm ein Pferd mit goldverziertem Sattel und diamantenbesetztem Zaum zur Verfügung gestellt habe. Seine Feinde hingegen verbreiteten, er sei von seiner zweiten, streng katholischen Frau dazu gebracht worden, in Rom dem Papst den Fuß zu küssen.

⁴ Absolut zuverlässig ist der Wortlaut dieser Rede übrigens nicht überliefert. Lincoln hatte sie in Springfield einfach improvisiert, und erst als er sie in Peoria zum zweitenmal gehalten hatte, schrieb er selbst sie in der Form nieder, in der er ihre Veröffentlichung wünschte. Die Springfielder Rede ist deshalb unter dem Namen »lost speech« – »die verlorene Rede« bekannt. Randall nennt ihre Aufnahme unter Lincolns Werke sogar einen »redaktionellen Mißgriff«.

## Kapitel VII

¹ Die amerikanischen Whigs waren – nach europäischen Begriffen – eine Partei der Rechten. Den Namen Whigs, also den der britischen Linkspartei, die im 18. Jahrhundert im Widerstand gegen eine tyrannische Exekutive entstanden war, hatten sie als Protest gegen den Präsidenten Andrew Jackson übernommen, »König Andrew«, dessen Regime sie als Tyrannei der Linken empfanden.

² Möglicherweise schwebte ihm dabei der Ausspruch Christi vor, als man ihn beschuldigte, er treibe den Teufel durch Beelzebub aus: »Ein jegliches Reich, so es mit sich selbst uneins wird, das wird wüste, und ein Haus fällt über das andere. Ist denn der Satanas auch mit sich selbst uneins, wie will sein Reich bestehen?« (Lukas 11, 17–18.)

³ Wenig glücklich und wohl nur als Berechnung auf primitivsten Wählergeschmack erklärbar, schloß er die Rede mit einer Art Sensation: daß nämlich das Urteil des Supreme Court im Falle Dred Scott im voraus zwischen Präsident Buchanan, dem Chefrichter Taney und Douglas festgelegt worden sei – eine Beschuldigung, die Randall (»Lincoln the President«, I. 108) »fanciful and non-existent« – »phantastisch und gegenstandslos« nennt.

## Kapitel IX

¹ Tom Lincoln war 1851 gestorben. Lincoln, der damals schon in leidlich guten Verhältnissen lebte, hatte ihm wiederholt finanziell ausgeholfen, aber abgelehnt, ihn zu besuchen, auch in seiner letzten Krankheit; die Reise sei zu umständlich, und man wisse ja nie, ob ein solches Wiedersehen nicht eher schmerzlich als angenehm sein würde. Auch an der Beerdigung des Vaters nahm er nicht teil.

² Sein einstiger Freund Alexander Stephens, der bald danach Vizepräsident der Südstaaten werden sollte, bemerkte, die Union habe für Lincoln »die Erhabenheit eines religiösen Mystizismus« gehabt.
³ Eine Parallele bot sich wenige Jahre später, 1866, als Bismarck, im Krieg gegen Österreich, die unzufriedenen Ungarn, Tschechen und Rumänen zum Abfall von Habsburg aufforderte und ihnen jegliche Unterstützung versprach.
⁴ Der Crittendonplan wurde in den ersten Wochen des Jahres 1861 dem Kongreß vorgelegt, wo seine Aussichten nicht allzu ungünstig waren, bis der Ausbruch des Bürgerkrieges ihn bedeutungslos machte.

## Kapitel X

¹ Ein Dolch, ein eiserner Schlagring und ein dunkler Augenschirm, die er angeblich auf der Reise mit sich geführt hat, waren jahrzehntelang in Washington ausgestellt, obwohl alle Wahrscheinlichkeit dafür spricht, daß keines der drei Stücke je in Lincolns Besitz war.
² Auf Lincolns Frage an seinen damaligen Parteifreund Thaddäus Stephens, ob er Cameron für einen ehrlichen Mann halte, erhielt er die Antwort: »Ich glaube nicht, daß er einen rotglühenden eisernen Ofen stehlen wird.« Von Cameron zu einer Entschuldigung aufgefordert, erklärte Stephens: »Ich sagte, Cameron würde einen rotglühenden eisernen Ofen nicht stehlen. Ich nehme hiermit diese Behauptung zurück.«
³ Man sagte von ihm, auf Photographien mache er ein Gesicht wie Marie Antoinette auf dem Wege zur Hinrichtung.
⁴ Heute ist Blair House das Gästehaus der Bundesregierung und dient in neuester Zeit auch den Präsidenten als zeitweiliger Wohnsitz.

## Kapitel XI

¹ Am 22. Dezember sagte er dem Major David Hunter: »Wenn die Forts fallen, so ist es meine Meinung, daß sie nach der Inauguration zurückgenommen werden müssen«, und zwei Tage später dem Senator Lyman Trumbull, er erwäge, sofort öffentlich anzukündigen, daß die Forts nach der Inauguration »zurückgenommen« werden müßten.
² Im übrigen beteiligte sich auch der russische Botschafter Baron Stoessel an diesen Vermittlungsversuchen, indem er sich bemühte, die südstaatliche Delegation über die Absichten Sewards zu beruhigen.
³ Douglas sagte damals von Lincoln: »Er ist noch nicht aus Springfield heraus. Er sieht noch nicht, daß der Schatten, den er wirft, irgendwie größer ist als er es im vorigen Jahr war.«
⁴ Als man General Scott fragte, wie stark die Besatzung des flußabwärts gelegenen Fort Washington sei, erwiderte er: »Das Fort kann mit einer einzigen Flasche Whisky genommen werden. Es lebt darin nur ein einziger alter Soldat, auf den man sich völlig verlassen kann, solange er nüchtern ist.«

## Kapitel XII

[1] Tocqueville, der scharfsichtige französische Beobachter damaliger amerikanischer Zustände, schrieb: »Wie stark eine Regierung auch sein mag, sie kann den Konsequenzen eines Prinzips nicht entgehen, auf dem ihre eigene Verfassung aufgebaut wurde... Wenn einer der Staaten beschließt, seine Unterschrift von dem Kontrakt zurückzuziehen, so würde es schwierig sein, ihm das Recht dazu zu bestreiten.«

[2] Zwei Lees waren Unterzeichner der Unabhängigkeitserklärung, zwei standen im diplomatischen Dienst der jungen Union, einer, Henry Lee, »Light Horse Henry« genannt, hatte Washingtons Kavallerie organisiert. Er war der Vater des Generals Robert E. Lee. Dieser selbst war mit Mary Ann Randolph Custis verheiratet, dem einzigen Kind des Adoptivsohns George Washingtons.

[3] Aus Texas schon hatte er einem Freund geschrieben: »Wenn Virginia bei der alten Union verharrt, werde ich desgleichen tun. Doch wenn es ausscheidet (obwohl ich an eine Sezession nicht glaube, noch daran, daß genügend Grund für eine Revolution gegeben ist), dann werde ich dem Staat, in dem ich geboren bin, folgen, mit meinem Degen und, wenn nötig, mit meinem Leben.«

[4] Lees Gut in Arlington wurde im Bürgerkrieg konfisziert. Jetzt bildet sein Grund und Boden den Militärfriedhof der Vereinigten Staaten.

[5] Steuben und De Kalb waren deutsche Offiziere in der Revolutionsarmee George Washingtons.

[6] Die Popularität des Namens Garibaldi nutzte ein ungarischer Zirkusreiter aus, der sich Oberst d'Utassy nannte und schließlich wegen Unterschlagungen in Sing Sing landete, indem er unter dem Namen »Garibaldi-Garde« eine Art Fremdenlegion aufstellte, die rote Blusen und Bersaglierihüte trug und in der sich Ungarn, Italiener, Franzosen, Schweizer, ein paar Kosaken und Kroaten und englische Deserteure zusammenfanden.

[7] Die Konföderation selbst freilich duldete keine Sezession einzelner ihrer Gebiete. Als am Anfang des Krieges der gebirgige Westen Virginias sich zu verselbständigen suchte, wurde er durch Waffengewalt daran gehindert. Später allerdings gelang es ihm trotzdem, sich als neuer Staat West Virginia den Nordstaaten anzuschließen.

[8] Von den 6 bis 7 Millionen Weißen in der Konföderation waren nur etwa 385000 Sklavenbesitzer. Von diesen hatten 77000 nur einen Sklaven, 110000 zwischen zwei und fünf, 90000 mehr als fünf, doch weniger als zehn, 61000 mehr als zehn, doch weniger als zwanzig. Die großen Plantagenbesitzer mit mehr als hundert Sklaven machten nur ein Zwanzigstel eines Prozents der Bevölkerung aus. (Nach Clifford Dowdey, »Experiment in Rebellion«, XVIII.)

[9] »De Bow's Review«, die führende Wirtschaftszeitung des Südens, hatte

1857 geschrieben: »Der Reichtum des Südens ist dauernd und real, der des Nordens vergänglich und eingebildet.« (Nach Chitword, I. 665.)

[10] Es war sehr schwer, Offiziere für Nachschub- und Versorgungsdienst zu finden, so daß man ihn vorwiegend Ausländern anvertrauen mußte.

[11] Bei Ausbruch des Krieges waren von den bedeutenden Generalen des Südens Lee und Joe Johnston 54 Jahre alt, Hill und Longstreet 40, Jackson 37 und Stuart 28.

## Kapitel XIII

[1] Die Londoner »Times« nannte die Vereinigten Staaten den »amerikanischen Koloß«, dessen Niederlegung durch die Südstaaten »die Befreiung von einem Alpdruck« sein würde.

[2] Daß die englischen Arbeiter in größeren Mengen den Hungertod riskiert hätten, um die Befreiung der amerikanischen Negersklaven herbeizuführen, ist eine legendäre Übertreibung. Die Roh-Baumwollvorräte der englischen Fabriken reichten 1861 noch völlig aus, und auch in normalen Zeiten wären die ersten neuen Baumwolltransporte aus den Südstaaten nicht vor dem Abschluß der Ernte des Jahres 1861, also nicht vor Anfang 1862 fällig gewesen. Tatsächlich sank erst Ende November 1862 die Beschäftigung der englischen Baumwollfabriken auf ein Viertel. Danach aber besserte sie sich ständig wieder, dank der Einfuhr aus Indien, Brasilien, Ägypten, China, wie auch dadurch, daß die Südstaaten ihre Baumwolle nicht mehr freiwillig zurückhielten, sondern durch Blockadebrecher exportierten. Im Sommer 1863 war die Hälfte der Produktion wieder erreicht. (Nach Dowdey, 266.)

[3] Es ist charakteristisch, daß Palmerston darauf bestand, die britische Neutralitätserklärung abzugeben, ehe der neue amerikanische Botschafter Adams die Möglichkeit hatte, ihm seinen Antrittsbesuch zu machen; die Argumente Lincolns, die Adams ihm dabei vielleicht hätte mitteilen können, wurden damit von vornherein als unerheblich abgetan.

[4] Unter den Amtssuchern befand sich auch der damals noch ganz unbekannte Herman Melville. Da er ohne jede politische Verbindung war, verlief sein Besuch bei Lincoln ergebnislos und bestand in nicht mehr, als daß er in einer Schlange mit ihm Wartender dem Präsidenten die Hand schüttelte. Melville schrieb hierüber an seine Frau: »Old Abe sieht viel besser und jünger aus als ich erwartete. Er schüttelte die Hände wie ein braver Kerl, hart arbeitend, wie ein Mann, der Holz sägt.« (Sandburg, »Abraham Lincoln. The War Years«, I. 375.)

## Kapitel XIV

[1] Frémont hatte etwa einem seiner Freunde für den Bau von Forts 191 000 Dollar bewilligt, dreimal mehr als sie hätten kosten dürfen; außerdem erwiesen sie sich als wertlos. (Randall, »Lincoln the President«, II. 20.)

[2] McClellan war auch der Erfinder des nach ihm benannten McClellan-

Sattels, der 1856 in der amerikanischen Armee eingeführt und so lange beibehalten wurde, als sie eine Kavallerie hatte.

³ Randall deutet an (»Lincoln the President«, II. 72), das unverständliche Benehmen McClellans sei vielleicht damit zu erklären, daß der General von einer Hochzeitsfeier kam und unter dem Einfluß der dort genossenen Getränke stand.

⁴ Lincoln bemerkte später gelegentlich, es sei eine bittere Pille gewesen; aber er habe sich damit getröstet, daß Englands Triumph kurzlebig sein werde, Amerika aber am Ende des Krieges so mächtig, daß es für alles Ungemach, das man ihm angetan habe, Rechenschaft werde fordern können.

⁵ Woodrow Wilson sagt: »Dem Präsidenten steht es frei, sowohl nach dem Gesetz wie vor seinem Gewissen, ein so großer Mann zu sein wie er kann.«

⁶ Woodrow Wilson lehnte 1917 ein ähnliches Komitee ab; es würde ihm, sagte er, »die Führung des Krieges unmöglich« machen. Er kannte die amerikanische Geschichte. Nach Milton, 46.

⁷ Beispielsweise lagerten in den Arsenalen 25 000 wertlose österreichische Gewehre, die das Stück für 6,50 Dollar angekauft waren; für Colt-Revolver wurden 25 Dollar bezahlt, obwohl sie im Laden 14,50 Dollar kosteten.

⁸ Lincoln sagte: »Es würde in die Nase des amerikanischen Volkes stinken, wenn dem Präsidenten 20 000 Dollar Mehrkosten bewilligt würden für Schnickschnack in dem verdammten alten Haus, während Soldaten keine Decken bekommen können.« Leech, 293–3.

⁹ Als in späteren Jahren Grant in finanziellen Verfall geriet, war es Buckner, der ihm Hilfe anbot. Beim Begräbnis Grants war er einer der Bahrtuchträger.

¹⁰ Es kann kein Zweifel sein, daß Präsident Roosevelt, als er in der Konferenz von Casablanca die Formel »unconditional surrender« als Kriegsziel aufstellte, unter dem Einfluß dieser Anekdote stand.

¹¹ Viele Jahre später hat Stone als Architekt das Mauerwerk entworfen, auf dem die Freiheitsstatue im New Yorker Hafen steht.

### Kapitel XV

Nach Freeman, »Lee's Lieutenants«, I, XIII. Die Bibel und Napoleon hatten in Jacksons Bewußtsein eine merkwürdige Vermischung erfahren. So sagte er etwa einem jungen Offizier, der Bericht über die Schlacht Josuahs mit den Amalekitern sei ein prächtiges Musterbeispiel für den Rapport eines Generals über eine größere Schlacht; er sei »klar, kurz, redlich und bescheiden«.

² Nach Sandburg, »The War Years«, I. 493.

³ Im Original:

»And, father cardinal, I have heard you say
That we shall see and know our friends in heaven.
If that be true, I shall see my boy again...«     »King John« III, 4.

## Kapitel XVI

[1] Während der Singular »brain« einfach mit Hirn zu übersetzen ist, kann der Plural »brains« den Nebensinn von Intelligenz, Verstand, Geisteskraft haben.

[2] Schon in einer seiner großen Debatten mit Douglas in Charleston hatte Lincoln gesagt: »Ich möchte sagen, daß ich nicht dafür bin und niemals dafür war, irgendwie die soziale und politische Gleichheit der weißen und der schwarzen Rasse herbeizuführen oder Neger als Wähler oder Geschworene zuzulassen oder sie für Ämter geeignet zu halten.« Und jetzt, im August 1862, sagte er einer Gruppe von Neger-Intellektuellen, die er ins Weiße Haus geladen hatte, sehr freimütig: »Weiße und Neger sind von verschiedener Rasse. Eure Rasse leidet schwer unter uns, und wir von der weißen Rasse leiden unter eurer Gegenwart. Das ist ein Grund, aus dem wir uns trennen sollten.«

[3] Um die Sklavenbefreiung rechtsgültig zu machen, hatte der Kongreß Ende 1865 – also nach Lincolns Tod erst – der Verfassung das XIII. Amendment anzufügen.

[4] John D. Imboden, General in der Armee der Südstaaten, schrieb später in seinem Buch »Battles and Leaders of the Civil War«: »Wenn McClellans Untergebene ihrer Aufgabe gewachsen gewesen wären, und wenn keine Eingriffe von Washington erfolgt wären, so ist es wahrscheinlich, daß bis zur Mitte des Sommers 1862 die konföderierte Armee aus Virginia vertrieben und Richmond eingenommen worden wäre.« (Nach Randall, »Lincoln the President«, II. 94.)

[5] Otto Eisenschiml, »The Celebrated Case of Fitz John Porter«, S. 69.

[6] Randall sagt hierzu: »Das berühmte Edikt war für Lincoln eine Kriegsmaßnahme von begrenztem Spielraum, zweifelhafter Gesetzlichkeit und ungenügender Wirkung.« (Lincoln the President«, II. 141.)

[7] Welles beispielsweise notiert in seinem Tagebuch: »Das Gerücht besteht, daß er sofort und einstimmig freigesprochen wurde.« Der »New York Herald« schrieb: »Es wird einstimmig zugegeben, daß General Porter von den Beschuldigungen, die gegen ihn erhoben wurden, völlig gereinigt worden ist.«

## Kapitel XVII

[1] Die Pennsylvania Avenue, die vom Weißen Haus zum Kapitol, dem Sitz des Kongresses, führt.

[2] Kurz nach der Parade, bei der Schurz als General auf der Höhe seiner Laufbahn schien, zeigte Lincoln, wieviel intuitives Verständnis er für diesen so schwer zu durchschauenden und schwierig zu behandelnden Deutschen hatte. »Armer Schurz«, sagte er, »er scheint niemals zu vergessen, daß er nur ein adoptierter Bürger dieses Landes ist.« (Sandburg, »Abraham Lincoln, The War Years«, II. 93.)

³ Alle Wahrscheinlichkeit spricht dafür, daß die Erlangers selbst in einem großartigen Schwindelmanöver den Kurs der Anleihen zum Sinken brachten, um von der Konföderation mit immer neuen Stützungskäufen beauftragt zu werden; sie gelangten auf diese Weise schließlich in den Besitz von nicht weniger als sieben Millionen ihrer eigenen Anleihen. (Dowdey, 295.)
⁴ Viele Jahrzehnte später urteilte Feldmarschall Wavell, Lees Fehler habe darin bestanden, daß er seinen Unterführern, vornehmlich Longstreet gegenüber, zu sehr Gentleman gewesen sei und ihn nicht viele Stunden früher schon zum Angriff genötigt habe, wodurch er die Schlacht hätte gewinnen können.
⁵ General Halleck schrieb an Lincoln: »Meiner Ansicht nach ist das die wichtigste Operation des Krieges. Den Mississippi im Besitz zu haben, ist besser, als vierzig Richmonds einzunehmen.«
⁶ Die nordstaatlichen Anleihen wurden besonders eifrig in Deutschland gezeichnet. Damit rechtfertigte sich die freundliche Haltung, die Lincoln den deutschen Einwanderern gegenüber von jeher eingenommen hatte.
⁷ Die Erhebung von Bundessteuern auf das Einkommen wurde erst 1913 durch ein Amendment zur Verfassung gesetzlich möglich gemacht.
⁸ Viele Jahre später erst wurden aus russischen Archiven Papiere ans Licht gebracht, aus denen sich ergab, daß der Zar die Flotte vor allem deshalb nach Amerika geschickt hatte, um sie in einem neuen Krieg gegen England und Frankreich sicher zu stellen, den er wegen seiner damals sehr harten Polen-Politik für möglich hielt.

## Kapitel XVIII

¹ Rawlins, ein jugendlicher Rechtsanwalt aus Galena, war ein fanatischer Antialkoholiker. Zu seinen Obliegenheiten gehörte jetzt auch die, Grant vor einem Rückfall in seine alten Trinkgewohnheiten zu bewahren.
² Negerregimenter mit weißen Offizieren bestanden seit dem Januar 1863. Sie wurden übrigens von ihren weißen Kameraden nicht gern gesehen; im Februar 1863 etwa wurden schwarze Soldaten von weißen mit Steinwürfen durch die Straßen Washingtons gejagt. Auch ihr Sold war anfangs geringer als der der Weißen; erst im April wurde das geändert.
³ Durch die Mulattin Keckley wissen wir, daß Mary damals in ihrem Verkehrskreis wenig wählerisch geworden war. Sie erklärte Frau Keckley: »Diese Leute sind einflußreich, und ich will sie bis zur Wahl halten. Dann, wenn wir im Weißen Haus bleiben, werde ich sie entfernen und jedem sagen, daß ich ihn nur als Werkzeug benutzte.« Auf die Frage, ob ihr Mann das wisse, erwiderte sie: »Um Gotteswillen, nein! Er würde das nie billigen. Ich werde es ihm erst sagen, wenn alles vorüber ist.«
⁴ Die Zeitungen berichteten etwa: »Mrs. Lincoln macht eine Spazierfahrt mit ihrem Sohne Robert. Er trug Zivil.« Oder man gefiel sich in Wortspielen, indem man Robert »Prince of Rails« nannte – zugleich also an den Titel

des britischen Thronfolgers und an die »rails«, die Holzbohlen, erinnerte, die Lincoln in seiner Jugend gespalten hatte.

## Kapitel XX

[1] Seward genas von seinen schweren Verwundungen, doch seine Frau starb an den Aufregungen der Mordnacht nach zwei Monaten, seine einzige Tochter im Lauf des Jahres. Er blieb bis 1869 Außenminister und erwarb als solcher 1867 für nur 7,2 Millionen Dollar Alaska von Rußland, was damals ein glänzendes Geschäft für dieses zu sein schien und in Amerika »Sewards Narrheit« genannt wurde.

## Kapitel XXI

[1] Die Verschworenen wurden, verfassungswidrig, vor ein Militärgericht gestellt, zum Tode verurteilt und sämtlich gehängt, was mindestens im Fall der Frau Surrat hart an einen Justizmord grenzte. Ein ähnlicher Fall blinder Rachejustiz in diesen Tagen äußerster Erbitterung war das Todesurteil gegen den konföderierten Offizier Wirtz, einen gebürtigen Schweizer, der die Kriegsgefangenenlager zu verwalten gehabt hatte, aber infolge der von der Union verhängten Blockade nicht imstande gewesen war, die Gefangenen ausreichend zu ernähren.

[2] Sherman hatte Johnston die großzügigen Kapitulationsbedingungen zugebilligt, die er mit Lincoln in City Point vereinbart hatte. Jetzt wurde er durch eine barsche Ordre Stantons genötigt, sie nachträglich zu annullieren.

[3] Nach dem Tode Lincolns war Marys Leben ein fortdauernder geistiger Zusammenbruch. Sie war zeitweise entmündigt und in einem Institut für Geistesgestörte untergebracht. Sie starb 1882.

# Nachwort

Über Abraham Lincoln gibt es in Amerika und Großbritannien mehr als fünftausend selbständige Veröffentlichungen, eine unübersehbare Fülle an interpretierenden und oft auch romantisierenden und verfälschenden Schriften über diesen wohl neben George Washington bekanntesten Präsidenten der Vereinigten Staaten. Dagegen sind dem deutschsprachigen Leser heute relativ wenige Informationen über die schicksalhafte Periode der amerikanischen Geschichte, den Bürgerkrieg, und seine führende Persönlichkeit — Abraham Lincoln — zugänglich.
Die illustrierte Neuauflage von Werner Richters Biographie will diese Lücke füllen helfen und uns den Menschen und Staatsmann Lincoln, über den es noch immer sehr viele Legenden, Mythen und Schulbuchklischees gibt, in seiner Vielschichtigkeit in lebendiger Form nahebringen. Die persönliche Entwicklung Abraham Lincolns vom Holzfällersohn über den Rechtsanwalt bis hin zum Präsidenten der USA in einer Zeit turbulenter Umwälzungen ist heute den wenigsten genauer bekannt.
Lincoln trug seine historische Bürde mit Weisheit, Umsicht und Mitgefühl. Er engagierte sich sehr stark für die Probleme des einfachen Bürgers und wurde zum Märtyrer der Sache der Sklavenbefreiung wie auch der Einheit der amerikanischen Union. Seit seinem gewaltsamen Tod wird er in der politischen Mythologie des nördlichen Teils der Vereinigten Staaten mit einer Ehrfurcht verehrt, die gelegentlich an Anbetung grenzt. Trotz der provinziellen Herkunft und seinen überwiegend innenpolitischen Leistungen wurde er auf allen Kontinenten der Erde zum Repräsentanten wahren »Amerikanertums«, zum Symbol amerikanischer Größe und zum oft zitierten Beispiel dafür, daß man im »Land der unbegrenzten Möglichkeiten« von der »Blockhütte ins Weiße Haus« gelangen kann. Wegen seines lauteren Charakters und seiner aufrechten politischen

Entscheidungen wurde er zur genauen Antithese des »häßlichen Amerikaners«. Lincolns große Leistung war es, den Kampf um die Einheit der amerikanischen Union so überzeugend geführt zu haben, daß selbst militärische Niederlagen und innere Zwietracht dieser nichts anhaben konnten. Dabei benutzte er Machtbefugnisse, wie sie kein US-Präsident vor ihm beansprucht hatte, um die außergewöhnliche Situation zu meistern.
Sein Glaube an das demokratische Prinzip der Regierung — »of, for and by the people« — war mehr als politische Rhetorik. Es war seine tiefe Überzeugung, daß die Demokratie trotz vieler Schwächen und Mißstände die beste Regierungsform und die Hoffnung der Welt sei. Weil er die einfache Bevölkerung, aus der er selbst hervorgegangen war, schätzte und achtete, verabscheute er die Demagogie und appellierte nie an Leidenschaften. Gleiche Rechte und Privilegien waren für ihn die zentrale Idee der Demokratie: »Da ich kein Sklave sein möchte, will ich auch kein Sklavenbesitzer sein. Dies drückt meine Vorstellung von Demokratie aus«. Und: »Was ich sage, ist, daß kein Mensch gut genug ist, einen andern Menschen zu regieren, ohne dessen Zustimmung.«
Lincolns pragmatische Ansicht über die Demokratie als Staats- und Lebensform war weitgehend durch die Umgebung seiner ersten fünfzig Lebensjahre geprägt, den agrarischen Mittelwesten. Hätte er den industrialisierten Nordosten näher gekannt, wäre er vielleicht nicht so optimistisch und idealistisch gewesen. Eine ähnliche Einstellung wie Lincoln vertrat auch sein Zeitgenosse und Wahlhelfer Carl Schurz: daß die Siedler des alten Nordwestens von Ohio bis Iowa überdurchschnittlich intelligent, energisch und liberal waren, schrieb er wiederholt an Freunde und Verwandte in Deutschland. Wie Lincoln glaubte auch er, daß Demokratie ein Prozeß, ein endloser Kampf sei, in dem die Kräfte des guten eine faire Chance gegen die Kräfte des Bösen hätten, daß Aufklärung und Fortschritt durch Appelle an die Vernunft der Menschen unter richtiger Führung erfolgreich sein können.
Der Bürgerkrieg, die größte Krise in der amerikanischen Ge-

schichte, sollte den Widerspruch zwischen den in der Unabhängigkeitserklärung niedergelegten Gleichheitsgrundsätzen und dem in Wirklichkeit niederen Status der Schwarzen lösen. Daß Lincoln persönlich engagierter Gegner der Sklaverei war, unterliegt keinerlei Zweifel. Schon 1837, als Abgeordneter des Staatsparlaments von Illinois, hatte er sich aktiv gegen sie gewandt. 1847, als Kongreßabgeordneter, schloß er sich J. R. Giddings, dem aktivsten Sklavereigegner im Repräsentantenhaus, an und erarbeitete mit diesem zusammen einen Gesetzentwurf, der die Leibeigenschaft im District of Columbia abschaffen sollte. 1854 kehrte er in die aktive Politik zurück, weil ihn die Aufhebung des Missouri-Kompromisses »über alle Maßen« erregte. Es waren zum guten Teil seine deutlich ausgesprochene Verurteilung der Sklaverei und die zahlreichen Reden gegen die Dred-Scott-Entscheidung des Obersten Bundesgerichts, die ihm 1858 die Nominierung zum Republikanischen Senator für Illinois brachte. In den berühmten Rededuellen mit Senator Stephen A. Douglas wiederholte er viele Male seine Überzeugung, daß die Schwarzen die Früchte ihrer Arbeit selbst ernten sollten und die Sklaverei schließlich verschwinden müsse. An seiner Gegnerschaft zum Gesellschaftssystem der Südstaaten bestehen keine Zweifel, wenn es ihm auch primär darum ging, die Ausdehnung der Sklavenhaltung über die bis dahin bestehenden Regionen hinaus zu verhindern.

So sehr Lincoln die Sklaverei verabscheute, so stark ausgeprägt war sein Sinn für das wirklich Machbare. Als Pragmatiker versuchte er selten, das Unerreichbare anzustreben. In der prekären Situation von 1861, zu Beginn des Bürgerkriegs, konnte er sich nicht frontal gegen die Mehrheit der öffentlichen Meinung stellen und einen Kreuzzug zur Abschaffung der Sklaverei predigen, insbesondere, da vier Sklavenstaaten der Union loyal waren und bei der Stange gehalten werden mußten. Unter diesen Umständen ließ er wiederholt verlauten, daß der Krieg nicht zu dem Zweck geführt werde, die Sklaverei zu beseitigen, sondern um die Einheit der Vereinigten Staaten zu erhalten — oder vielmehr wiederherzustellen. Im Laufe der Jahre entwikkelte sich der Krieg jedoch auch zu einem Kreuzzug gegen die Leibeigenschaft, zu einem Konflikt zwischen zwei Kulturen, die auf sozialer, wirtschaftlicher und politischer Ebene verschiedene Ideale verfolgten.

Der Süden jedoch verstand den Krieg von Anfang an ausdrücklich als Kampf um die Erhaltung der Sklaverei. A. H. Stephens, der Vizepräsident der südstaatlichen Konföderation, sagte am 21. März 1861 in Savannah, Georgia, die Frage der Sklaverei sei die unmittelbare Ursache der Sezession und der gegenwärtigen Revolution. Die konföderierte Regierung stütze sich auf die »Wahrheit«, daß der Neger nicht mit dem weißen Mann gleichgestellt werden könne und daß die Sklaverei, die Unterordnung unter die höhere Rasse, dessen natürliche und moralische Lebensbedingung sei.

Über Präsident Lincolns Rolle in den Ereignissen, die zum Bürgerkrieg führten, gibt es unter amerikanischen Historikern recht gegensätzliche Auffassungen. Kritiker im Norden und im Süden, die das Gefühl hatten, es gäbe eine Basis für einen friedlichen Ausgleich der Gegensätze zwischen Nord und Süd, hielten Lincoln vor, er habe einen unnötigen Krieg provoziert. Die Vertreter der Ansicht, daß kraftvolle Handlungsweisen gegen den abtrünnigen Süden zur Erhaltung der Einheit der Nation ergriffen werden mußten, lobten dagegen Lincoln für seine mutige Führung. Auch unter den neueren Publikationen finden sich beide Richtungen. Die einen halten einen friedlichen Weg zur Abschaffung der Sklaverei für möglich, die anderen meinen, Lincoln habe die Befreiung der Leibeigenen zu den geringstmöglichen Kosten erreicht. Die »Kompromißler« hatten in den dreißiger und vierziger Jahren unseres Jahrhunderts als »revisionistische Schule« unter Führung der bekannten Historiker James G. Randall und Avery Craven ihre Blütezeit. Diese Autoren verneinten die Unvermeidbarkeit des Bürgerkriegs und vertraten die These, daß eine »Generation ungeschickter Politiker« einen »unterdrückbaren Konflikt« zu einem »unnötigen Krieg« gemacht habe. Der Zweite Weltkrieg brachte dann auch für die Betrachtung des Bürgerkrieges eine neue

Perspektive, und Historiker wie Arthur Schlesinger Jr. und andere widerlegten diese Theorie mit der Begründung, daß der Süden niemals freiwillig ohne äußeren Druck das Sklavensystem abgeschafft hätte und auch wirtschaftliche Probleme höchstens zur Anpassung des Systems an eine industrialisierte Gesellschaft geführt hätten. Materielle Entschädigung der Sklavenbesitzer für die Freilassung ihres »Eigentums« hatte Lincoln wiederholt erfolglos anzubieten versucht, desgleichen die Rekolonialisierung der Schwarzen in Afrika und auf einigen tropischen Inseln. Also war auch dies kein Ausweg, ebensowenig wie die friedliche Abschaffung der Sklaverei in anderen Ländern unter völlig anderen Verhältnissen ein Vorbild für die USA abgeben konnte.

Der Autor dieser Biographie, Werner Richter, versteht es, durch seine unkonventionell farbige Darstellungsweise historischer Ereignisse und Persönlichkeiten, die für die europäische Mentalität schwer begreifliche Entwicklung Lincolns vom Hinterwäldler zum Advokaten von Springfield und schließlich zum Präsidenten lebendig zu schildern. Er stellt dabei viele Mythen und Legenden über die Persönlichkeit Lincolns in Frage und zeichnet die prägenden Einflüsse auf dessen Charakter nach. Innerhalb der beiden gegensätzlichen Lager jener Zeit ergreift Richter zweifellos Partei für den politischen Standpunkt und das soziale System der Südstaaten. Etwa wenn er den Süden als skeptisch-konservativ beschreibt, der im Besitz starker gesellschaftlicher Kultur und einer festen Wertordnung war, entschlossen, die »Einbrüche einer ungeformten Außenwelt« nicht zuzulassen. Den Norden dagegen schildert er als »Gebrodel der Unsicherheit und unberechenbarer Zukunftsmöglichkeiten«, wo moderne wissenschaftliche und technische Literatur gelesen wurde, wo man eine gewisse Hemdsärmeligkeit liebte und diese für echte Demokratie hielt. Dagegen rühmt er das gesellschaftliche Leben des Südens, das sich an europäischen Vorbildern orientierte, wo man Klassiker und französische Romane las und die Töchter auf dem Klavier Chopin und Mendelssohn spielten.

Richter stellt den Idealismus und Fanatismus auf beiden Seiten dar, im Norden getragen von den Abolitionisten — den Kämpfern für die Abschaffung der Sklaverei —, im Süden hauptsächlich von Vertretern der Baumwoll-Aristokratie, die sich als »Träger einer höheren Kultur und Lebensform« fühlten und nach ihrer Anschauungsweise keinen Bürgerkrieg begonnen, sondern Eingriffe der Nordstaaten in das Selbstbestimmungsrecht des Südens abgewehrt hatten.

Harriet Beecher-Stowes einflußreicher Bestseller »Onkel Toms Hütte« spielte in den Jahren vor dem Bürgerkrieg als melodramatisches Werk bei der Agitation gegen die Sklaverei eine kaum zu unterschätzende Rolle. Richter kritisiert an ihr, daß sie »voll des ganzen Feuers liebender Unwissenheit« und ohne wirkliche Kenntnis der Lage in den Südstaaten und der damaligen Negermentalität gewesen sei. Er schildert Lincolns Sklavenemanzipation als »ein Ergebnis drängender Not und dürrer Berechnung«. Ein von häufigen Selbstzweifeln gequälter Rechtsanwalt aus der Provinz sei lange Zeit den neuen Dimensionen in dem hohen Amt nicht gewachsen gewesen, dann aber an seinen Aufgaben gereift und zu einem souveränen Präsidenten geworden.

Lincoln war zwar von robuster und teilweise grober äußerer Erscheinung, hatte aber durch Arbeit an sich selbst eine innere Würde erreicht, wie sie wenige Politiker an der westlichen »Grenze« hatten. Er war zwar auch Provinzanwalt, aber dabei einer der besten und bekanntesten Anwälte im ganzen Staat, und er bearbeitete auch Fälle vor Bundesgerichten. Als Provinzanwalt war er geschickt und effektiv. Im Alter von 49 Jahren war Lincoln durch die Debatten mit Senator Douglas in den gesamten USA bekannt, 1859 war er der führende Vertreter der Republikanischen Partei in Illinois. Eine so vielseitige und tiefgründige Persönlichkeit wie Lincoln kann natürlich auf sehr unterschiedliche Weise interpretiert werden. Seine Humanität und seine großen Leistungen als Präsident sind jedoch unbestreitbar.

Der politische Standort des Autors Werner Richter ist zum

Teil sicher aus der eigenen Lebensgeschichte zu erklären. 1888 in Schlesien geboren und aufgewachsen, studierte er Geschichte an den Universitäten Berlin, München, Zürich und Kiel und wurde nach aktiver Teilnahme am Ersten Weltkrieg Journalist in Berlin und später in München.

Als Repräsentant des liberal-konservativen protestantischen Bürgertums traf ihn während des Nationalsozialismus zunächst weder religiöse noch politische Verfolgung. Er empfand aber nach der Machtergreifung 1933 allzu sehr die Aussichtslosigkeit des Kampfes gegen die neue Gewaltherrschaft, gab deshalb seine journalistische Tätigkeit auf, ging in die »innere Emigration« und zog sich auf seine privaten Geschichtsstudien zurück. Er verließ Deutschland 1936, ging zunächst nach Italien, dann in die Schweiz, weil er sich unter dem weltanschaulichen Druck des nationalsozialistischen Systems der für ihn notwendigen Lebenssphäre beraubt sah. Aus dem Deutschen Reich ausgebürgert wurde er erst, als er aus seinem Schweizer Asyl nicht zurückkehren wollte, auch verschwanden dann erst seine historischen Biographien vom deutschen Büchermarkt. 1941 wanderte er mit seiner Familie in die USA aus, wo er 1947 die amerikanische Staatsbürgerschaft erhielt. Ab 1950 war er Mitarbeiter der »Frankfurter Allgemeinen Zeitung«, kehrte 1956 nach Europa zurück und ließ sich in Lugano nieder, wo er 1969 im Alter von 81 Jahren starb.

In Europa und in den USA schrieb Richter zahlreiche Zeitungs- und Zeitschriftenartikel sowie die folgenden historischen Biographien: Kaiser Friedrich III., Ludwig II. — König von Bayern, Kronprinz Rudolf von Österreich, George Washington — Vater einer neuen Nation, Abraham Lincoln — Mensch und Staatsmann, Bismarck. Darüber hinaus verfaßte er größere historische Werke über die Vereinigten Staaten und Frankreich.

In den Vereinigten Staaten, einem Land, in dem es schon immer sehr schwer war, den Lebensunterhalt nur durch schriftstellerische Arbeit zu verdienen, hatte auch Richter wirtschaftliche Probleme. Ganz heimisch fühlte er sich wohl nie in den so ganz anderen Verhältnissen der Neuen Welt, die europäischen Entwicklungen verfolgte er weiterhin mit großem Interesse. So wie er ein Bewunderer der Politik Adenauers und De Gaulles war, stand er auch in Amerika dem konservativen politischen Lager näher.

Er beschreibt die radikaldemokratische Grundhaltung Lincolns kritisch-distanziert; dessen fast absoluten Glauben daran, daß das einfache Volk, wenn richtig informiert und instruiert, auch die richtigen politischen Entscheidungen treffen würde, kann er nicht ohne weiteres teilen.

Werner Richters Lincoln-Biographie ist nicht direkt in eine der genannten historischen »Schulen« einzuordnen. Sie erfüllt neben der farbigen Schilderung des so tragisch endenden Lebensweges des berühmtesten amerikanischen Präsidenten den wichtigen Zweck, den deutschsprachigen Leser mit den Standpunkten und dem Selbstverständnis des amerikanischen Südens und des Nordens zur Zeit des Bürgerkriegs, einer der wichtigsten Epochen in der Geschichte der Vereinigten Staaten, vertraut zu machen.

Rüdiger Wersich

# Zeittafel

1637 Die Familie Lincoln, aus Hingham in Norfolk stammend, landet in Boston (Mass.).
1775 Abfall der dreizehn amerikanischen Kolonien von England. Erste Kämpfe bei Lexington und Bunker Hill.
1776 Unabhängigkeitserklärung der Vereinigten Staaten.
1778 Bündnis der Vereinigten Staaten mit Frankreich.
1781 Entscheidender Sieg der amerikanisch-französischen Armee bei Yorktown.
1783 Friede von Versailles. Anerkennung der Unabhängigkeit der Vereinigten Staaten.
1787 Verfassunggebender Konvent in Philadelphia.
1789 George Washington erster Präsident der Vereinigten Staaten.
1791 Die »Bill of Rights«, zur Vervollkommnung der Verfassung.
1792 Washingtons zweite Präsidentschaft.
1803 »Louisiana Purchase«, – die französischen Besitzungen in Nordamerika werden käuflich erworben.
1809 12. Februar. Abraham Lincoln geboren.
1812 Krieg der Vereinigten Staaten gegen England.
1816 Übersiedlung der Familie Tom Lincolns von Kentucky nach Indiana.
1819 Tom Lincolns zweite Ehe.
1820 »Missouri-Kompromiß« in der Sklavenfrage wird geschlossen. (Ausschluß der Sklaverei nördlich des Breitengrades 36,6.)
1823 »Monroe-Doktrin« wird proklamiert. (»Amerika den Amerikanern«.)
1828 Abraham Lincolns erste Schiffsreise nach New Orleans.
1828 Andrew Jackson zum Präsidenten gewählt.
1830 Übersiedlung der Familie Tom Lincolns von Indiana nach Illinois.
1831 Zweite Schiffsreise Abraham Lincolns nach New Orleans.
1831 Lincoln wird Clerk in Offuts Kramladen in New Salem.
1832 Lincoln nimmt am Krieg gegen den Indianerhäuptling Black Hawk teil.
1832 Lincoln bewirbt sich um einen Sitz im Parlament von Illinois, wird aber bei der Wahl geschlagen.
1833 Lincoln eröffnet einen eigenen Laden, Berry & Lincoln. Er wird Postmeister in New Salem und arbeitet als Gehilfe des Landmessers Calkoun.
1834–1842 Lincoln wird Mitglied des Parlaments von Illinois.
1835 Frühjahr. Verlobung Lincolns mit Ann Ruthledge.

1835 August. Ann Ruthledge gestorben.
1835 Unabhängigkeitskrieg Texas' gegen Mexiko.
1836–1837 Beziehungen Lincolns zu Mary Owens.
1837 Lincoln läßt sich in Springfield als Rechtsanwalt nieder. Partnerschaft mit John T. Stuart.
1840 Mary Todd kommt nach Springfield.
1841 Lincolns Partnerschaft mit Stephen T. Logan.
1842 4. November. Lincoln heiratet Mary Todd.
1843 Lincoln erwirbt ein eigenes Haus. Sein erster Sohn, Robert, geboren.
1844 Lincolns Partnerschaft mit William H. Herndon.
1846–1848 Krieg gegen Mexiko.
1846 Lincolns zweiter Sohn, Edward, geboren.
1847–1849 Lincoln Mitglied des Kongresses (House of Representatives).
1848 12. Januar. Lincolns Oppositionsrede gegen den mexikanischen Krieg.
1848 Lincolns Agitationsreise für Taylor nach Neuengland. Taylor zum Präsidenten gewählt.
1849 Lincolns vergeblicher Versuch, Commissionar of the General Land Office zu werden.
1849 Lincolns Sohn Edward gestorben.
1849 Goldfunde in Kalifornien.
1850 Lincolns dritter Sohn, William, geboren.
1851 Erschließung Japans durch den Amerikaner Perry.
1852 »Onkel Toms Hütte« erscheint.
1853 Lincolns vierter Sohn, Thomas, geboren.
1854 Kansas-Nebraska-Bill angenommen: Durchlöcherung des Missouri-Kompromisses.
1854 Entstehung der Republikanischen Partei.
1854 Senator Douglas erscheint zur Staats-Messe in Springfield. Lincolns Reden gegen ihn und die Kansas-Nebraska-Bill in Springfield und Peoria.
1855 Bürgerkrieg in Kansas.
1856 Lincolns Beitritt zur Republikanischen Partei.
1857 Dred-Scott-Urteil des Supreme Court erklärt Missouri-Kompromiß für rechtsungültig.
1858 17. Juni. Lincoln wird als republikanischer Kandidat für den Senat nominiert, gegen Douglas. Seine »House-Divided«-Rede.
1858 Sommer und Herbst. Lincolns Rededuell mit Douglas. Wahl Douglas' zum Senator.
1859 17. Oktober. Überfall John Browns auf Harpers Ferry.
1860 Februar. Lincolns Rede in der Cooper Union in New York.
1860 Mai. Lincoln wird als Präsidentschaftskandidat der Republikaner nominiert.

1860 6. November. Lincoln wird zum Präsidenten gewählt.
1860 Dezember. South Carolina scheidet aus den Vereinigten Staaten aus.
1861 Februar. Die ausgeschiedenen Südstaaten schließen sich als Konföderierte Staaten von Amerika zusammen. Lincoln reist von Springfield nach Washington.
1861 4. März. Lincoln inauguriert.
1861 12.–14. April. Bombardierung und Fall von Fort Sumter. Beginn des Bürgerkriegs.
1861 15. April. Lincoln bietet 75000 Mann Freiwillige auf.
1861 19. April. Lincoln verhängt die Blockade über die abgefallenen Südstaaten.
1861 Mai. Britische Neutralitätserklärung.
1861 3. Juni. Douglas gestorben.
1861 4. Juli. Lincolns Kriegsbotschaft an den Kongreß.
1861 21. Juli. Niederlage der Nordstaaten am Bull Run.
1861 8. November. »Trent«-Zwischenfall.
1861 25. Dezember. Erledigung des »Trent«-Zwischenfalls.
1862 Januar. Stanton wird Kriegsminister.
1862 Februar. Grants erste Siege im Westen.
1862 Februar. Lincolns Sohn William stirbt.
1862 März. Seetreffen zwischen »Merrimac« und »Monitor«.
1862 April. Schlacht bei Shiloh. New Orleans erobert.
1862 April–Juni. McClellans Halbinsel-Krieg.
1862 Mai–Juni. »Stonewall« Jacksons Kriegführung im Shenandoahtal.
1862 22. Juli. Lincoln kündigt im Kabinett die Sklaven-Emanzipation an; die Veröffentlichung wird vertagt.
1862 29. August. Niederlage der Nordstaaten (General Pope) in der zweiten Schlacht am Bull Run.
1862 2. September. McClellan erhält aufs neue den Oberbefehl.
1862 17. September. McClellans Abwehrsieg am Antietam.
1862 22. September. Lincoln kündigt die Sklaven-Befreiung für den 1. Januar 1863 an.
1862 7. November. General McClellan abgesetzt.
1862 11.–12. Dezember. Niederlage der Nordstaaten (General Burnside) bei Fredericksburg.
1863 1. Januar. Die Sklaven-Befreiung tritt in Kraft.
1863 März. Erstes nationales Aushebungsgesetz vom Kongreß verabschiedet.
1863 1.–5. Mai. Niederlage der Nordstaaten (General Hooker) bei Chancellorsville.
1863 Ende Juni. Lees Offensive in die Nordstaaten.
1863 27. Juni. Lincoln setzt General Hooker ab; an seine Stelle tritt General Meade.

1863 1.–3. Juli. Meades Abwehrsieg gegen Lee bei Gettysburg.
1863 4. Juli. Auf dem westlichen Kriegsschauplatz wird Vicksburg von Grant eingenommen.
1863 Juli. Aushebungsunruhen in den Großstädten, besonders New York.
1863 19. November. Lincolns Ansprache auf dem Schlachtfeld von Gettysburg.
1863 24. November. Auf dem westlichen Kriegsschauplatz siegt Grant bei Chattanooga.
1864 Grant erhält das Oberkommando über die Armeen der Union.
1864 5. Mai. Grant beginnt seinen Feldzug in der »Wilderness«.
1864 Mai. General Sherman beginnt seinen Marsch nach Osten.
1864 3. Juni. Grants Niederlage bei Cold Harbor.
1864 11. Juli. Bedrohung Washingtons durch General Early.
1864 2. September. Sherman nimmt Atlanta ein.
1864 September. General Sheridan besetzt und verwüstet das Shenandoahtal.
1864 8. November. Lincoln zum zweitenmal zum Präsidenten gewählt.
1864 12. November. Sherman beginnt seinen Marsch durch Georgia.
1864 25. Dezember Sherman nimmt Savannah ein; der Ozean ist erreicht.
1865 1. Februar. Sherman beginnt seine neue Offensive durch South Carolina und North Carolina.
1865 1. Februar. Lincoln verhandelt mit den Südstaaten an Bord der »River Queen«.
1865 5. Februar. Lincolns Wiederaufbau für den Süden vom Kabinett verworfen.
1865 4. März. Lincolns zweite Inauguration.
1865 23. März–8. April. Lincolns Aufenthalt in Grants Lager bei City Point.
1865 30. März–2. April. Grants Schlußoffensive gegen Richmond beginnt.
1865 3. April. Richmond gefallen.
1865 3. April. Lincolns Besuch in Richmond.
1865 9. April. Grant und Lee schließen Waffenstillstand bei Appomatox.
1865 14. April. Lincoln wird ermordet.
1865 26. April. Die letzte Armee der Südstaaten kapituliert.
1865 4. Mai. Lincoln in Springfield beigesetzt.

# Präsidenten
# der Vereinigten Staaten

George Washington. 1789–1797. Ohne Partei.
John Adams. 1797–1801. Föderalist (= Konservativer).
Thomas Jefferson. 1801–1809. Demokrat, damals »Republikaner« genannt.
James Madison. 1809–1817. Demokrat, damals »Republikaner« genannt.
James Monroe. 1817–1825. Demokrat, damals »Republikaner« genannt.
John Quincy Adams. 1825–1829. Unabhängiger Föderalist.
Andrew Jackson. 1829–1837. Demokrat.
Martin Van Buren. 1837–1841. Demokrat.
William Henry Harrison. 1841. Whig.
John Tyler. 1841–1845. Whig.
James K. Polk. 1845–1849. Demokrat.
Zachary Taylor. 1849–1850. Whig.
Millard Fillmore. 1850–1853. Whig.
Franklin Pierce. 1853–1857. Demokrat.
James Buchanan. 1857–1861. Demokrat.
Abraham Lincoln. 1861–1865. Republikaner.
Andrew Johnson. 1865–1869. Republikaner.
Ulysses S. Grant. 1869–1877. Republikaner.
Rutherford B. Hayes. 1877–1881. Republikaner.
James A. Garfield. 1881. Republikaner.
Chester A. Arthur. 1881–1885. Republikaner.
Grover Cleveland. 1885–1889. Demokrat.
Benjamin Harrison. 1889–1893. Republikaner.
Grover Cleveland. 1893–1897. Demokrat.
William McKinley. 1897–1901. Republikaner.
Theodore Roosevelt. 1901–1909. Republikaner.
William H. Taft. 1909–1913. Republikaner.
Woodrow Wilson. 1913–1921. Demokrat.
Warren G. Harding. 1921–1923. Republikaner.
Calvin Coolidge. 1925–1929. Republikaner.
Herbert Hoover. 1929–1933. Republikaner.
Franklin D. Roosevelt. 1933–1945. Demokrat.
Harry S. Truman. 1945–1953. Demokrat.
Dwight D. Eisenhower. 1953–1961. Republikaner.

John F. Kennedy. 1961–1963. Demokrat.
Lyndon B. Johnson. 1963–1969. Demokrat.
Richard M. Nixon. 1969–1974. Republikaner.
Gerald L. Ford. 1974–1977. Republikaner.
James E. Carter. 1977–    . Demokrat.

# Literaturverzeichnis

Die Flut der Veröffentlichungen über Abraham Lincoln ist nahezu unübersehbar. Schätzungsweise sind seit Lincolns Tod (1865) im Jahresdurchschnitt etwa fünfzig Bücher über ihn erschienen.

Hier werden nur die wichtigsten von ihnen aufgeführt, darunter diejenigen,
- die zur vorliegenden Veröffentlichung in besonders enger Beziehung stehen, also bis 1952 erschienen sind
- die über diese Publikation – sie fortführend und ergänzend – hinausgehen, also seit 1952 erschienen sind.

Bis 1952:
Angle, Paul M., *The Lincoln Reader*. New Brunswick 1947.
Beveridge, Albert J., *Abraham Lincoln*. Boston 1928.
Channing, Edward, *A history of the United States*. Bd. VI. *The war for southern independence*. New York 1925.
Charnwood, Lord, *Abraham Lincoln*. London 1916.
Chitwood, Oliver P. und Owsley, Frank L., *A short history of the American people*. New York-Toronto-London 1948.
Commager, Henry S., *Documents of American history*. New York 1943.
Commager, Henry S., *The blue and the grey*. Indianapolis 1950. 2 Bde.
Craven, Avery O., *The coming of the civil war*. New York 1942.
Donald, David H., *Lincoln's Herndon*. New York 1948.
Dowdey, Clifford, *Experiment in rebellion*. Garden City-New York 1946.
Eisenschiml, Otto und Newman, Ralph, *The American iliad*. Indianapolis-New York 1947.
Eisenschiml, Otto, *The celebrated case of Fitz John Porter*. Indianapolis 1950.
Elliott, Charles W., *Winfield Scott: the soldier and the man*. New York 1937.
Faulkner, Harold, und Kepler, Tyler, *America, its history and people*. New York-London 1950.
Freeman, Douglas S., *R. E. Lee*. New York-London 1934-1935. 4 Bände.
Freeman, Douglas S., *Lee's lieutenants*. New York 1942. 3 Bände.

Grant, Ulysses S., *Personal memoirs of U.S. Grant.* New York 1885–1886.
Hacker, Louis M., *The shaping of the American tradition.* New York 1947.
Harper, Robert S., *Lincoln and the press.* New York-Toronto 1951.
Helm, Katherine, *The true story of Mary, wife of Lincoln.* New York-London 1927.
Hendrick, Burton J., *Lincoln's war cabinet.* Boston 1946.
Herndon, William H., und Weik, Jesse W., *Abraham Lincoln, the true story of his life.* New York 1892.
Hesseltine, William B., *Lincoln and the war governors.* New York 1948.
Leech, Margaret, *Reveille in Washington.* New York 1941.
Lewis, Montgomery S., *Legends that libel Lincoln.* New York-Toronto 1946.
Lincoln, Abraham, *Complete works.* Herausgegeben von G. Nicolay und John Hay. New York 1894. 2 Bände.
Masters, Edgar L., *Lincoln the man.* New York 1931.
McClellan, George B., *McClellan's own story.* New York 1887.
Meade, Robert D., *Judah P. Benjamin, confederate statesman.* New York-London 1943.
Mears, David C., *The Lincoln papers.* New York 1948.
Meredith, Roy, *Mr. Lincoln's camera man, Mathew B. Brady.* New York 1946.
Milton, George F., *Abraham Lincoln and the fifth column.* New York 1942.
Monaghan, Jay, *Diplomat in carpet slippers.* Indianapolis 1945.
Nevins, Allan, *Ordeal of the union.* New York 1947. 2 Bände.
Nevins, Allan, *The emergence of Lincoln.* New York-London 1950. 2 Bände.
Nicolay, Helen, *Lincoln's secretary. A biography of John G. Nicolay.* New York 1949.
Nicolay, John G., und Hay, John, *Abraham Lincoln. A history.* New York 1890. 10 Bände.
Pratt, Fletcher, *Ordeal by fire.* New York 1948.
Randall, J. G., *The civil war and reconstruction.* Boston-New York 1937.
Randall, J. G., *Lincoln the president.* New York 1945. 2 Bände.
Sandburg, Carl, *Abraham Lincoln. The prairie years.* New York 1926. 2 Bände.
Sandburg, Carl, *Abraham Lincoln. The war years.* New York 1939. 4 Bände.

Shannon, Fred A., *The organization and administration of the union army*. Cleveland 1928. 2 Bände.
Shaw, Archer H., *The Lincoln encyclopedia*. New York 1950.
Stephenson, Nathaniel W., *Lincoln*. Indianapolis 1922.
Tarbel, Ida, *The life of Abraham Lincoln*. New York 1895.
Tocqueville, Alexis de, *Democracy in America*. New York 1945.
Welles, Gideon, *Diary*. Boston 1911. 3 Bände.
Williams, Ben Amos, *Amateurs at war*. Boston 1943.
Williams, Kenneth P., *Lincoln finds a general*. New York 1949. 2 Bände.
Wilson, Rufus R., *Uncollected works of Abraham Lincoln*. Elmira/NY. 1947–1948.
Woodward, W. E., *A new American history*. Garden City-New York. 1938.


Seit 1952:
Agar, Herbert, *Abraham Lincoln*. Hamden/Conn. 1965.
Albring, Henry, *The Lincoln Mirror, Abraham Lincoln, Man and Statesman*. Frankfurt/M.-München 1970².
Angle, Paul M. und Miers, Earl S. (Hg.), *The living Lincoln; the man, his mind, his times, and the war he fought; reconstructed from his own writings*. New Brunswick/N. J. 1955.
Angle, Paul M. (Hg.), *Created Equal? The Complete Lincoln-Douglas Debates*. Chicago 1958.
Basler, Roy P. (Hg.). *The Collected Works of Abraham Lincoln*. New Brunswick/ N. J. 1953–1955. 8 Bände.
Basler, Roy P., *A Touchstone For Greatness. Essays, addresses and occasional pieces about Abraham Lincoln*. Westport/Conn.-London 1973.
Bauer, Charles J., *So I Killed Lincoln. John Wilkes Booth*. New York 1976.
Borreson, Ralph, *When Lincoln Died*. New York 1965.
Brooks, Noah, *Mr. Lincoln's Washington*. New York 1967.
Catton, William und Bruce, *Two Roads to Sumter*. New York 1963.
Chase, Salmon P., *Inside Lincoln's Cabinet. The Civil War Diaries of Salmon P. Chase*. New York 1954.
Current, Richard N., *The Lincoln Nobody Knows*. New York 1958.
Current, Richard N., *Lincoln and the First Shot*. Philadelphia 1964.
Dell, Christopher, *Lincoln and the War Democrats*. London 1975.
Dennis, Frank L., *The Lincoln-Douglas Debates*. New York 1974.
Donald, David H., *Lincoln Reconsidered. Essays on the Civil War Era*. New York 1956.

Donovan, Frank, *Mr. Lincoln's Proclamation; the Story of the Emancipation Proclamation.* New York 1964.

Douglas, William O., *Mr. Lincoln and the Negroes. The long road to equality.* New York 1963.

Du Bois, W. E. B., *Black Reconstruction.* London 1966.

Dupuy, Trevor N., *The Military Life of Abraham Lincoln, Commander in Chief.* New York 1969.

Elliot, Jan, *Abraham Lincoln, 1809–1865. Chronology, Documents, Bibliographical Aids.* New York 1970.

Fehrenbacher, Don E. (Hg.), *Abraham Lincoln. A documentary portrait through his speeches and writings.* Stanford Univ. Press 1977.

Fehrenbacher, Don E., *Prelude to Greatness. Lincoln in the 1850's.* Stanford/Cal. 1962.

Fehrenbacher, Don E., *The Leadership of Abraham Lincoln.* New York 1970.

Franklin, John Hope, *The Emancipation Proclamation.* New York 1963.

Garfinkle, Norton (Hg.), *Lincoln and the Coming of the Civil War.* Boston 1959.

Haller, Adolf, *Der Sklavenbefreier. Das abenteuerliche Leben Abraham Lincolns.* Aarau-Frankfurt/Main 1964².

Heckmann, Richard A., *Lincoln versus Douglas; the Great Debates Campaign.* Washington 1967.

Hyman, Harold M., *The Radical Republicans and Reconstruction, 1861–1870.* Indianapolis 1967.

Hyman, Harold M., *A More Perfect Union.* New York 1973.

Johannsen, Robert W. (Hg.), *The Lincoln-Douglas Debates of 1858.* New York 1965.

Kempf, Edward J., *Abraham Lincoln's Philosophy of Common Sense. An analytical biography of a great mind.* New York 1965.

Lorant, Stefan, *Lincoln. A Picture Story of his Life.* New York 1969.

Luthin, Reinhard H., *The Real Abraham Lincoln. A complete one volume history of his life and times.* Englewood Cliffs 1960.

McWhiney, Grady (Hg.), *Grant, Lee, Lincoln and the Radicals. Essays on Civil War Leadership.* Evanston 1964.

Marsch, Wolf-Dieter, *Christlicher Glaube und demokratisches Ethos, dargestellt am Lebenswerk Abraham Lincolns.* Hamburg 1958.

Miers, Earl S., *Abraham Lincoln in Peace and War.* American Heritage Pub. Co. 1964.

Nevins, Allan und Stone, Irving (Hg.), *Lincoln: A Contemporary Portrait.* Garden City-New York 1962.

Nevins, Allan (Hg.), *Lincoln and the Gettysburg Address*. Urbana/Ill. 1965.
Newman, Ralph G. (Hg.), *Lincoln for the Ages*. New York 1964.
Oates, Stephen B., *With Malice Toward None. The Life of Abraham Lincoln*. New York 1977.
Pakenham, Francis A. B., *Abraham Lincoln*. London 1974.
Polley, Robert L. (Hg.), *Lincoln, his Words and his World*. New York 1965.
Potter, David H., *The South and the Sectional Conflict*. Baton Rouge 1968.
Quarles, Benjamin, *Lincoln and the Negro*. Oxford Univ. Press 1962.
Randall, Ruth P., *Mary Lincoln; Biography of a Marriage*. Boston 1953.
Randall, Ruth P., *The Courtship of Mr. Lincoln*. Boston 1957.
Riddle, Donald W., *Congressman Abraham Lincoln*. Urbana/Ill. 1957.
Ridley, Maurice R., *Abraham Lincoln*. London-Glasgow 1965².
Sandburg, Carl, *Abraham Lincoln. Das Leben eines Unsterblichen*. Hamburg-Wien 1958.
Schwede, Alfred Otto, *Die Abraham Lincoln Story*. Berlin 1971. Roman.
Searcher, Victor, *Lincoln Today. An introduction to modern Lincolniana*. New York 1969.
Segal, Charles M., *Conversations With Lincoln*. New York 1961.
Sigelschiffer, Saul, *The American Conscience. The drama of the Lincoln-Douglas debates*. New York 1973.
Simon, Paul, *Lincoln's Preparation for Greatness; the Illinois Legislative Years*. Norman/Oklahoma 1966.
Sprague, Dean, *Freedom Under Lincoln*. Boston-Cambridge 1965.
Staudenraus, P. J., *The African Colonization Movement, 1816–1865*. New York 1961.
Stone, Irving, *Ewig ist die Liebe. Mary und Abraham Lincoln. Ihr Leben, ihre Liebe, und ihre Zeit*. Bern-München 1977.
Thomas, Benjamin P., *Abraham Lincoln*. Wiesbaden 1955.
Trefousse, Hans Louis, *Lincoln's Decision for Emancipation*. Philadelphia 1975.
Trefousse, Hans Louis, *The Radical Republicans: Lincoln's Vanguard for Racial Justice*. New York 1961.
Warren, Louis A., *Lincoln's Youth; Indiana Years; Seven to Twenty-one; 1816–1830*. Westport/Conn. 1976.
Weichmann, Louis J., *A True History of the Assassination of Abraham Lincoln and the Conspiracy of 1865*. New York 1975.
Wellmann, Paul I., *The House Divides; the Age of Jackson and

*Lincoln, from the War of 1812 to the Civil War.* New York 1966.
Wiley, Bell Irvin, *Lincoln and Lee.* Oxford 1966.
Williams, Thomas H., *Lincoln and the Radicals.* Madison/Wisc. 1960.
Wilson, Edmund, *Abraham Lincoln: The Union as Religious Mysticism.* New York 1954.
Wilson, Rufus Rockwell, *Lincoln in Caricature.* New York 1953.
Wright, John S., *Lincoln and the Politics of Slavery.* Reno/Nevada 1970.
Zilversmit, Arthur (Hg.), *Lincoln on Black and White: A Documentary History.* Belmont/Cal. 1971.
Zornow, William F., *Lincoln and the Party Divided.* Norman/Okla. 1954.

# Abbildungsverzeichnis

Neben Titel   Abraham Lincoln nach seiner Wiederwahl im Jahre 1865. Die Aufnahme wurde am 10. April gemacht, vier Tage vor seiner Ermordung
*Photographie von Alexander Gardner*

Neben Seite 18   Abraham Lincoln als Rechtsanwalt. Es ist das erste nachweisbare Porträt Lincolns
*Daguerreotypie aus dem Jahre 1846*

19   Abraham Lincolns Wohnhaus in Springfield/Illinois, (heute National-Denkmal)

82   Stephen A. Douglas, Gegner Lincolns im Wahlkampf 1858 um den Senatssitz für Illinois
*Photographie aus dem Jahre 1858*

83   Abraham Lincoln als Präsidentschaftskandidat im Juni 1860
*Photographie von Alexander Hesler*

98   Lincoln und seine Familie im Jahre 1861: Mary, William (Willie), Robert, Thomas (Ted), Abraham Lincoln
*Ölgemälde von Francis B. Carpenter (1830–1900)*

99   Mary Lincoln als First Lady
*Photographie von Mathew B. Brady aus dem Jahre 1865*

162   Bauzustand des Kapitols in Washington zum Zeitpunkt der Amtseinführung Lincolns (4. März 1861)
*Diorama der Chicago Historical Society*

163   Präsident Lincoln liest seinem Kabinett am 22. 7. 1862 die Proklamation zur Befreiung der Sklaven vor. Von links: Kriegsminister Stanton, Schatzminister Chase, Lincoln, Marineminister Welles, Innenminister Smith, Außenminister Seward (Vordergrund), Generalpostmeister Blair und Justizminister Bates
*Schabkunstblatt von Alexander H. Ritchie (1822–1895) nach einem Ölgemälde von Francis B. Carpenter (1830–1900)*

Neben Seite 178 Berühmte Zeitgenossen Präsident Lincolns; oben von links: Oberster Bundesrichter Roger B. Taney, der Lincolns Politik bekämpfte, und Senator Orville H. Browning, der 1861–1863 als Nachfolger Stephen A. Douglas' dessen Ziele weiter verfolgte; unten: Horace Greely, einflußreicher Herausgeber der »New York Tribune«, und Charles Sumner, Senator aus Massachusetts
*Photographien von Mathew B. Brady um 1862*

179 General Robert E. Lee, Oberbefehlshaber der Armee der südstaatlichen Konföderation
*Photographie von Mathew B. Brady*

258 oben Lincolns Treffen mit General McClellan im Hauptquartier der Unionsarmee in Antietam (Oktober 1862)
*Photographie aus dem Jahre 1862*

258 unten Panzerschiffe und Kanonenboote auf dem Mississippi. Die Flußschlachten des Sezessionskrieges gelten als Auftakt »moderner Kriegsführung«
*Zeitgenössische Darstellung*

259 Unionsgeneral Ulysses S. Grant bei Cold Harbor
*Photographie von Mathew B. Brady*

274 Empfang des Präsidenten am 4. April 1865 in Richmond, der Hauptstadt der Südstaaten
*Zeichnung von Joseph Becker*

275 Ermordung Lincolns durch den Schauspieler John Wilkes Booth während der Vorstellung am 14. April 1865 im Ford's Theatre in Washington
*Zeitgenössische Darstellung*

Abbildungen neben S. 18, 162, 163, 179, 258 oben: Amerika Haus München; neben S. 82, 178, 295: National Archivs, Washington; neben S. 98: New York Historical Society, New York; neben S. 19, 258 unten, 275: Süddeutscher Verlag, München; alle übrigen: Bruckmann Bildarchiv, München.

# Personenverzeichnis

Adams, Botschafter der Union in London 260, 347
Affonsa, Köchin der Lincolns 70
Albert, Prinzgemahl von Königin Victoria 177, 183
Amour, P. D., Unternehmer 256
Anderson, Robert, General der Union 324
Armstrong, Jack, Champion von New Salem 23
Arnold, Mitverschwörer von J. W. Booth 296
Aspinwall, William H., Eisenbahn- und Dampfschiffsmagnat, Politiker 229, 235
Astor, Familie von Unternehmern 141
Atzeroth, Mitverschwörer von J. W. Booth 296
Aumale, Duc d', frz. Adliger 169
Badeau, General, Sekretär U.S. Grants 316
Baker, Oberst und Senator 192
Baldwin, Vertreter Virginias 131
Bates, Edward, Generalstaatsanwalt, Justizminister im Kabinett A. Lincolns 116, 201
Bazaine, Achille, frz. Marschall 250
Beauregard, Pierre, General der Konföderation 127, 162, 164, 165
Beck, Witwe, Wirtin 50
Beecher-Stowe, Harriet, Verfasserin des Bestsellers »Onkel Toms Hütte« 67, 305
Belmont, Familie von Unternehmern 141
Benjamin, Judah P., Kriegsminister, später Außenminister im Kabinett J. Davis' 148
Berry, William, Korporal 26–28
Bismarck, Otto von, Fürst 261, 270, 344
Blackstone, Sir William, engl. Rechtsgelehrter 27
Blair, Francis, Vater von Montgomery Blair 116, 130, 298
Blair, Frank, Bruder von Montgomery Blair 116
Blair, Montgomery, Generalpostmeister im Kabinett A. Lincolns 116, 125, 130, 213, 229, 240
Blenker, Louis, Oberst 141
Booth, Edwin, Schauspieler, Bruder von John Wilkes 296
Booth, John Wilkes, Schauspieler, Mörder A. Lincolns 295–297, 304, 307, 320, 326, 328–330, 334
Booth, Junius Brutus, Schauspieler, Vater von John Wilkes 296
Booth, Junius Brutus jr., Schauspieler, Bruder von John Wilkes 296
Borcke, Heros von, Oberst 147
Brooks, Noah, Journalist 289, 305
Brown, John, Vorkämpfer für die Sklavenbefreiung 89–91, 242

Browning, Orville H., Senator 182, 232
Buchanan, James, Präsident der USA (1857–1861) 80, 83, 118, 129, 130, 141, 160, 180, 344
Buckingham, General der Union 229
Buckner, Simon B., General 185, 347
Burnside, Ambrose E., General der Union 229–231, 244
Busch, Sarah, Stiefmutter A. Lincolns 15, 16
Buschbeck, Militär 142
Butler, Benjamin F. (Ben), General und Rechtsanwalt 189
Byron, Lord 170
Calhoun, staatlicher Landvermesser und Politiker 28, 86
Cameron, Simon, Kriegsminister im Kabinett A. Lincolns, dann Botschafter in Rußland 115, 161, 170, 179, 180, 244, 345
Campbell, Richter am Obersten Bundesgericht 125, 126
Campbell, J. A., Bevollmächtigter der Südstaaten 298
Carpenter, Francis B., Maler 272
Cartwright, Peter, Wahlkampfgegner A. Lincolns 58
Cavour 64
Chambrun, Marquis Charles Adolphe, Diplomat und Gelehrter 308, 317, 320
Chandler, Zachariah, Senator 159, 178, 180
Chartres, Herzog von, Militär 142
Chase, Kate, Tochter des Schatzministers Chase 261
Chase, Salmon Portland, Schatzminister im Kabinett A. Lincolns 113–115, 177, 181, 201, 204, 227, 232, 268
Clark, William, Kaufmannsgehilfe 331
Clay, Henry, Senator 66, 79, 86
Cleveland, Grover, Präsident der USA (1885–1889) 241
Creswell, Senator 324
Crittendon, John C., Senator von Kentucky 102
Crook, Polizeibeamter 314, 327, 329
Curtin, Andrew G., Gouverneur von Pennsylvanien 231
Curtis, Mary N. 342
Custis, Mary Ann Randolph, Stiefenkelin George Washingtons, spätere Gattin von Robert E. Lee 345
Cuts, Adele, Gattin von Stephen A. Douglas 73
Dana, Richard Henry, Jurist 289
Darwin, Charles 64
Davis, Richter 52
Davis, Jefferson, Präsident der Südstaaten 109, 114, 124, 127, 146, 147, 236, 255, 280, 298, 301, 312–314, 340
De Kalb, Baron, Offizier unter G. Washington 346
De Morny, frz. Minister 156
Dicey, Edward, engl. Journalist 165
Douglas, Frederick, schwarzer Journalist 283
Douglas, Stephen A., Senator 72–78, 82–88, 91–93, 116, 118, 124, 159, 291, 343, 344, 349
Early, Jubal, General der Konföderation 275, 276, 278, 279

Eaten, Journalist 305
Eckert, Oberst, Chef der Militärtelegraphie der Union 142, 220, 294
Edwards, Ninian W., Fabrikant, Schwager Mary Lincolns 48, 49, 53, 56
Ellsworth, Elmer, Jurastudent und Soldat 107, 135
Emerson, Ralph Waldo, Schriftsteller und Philosoph 67, 90
Ericsson, John, schwed.-amerik. Erfinder 187
Erlanger, Emile, frz. Bankier 250, 350
Everett, Edward, ehem. Senator, Botschafter und Gouverneur 262
Farragut, David G., Admiral der Union 188
Field, Marschall, Unternehmer
Forbes, Charles, Diener A. Lincolns 328
Fourier, franz. Reformer 37
Fox, Gustavus Vasa, Kapitän, Sekretär von Marineminister Welles 130
Fraim, William, Klient A. Lincolns in Springfield 44
Francis, Simeon, Besitzer einer Lokalzeitung 49
Franz Joseph, Kaiser von Österreich 231
Frémont, John C., General der Union 80, 170, 171, 178, 179, 184, 218, 347
Garibaldi, Guiseppe, italien. Freiheitskämpfer 142, 346
Gentry, Allen, James' Sohn 19
Gentry, James, Landbesitzer 19, 21
Gerolt, – v., preuß. Gesandter 134

Gibson, Robert, Landvermesser und Buchautor 28
Gillespie, Richter, Freund A. Lincolns 101
Gilsa, – v., Militär 142
Gladstone, William E., engl. Schatzkanzler 176, 236
Gordon, Nathaniel, Schiffskapitän 191
Gortschakoff, Alexander M., russ. Staatsmann 236
Gould, Jay, Unternehmer 256, 277
Graham, Dorfschullehrer 28
Grant, Ulysses S., General der Union, später Präsident der USA (1869–1877) 185, 188, 221, 241, 255, 256, 260, 267–276, 278, 280, 283, 285, 286, 292, 297, 310, 311–313, 315–319, 323, 324, 328, 329, 348, 350
Greely, Horace, Journalist, Herausgeber der »New York Tribune« 94, 141, 167, 226, 298, 305
Green, Bowlin 31
Green, William, Gehilfe A. Lincolns in New Salem 22, 24
Griffin, General der Union 316
Halleck, Henry W., General der Union 184, 185, 217, 221, 223, 224, 228, 249, 268, 297, 350
Hamilton, Alexander, einer der Väter der US-Verfassung 36
Hamlin, Hannibal, Vizepräsident der Union bis März 1865 303
Hammerstein, – v., Militär 142
Hanks/Sparrow, Lucy, Großmutter A. Lincolns 13, 52
Hardie, Oberst, Adjutant A. Lincolns 253

Harris, Miß, Bekannte der
   Lincolns 329, 330
Hatch, Ozias M., Freund
   A. Lincolns 229
Haupt, Oberst, Chef des
   Eisenbahnwesens 142
Hawthorne, Nathaniel 205
Hay, John, Sekretär A. Lin-
   colns und späterer Mitautor
   einer Lincoln-Biographie
   107, 120, 212, 223, 229, 264
Hegel, Georg Wilhelm Fried-
   rich, deutscher Philosoph 38
Heinzelmann, Militär 142
Helm, Katherine, Verwandte
   Mary Lincolns 342
Herndon, William H. (Billy),
   A. Lincolns Kanzleipartner
   und späterer Biograph 45, 46,
   51, 68, 71, 83, 105, 179, 201,
   202, 292, 308, 343
Hill, General der Konföderation
   345
Holmes, Adjutant General
   Wrights 277
Holt, Joseph, Rechtsanwalt
   238, 239
Hood, John B., General der
   Konföderation 280, 284, 285,
Hooker, Joseph, General der
   Union 230, 244-249, 252, 253,
   264
Hotze, Henry 235
Hugo, Victor, frz. Schriftsteller 90
Hunter, David, Major 345
Hunter, R. M. T., Bevollmäch-
   tigter der Südstaaten 218,
   278, 298
Imboden, John D., General der
   Konföderation 349
Jackson, Andrew, Präsident der
   USA (1829-1837) 36-38,
   41, 120, 160, 344

Jackson, Thomas Jonathan, gen.
   »Stonewall«, General der
   Konföderation 196, 197, 223,
   248, 346, 348
Jefferson, Thomas, Präsident der
   USA (1801-1809), Verfasser
   der Unabhängigkeitserklä-
   rung 11, 34-36, 41, 169
Johnson, Andrew, Vizepräsi-
   dent der Union ab 4. März
   1865 178, 281, 303, 332, 334,
   335
Johnston, Joseph E. (Joe),
   General der Konföderation
   165, 197, 274, 280, 310, 315,
   346, 351
Karl X. von Frankreich 38
Keckley, Schneiderin und Ver-
   traute Mary Lincolns 210,
   350
Keene, Laura, Schauspielerin
   239
Klapka, ungar. Rebellengeneral
   142
Knox, General unter
   G. Washington 291
Koerner, Militär 142
Lafayette, Marquis de, frz.
   General und Politiker, der
   aktiv am amerik. Unabhän-
   gigkeitskrieg gegen die Briten
   teilnahm 38
Lamon, Ward H., Polizeichef in
   Washington 295, 305, 307
Laurin, Spiritistin 209
Leale, Dr., Militärarzt 331, 333
Lee, Henry, Vater Robert
   E. Lees 345
Lee, John F., Militär-Staats-
   anwalt 238
Lee, Robert E., General der
   Südstaaten 90, 139, 140, 160,
   197, 223, 225, 231, 248, 250,

252, 253–255, 270, 272–276, 285, 310, 312, 313, 315, 318, 319, 323–325, 346
Lincoln, Abraham, Großvater A. Lincolns 11
Lincoln, Mary (geb. Todd), Gattin A. Lincolns 44, 51–59, 62, 68–70, 98, 99, 120, 169, 173, 176, 183, 184, 206, 208–210, 245, 246, 261, 290, 309, 310, 316–318, 323, 327, 328, 330, 340, 342, 349
Lincoln, Nancy (geb. Hanks/Sparrow), Mutter A. Lincolns 12–16
Lincoln, Robert, Sohn A. Lincolns 290, 324, 350
Lincoln, Sarah, Schwester A. Lincolns 12, 14, 16
Lincolns, Thomas (Ted), Sohn A. Lincolns 192, 246, 290, 310, 314
Lincoln, Thomas (Tom), Vater A. Lincolns 11, 12, 14, 15, 20, 38, 344
Lincoln, William (Willie), Sohn A. Lincolns 183, 184, 209, 216, 291, 336
Logan, Stephen S., Kanzleipartner A. Lincolns in Springfield 45, 53
Longfellow, Henry Wadsworth, Dichter 275
Longstreet, James, General der Konföderation 345
Lyman, Theodore, Oberst 309
Lyons, Lord, engl. Botschafter 158, 176, 177, 202
MacLaughlin, Mitverschwörer von J. W. Booth 296
Madison, James, Präsident der USA (1809–1817) 73
Mallory, Stephen R., Marineminister im Kabinett J. Davis' 148
Manny, John M., Fabrikant von Landwirtschaftsmaschinen 68, 181, 343
Marx, Karl 202, 288
Mason, James M., Senator von Virginia 139, 175, 177
Mather, Offizier der Nationalgarde 105, 106
Matson, Sklavenhalter 47
Maximilian, österr. Erzherzog und Kaiser von Mexiko 156
McClellan, George Brinton, General der Union 171–173, 181, 182, 190, 191, 193–198, 210, 213–217, 221, 223–226, 228–231, 233, 238, 239, 245, 247, 263, 278, 281, 282, 285, 347, 349
McCormick, Cyrus, Fabrikant von Landwirtschaftsmaschinen und Zeitungsverleger 68, 181, 343
McCormick-Medill-Patterson, Zeitungsbesitzerdynastie 343
McDowell, Irvin, General 162, 164, 165, 178
McNeil alias McNamar, Verlobter von Ann Rutledge 29, 30
Meade, George, General der Union 252–255, 259, 270
Meigs 182
Melville, Herman, Schriftsteller 347
Memminger, Cristopher G., Schatzminister im Kabinett J. Davis' 148
Monroe, James, Präsident der USA (1817–1825) 35
Morgan, J. Pierpont, Unternehmer 256, 277

Napoleon I., Kaiser von Frankreich 34, 37, 73, 149, 169, 247, 274, 347
Napoleon III., Kaiser von Frankreich 64, 113, 123, 142, 145, 156, 236, 246, 250, 260, 271
Napoleon, Prinz Jérôme, Vetter Napoleons III. 169
Nasby, Petroleum V., Satiriker 285
Nelson, Richter am Obersten Bundesgericht 125
Newell, William A., Gouverneur 240, 241
Newhall, Lois, Sängerin 69, 70
Nicolay, John G., Sekretär A. Lincolns und späterer Mitautor einer Lincoln-Biographie 107
Offut, Danton, Geschäftemacher 20, 22, 23, 26
Ord, General der Union 317
Owen, Robert, engl. Sozialist 37, 38
Owens, Mary, Verlobte A. Lincolns 32, 209, 341
Paine s. Powell, Lewis
Palmerston, Henry John Temple, engl. Premierminister 155, 157, 176, 177, 189, 235, 347
Paris, Graf von, Militär 142, 143
Parker, John F., Polizeibeamter 329
Penrose, Kapitän 314
Persigny, frz. Minister 156
Pickens, Francis W., Gouverneur von South Carolina 126
Picket, General der Konföderation 253
Pierce, Franklin, Präsident der USA (1853–1857) 141
Pinkerton, Detektiv 111
Pius IX., Papst 113
Polignac, Prinz, Generalmajor 147
Polk, James K., Präsident der USA (1845–1849) 60, 179
Pope, John, General 213, 214, 217, 221, 223, 224, 230, 231, 238–240, 250
Porter, Admiral der Union 314
Porter, Fitz John, General der Union 238–241
Porter, Henry, General, Urgroßvater Mary Lincolns 48
Powell, Lewis (gen. Paine), Mitverschwörer von J. W. Booth 296, 329
Rathbone, Major, Bekannter der Lincolns 329, 331
Rawlins, John A., Stabschef U.S. Grants 267, 350
Rockefeller, John D., Unternehmer 256
Rockefeller, William, Bruder von John D., Unternehmer 256
Rosecrans, William S., General der Union 261
Russell, Lord John, engl. Außenminister 155, 176, 235, 236, 260
Rutherford, Arzt 47
Rutledge, Ann, Jugendliebe A. Lincolns 29, 30–32, 51, 341
Saint Simon, Claude Henry de, frz. Gesellschaftskritiker 37
Salm-Salm, Prinz Felix, Offizier 141
Sanford, Oberst 198
Schenck, Militär 142
Schleiden, bremischer Gesandter 145
Schimmelfennig, Militär 142

Schurz, Carl, ehem. dt. Revolutionär u. Journalist, amerik. Botschafter in Madrid, General der Union 142, 246, 349
Schwarzer Habicht, Indianerhäuptling 25
Scott, Dred, Sklave 80, 81, 119, 344
Scott, Winfield, General 105, 117, 125, 129, 134, 140, 148, 149, 154, 162, 164, 165, 169, 172, 173, 214, 217, 228, 345
Seward, William Henry, Außenminister im Kabinett A. Lincolns 93, 94, 96, 102, 111, 113, 114, 123–125, 127, 128, 131, 152, 153, 157, 158, 165, 201, 202, 218, 225, 232, 249, 260, 262, 288, 301, 318, 328, 329, 345, 351
Shakespeare, William 24, 212, 216, 320
Sheridan, Philip, General der Union 269, 278, 283, 318
Sherman, William T., General der Union 232, 270, 274, 280 bis 282, 284, 292–294, 297, 298, 310, 312, 335, 351
Sigel, Franz, General 142
Slidell, Gesandter der Konföderation in Paris 142, 175, 177, 250, 271, 278
Sourley, Schuhmacher, Nachbar A. Lincolns in Springfield 57
Sparrow, s. auch Hanks, Lucy und Lincoln, Nancy
Sparrow, Harry, Stiefgroßvater A. Lincolns 13
Speed, Joshua F., Krämer und Freund A. Lincolns 33, 51, 59, 219
Sprague, Senator 261
Stanley, Henry M., Militär (später Afrikaforscher) 147
Stanton, Edwin M., Rechtsanwalt Kriegsminister im Kabinett A. Lincolns 173, 180, 181, 186, 191–193, 195, 198, 201, 214, 217, 220, 222–225, 228, 232, 238, 240, 249, 268, 273, 287, 308, 328, 332, 334, 335, 351
Steinwehr, – v., General der Union 142, 223
Stephens, Alexander, Vizepräsident der Südstaaten unter J. Davis 109, 147, 298, 299, 301, 344
Stephens, Thaddäus, Parteifreund A. Lincolns 345
Steuben, Friedrich Wilhelm von, dt.-amerik. General 346
Stewart, Familie von Unternehmern 141
Stoddard, Sekretär A. Lincolns 209, 248, 249
Stoessel, Baron, russ. Botschafter 345
Stone, Charles P., General der Union 192
Stuart, General der Konföderation 346
Stuart, John T., Major und Kanzleipartner A. Lincolns in Springfield 44, 53
Sumner, Charles, General und Senator 111, 195
Surratt, Mitverschwörer von J. W. Booth 296
Surratt, Frau, Mitverschwörerin von J. W. Booth 351
Swett, Leonard, Freund A. Lincolns 286
Taney, Roger B., Oberster Bundesrichter 80, 119, 144, 344
Taylor, General 61, 62, 343

Taylor, James, Farmer 18
Taylor, Zachary, Präsident der USA (1849/50) 109
Thomas, George H., General der Union 297
Thorlau 90
Thouvenal, frz. Außenminister 156
Tocqueville, Alexis de, frz. Historiker und Staatsmann 345
Todd, Elisabeth, Schwester von Mary 48
Todd, Mary s. Lincoln, Mary
Todd, Robert S., Präsident der Bank von Kentucky, Vater Mary Lincolns 48
Toombs, Außenminister im Kabinett Jefferson Davis' 127, 148
Trumbull, Lyman, Senator 159, 178, 345
Tyler, John, Präsident der USA (1841–1845) 116, 141
Utassy, – d', ungarischer Hochstapler 346
Van Buren, Martin, Präsident der USA (1837–1841) 141
Vanderbilt, Familie von Unternehmern 141
Vanderbilt, Cornelius 257
Vanderbilt, George 256
Victor Emanuel, König von Italien 142
Victoria, Königin von England 33, 113, 158, 177, 343
Villard, Journalist 231
Wade, Benjamin F., Senator 159, 178, 180, 335
Wagner, Richard 250
Walker, Kriegsminister im Kabinett J. Davis' 148
Walker, Robert J., Finanzagent A. Lincolns 250
Wallace, Lewis, General, späterer Verfasser von »Ben Hur« 175, 179, 275, 279
Ward, Artemus (Pseudonym für Charles Farrar Browne), Humorist 226
Washington, George, 1. Präsident der USA (1789–1797) 36, 41, 48, 91, 106, 112, 116, 131, 146, 184, 268, 291, 315, 346
Webster, Daniel, Whig-Politiker 79, 86
Weed, Thurlow, Republikaner 102
Weitzel, General der Union 142, 313
Welles, Gideon, Marineminister im Kabinett A. Lincolns 115, 130, 175, 184, 187
Wellington, Arthur Wellesley 35
Whitmann, Walt, Schriftsteller 166, 295
Whitney, Rechtsanwalt 68
Wilhelm I., König v. Preußen 261
Wilkes, Kapitän 175–177
Willich, – v., Militär 142
Wirtz, Offizier der Südstaaten-Armee 351
Wood, Fernando, Bürgermeister von New York 110, 229, 258
Wright, Horatio G., General der Union 277
Yates, Richard, Kongreßabgeordneter aus Illinois 72
Zeppelin, Graf, württemberg. Militärattaché 152
Zollikofer, Felix K., General der Konföderation 147